AF541873

शरणार्थी शिविर में विवाह-गीत

शरणार्थी शिविर में विवाह-गीत

ललित सुरजन

राजकमल प्रकाशन
नयी दिल्ली इलाहाबाद पटना

मूल्य : रु. 250.00

पहला संस्करण : 2007
पहली आवृत्ति : 2009

प्रकाशक : राजकमल प्रकाशन प्रा. लि.
1-बी, नेताजी सुभाष मार्ग
नई दिल्ली-110 002

शाखाएँ : अशोक राजपथ, साइंस कॉलेज के सामने, पटना-800006
पहली मंजिल, दरबारी बिल्डिंग, महात्मा गांधी मार्ग, इलाहाबाद-211001

वेबसाइट : www.rajkamalprakashan.com
ई-मेल : info@rajkamalprakashan.com

आवरण : राजकमल स्टूडियो

मुद्रक : बी.के. ऑफसेट
नवीन शाहदरा, दिल्ली-110 032

SHARNARTHI SHIVIR MEIN VIWAH-GEET
by Lalit Surjan

ISBN : 978-81-267-1231-1

अनेक यात्राओं के संगाती
विचारों में हमसफ़र
सुख दुःख में बड़े भाई की तरह
साथ निभानेवाले मित्र
स्व. बी.एस. ठाकुर
और
प्रभाकर चौबे
के लिए

भूमिका

एक पत्रकार के रूप में मैंने पहिली यात्रा 1964 की गर्मियों में की थी। बिलासपुर-कटनी रेलमार्ग पर दोहरी पाँत बिछाने का काम चल रहा था। दक्षिण पूर्वी रेलवे ने इस काम के अवलोकन के लिए एक चार दिवसीय यात्रा का आयोजन किया था। रायपुर से गए पत्रकारों के दल का मैं सबसे कम उम्र सदस्य था। तीन साल के प्रशिक्षण के बाद मैंने पूर्णकालिक काम करना प्रारम्भ किया ही था। लौटने के बाद रिपोर्ताज *देशबन्धु* में छपा था। यह मेरा पहला प्रकाशित यात्रा वृत्तांत था। उसकी प्रति मैं अपनी फाइलों में नहीं खोज पाया। लेकिन पुस्तक के अन्त में वह यात्रा वृत्तांत आप देख पाएँगे जो अगले ही साल यानी 1965 की गर्मियों में की गई एक और अध्ययन यात्रा पर लिखा गया था। पुस्तक खोलने पर जो पहिला वृत्तांत आप देखेंगे, वह 2004 में लिखित है।

इस तरह इस संकलन में चालीस साल की सुदीर्घ अवधि में की गई कुछ यात्राओं के विवरण हैं। इसमें से कुछ तो यात्राओं से लौटने के तुरन्त बाद ही लिखे गए हैं, लेकिन नियमित लिखने का सिलसिला 1998 के मध्य से ही शुरू हो सका। जितना लिख पाया हूँ, उससे कहीं ज्यादा लिखना बाकी है। यात्राएँ करना मेरा स्वभाव है, और मेरी जीवनचर्या का अभिन्न अंग है। इसलिए यदि कभी पुरानी यात्राओं के विवरण लिपिबद्ध कर सका तो शायद उसकी शुरुआत ग्यारह साल की उमर में पहिली बार अकेले की गई रेलयात्रा से होगी। यात्राओं के बारे में मेरा फलसफा क्या है, वह 1998 में लिखित *उजियारी रातों में घूमते हुए* की पहली किश्त में व्यक्त किया है। उसे यहाँ दोहरा देना शायद उचित होगा–

"मुझे यात्राएँ करना हमेशा अच्छा लगता रहा है। भूगोल के पन्नों से रूबरू होने से रोमांच होता है। शहर, गाँव, गलियाँ, नदी, झरने, पहाड़ आँखों से उतरकर शिराओं में बहने लगते हैं। इतिहास की इबारतें मानव सभ्यता के परत-दर-परत अर्थ खोलने लगती हैं। किले, महल, चर्च, मन्दिर, स्मारक, विजयद्वार और संग्रहालयों से गुजरते हुए कहीं पुराने विश्वासों की पुष्टि होती है तो कहीं नई समझ भी विकसित होती है। नए-नए लोगों से मिलने, बात करने, नए समाजों से परिचय पाने में विश्व समाज को समझ पाने, सामाजिक परिस्थितियों के विश्लेषण कर पाने के सूत्र मिलने लगते हैं। भाषा, भूगोल, वेशभूषा और खानपान की इतनी विविधताओं के बावजूद पूरी दुनिया में अपनी वैयक्तिकता में मनुष्य हर जगह एक है और सामाजिक परिस्थितियों का दबाव ही उसे

विशिष्ट या पृथक बनाता है, यह एहसास यात्राओं में बार-बार होता है। लेकिन अरबों लोगों की इस दुनिया में सामाजिक खंडों को पार कर व्यक्ति का निज स्तर पर तादात्म्य क्या सम्भव है ?

हर यात्रा के बाद नए अनुभव लेकर लौटता हूँ। व्यवसायिक कारणों से की गई विवश, चिन्तायुक्त, एकाकी यात्राएँ, मित्रों के साथ साहित्यिक-सांस्कृतिक समागमों के लिए की गई बहस और उत्तेजना से भरी यात्राएँ, दादा-दादी के साथ बचपन में की गई तीर्थ यात्राएँ, बाबूजी के साथ कभी सैर-सपाटे, कभी सामाजिक, कभी निजी उद्देश्यों से की गई यात्राएँ, परिवार के छोटे-बड़े सदस्यों के साथ छुट्टियों में की गई लम्बी यात्राएँ, या फिर पत्नी के साथ तरह-तरह के कारणों से, तरह-तरह की मनस्थितियों में की गई बड़ी और छोटी यात्राएँ, सारा जीवन जैसे इन यात्राओं में ही प्रवाहित होते रहा है। अगर किसी सुदूर देश की यात्रा की कल्पना मात्र से रोमांच हो आता है तो छत्तीसगढ़ के, सभ्य आँखों से ओझल गाँवों की गलियों में, घरों में, लोगों से बात करने, मिलने-जुलने से उससे कम स्फूर्ति नहीं होती।

कुछ यात्राओं से लौटकर उनके वृत्तांत लिखे हैं। अधिकांश के नहीं। हिन्दी में यात्रा वृत्तांत की कमी खलती है। क्या इस कमी को दूर करने में मेरी कोई सार्थक भूमिका हो सकती है ? मैं लिख तो लूँ लेकिन मेरे पास न तो उन्मुक्त सैलानी की विहंगम दृष्टि है, न सिद्ध साहित्यकार की सर्वग्राही संवेदनशीलता और न है मेरे पास प्रकांड पंडित की वेधक विश्लेषण क्षमता; फिर भी मन कहता है कि यात्रा संस्मरण लिखना ही है तो शुरुआत हाल ही में की गई यात्रा से क्यों न की जाए ?"

इनमें से लगभग सभी लेख *देशबन्धु* के अलावा *प्रभात ख़बर, लोकमत समाचार, दैनिक ट्रिब्यून* और *जनमोर्चा* में प्रकाशित हो चुके हैं। साथी सम्पादकों और पाठकों की अनुकूल प्रतिक्रियाएँ मिलने के कारण ही निरन्तर लिखने और पुस्तक रूप में संकलित करने का साहस जुटा सका। सम्पादकगण सर्वश्री हरिवंश, अच्युतानन्द मिश्रा, शीतला सिंह, विजय सहगल और विजय दर्डा का मैं आभार मानता हूँ कि उन्होंने इन यात्रा वृत्तांतों को अपने-अपने अख़बार में प्रकाशन योग्य समझा। मैं राजकमल प्रकाशन के श्री अशोक महेश्वरी को धन्यवाद देता हूँ जिनके आग्रह के बिना इन बिखरे लेखों को संकलित करना सम्भव नहीं होता। श्री मदन कश्यप ने इसमें रुचि ली, उनके प्रति भी मैं आभारी हूँ।

कोई भी यात्रा एकाकी नहीं होती। अपनी यात्राओं में जाने-पहचाने, दूर-पास के अनगिन लोगों का साथ मिला, सहयोग मिला। इनमें परिवार के सदस्य शामिल हैं, प्रेस के सहकर्मी भी हैं और मित्रमंडली भी है। पत्नी माया और बेटियाँ कई यात्राओं में साथ रही हैं, तो कई बार उन्हें मेरी लम्बी गैर हाज़िरी भी झेलनी पड़ी है। प्रभाकर चौबे और डॉ. हरिशंकर शुक्ल के साथ की गई ढेरों यात्राएँ अकसर लम्बी वैचारिक बहसों का अवसर जुटाती रही हैं। यात्राओं का शौक मुझे बाबूजी से या शायद अपने दादा-दादी से ही विरासत में मिला। मैं इस क्षण इन सबको भावुक होकर याद कर रहा हूँ।

रायपुर, 26 मार्च 2006

—ललित सुरजन

अनुक्रम

शरणार्थी शिविर में विवाह-गीत

एथेंस-1

दुनिया बदलने का विश्वास

सन् 2000 और 2004 के बीच दुनिया एकाएक बदल-सी गई है। बीसवीं सदी जब विदा ले रही थी, तब विश्व में हर सामान्यजन के हृदय में एक उम्मीद थी कि नई सदी मुक्ति का सन्देश लेकर आएगी, एक ऐसा वातावरण बनेगा जिसमें उपनिवेशवाद, गुलामी, युद्ध, आतंक, खून-खराबे का नामोनिशान न होगा, हवा में बारूद की गंध के बजाय बच्चों की किलकारियाँ तैरेंगी, सिर पर बार-बार मँडराते विनाश के काले बादल छँट जाएँगे और संसार में चारों तरफ अमनचैन का माहौल कायम होगा। ग्रीस की राजधानी एथेंस में मई 2000 में आयोजित विश्वशान्ति परिषद की सभा में जो प्रतिनिधि शामिल हुए थे, उन सबके मन में भी शायद यही विश्वास था। लेकिन एक साल बीतते न बीतते 11 सितम्बर 2001 की खौफनाक त्रासदी घटित हुई और सारा मंजर बदल गया। दुनिया पर निरंकुश राज करने का सपना देखनेवाली निर्मम ताकतें जैसे ऐसी ही किसी दुर्घटना का इन्तजार कर रही थीं। यह तो आज तक पता नहीं चल सका है कि न्यूयार्क के वर्ल्ड ट्रेड सेन्टर की मीनारों पर आत्मघाती हमला कर हजारों निरीह, निरपराध लोगों की हत्या करने की प्रेरणा किसकी थी, लेकिन यह सच्चाई जग-जाहिर है कि 9/11 को बहाना बनाकर नवसाम्राज्यवादी ताकतों ने किस तरह दुनिया की सुख-शान्ति छीन ली है और एक बार फिर आतंक का लम्बा साया हर ओर पसर गया है।

विश्वशान्ति परिषद की त्रिवार्षिक सभा इस माहौल के चलते एक साल विलम्ब से इस बार फिर एथेंस में 5 मई से 10 मई के बीच आयोजित हुई। सोवियत संघ के विघटन और एकध्रुवीय विश्वव्यवस्था के चलते विश्व का शान्ति आन्दोलन भी बीते बरसों में कुछ बिखर-सा गया था। एक वर्ग ऐसा था जो मानने लगा था कि सब कुछ ठीक हो रहा है और अब विश्व में किसी जनतान्त्रिक आन्दोलन की जरूरत नहीं रह गई है। लेकिन 9/11 के बाद अमेरिका और उसके पिछलग्गुओं ने जो हरकतें कीं, उसने सबकी आँखें खोल दीं। ये पता लगा कि सुख-शान्ति का स्थायी वातावरण बनाने के लिए अभी कुछ करना बाकी हैं। जो उत्साहहीनता तारी हो रही थी, वह छँटना शुरू हुई और शान्तिकामी जनता ने एक बार फिर आक्रान्ताओं के साथ दो-दो हाथ करने की ठानी। आज की नई चुनौतियों को स्वीकार करने का हौसला जागा। और इस नए उत्साह का ही फल था कि लम्बे समय बाद विश्वशान्ति परिषद की सभा में साठ से ज्यादा देशों ने शिरकत की। इन देशों के शान्ति संगठनों ने कुल मिलाकर लगभग दो

सौ प्रतिनिधियों को सभा में भेजा। यह मेरा सौभाग्य था कि अखिल भारतीय शान्ति एवं एकजुटता संगठन के प्रतिनिधि के नाते मुझे भी इस महत्त्वपूर्ण सभा में भाग लेने का मौका मिला।

एथेंस की सभा ऐसे हर अन्तरराष्ट्रीय कार्यक्रम की तरह एक शिक्षाप्रद अनुभव थी। ब्राजील और अमेरिका से लेकर जापान और कोरिया तक के जितने प्रतिनिधि आए थे, वे सब अपने-अपने देश में अपने संगठन के माध्यम से लड़ाई, आतंक और विग्रह के खिलाफ तथा शान्ति, सौहार्द्र और विकास के पक्ष में माहौल बनाने के काम में बरसों से जुटे हुए हैं। अमेरिका द्वारा पहले अफगानिस्तान फिर ईरान पर आक्रमण करने के बाद इन सबकी जिम्मेदारी और कठिनाइयाँ भी बढ़ गई हैं। अमेरिका ने ब्रिटेन, स्पेन, और कुछ अन्य देशों को साथ लेकर ईराक में जो उपनिवेश कायम कर लिया है, उससे शह पाकर दुनिया में अन्यत्र भी बहुत से सत्ताधीश युद्ध की भाषा में बात करने लग गए हैं और उससे आम जनता के बीच दहशत व अनिश्चितता का माहौल बन रहा है। फिर भी शान्ति के सिपाही अपना काम करने में पहले की तरह लगे हुए हैं। इन साथियों से बात करते हुए, उनके अनुभव सुनते हुए मुझे बार-बार यह दुख सालता रहा कि भारत में हमें क्या हो गया है। जब 15 फरवरी, 2003 को सारी दुनिया में 2 अरब से ज्यादा लोग ईराक पर हमले का विरोध करने सड़कों पर उतर आए थे, तब भारत की सड़कें सूनी और खामोश क्यों थीं ?

एथेंस में अमेरिका से अल्फ्रेड मार्डर आए थे। वे एक प्रतिष्ठित वकील और अमेरिकन शान्ति परिषद के अध्यक्ष हैं। मार्डर के साथ विभिन्न क्षेत्रों में काम कर रहे शान्ति दूतों का एक प्रतिनिधि मंडल आया था। पता चला कि अमेरिका में ऐसी आठ सौ संस्थाएँ हैं जो एक संयुक्त मोर्चा बनाकर बुश सरकार की विस्तारवादी नीतियों का सशक्त विरोध कर रही हैं। सामान्य तौर पर लोग अमेरिका का एक ही पक्ष देख पाते हैं और भारत का उच्च मध्यवर्ग तो उस पक्ष से ही बेतरह प्रभावित है। जो लोग अमेरिका का अनुसरण करते हुए पाकिस्तान पर हमला बोल देने की हिमायत करते हैं, उन्हें जरा यह दूसरा पक्ष भी देख लेना चाहिए।

अमेरिका से यदि सबसे ज्यादा प्रेरणा किसी ने ली है तो वह इजराइल है। इजराइल के युद्धपिपासु शासक बार-बार फिलिस्तीन पर एकतरफा हमले कर रहे हैं, उसके बेकसूर नागरिकों को मार रहे हैं और यासर अराफात को मार डालने की धमकी दे रहे हैं। उसे अमेरिका की शह लगातार मिली हुई है। लेकिन इसी इजराइल में वे लोग भी हैं जो फिलिस्तीन के साथ शान्ति कायम करना चाहते हैं, दोस्ताना सम्बन्ध बनाना चाहते हैं। इसमें वे सैनिक भी हैं, जिन्होंने फिलिस्तीन के खिलाफ हथियार उठाने से इनकार कर दिया है। इनकी संख्या हजारों में है। इस वक्त पाँच सैनिकों का हुक्मउदूली के लिए कोर्ट मार्शल हो रहा है। यह दुनिया के सैन्य इतिहास में एक अनोखी मिसाल है, जिससे बहुत कुछ सीखा जा सकता है।

अमेरिका का साथ जापान की कोइजामी सरकार भी दे रही है। जापान के संविधान

का उल्लंघन करते हुए उसने ईराक में सैनिक भेजे हैं। लेकिन यहाँ भी जापान की जनता निरन्तर अपनी सरकार का विरोध कर रही है। एथेंस की विश्व सभा के दौरान ये सारी बातें उभरकर सामने आईं। यूगोस्लाविया के विघटन के बाद सर्बिया के राष्ट्रपति का अपहरण कर उन्हें द हेग ले जाकर अन्तरराष्ट्रीय युद्ध-अपराधी घोषित कर मुकदमे का नाटक किया जा रहा है, हैती के राष्ट्रपति का अपहरण कर उन्हें देशनिकाला दे दिया गया, वैनेजुएला के राष्ट्रपति शावेज को अपदस्थ करने के लिए षड्यन्त्र रचे जा रहे हैं, क्यूबा के राष्ट्रपति और विश्व के अति सम्मानित जननेता फिदेल कास्त्रो के देश को तरह-तरह से परेशान किया जा रहा है, एशिया महाद्वीप में जगह-जगह पर अमेरिकी हस्तक्षेप बढ़ रहा है, पूरे विश्व में उसने सात सौ से ज्यादा सैनिक अड्डे स्थापित कर लिए हैं और जिससे राष्ट्रों की सम्प्रभुता को खतरा पहुँच रहा है, यह सारा घटनाचक्र स्पष्ट हुआ।

(10 जून, 2004)

एथेंस-2

शरणार्थी शिविर में विवाह-गीत

विश्वशान्ति परिषद की एथेंस सभा ने रेखांकित किया कि वैश्वीकरण के नाम पर ऐसी व्यवस्था लागू करने की कोशिश की जा रही है जिससे सिर्फ बहुराष्ट्रीय कम्पनियों का हित साधन हो रहा है। आर्थिक उदारीकरण का नारा उछालकर इन्होंने श्रमजीवी समाज के खिलाफ अब तक चल रहे दमनचक्र को और ज्यादा विस्तार दे दिया है। आज जीवन का कोई क्षेत्र नहीं बचा है जिस पर इन ताकतों ने निशाना न साध रखा हो। श्रमिक अधिकार, सामाजिक सुरक्षा, संगठित समझौते जैसे प्रक्रियाओं को नष्ट किया जा रहा है। सार्वभौम राष्ट्रों के प्राकृतिक संसाधन, शिक्षा व स्वास्थ्य, स्वच्छ पेय जल, अन्न का अधिकार, संस्कृति, खेल आदि सारी सेवाएँ और अधिकार एक के बाद एक वैश्विक पूँजी को हस्तान्तरित किए जा रहे हैं। वर्ल्ड बैंक, आई.एम.एफ. और डब्लू.टी.ओ. जैसी संस्थाएँ इन पूँजीवादी ताकतों के इशारे पर विभिन्न देशों में बेशर्मी से हस्तक्षेप कर रही हैं, वहाँ की सरकारों का भयादोहन कर रही हैं।

परिषद ने ये तथ्य सामने रखे कि 1995 तक दुनिया में प्रतिदिन पैंतीस हजार व्यक्ति याने साल में 1 करोड़ लोग भूख से मरते थे। छह साल के दरम्यान इस आँकड़े में भयानक वृद्धि हुई है और सन् 2001 में भूख से मरनेवालों की संख्या प्रतिवर्ष साढ़े तीन करोड़ से ऊपर पहुँच गई है। यह आँकड़े संयुक्त राष्ट्रसंघ की रिपोर्ट से उभरकर आए हैं। अफ्रीकी महाद्वीप में विभिन्न लड़ाइयों में गत दस सालों में चालीस लाख लोग मारे गए हैं और सन् 2002 में टी.बी., एड्स और मलेरिया से मरनेवालों की संख्या साठ लाख थी। आर्थिक उदारीकरण का यह फल है कि एक अरब अस्सी करोड़ लोग आज बेरोजगार हैं। ऐसा नहीं कि इन घातक नीतियों को लागू करने और बढ़ावा देनेवाला देश अमेरिका ही इनसे बच गया हो। अमेरिका के कृषि मन्त्रालय की ताजा रिपोर्ट में बताया गया है कि एक करोड़ बीस लाख अमेरिकी किसानों ने कहा है कि अपनी अल्प कमाई में वे रोजमर्रा की जरूरी चीजें भी नहीं खरीद पा रहे हैं। अड़तीस लाख अमेरिकी परिवार भूखे मरने की नौबत में हैं और प्रतिदिन छह लाख बच्चों को भूखा सोना पड़ता है।

दुनिया में राज्य का आतंक फैलाने में अमेरिका अकेला नहीं है। ईराक युद्ध में यूरोप के अनेक देशों ने उसका खुलकर विरोध किया, लेकिन यूरोपीय यूनियन की नीतियाँ गरीब यूरोपीय जनता के पक्ष में नहीं हैं, यह बात प्रतिनिधियों से आपसी चर्चा

के दौरान सामने आई। भूमध्यसागर के द्वीप राष्ट्र माल्टा के प्रतिनिधियों ने बताया कि यूरोपीय समुदाय में शामिल होने के लिए किए गए जनमत संग्रह में बड़े पैमाने पर धाँधली की गई और माल्टा को एक तरह से उसकी इच्छा के विरुद्ध और गैरकानूनी तरीके से शामिल कर लिया गया। यूरोप में नाटो के विस्तार और यूरोपीय सशस्त्र सेना के गठन के प्रस्ताव पर भी विश्वशान्ति परिषद में गहरी चिन्ता प्रकट की गई।

पाँच दिन तक चली सभा में उपरोक्त मुद्दों पर तो विचार किया ही गया, विश्व के विभिन्न देशों और भू-भागों में विद्यमान स्थितियों पर भी विस्तारपूर्वक चर्चा हुई और यह संकल्प लिया गया कि विश्वशान्ति परिषद अपनी पूरी ताकत के साथ नव-साम्राज्यवादी ताकतों के खिलाफ लड़ती रहेगी; जहाँ भी मुक्तिकामी जनता इनके विरुद्ध संघर्षरत है, परिषद उसके साथ है और वह शान्ति, समानता, न्याय और एकता की बुनियाद पर खड़े समाज की रचना के लिए निरन्तर कार्य करती रहेगी।

एथेंस की सभा में भारतीय उपमहाद्वीप की स्थितियों पर भी चर्चा होती, यह स्वाभाविक था। भारत और पाकिस्तान के बीच सम्बन्ध सामान्य करने की दिशा में सरकारी स्तर पर जो कदम उठाए गए हैं उन्हें सभा ने नोट किया और यह विश्वास व्यक्त किया कि दोनों देशों की जनता के बीच आपसी सम्पर्कों को बढ़ाने से स्थितियाँ सुधारने में मदद मिलेगी। बंगलादेश में सैनिक अड्डा स्थापित करने के लिए आ रहे अमेरिकी दबाव पर भी सभा ने चिन्ता जाहिर की।

औपचारिक सूत्रों का अपना महत्त्व है, लेकिन सभाकक्ष के बाहर के खुले माहौल में जो परिचय हुए, पुराने मित्रों से दुबारा भेंट हुई, नए मित्र बने और अलग-अलग देशों में भिन्न-भिन्न कामों में जुटे साथियों से जो चर्चाएँ हुईं, वे भी कम कीमती नहीं थीं। मुझे भारतीय मूल के अमेरिकी वैज्ञानिक प्रसाद वेणुगोपाल से मिलकर सुखद आश्चर्य हुआ। एक तरफ जब हमारे एन.आर.आई. काफी बड़ी संख्या में कठमुल्लेपन, धार्मिक उन्माद और अविश्वास को समर्थन दे रहे हैं, तब यह युवा भौतिकशास्त्री अमेरिकी शान्ति परिषद के साथ काम करते हुए विश्वशान्ति के लिए, आण्विक निशस्त्रीकरण के लिए, विज्ञान के शान्तिपूर्ण उपयोग के लिए और युद्ध के विरुद्ध अभियान में लगा हुआ है। बेल्जियम के भौतिकशास्त्री ज्याँ पेस्तिआऊ भी इसी तरह अपने देश में अमेरिकी साम्राज्यवाद के खिलाफ अभियान में जुटे हुए हैं। पूर्व यूगोस्लाविया (आज सर्बिया–मांटेनिगरो) की बेलग्रेड फोरम संस्था के भूतपूर्व राजदूत ड्रैगान बुसिसेविक के साथ मेरी काफी चर्चाएँ हुईं। उनके साथ फ्रीडम एसोसिएशन संगठन के प्रतिनिधि क्रिस्लियानिन ब्लादीमीर थे; जो कवि हैं, अनेक कविता संग्रह छप चुके हैं और जो अपने पूर्व राष्ट्रपति मिलोसेविक पर चल रहे मुकदमे को खत्म करने के लिए काम कर रहे हैं।

एक दिन ग्रीस में कार्यरत फिलिस्तीनी श्रमिकों के संघ के प्रतिनिधि मुझसे मिलने आए। उन्होंने मुझे फिलिस्तीनी विवाह गीतों की एक सीडी भेंट की और आग्रह किया कि इसकी प्रतियाँ मैं भारत लौटकर अपने मित्रों को भेंट दूँ और यह बताऊँ कि साठ साल से अधिक समय तक लगातार शरणार्थी जीवन जीते हुए, हर पल इजराइली हमलों

की आशंका के बीच साँस लेते हुए, हज़ारों बेकसूरों की मौत के बाद भी किस तरह फिलिस्तीन की जनता ने अपनी जिजीविषा को बचा रखा है, कि मौत के साये में दिन गुजारते हुए वे अपने संगीत से, गीतों से ताकत पाते हैं। मैंने उनके माध्यम से बहादुर फिलिस्तीनी कौम को अपना सलाम भेजा।

विश्वशान्ति परिषद की सभा में मेरे लिए सबसे मार्मिक अनुभव पाकिस्तान के प्रतिनिधि एडवोकेट अख्तर हुसैन और उनकी पत्नी से मिलना था। पाँच दिन हम साथ रहे, हर रात एक ही टेबल पर साथ-साथ खाना खाया और खूब बातें कीं। एक दिन संयोग से मैं दूसरी टेबल पर था। खाने में मेरी पसन्द का कोई व्यंजन विशेष तौर पर आया। मैं आश्चर्यचकित। भोजन के बाद श्रीमती हुसैन ने पूछा—'व्यंजन पसन्द आया। आपने भिजवाया था ?' 'और नहीं तो क्या, दो दिन से देख रही हूँ आपको यहाँ का भोजन बहुत पसन्द नहीं आ रहा है। आप तो संकोच में कुछ कहते नहीं। मैंने ही किचन में जाकर कहा कि मेरे भाई के लिए यह डिश बनाओ। वे हैदराबाद की हैं और उनके बचपन में माता-पिता पाकिस्तान चले गए थे। दस मई की रात हम जब विदा होने लगे तो हम लोग एक-दूसरे के गले मिलकर रोए और उम्मीद की कि फिर मिलेंगे।

(1 जून, 2004)

सभ्यताओं के संगम पर

एथेंस एक अनोखा शहर है। प्राचीनता और आधुनिकता के संगम व साहचर्य ने इसे एक निराली छवि प्रदान की है। मेरे देखे में ऐसा कोई दूसरा शहर नहीं है। हो सकता है कि रोम कुछ-कुछ ऐसा हो। भारत की बात करें तो तुलना के लिए दिल्ली को सामने किया जा सकता है, लेकिन तुलना बहुत आगे नहीं जाती। ग्रीस की राजधानी और भारत की राजधानी दोनों बहुत पुराने शहर हैं, लेकिन दोनों के चरित्र में अनेक अन्तर हैं।

एथेंस कोई तीन हजार साल पुराना नगर है। शायद और भी पुराना हो। एक राजनीतिक दर्शन के रूप में गणतन्त्र के बीज इसी नगर में बोए गए थे। यह सुकरात, प्लेटो और अरस्तू का शहर है। यह ओलम्पिक का शहर भी है। इस सबके बावजूद एथेंस दुनिया की अनेक राजधानियों और महानगरों की तुलना में एक छोटा शहर ही कहलाएगा।

एशिया और यूरोप के सन्धिस्थल पर बसे इस नगर ने अपनी पुरातन स्मृतियों को खूब सहेजकर रखा है। कुछ वर्ग किलोमीटर के दायरे में ही न जाने कितने भग्नावशेष हैं। दो हजार साल पुरानी लायब्रेरी, सभागार, प्रेक्षागृह, न्यायपीठ, मन्दिर, जलकूप, नहरें, मूर्तियाँ सभी कुछ तो हैं। ये सब विश्व धरोहर हैं और यूनेस्को तथा यूरोपीय यूनियन आदि के अनुदान से इन सबको संरक्षित करने का काम निरन्तर चल रहा है। अपनी भव्यता से ये खँडहर पर्यटकों को अभिभूत कर देते हैं। लेकिन कम से कम एक भारतीय पर्यटक को चकित करनेवाली बात ये है कि ये तमाम पुरावशेष एथेंस के आधुनिक शहर के साथ-साथ सुरक्षित और निश्चिन्त भाव से जी रहे हैं। उपमा देना हो तो जैसे कोई काबिल सन्तान बूढ़े माँ-बाप की देखभाल जतन से कर रही हो।

एक सप्ताह के एथेंस प्रवास में मुझे जब जैसा समय मिला, मैं शहर की गलियों और पुरावशेषों में भटकता रहा। मुख्य शहर की सड़कें बहुत ज्यादा चौड़ी नहीं हैं। कई तो ऐसी हैं कि एक कार निकले तो पूरी चौड़ाई को घेर ले। कुछ ऐसी हैं जिनसे सिटी बस गुजरती है तो आजू-बाजू के मकानों को छुआ जा सकता है। भोपाल के चौक, जबलपुर के सराफा बाजार, रायपुर की पुरानी बस्ती या बिलासपुर के गोंडपारा-मसानगंज की बसाहट को याद करिए तो एथेंस की कुछ-कुछ तस्वीर बन सकती है। भोपाल के चौक से जैसे सात-आठ सड़कें विभिन्न दिशाओं में फूटती हैं, वैसे ही एथेंस के ओमोनिया चौक से।

ओमोनिया चौक शहर का हृदयस्थल है। ऊपर चौक है और नीचे मैट्रो रेल का जंक्शन। यहाँ से फूटनेवाली हर सड़क दस-पन्द्रह मिनट की पैदल यात्रा में किसी खँडहर तक पहुँचा देती है। इन सड़कों पर कहाँ बाजार खत्म हो जाता है और कहाँ इतिहास की खिड़कियाँ खुलने लगती हैं, पता ही नहीं चलता। तारीफ़ यह है कि नवीन और प्राचीन दोनों ने अपनी-अपनी मर्यादा बचा रखी है। प्राचीन स्मारकों के परकोटों से एकदम सटकर दर्जनों रेस्तराँ हैं। सैकड़ों लोग वहाँ बैठकर चायपान कर रहे हैं, लेकिन मजाल है कि गन्दगी का एक कण, कागज का एक टुकड़ा, सिगरेट की एक टोंटी तो कोई स्मारक के भीतर फेंकता हो।

इन प्राचीन स्थलों में सबसे महत्त्वपूर्ण है पार्थिनान। पहाड़ी पर बसा एक विस्तृत संकुल। यहाँ प्राचीन यूनानी देवी-देवताओं के मन्दिर बनाए गए थे। समय की मार से सब ध्वस्त हो चुके हैं। एक सूचनाफलक पर लिखा था, "ढाई हजार साल पहले एथेंस के गणराज्य की महत्ता को दर्शाने के लिए ये निर्माण किए गए थे।" सम्भव है कि उस युग में जब यूनान नगर-गणराज्य का प्रयोग कर रहा था, तब आसपास के राजतन्त्रों के मुकाबले अपनी श्रेष्ठता सिद्ध करने के लिए तब के नगरपिताओं ने यह निर्णय लिया हो। लेकिन इनको देखने से एक और बात महसूस होती है कि उस दौर के गणराज्य भी शायद कुलीनों व सम्पन्नों के हाथ में रहे होंगे।

जो भी हो, एथेंस के पुरावशेष एक और तथ्य उजागर करते हैं कि पश्चिमी सभ्यता में इतिहास के प्रति एक सम्मानपूर्ण सतर्कता है। छोटी-से-छोटी घटना का रिकार्ड रखने का सिलसिला वहाँ शायद तब से चला आ रहा है जब से लिपि का आविष्कार हुआ होगा। पहाड़ी के नीचे बसे प्राचीन अगोरा (शहर का मुख्य गतिविधि केन्द्र) के खँडहरों में मुझे दो-तीन रोचक शिलालेख देखने को मिले। एक में नगर या क्षेत्र प्रशासक द्वारा किसी नागरिक को दिए गए खनिज पट्टे का पूरा विवरण था। तारीख, स्थान, उत्खनन की अवधि, सालाना लीज़ आदि। हमारे माइनिंग विभाग का एक डेलीगेशन इस व्यवस्था का अध्ययन करने एथेंस भेजा जा सकता है। एक दूसरे शिलालेख में दो नागरिकों के किसी आपसी विवाद पर पंच-फैसले को उत्कीर्ण किया गया था।

इन स्मारकों में अनेक मूर्तियाँ थीं। बहुत-सी तो देवी-देवताओं की थीं, लेकिन शासकों की प्रतिमाएँ कम नहीं थीं। उन्हें देखते हुए अनुमान हुआ कि अंग्रेजों ने या पश्चिम के अन्य देशों ने शासकों की मूर्तियाँ स्थापित करने का चलन प्राचीन ग्रीस से ही लिया होगा। भारत में भी यह परम्परा अंग्रेजों के साथ आई होगी अन्यथा हमारे पुरावशेषों में पुराने राजा-महाराजाओं की प्रतिमाएँ कहाँ हैं ? दो हजार साल से ज्यादा प्राचीन ये निर्माण और कलाकृतियाँ एक ओर तो उस समय के कला वैभव, शिल्प-कुशलता और तकनीकी का परिचय देते हैं, वहीं दूसरी ओर सूने खड़े या धराशायी पच्चीस-पच्चीस फीट ऊँचे स्तम्भ, टूटी छतें और दीवारें, भग्न मूर्तियाँ यह भी बतलाती हैं, कि मनुष्य अपने को अमर करने के लिए क्या-क्या उपाय नहीं करता, यह जानते हुए कि अन्त क्या होना है।

एथेंस की यह चर्चा उसके वर्तमान की किंचित चर्चा किए बिना अधूरी रह जाएगी। कुछ ही दिनों बाद वहाँ ओलम्पिक खेलों का आयोजन होना है, लेकिन शहर के मुख्य भाग में उसे लेकर फिलहाल कोई गहमागहमी नहीं थी। इतना जरूर था कि एयरपोर्ट पर स्वागत भाव से कुछ अन्य देशों के पोस्टर लगे थे और लगभग हर बड़ी-छोटी दूकान पर ओलम्पिक के कीरिंग, ताश की जोड़ी, टी-शर्ट आदि स्मृति चिह्न बिक रहे थे।

दो साल पहले विश्व पर्यावरण दिवस 5 जून, 2002 को एथेंस में यूरोप के बत्तीस बड़े शहरों के महापौर एकत्र हुए थे और उन्होंने शहर की सड़कों पर साइकिल चलाकर पर्यावरण की रक्षा का सन्देश दिया था। लेकिन मुझे एक सप्ताह में सिर्फ एक बार एक साइकिल सवार के दर्शन हुए। अन्यथा सब लोग बस, कार, बाइक की ही सवारी करते हैं। इसका कारण यह भी हो सकता है कि चारों तरफ पहाड़ियों से घिरा एथेंस कटोरे की शक्ल में बसा है और सड़कें ऊँची-नीची हैं।

संकरी सड़कों के बावजूद शहर में जगह-जगह बहुत से खुले फुलवारीयुक्त स्थान हैं। ग्रीस के संसद भवन से सटकर ही एक खूब बड़ा चौरस प्रांगण है, जिसमें लोग कबूतरों को दाना चुगाते हैं और आराम फरमाते हैं। किसी तरह का भय या आशंका नहीं। संसद भवन के बाहर फुटपाथ पर चार-छह गुमटियाँ भी थोड़ी-थोड़ी दूर पर लगी हैं, जहाँ सौदा-सुलफ होता रहता है। ऐसे दृश्य देखकर यह ख्याल तो आता ही है कि हमारे यहाँ कब स्थितियाँ इस तरह सामान्य हो पाएँगी।

एथेंस में भारतीय तो कम होंगे, लेकिन बंगलादेशी आप्रवासी काफी संख्या में हैं। ये इलैक्ट्रॉनिक सामान के व्यापार में ज्यादातर लगे हैं। मुझे अनेक बंगलादेशी नौजवान सड़कों पर दूकान सजाकर बैठे मिले। वहाँ जो 'इंडियन रेस्तराँ' हैं, उन्हें भी हमारे पड़ोसी ही चलाते हैं। ताज, कोहिनूर, बाम्बे आदि नाम इन रेस्तोराओं के सामान्य तौर पर होते हैं। लेकिन मुझे 'गांधी' रेस्तराँ एथेंस में ही नज़र आया।

एथेंस चूँकि पूर्व और पश्चिम को जोड़ता है, इसलिए कुछ मामलों में वह हमारे जैसा भी है। मसलन, वहाँ यूरोप के किसी भी देश के मुकाबले कार के हॉर्न बजाने को उतना बुरा नहीं माना जाता। एथेंस के टैक्सीवालों से किराया तय करना सरदर्द से कम नहीं है। वहाँ मिठाई की दूकानों में जलेबी और इमरती बिकना आम है। 'बकलावा' एक तरह से कहें तो उनका राष्ट्रीय मिष्ठान्न है, जिसे भारत में हम सोहन हलुवा, बम्बई हलुवा या कराँची हलुवा के नाम से जानते हैं।

(17 जून, 2004)

मेहनत की कमाई

इसमें दो राय नहीं कि भारत और मध्य एशिया के आपसी सम्बन्ध सदियों पुराने हैं। दोनों ने एक-दूसरे से बहुत कुछ पाया है। आज जिस तरह से इंग्लैंड में 'इंडियन करी' लोकप्रिय है और भारत में हर पार्टी में 'चायनीज' व्यंजन परोसना जैसे अनिवार्य हो गया है, वैसे ही अतीत के किसी समय में भी भारत ने अपने पड़ोसी देशों के साथ व्यंजनों और व्यंजन-विधियों का आदान-प्रदान किया होगा। दोस्ती बढ़ाने के प्रयत्न में अच्छे भोजन की जो भूमिका है, उससे भला कौन अपरिचित है। परस्पर सम्बन्धों की यह श्रृंखला मध्य एशिया की सरहदों को पार कर किसी दिन यूरोप के प्रवेश द्वार भी पहुँची होगी। एथेंस में मुझे सोहन हलुआ, जलेबी और इमरती के दर्शन हुए, उसे मैं आपनी साझा सांस्कृतिक विरासत का एक पुख़्ता सबूत ही मानता हूँ।

कई साल पहले मास्को के 'बाकू' नामक रेस्तराँ में मैंने जलेबी खाई थी। अज़रबेज़ान की राजधानी बाकू के नाम पर बने इस रेस्तराँ में जलेबी को अज़ेरी व्यंजन के रूप में ही पेश किया गया था। इसी तरह उज़बेकिस्तान के शहरों समरकन्द और बुखारा में बताशा, शक्कर की चिरौंजी (जो हमारे यहाँ प्रसाद में बाँटते हैं) की डलियाँ और शुद्ध शक्कर से बनी बर्फियाँ देखकर मुझे हैरत हुई थी। एथेंस में हमारे साथी पल्लव सेनगुप्ता ने एक और मिठाई पैक करवा ली थी घर ले आने के लिए। इस्तांबूल एयरपोर्ट पर जब उन्होंने अपना बैग खोला तो मिठाई की चाशनी बैग में फैल गई थी। जल्दी-जल्दी डिब्बा बाहर निकाला। दो किलो मिठाई, क्या करें। पहले तो हमने ही एक-एक पीस खा लिए। रंग-रूप-स्वाद में एकदम होली के समय बननेवाले सिन्धी गुँझिए की तरह।

एयरपोर्ट पर बहुत सारे उपमहाद्वीपीय यात्री थे—भारत, पाकिस्तान, बंगलादेश के। हमने उन सबको वह मिठाई प्रेमपूर्वक खिलाई और परदेस के एक हवाई अड्डे पर अपनी मैत्री मजबूत की। अधिकतर यात्री नौजवान थे। 25 से 40 साल आयु वर्ग के। टर्किश एयरलाइंस का किराया चूँकि अपेक्षाकृत कम है, इसलिए इस्तांबूल होते हुए वे अलग-अलग ठिकानों पर जा-आ रहे थे। प्रतीक्षाकक्ष में मैं और मेरे साथी आपस में बात कर रहे थे कि एक नौजवान पास आया। "आप उर्दू में बात कर रहे हैं।" "नहीं हिन्दी में, लेकिन हाँ समझो उर्दू में ही। लेकिन आप ?" "जी ! आप लोगों को बात करते सुना तो लगा, कोई अपनेवाले ही हैं। वतन की याद आ गई।" फिर तो बहुत देर तक बात

होती रही। वह युवक पाकिस्तान के किसी गाँव का था। कई साल से साइप्रस में काम कर रहा है। रैग्ज़ीन-कैनवास के बैग बनानेवाले किसी कारखाने में। साइप्रस में ही शादी कर ली थी यूरोपीय सहकर्मी से। नहीं निभी तो तलाक हो गया। अब वह 4-5 साल बाद अपने घर लौट रहा था। घरवालों ने उसका निकाह तय कर दिया है। शादी के बाद साइप्रस काम पर लौट आएगा। दो-चार मिनट बाद ही उसने मुझे 'अंकल' कहना प्रारम्भ कर दिया था और मैं आपके बजाय तुम का ज्यादा आत्मीय सम्बोधन देने लगा था।

एथेंस जाते वक्त दस घंटे और लौटते वक्त पाँच घंटे इस्तांबूल विमानतल पर बिताए। बहुत से ऐसे युवाओं से बातचीत हुई जो घर-बार छोड़ दूर देश कामकाज करने गए हैं। एक और रोचक घटना हुई। कुछ महिलाएँ और बच्चे भी प्रतीक्षाकक्ष में थे। उन्हें मिठाई पेश करते हुए मैंने अन्दाज से पूछा—रूसी ? नहीं, कज़ाकिस्तान और आप ? मैंने बताया—इंडिस्की, भारतीय। इतना सुनना था कि एक महिला ने 'आवारा हूँ' गाना शुरू कर दिया। यह मेरे लिए आश्चर्य की बात थी। पुरानी पीढ़ी के रूसियों में राजकपूर और 'आवारा' लोकप्रिय थे। बाद में थोड़े समय के लिए उनका स्थान मिथुन चक्रवर्ती और 'डिस्को डांसर' ने ले लिया था। आश्चर्य यही था कि राजकपूर आज भी और अपेक्षाकृत युवा पीढ़ी के बीच याद किए जा रहे हैं। ये कज़ाक महिलाएँ तुर्की तक ही आई थीं। इस्तांबूल और अंकारा के बाजार से थोक सामान खरीदकर वे अपने देश बेचने के लिए ले जाती हैं।

दिल्ली से जाते वक्त मेरे बाजू की सीट पर एक भारतीय युवक बैठा था। वह झारखंड के गिरिडीह जिले का निवासी था। उसके साथ बाईस साथी और थे। ये सब अल्जीरिया के किसी प्रान्त में काम करने जा रहे थे। बिजली के टावर खड़े करने और लाइनें बिछाने का काम। भारत में आन्ध्रप्रदेश और उड़ीसा में वह यह काम कर चुका है। जिस कम्पनी में काम करता है, उसे अल्जीरिया सरकार से ठेका मिल गया। झारखंड के गाँवों से आए इन मेहनतकश नौजवानों की टोली के साथ कोई दलनेता नहीं था। सब पहली बार विदेश जा रहे थे। पहली बार विमान में बैठ रहे थे। अंग्रेजी का ज्ञान बिल्कुल नहीं। लेकिन उनके चेहरों पर कोई उद्वेग या चिन्ता मैंने नहीं देखी। सीट बेल्ट बाँधने, ट्रे में तुर्की शैली का भोजन करने या आप्रवासन फॉर्म भरने जैसे कामों में उन्हें थोड़ी असुविधा जरूर हुई लेकिन आजूबाजू बैठे सहयात्रियों की सहायता से काम चलते गया। मेरे लिए यह भी एक नया अनुभव था। इसके पहले की अनेक विदेश यात्राओं में मुख्य तौर पर एक ही अनुभव होता था—उद्दंड भारतीय यात्रियों का मदिरापान, हो-हल्ला और लड़ना-झगड़ना, जिसके बीच मैं शर्म से सिर गड़ाए बैठा रहता था। एक बार मास्को से लौटते वक्त एयरोफ्लोट के विमान में जब ऐसे ही किसी नौजवान ने नशे मे बदतमीजी की तो उसे स्टॉफ ने हाथ-पैर बाँधकर पीछे की सीट पर पटक दिया था। दो नम्बर की कमाई और मेहनत की कमाई के बीच का यह फर्क था।

टर्किश एयरलाइंस का तुर्की भाषा में नामकरण है—'तुर्क हवा योल्लारी'। दिल्ली

विमानतल पर जब अपने बोर्डिंग कार्ड पर मैंने यह देखा तो अपनी भाषाविज्ञान की पढ़ाई सहसा याद आने लगी। हिन्दी में बहुत-सी भाषाओं से शब्द लिए गए हैं, जिनमें तुर्की भाषा भी एक है। 'हवा' शब्द तुर्की का ही है। सैकड़ों शब्द हिन्दी में आए और हिन्दी के होकर रह गए। तुर्की भाषा रोमन लिपि में लिखी जाती है। ऐसा करने का निर्णय लगभग अस्सी साल पहले आधुनिक तुर्की के निर्माता कमाल अतातुर्क ने लिया था। इस वजह से तुर्की न जाननेवाला व्यक्ति भी उसे पढ़ तो सकता ही है। हम विमान में सवार हुए तो एयरलाइंस की 'इन-फ्लाइट' पत्रिका मैंने लपककर उठा ली। यह देखने के लिए कि तुर्की भाषा में ऐसे और कौन से शब्द हैं, जिन्हें मैं पहचान सकता हूँ। डेढ़ सौ पेज की पत्रिका के हर पन्ने पर ऐसे दो-चार शब्द थे, जो हिन्दी में भी खूब चलते हैं। कुल मिलाकर दो सौ से ज्यादा ही परिचित शब्द मैंने गिने होंगे। मसलन ज़िन्दगी। पहले सोचा कि नोट कर लूँ, फिर सोचा व्यर्थ की मेहनत होगी। जिन शब्दों को हम रोजमर्रा इस्तेमाल कर रहे हैं, उनकी सूची मुझे किसे पेश करना है। तमाम शब्दों के बीच एक शब्द ने मुझे जमकर आकर्षित किया—सैय्यान, जिसे प्रिय के बदले इस्तेमाल किया गया था। इन फ्लाइट पत्रिका के सम्पादक का पाठकों को पत्र—डीयर कस्टमर्स की जगह सैय्यान। व्योमबाला की उद्घोषणाएँ—लेडीज एंड जैंटलमैन का तर्जुमा—सैय्यान।

गरज ये कि भाषा हो या भोजन—भारत इस मायने में सौभाग्यशाली है कि उसने अपने खिड़की-दरवाजे कभी बन्द नहीं रखे और नए-नए विचारों को ताजा हवा की तरह भीतर आने दिया। और इसी तरह घर से बाहर कदम रखा तो अपने ज्ञान, परिश्रम और अनुभवों की सुगन्ध दूर देशों तक पहुँचाने में कोई कमी नहीं की। एथेंस की सड़कों पर कतार से लगे शहतूत की कच्ची-पक्की फलियाँ तोड़कर खाते हुए मुझे भारत याद आता रहा। और जब एथेंस के बाज़ार में राह चलते सऊदी अरब में काम कर रहे युवा राहुल मलिक से सपत्नीक मुलाकात हुई और पता चला कि उनकी पत्नी कटक के मेरे रोटेरियन बन्धु डॉ. जी.पी. मोहान्ती की भतीजी है तो मैं जैसे एक छलाँग लगाकर घर ही पहुँच गया।

(24 जून, 2004)

गोवा एवं कोंकण

I

19 मार्च, 2004 की शाम। गोवा के कालंगुट समुद्र तट पर टहलत हुए, हम एक कम भीड़भाड़वाले हिस्से तक चले गए। फूलमालाओं-वन्दनवारों से सजा एक पूजा मंडप दिखा और उसके बीच लगभग बुझा हुआ एक हवन कुंड। अनुमान हुआ कि कुछ देर पहले ही यहाँ कोई मांगलिक कार्य सम्पन्न हुआ है। हमने कोई पूछताछ नहीं की। कुछ समय बाद कालंगुट बस्ती में रात के भोजन के लिए मुक्ताकाशी रेस्तराँ में गए, जो हमारे होटल के नजदीक ही था। आर्डर देकर भोजन की प्रतीक्षा में बैठे थे कि वेटर केक लेकर आया। यह किस उपलक्ष्य में, पूछने पर उत्तर मिला—पास की एक टेबल से भेजा गया है। मैं उठकर उस टेबल तक गया। पगड़ी और कुर्त्ता-पाजामे में एक सजीला विदेशी युवक और साड़ी और हार-वेणी से अलंकृत विदेशी युवती अपने कुछ देशी-विदेशी मित्रों के साथ बैठे थे। बातचीत में मालूम हुआ कि इंग्लैंड का यह दम्पती अपने विवाह की दसवीं सालगिरह मनाने गोवा आया है। समुद्र तट पर उन्होंने ही भारतीय पद्धति से इस शुभ अवसर पर समारोह किया था। पति मार्क विड्डोसन पेशेवर गोताखोर हैं और पत्नी डॉन लंदन में एक वृद्धाश्रम में परिचारिका हैं। हमने उन्हें यह कहकर बधाई दी कि हमारे विवाह को छत्तीस साल हो चुके हैं, उनका वैवाहिक जीवन भी ऐसा सुदीर्घ हो। वे दोनों यह शुभेच्छा सुनकर आनन्दित हुए। हमारे साथ फोटो खिंचवाया, और यह जानने पर कि मैं पत्रकार हूँ, अखबार में फोटो छपने की उत्सुकता भी दिखाई।

❐

गोवा को विदेशी सैलानियों का स्वर्ग कहा जाता है। कालंगुट के उत्तर में अंजुना बीच तो हिप्पियों के आमदरफ्त के कारण ख्यात-कुख्यात ही है। समुद्र तट के आसपास के होटलों में विदेशी पर्यटक ही ज्यादातर ठहरते हैं। इनमें सम्पन्न विदेशियों की संख्या बहुत कम होती है। अधिकतर मार्क और डॉन की तरह सामान्य परिस्थितिवाले होते हैं, जो साल भर भरपूर मेहनत करते हैं, पैसा बचाते हैं, और कम खर्च में छुट्टियाँ मनाने के लिए गोवा जैसे स्थानों पर आते हैं, जो यूरोप-अमेरिका के पर्यटन केन्द्रों के मुकाबले बेहद सस्ते होते हैं। यह एक सरल वास्तविकता है, जिसे न भारत सरकार, न आम नागरिक समझना चाहता है। इसमें दोष सरकार का ज्यादा है, जो भारत के पर्यटन को

महँगे उद्योग के रूप में विकसित करने में जुटी है। हवाई सफर, होटल किराया, टैक्सी-भोजन सबके दाम यह सोचकर निर्धारित किए जाते हैं कि औसत आदमी अपने घर से बाहर कदम ही न रख सके।

❒

गोवा की आबादी लगभग चौदह लाख है। यह एक सजग, साक्षर प्रदेश है और मेरा अनुमान है कि वहाँ जनसंख्या वृद्धि की दर राष्ट्रीय औसत से काफी कम होगी। सीमित आबादी के कारण प्रदेश में बहुत ज्यादा नई इमारतों की जरूरत नहीं होना चाहिए। लेकिन यह महँगे पर्यटन का ही मुख्य तौर पर कमाल है कि सुदीर्घ समुद्रतट के किनारे पर्वतमाला और सघन हरियाली के बीच बसे इस सुन्दर प्रान्त में सीमेन्ट कांक्रीट की बदसूरत बहुमंजिली व्यावसायिक इमारतें सिर उठा रही हैं। चार सौ वर्ष के पुर्तगाली शासन के दौरान स्वाभाविक तौर पर यहाँ भारत और यूरोप का मिलाजुला भवन-शिल्प विकसित हुआ था, जो गोवा को अलग पहचान देता था। मड़गाँव, पणजी और मापुसा जैसे नगरों में तो यह शिल्प लगभग नष्ट हो चुका है। ग्रामीण अंचल में भी वह तेजी से खत्म होने के रास्ते पर है। इस तरह जाने-अनजाने में एक महत्त्वपूर्ण ऐतिहासिक विरासत लुप्त होने जा रही है। मैं यह नहीं समझ पाया कि भारतीय प्रभाववाले इस पुर्तगाली शिल्प को सुरक्षित रख एक आकर्षण बिन्दु बनाने में गोवा के पर्यटन उद्योग को दिलचस्पी क्यों नहीं है।

❒

जिस तरह से मनुष्य निर्मित धरोहर को तोड़ा जा रहा है, कुछ वैसी ही स्थिति प्राकृतिक सम्पदा की भी है। गोवा के समुद्रतट और मांडवी-जुआरी नदियों के तट मैंग्रोव (दलदली वृक्ष) के लिए जाने जाते थे। भारत की समृद्ध जैवविविधता को सुरक्षित रखने का काम ये वृक्ष हजारों सालों से करते आए हैं। लेकिन अब उन पर भी खतरा मँडरा रहा है। भवन, सड़क आदि निर्माण और माइनिंग उद्योग के चलते गोवा की हरियाली कब तक कायम रह पाएगी, इसका अनुमान ही लगाया जा सकता है। मैंने गोवा में पहली बार कोकम का वृक्ष देखा, जिसका पना और कढ़ी हमारे घर में बचपन से बनते रहे हैं। वहीं मैंने नागकेसर का अत्यन्त मनमोहक फूल भी देखा, जिसे स्थानीय निवासी लिंगा फूल के नाम से जानते हैं। चारों तरफ फूल रहे शिरीष के पीले फूले मुझे छत्तीसगढ़ की याद दिलाते रहे तो मन्दार के सुर्ख लाल फूल भी उनसे बराबरी से मुकाबला कर रहे थे। कितना अच्छा हो कि गोवा की जनता इस सम्पदा को बचाने के लिए सचेष्ट रहे। उसी तरह से जैसे उसने अपने तटों और अन्य पर्यटन स्थलों में सफलतापूर्वक पॉलीथिन के कचरे से बचाकर रखा है। मजाल है कि कहीं तो कोई बोतल या पन्नी पड़ी मिल जाए।

❒

गोवा में देखने के लिए बहुत कुछ है, लेकिन हमने महसूस किया कि यह छोटा सा प्रदेश तीन अलग-अलग हिस्सों में बँट गया है। एक हिस्से में तो समुद्रतट है जहाँ ज्यादातर विदेशियों की ही आवाजाही है, जिनके लिए उसी के अनुरूप होटल, रेस्तराँ, दूकानें और अन्य व्यवस्थाएँ हैं। ठंडे मुल्कों के सैलानी यहाँ समुद्रतट पर धूप तापने आते हैं। दूसरा हिस्सा राजधानी पणजी और अन्य नगर हैं, जहाँ प्रदेश की राजनीति, शासन और व्यापार केन्द्रित है। यहाँ वैसी ही चहलपहल, भीड़भाड़ और शोरशराबा है जो भारत के अन्य किसी भी नगर में देखा जाता है। तीसरे हिस्से में पुराना गोवा और गोवा के गाँव हैं—जहाँ काजू, नारियल और कोकम के पेड़ हैं, धान की खेती है, छोटे-मोटे कामधन्धों में लगे निवासी हैं और हैं पुराने मन्दिर और चर्च। इन पूजास्थलों का भी ऐतिहासिक और पुरातात्विक महत्त्व है, लेकिन यहाँ शायद ही कोई विदेशी पर्यटक आता हो। देशी पर्यटक भी दो कारणों से ही इस क्षेत्र में आते हैं। या तो वे देवदर्शन करना चाहते हैं, या फिर उनके टूर पैकेज में यह कार्यक्रम शामिल होता है।

❒

मध्य गोवा में पोंडा के आसपास सुहावने परिवेश में पुराने मन्दिर और चर्च अवस्थित हैं। बॉम जीजस बासिल्का में सैंट फ्रांसिस जेवियर की पार्थिव देह दर्शनार्थ रखी है। इस गिरजाघर का स्थापत्य तो भव्य है, लेकिन मुझे वहाँ प्रदर्शित पुरानी कलाकृतियों और स्तम्भों-द्वारों पर की गई नक्काशी ने ज्यादा आकर्षित किया। सामने ही से कैथेड्रल है जो अपने भव्य आकार से ही प्रभावित करता है। इन दोनों गिरजाघरों के बारे में श्रद्धालुजनों में अनेक किंवदन्तियाँ प्रचलित हैं। कुछ-कुछ किलोमीटर की दूरी पर मंगेश मन्दिर और शान्ता दुर्गा मन्दिर हैं। उपलब्ध साहित्य और हमारे टूर गाइड द्वारा दी गई जानकारी के अनुसार पुर्तगाली शासन के दौरान किए गए अत्याचारों से पीड़ित होकर इन मन्दिरों को अपने मूल स्थान से हटाकर घने जंगलों के बीच स्थानान्तरित कर दिया गया था। सम्भव है कि ऐसा हुआ हो। लेकिन इन मन्दिरों को और बाद में सप्त कोटेश्वर मन्दिर देखने के बाद मेरे मन में कुछ जिज्ञासाएँ उमड़ी हैं।

(10 अप्रैल, 2004)

II

गोवा में दो अत्यन्त प्राचीन मन्दिर हैं। एक पूर्वी गोवा के सेंगुइम जिले में तांबड़ी सुरला का शिवमन्दिर है जो बारहवीं शताब्दी में बना था। चूँकि वह बहुत दूर था, और समय कम, इसलिए बहुत इच्छा होने के बावजूद वहाँ तक हम नहीं जा सके। दूसरा बिचोलिम के पास सप्त कोटेश्वर का शिवमन्दिर है। यह मन्दिर भी मुख्य पथ से काफी हटकर है, इसलिए यहाँ पर्यटक सामान्य तौर पर नहीं आते। हम जब वहाँ पहुँचे तो हम अकेले दर्शक थे और सामने अपने घर से उठकर पुजारी विशेषरूप से पट खोलने के लिए आए।

यह मन्दिर लगभग छह-सात सौ साल पुराना है। प्रांगण में अनेक प्राचीन प्रतिमाएँ रखी हुई हैं। मन्दिर में किसी तरह के ऐश्वर्य के दर्शन नहीं होते, जैसे मंगेश या शान्ता दुर्गा मन्दिर में। यहाँ जो जानकारी सूचनापटल पर दी गई थी उससे पता चला कि छत्रपति शिवाजी ने इस मन्दिर का जीर्णोद्धार करवाया था। इसी तरह शान्ता दुर्गा मन्दिर में यह सूचना अंकित है कि इस मन्दिर का जीर्णोद्धार छत्रपति शाहूजी महाराज (याने शिवाजी के पौत्र) ने करवाया था। ये दोनों सूचनाएँ महत्त्वपूर्ण थीं। मैं जानना चाहता हूँ कि वे कौन से पुर्तगाली शासक थे, जिन्होंने शिवाजी और शाहूजी द्वारा मन्दिरों का जीर्णोद्धार करने पर आपत्ति नहीं की। मैं यह भी समझना चाहता हूँ कि पुर्तगाली शासकों ने तांबड़ी सुरला और सप्त कोटेश्वर के मन्दिरों को क्यों सुरक्षित रहने दिया। उनका प्रकोप अन्य मन्दिरों पर ही क्यों बरसा। इसके पीछे क्या कोई गैर-धार्मिक कारण थे। मेरे ध्यान में यह बात भी आई कि मंगेश और शान्ता दुर्गा—ये दोनों अपेक्षाकृत नए मन्दिर किन्हीं सम्माननीय मठाधीश के आधिपत्य में हैं। उनका चित्र दोनों मन्दिरों में लगा हुआ था, साथ ही किसी युवा स्वामी का भी जो शायद उनके उत्तराधिकारी होंगे। सप्त कोटेश्वर में ऐसी कोई सुनियन्त्रित व्यवस्था नहीं दिखी।

❒

हमने पोंडा के पास के चर्च और मन्दिर दौड़ते-भागते टूरिस्ट कोच के गाइड के निर्देश में देखे थे। सुबह 9 बजे होटल पर बस लेने आई थी। कालंगुट और पणजी के विभिन्न होटलों से पर्यटकों को लेते-लेते दस बजे हमारा दृश्यावलोकन प्रारम्भ हुआ था। कहीं हमें पन्द्रह मिनट दिए गए, कहीं बीस। ओल्ड गोवा के पुराने चर्चों को देखने के लिए मात्र पैंतीस मिनट। दोनों मन्दिरों के लिए भी लगभग उतना ही समय। पैकेज में शाम को एक घंटा मांडवी नदी में नौका विहार के लिए भी निर्धारित था। दिन भर धूप और उमस में हड़बड़ाते हुए गोवा के आकर्षण बिन्दुओं को देखा और शाम को कानफोड़ू संगीत, बेहूदा नृत्य और हल्ला-गुल्ला के बीच नदी की छाती को रौंदा। अगर कोई नन्हा विद्यार्थी गोवा की सैर कर आए तो 'चाँदनी रात में नौका विहार' पर कभी निबन्ध न लिख पाए। अपने नए-पुराने अनुभवों के आधार पर मैं सलाह देना चाहूँगा कि छुट्टियों में घूमने जाएँ तो कभी भी 'साइट सीइंग टूर' में बुकिंग न करवाएँ। बेहतर हो कि पहले से आकर्षण केन्द्रों के बारे में सम्भव जानकारी हासिल कर लें और फिर अपनी सुविधा से घूमें-फिरें। वैसे यह सलाह भारतीय पर्यटकों को नहीं रुचेगी, जो कम-से-कम समय में पूरा पैसा वसूल कर लेना चाहते हैं।

❒

हमारा गोवा प्रवास एक सुन्दर दृश्य के साथ प्रारम्भ हुआ था। प्रदेश के पूर्वी सीमान्त पर उन्नत पर्वत शिखरों ने हमारा सुबह-सुबह स्वागत किया था। सात-साढ़े सात बजे के करीब हमारी ट्रेन दूधसागर जलप्रपात तक पहुँच गई थीं। सैकड़ों फीट ऊपर से गिरता

दूधिया जल, जो रेल लाइन को पार कर और नीचे की ओर प्रवाहित हो रहा था। याने ट्रेन में बैठे हम अपने दोनों ओर जलप्रपात की मनोहारी छटा देख पा रहे थे। हम उसे देख पाए तो इसलिए कि ट्रेन लगभग दो घंटा देरी से चल रही थी, अन्यथा यह सुन्दर दृश्य मुँह अँधेरे ही हमसे ओझल हो गया होता।

गोवा से मुम्बई की ट्रेन भी हमें सुबह साढ़े पाँच बजे पकड़नी थी। चार बजे होटल से निकले। टैक्सी में सवा घंटे का सफर तय कर मड़गाँव स्टेशन पहुँचे तो सामान उठाने के लिए कोई भारवाहक नहीं मिला। पार्सल ऑफिस के सामने कुछ कुली सो रहे थे, लेकिन उठाने से नहीं उठे। शायद वे दिनभर की हाड़तोड़ मेहनत के बाद थककर चूर थे।

❐

गोवा में थकान उतारने के लिए, बीमारियों के इलाज के लिए, और भी बहुत-सी बातों के लिए काजू फेनी ग्रहण करने की सलाह दी जाती है। गोवा की यह दवा कहें या दारू पूरे भारत में प्रसिद्ध है। इसे इतनी प्रसिद्धि कैसे मिली यह अनुसन्धान का विषय हो सकता है। एक सम्भावना तो ये है कि 1961 में गोवा के आजाद होने के बाद जब शेष भारत से सैलानी पहुँचना शुरू हुए तो महुए की देशी शराब से आगे जानकारी न रखनेवालों को काजू की शराब अमृततुल्य महसूस हुई हो। इसमें कुछ योगदान हिन्दी फिल्मों का भी हो सकता है जो गोवानी पात्रों को हमेशा शराब के नशे में डूबा हुआ ही दिखाते रहे हैं। लेकिन सबसे बड़ा कारण शायद यह है कि काजू फेनी की मार्केटिंग जबरदस्त तरीके से की गई है।

❐

गोवा में कहीं भी चले जाइए। दो बातों की भरमार है। एक तो होटलों की और दूसरी मयखानों की। कदम-कदम पर आप इन्हें पाएँगे। जाहिर है कि इनका कारोबार देशी-विदेशी पर्यटकों के भरोसे ही चलता है। गोवा में काजू फेनी या मदिरापान को लेकर कोई सामाजिक प्रतिबन्ध नहीं है, लेकिन गाँव के लोग अपने आसपास छोटे-मोटे शराबखानों तक ही सीमित रहते हैं। पर्यटकों की आवाजाही का एक और आश्चर्यजनक परिणाम हुआ है। सुदूर काश्मीर से आकर हजारों काश्मीरियों ने यहाँ अपनी दूकानें सजा ली हैं, जिनमें अखरोट की लकड़ी के बने सौ-पचास रुपए के सामान से लेकर बीस लाख रुपए कीमत तक के काश्मीरी गलीचे उपलब्ध हैं। घाटी में पिछले दो दशक से व्याप्त अशान्त, असुरक्षित माहौल से बाहर निकलकर लोग इस तरह जीवनयापन कर रहे हैं। इसे देखकर आसानी से कहा जा सकता है कि काश्मीर से कालंगुट या गुलमर्ग से गोवा तक भारत एक है।

❐

भारत ने अपनी सांस्कृतिक विविधता को सहेजकर रखने के साथ उसे एकता के सूत्र में कैसे पिरोया है, इसका एक सशक्त उदाहरण गोवा से मुम्बई कोंकण रेलवे से यात्रा करने के दौरान देखने को मिला। उसकी बात करूँ, इसके पहले एक और नयनाभिराम दृश्य मैं पाठकों के सामने रखना चाहता हूँ। कोंकण रेलवे के चिपलूण स्टेशन से लेकर पनवेल तक हमारी ट्रेन लगातार एक के बाद एक नदियों के साथ चलती आई। सावित्री, वाशिष्ठी और पातालगंगा आदि नदियों की धारा के समानान्तर ही रेलपथ हैं। पश्चिमी घाट के पर्वत शिखरों से उतरकर लगभग सौ किलोमीटर दूरी तक साथ-साथ बहता नदी का जल मन को कितना शीतल और मुदित कर सकता है, आप उसकी कल्पना करके देखें। मैंने भारत में रेलयात्रा के दौरान ऐसा अनुपम दृश्य और कहीं नहीं देखा।

नदी का जल किस तरह कहाँ से कहाँ पहुँच जाता है, वही स्थिति तो संस्कृति के विभिन्न उपादानों की है। मैंने कोंकण प्रदेश के विभिन्न रेलवे स्टेशनों पर करी लड्डू बिकते देखे। वही करी लड्डू तो छत्तीसगढ़ी व्यंजनों में अपना खास महत्त्व रखते हैं। अब यह पाठक तय करें कि करी लड्डू छत्तीसगढ़ से कोंकण गया या कोंकण से महाराष्ट्री छत्तीसगढ़ियों के साथ यहाँ तक पहुँचा। मेरे लिए तो यह जानना ही सुखद था कि भारत में लोग कितने दूर रहकर भी कितने पास हो सकते हैं।

(11 अप्रैल, 2004)

पंढरपुर एवं पुणे

पुणे से पंढरपुर की दूरी कोई सवा दो सौ किलोमीटर है। शुरुआती मार्च में ही चिलचिलाती धूप को झेलते हुए यह दूरी तय की। रायपुर से पुणे तक 22 घंटे ट्रेन में बिताने के तुरन्त बाद एक और कष्टदायी यात्रा पर आगे चल पड़ना कोई बुद्धिमानी का काम नहीं था, लेकिन मित्रमंडली के सामूहिक उत्साह में अक्ल की बातें कम ही सूझती हैं। पुणे-हैदराबाद नेशनल हाईवे की उम्दा, मीलों तक सीधी चली जा रही सड़क, उस़ पर सरपट दौड़ती किस्म-किस्म की गाड़ियाँ, काफी देर तक साथ चले अंगूर के बगीचे, बगीचों के बाहर लगे बिक्री के स्टॉल, घुड़दौड़ के घोड़ों के बाड़े (स्टड फार्म), और फिर एक लम्बी दूरी तक नेशनल हाईवे के विस्तार के लिए कटते हुए प्राचीन वृक्ष, छायाहीनता को और मुखर करते हुए। एक भागती नजर में यही बिम्ब कैद हो रहे थे। मेरी छत्तीसगढ़िया आँखों को चार-साढ़े चार घंटे की यात्रा में जो बात सबसे ज्यादा खटकी वह यह कि पूरे रास्ते में कहीं एक भी तालाब, पोखर या डबरी के दर्शन नहीं हुए। पानी की कमी से लगातार जूझते महाराष्ट्र के इस हिस्से में बरसात में गिरनेवाले कुछ इंच पानी को संरक्षित करने की कोई और विधि ईज़ाद की गई हो तो उसकी जानकारी मुझे नहीं मिल पाई।

❐

स्थानीय निवासियों से बातचीत में पता चला कि चारों तरफ पानी की भारी किल्लत है। पंढरपुर में चन्द्रभागा नदी एकदम सूखी हुई है। लोगबाग अपने स्कूटर-बाईक से मज़े में नदी का पाट पार कर जाते हैं। 3-4 दिन में एक बार पानी की पूर्ति होती है। ऊपर बने एक बाँध से ऐसे अन्तराल पर पानी छोड़ा जाता है। दो सौ किलोमीटर आगे लातूर (वही भूकम्पवाला इलाका) में तो पन्द्रह दिन में एक बार पानी दिया जाता है। हम नेशनल हाईवे से पंढरपुर के रास्ते पर मुड़े तो गाँवों में जगह-जगह पानी के टैंकर मिले और बाल्टी-गुंडियों की लम्बी कतारें। विडम्बना कहें या त्रासदी कि एक तरफ निस्तार को पानी नहीं, दूसरी तरफ भूजल का निर्मम दोहन गन्ने की फसल उगाने के लिए किया जा रहा है, ताकि शक्कर कारखानों के राजनैतिक प्रभुओं की सामर्थ्य में और इजाफा हो सके। इस ताकतवर लॉबी से लड़ने के लिए जलयोद्धाओं की एक पूरी फौज खड़ी हो जानी चाहिए थी, लेकिन जो अण्णा हजारे इस हेतु प्रेरक बन सकते थे, वे न जाने

और कौन-कौन-सी लड़ाइयों में व्यस्त हो गए हैं।

❐

पंढरपुर जाने की कई साल पुरानी अभिलाषा थी। तब से—जब यह जानकारी मिली थी कि पांडुरंग के मन्दिर में गर्भगृह तक जाकर भक्त/दर्शक प्रभु-प्रतिमा से भुजभेंटकर सकते हैं, और यह कि यहाँ बिना भेदभाव के मन्दिर प्रवेश की अनुमति है। यह तो पता था ही कि महाराष्ट्र के सन्त-कवियों की श्रद्धास्थली पंढरपुर रही है। ज्ञानेश्वर, नामदेव, तुकाराम, चोखामेला के नाम इस तीर्थ के साथ जुड़े हैं। दसवीं-ग्यारहवीं शताब्दी का यह मन्दिर वैष्णव आस्था का केन्द्र तो है ही, तत्कालीन स्थापत्य का भी यह अनुपम उदाहरण है। मन्दिर के परिसर में यत्र-तत्र स्थापित प्राचीन प्रतिमाएँ और खम्भों-मेहराबों पर की गई नक्काशी, उस दौर के शिल्पियों की कल्पनाशीलता और कलाकौशल के जीवन्त उदाहरण हैं। काले पत्थरों पर उत्कीर्ण चित्र, छवियाँ और विन्यास मुझे देश के अन्य भागों में प्रचलित समसामयिक शिल्प से अलहदा लगे। यह बात मुझे अटपटी लगी कि मन्दिर पांडुरंग का है, लेकिन प्रतिमा श्यामवर्णी है। बहरहाल, यह एक नितान्त नया अनुभव था कि कतार में खड़े होकर अपनी बारी की प्रतीक्षा करते हुए आप बिना किसी रोकटोक और बिना किसी विधि-विधान का पालन किए गर्भगृह तक जा सकते थे। भारत में किसी और वैष्णव मन्दिर में ऐसी परम्परा मैंने नहीं देखी-सुनी। फिर भी यह नोट करना जरूरी है कि मन्दिर की व्यवस्था में पुजारी समुदाय का वर्चस्व वैसा ही है, जैसा देश में और सब देवस्थलों में है।

❐

हमें बताया गया कि पास में ही एक मठ है, जहाँ प्राचीन मूर्तियाँ रखी हुई हैं। इस लालच में हम ककड़ोजी महाराज के मन्दिर चले गए।

1970 में इस परिसर का निर्माण हुआ है। लेकिन वहाँ पुरानी मूर्तियाँ नहीं हैं। बल्कि एक भूल-भुलैय्या की शक्ल में एक संग्रहालय-सा बना है, जिसमें पौराणिक गाथाओं की छवियों से लेकर स्वाधीनता संग्राम तक की कथाएँ मूर्तियों और चित्रों में अंकित है। वहाँ एक कक्ष ऐसा भी है जिसमें संयुक्त राष्ट्र महासभा का प्रतिरूप बनाया गया है और आह्वान किया गया है कि संयुक्त राष्ट्र का मुख्यालय भारत में होना चाहिए। मन्दिर में 15 अगस्त, 26 जनवरी और 24 अक्टूबर (संयुक्त राष्ट्र दिवस) पर नियमित कार्यक्रम आयोजित किए जाते हैं। वहीं आण्विक हथियारों पर पाबन्दी लगाने की माँग भी की गई है। यह एक विचित्र-सा घालमेल था, लेकिन विभिन्न प्रादर्शों को देखने के बाद मैं इस नतीजे पर पहुँचा कि यह मठ हिन्दू धर्म की श्रेष्ठता प्रतिपादित करने का ही केन्द्र है।

❐

पानी की कमी के कारण रात्रि विश्राम की कोई उपयुक्त व्यवस्था न होने से हम रात को ही पुणे लौट आए। दो बजे रात, जिस लॉज में ठहरने के लिए पूर्व आरक्षण किया था, वहाँ पहुँचने पर मैनेजर ने हमारे थके-हारे, धूप और धूल से कुम्हलाए चेहरों पर तनिक भी दया न दिखाई और बिना दो दिन का एडवांस किराया जमा किए ठहरने की अनुमति नहीं दी। कुछ साथी कमरों में चले गए थे तो मुझे एक तरह से बन्धक मान लिया गया। गुस्से में अपना सामान लेकर मैं लॉज से बाहर आ गया तो कमरों में चले गए साथियों को ढाई-पौने तीन बजे रात जगाकर एडवांस किराया वसूल किया गया। मैं एक स्थानीय मित्र की सहायता से तीन बजे रात सपत्नीक दूसरे होटल में जाकर ठहर सका। बाद में पुणेवासी एक अन्य मित्र ने बताया कि छोटे होटलों में यह व्यवस्था आम है, क्योंकि लोग बिना पैसे दिए भाग जाते हैं। हो सकता है कि चालीस घंटे की निरन्तर यात्रा के बाद हमारी शक्ल कुछ ऐसी ही बन गई हो।

❐

एक और मजेदार अनुभव पुणे प्रवास में हुआ। एक दूकान से पेयजल की बोतल खरीदी। शैल्फ पर रखी एक बोतल बारह रुपए में थमा दी गई। मैंने ठंडी बोतल माँगी तो फ्रिज से निकालकर दूसरी बोतल दी गई, लेकिन उसकी कीमत चौदह रुपए बताई गई। क्यों, पूछने पर जवाब मिला फ्रिज में बिजली लगती है, उसका दाम एक्स्ट्रा। दूकानदार के इस व्यवहार को कैसे परिभाषित किया जाए, यह मैं पाठकों के ऊपर छोड़ता हूँ। लेकिन मुझे जो बात अजीब लगी वह ये कि जो शहर लगभग तीस लाख आबादी का महानगर बन चुका है, जहाँ कम-से-कम छह लाख नौजवान भारत के विभिन्न भागों से आकर पढ़ाई कर रहे हैं, जिसने देश के उद्योग जगत में अपनी पहचान गढ़ी है, वह शहर शायद आज भी एक संकीर्ण, प्रादेशिक, बल्कि ग्रामीण मानसिकता से मुक्त नहीं हो सका है।

(12 अप्रैल)

❐

रायपुर से जिस आजाद हिन्दू एक्सप्रेस से हम पुणे के लिए रवाना हुए थे, उसमें तीन-चौथाई संख्या नौजवानों की थी। इनमें देश के उत्तरपूर्वी प्रान्तों से पढ़ाई करने पुणे जा रहे छात्र-छात्राएँ भी थे। बंगाल से आ रहे उन नौजवानों से भी ट्रेन में भेंट हुई, जो पुणे की सराफा दूकानों में गहने गढ़ने का काम करते हैं। उनसे जानकारी मिली कि पुणे के जेवरात कारखानों में शायद बीस हजार के आसपास बंगाली स्वर्णकार काम कर रहे हैं। पुणे में रेस्तराँ और आईसक्रीम पॉर्लर भारी संख्या में हैं। इनमें रात ग्यारह-बारह बजे तक तरुणों की भीड़ जुटी रहती है। एक अनुमान है कि पुणे में प्रतिदिन छह सौ गाड़ियों का आर.टी.ओ. में पंजीयन होता है। देश में शायद सबसे ज्यादा दुपहिया पुणे में ही चलते हैं। जाहिर है कि चालकों में भी नौजवानों का ही बहुमत होगा। आई.टी. कॉमर्स, विधि, चीनी-जापानी भाषाओं सहित कौन-सा पाठ्यक्रम है जो शिक्षा के इस

केन्द्र में उपलब्ध न हो। इसी शहर में डैक्कन कॉलेज और फरग्मूसन कॉलेज जैसी सौ-सौ साल पुरानी ख्याति प्राप्त संस्थाएँ भी हैं। और तो और, राष्ट्रीय फिल्म संस्थान भी यहीं हैं। लेकिन ये सब मिलकर भी पुणे को एक सार्वदेशिक स्वरूप नहीं दे सके हैं।

❐

इसकी वजह शायद ये है कि पुणे की अपनी सांस्कृतिक परम्पराएँ बहुत पुरानी, समृद्ध और सघन हैं। अतीत के पन्नों में न जाकर वर्तमान पर ही नजर दौड़ाएँ तो पुणे जयन्त नार्लीकर, बसन्त गोवारीकर और दिलीप चित्रे का नगर है। यह आकस्मिक नहीं था कि 16 मार्च को हिन्दी साहित्य सम्मेलन प्रयाग के वार्षिक अधिवेशन के उद्घाटन समारोह में लगभग दो हजार साहित्य-प्रेमी उपस्थित थे। इनमें से सात-साढ़े सात सौ तो पूरे देश से आए हुए प्रतिनिधि थे, लेकिन बाकी सब पुणेवासी ही थे। तिलक स्मारक प्रेक्षागृह में एक भी सीट खाली नहीं थी और न जाने कितने लोगों को निराश वापस लौटता पड़ा। हिन्दी के साहित्यिक कार्यक्रम में इतनी भीड़ तो हिन्दी प्रदेश के बड़े से बड़े शहर में नहीं जुटती। तीन दिन तक जो विचारगोष्ठियाँ चलती रहीं, उनमें भी पुणे के साहित्य अनुरागी बहुत उत्साह के साथ शामिल हुए। किसी साहित्यिक चर्चा में पाँच सौ श्रोता हैं, यह हमारे लिए तो अकल्पनीय ही है। इस सांस्कृतिक लगाव की एक झलक पुणे से पंढरपुर जाते हुए टैक्सी में मिली। मैं यह देखकर चौंक ही गया कि टैक्सी के डैशबोर्ड में सुप्रसिद्ध लेखक पु.ल. देशपांडे के 'कथा-कथन' का कैसेट रखा हुआ था। हमारे साथ गाड़ी में पुणे के *देशबंधु* प्रतिनिधि का दस वर्षीय बेटा परीक्षित भी था। जब कैसेट लगाया तो परीक्षित ने पु.ल. देशपांडे के स्वर के साथ स्वर मिलाकर उनकी रचनाओं का पाठ प्रारम्भ कर दिया। इधर हमारी बसों-टैक्सियों, यहाँ तक कि निजी कारों में जैसे फूहड़ गानों के कैसेट होते हैं, उसकी तुलना में यह एक प्रीतिकर अनुभव था।

❐

मैंने ऊपर हिन्दी साहित्य सम्मेलन का जिक्र किया है। कुछ संक्षिप्त विवरण उस बारे में भी। प्रयाग का हिन्दी साहित्य सम्मेलन देश की बहुत पुरानी संस्था है। हर साल मार्च में किसी गैर-हिन्दी प्रदेश में वार्षिक अधिवेशन किया जाता है। भावना यह है कि हिन्दी और अन्य भारतीय भाषाओं के बीच सम्पर्क बढ़े। इन अधिवेशनों में हिन्दी के साहित्यकार, अध्यापक, अहिन्दीभाषी प्रदेशों में काम कर रहे हिन्दी प्रचारक और हिन्दी प्रेमी भाग लेते हैं। एक अच्छी परम्परा की शुरुआत सम्मेलन ने की है कि जिस प्रदेश में अधिवेशन होता है, वहाँ के प्रमुख साहित्यकारों को सम्मेलन द्वारा सम्मानित किया जाता है। इस बार साहित्य पर आयोजित परिसंवाद का आधार वक्तव्य मराठी लेखक प्रो. जोगलेकर ने दिया और वे ही सत्र के सभापति रहे। छत्तीसगढ़ से एक ग्यारह सदस्यीय प्रतिनिधिमंडल ने अधिवेशन में शिरकत की। पुणे में हिन्दी और मराठी के अनेक सुप्रसिद्ध लेखकों से भेंट व चर्चा का अवसर हमें मिला।

इसे मैं एक सुखद संयोग मानता हूँ कि जिस होटल में हम रुके थे, वह साने गुरुजी मार्ग पर, और ना.सी. फड़के चौक पर स्थित था। पाठकों को यह स्मरण कराना आवश्यक नहीं है कि ना.सी. फड़के मराठी के जाने-माने कथाकार थे और साने गुरुजी को हम गांधीवादी विचारक और लेखक के रूप में जानते हैं।

❐

हमारा प्रवास चूँकि पुणे रेलवे स्टेशन से प्रारम्भ होकर वहीं समाप्त हुआ था, इसलिए चलते-चलते यह कह देना शायद ठीक ही होगा कि पुणे का रेलवे स्टेशन नए महानगर की गरिमा और प्राचीन नगर के सांस्कृतिक वैभव के अनुरूप भव्य और आकर्षक नहीं है।

(12 अप्रैल, 2004)

रेलयात्रा के कुछ अनुभव

सुबह-शाम निजीकरण का जाप करनेवाले देश के राजनेता और अफसर शायद रेलगाड़ी से यात्रा नहीं करते। अगर करते भी हों तो यात्री सुविधाओं के निजीकरण का जो परिणाम देखने में आ रहा है, उस पर उनकी नजर शायद नहीं जा पाती। पिछले दिनों की गई लम्बी-लम्बी यात्राओं को भुगतने के बाद मैं यह सोचने पर विवश हूँ कि इससे बेहतर तो रेल की विभागीय सेवाएँ ही थीं।

❐

रेलवे की खानपान सेवा का पूरी तरह निजीकरण कर दिया गया है। कहीं अहमदाबाद, कहीं हैदराबाद, कहीं पटना तो कहीं दिल्ली की किसी कम्पनी को ठेका मिला हुआ है। ट्रेन में पूरे समय ठेकेदार के कर्मचारी फेरीवालों की तरह हाँक लगाते हुए घूमते रहते हैं। सुबह पाँच बजे से रात ग्यारह-बारह बजे तक फेरा इस कदर चलता है कि कान पक जाते हैं। दिल्ली से पुणे होकर वास्को जानेवाली गोवा एक्सप्रेस में सुबह-सुबह आगरे का पेठा बेचने के लिए वेंडर आ गया। लेकिन सुबह का नाश्ता देने की कोई व्यवस्था रेलगाड़ी में नहीं थी। मुम्बई-हावड़ा ज्ञानेश्वरी एक्सप्रेस में सुबह नाश्ता मिला भी तो बर्फ की तरह ठंडा और बेस्वाद जिसे मजबूरी में ही खाया जा सकता था। हर ट्रेन में अलग-अलग तरह की चाय, ऐसे नामोंवाली जो पहले कभी सुने न थे। कुल मिलाकर कम से कम सेवा में ज्यादा से ज्यादा मुनाफा कमाने का लक्ष्य। यात्री जाएँ भाड़ में।

ए.सी. शयनयान में बैड रोल दिए जाते हैं। वह सेवा भी निजी हाथों में सौंप दी गई है। कुछ सप्ताह पहले दिल्ली से जबलपुर गोंडवाना एक्सप्रेस में यात्रा करते हुए जब बिना धुली चादरें मिलीं तो शिकायत पुस्तिका माँगने के बाद चादर बदल दी गई। लेकिन इस यात्रा में जिन चार ट्रेनों में सफर किया, उनमें से एक में भी साफ-सुथरा बैड रोल नहीं मिला। यही हाल सफाई व्यवस्था का है। एक भी बड़े स्टेशन पर सफाई कर्मचारी डिब्बों में नहीं आते। यह काम उन छोटे-छोटे बच्चों के जिम्मे है, जो कम उम्र में ही वयस्क और समझदार बना दिए गए हैं।

❐

सुना है कि भोपाल का हबीबगंज रेलवे स्टेशन देश में आई.एस.ओ. 9002 प्रमाणपत्र

पानेवाला पहला स्टेशन बन गया है। खुशी की बात है कि मध्यप्रदेश में सड़कें नहीं हैं, वहाँ एक मॉडल रेलवे स्टेशन तो है। गोवा का मड़गाँव रेलवे स्टेशन भी एक खूबसूरत स्टेशन है। कोंकण रेलवे के इस स्टेशन का स्थापत्य आम रेलवे स्टेशनों से एकदम भिन्न है। एकबारगी एहसास होता है जैसे आप किसी हवाई अड्डे पर आ गए हों। लेकिन सुबह मड़गाँव स्टेशन पहुँचने पर कुली नहीं मिल सका। पार्सल ऑफिस के बाहर तीन-चार कुली सो रहे थे, जो उठाने पर भी नहीं उठे। हो सकता है यह गोवा की प्रसिद्ध काजू फेनी का असर रहा हो। कोंकण रेलवे के अन्य स्टेशन जैसे चिपलूण, रत्नागिरी आदि में भी यह खूबसूरती झलकती है।

❒

लेकिन यदि देश के निकृष्टतम रेलवे स्टेशन का खिताब देना हो तो मुम्बई के कुर्ला स्टेशन को दिया जाना चाहिए। न जाने क्यों उसका नामकरण लोकमान्य तिलक टर्मिनस कर दिया गया है। देश के सबसे बड़े शहर में, जहाँ से ज्ञानेश्वरी एक्सप्रेस, कामायनी एक्सप्रेस, पवन एक्सप्रेस और नेत्रावती एक्सप्रेस जैसे सुन्दर नामोंवाली गाड़ियाँ चलती हों, इतना बदरंग, बदसूरत स्टेशन भी हो सकता है, यह कल्पना के परे था। एक ट्रेन से उतरकर दूसरी ट्रेन पकड़ने के बीच तीन घंटे जिस यन्त्रणा में इस स्टेशन पर बिताए, उसे दिल ही जानता है। जिस प्रथम श्रेणी प्रतीक्षालय में हम बैठे थे, उसके टॉयलेट की चाबी परिचारिका के पास थी और उसका उपयोग सिर्फ रेल कर्मचारी ही कर रहे थे। यात्रियों को बाहर बने सशुल्क शौचालय का ही इस्तेमाल करना था। आम प्रतीक्षालय में पत्थर की बेंचें थीं, लेकिन बिना पीठ (बैकरेस्ट) के। एक छोटी-सी चाय की दूकान थी और उससे भी छोटा बुक स्टॉल, जहाँ खरीदने लायक शायद ही कोई पुस्तक-पत्रिका थी। और मड़गाँव के विपरीत यहाँ के प्लेटफार्म पर कुली टूट पड़ रहे थे।

❒

पुणे का रेलवे स्टेशन एक औसत दर्जे का स्टेशन है, जो महानगर की छवि से मेल नहीं खाता। एक आधुनिक शहर का एहसास देने के लिए स्टेशन पर कम सम नामक चौबीस घंटे खुला रहनेवाला रेस्तराँ ही है, जिसकी सज्जा सुरुचिपूर्ण है और वाजिब दामों पर जहाँ विविध खाद्य-सामग्रियाँ मिल जाती है। इस रेस्तराँ के कारण ही जैसे स्टेशन पर एक रौनक-सी आ गई है। लेकिन खाद्य-सामग्री की गुणवत्ता पर उतना ज्यादा ध्यान नहीं है, जितना चमक-दमक पर। कम-सम का ही रेस्तराँ नागपुर स्टेशन पर भी खुल गया है और वहाँ भी यही स्थिति है।

❒

कोंकण रेलवे से यात्रा करने की इच्छा बहुत समय से थी, जो अब जाकर पूरी हुई। रेलवे के कर्मचारी अपनी आसमानी नीले रंग की वर्दी में अन्य रेलवे कर्मचारियों से अलग ही

नजर आते हैं। मड़गाँव से चलते वक्त मैंने रास्ते के बोगदे गिनना शुरू किए, लेकिन एकाध दर्जन के बाद गिनती छोड़ दी। मड़गाँव से पनवेल तक ट्रेन या तो बड़े-छोटे बोगदों के बीच से गुजरती रही या फिर खूब ऊँचाई पर बने सँकरे पुलों पर से। पुल से गुजरते हुए डर ही लगता था कि कहीं रेलगाड़ी गिर गई तो ! पश्चिमी घाट की लहराती-बल खाती पर्वतमाला के बीच से गुजरता हुआ यह रेलपथ भारत के रेलवे इंजीनियरों के बुद्धि कौशल और परिश्रम का जीवन्त प्रमाण है। मैं सोच रहा था कि जिस तरह स्वाधीनता पूर्व के भारत में एम. विश्वेश्वरैया का नाम आदरपूर्वक लिया जाता है, क्या यही आदर कोंकण रेलवे (और अब दिल्ली मेट्रो) के प्रमुख ई. श्रीधरन को नहीं मिलना चाहिए।

❐

कम्प्यूटर के कारण रेलयात्रा में आरक्षण करवाना काफी सरल हो गया है, लेकिन कम्प्यूटर कभी-कभी विचित्र स्थिति भी पैदा कर देता है। रायपुर में जब टिकिट खरीदे थे तो सबके नाम वेटिंग लिस्ट में थे। यात्रा के एक दिन पहले आरक्षण पक्का तो हो गया था, लेकिन सबको अलग-अलग डिब्बों में जगह मिली। मेरी बर्थ एस-1 में थी, तो पत्नी की बर्थ एस-2 में, प्रभाकर चौबे की एस-9 में और कुछ की एस-10 में। अपनी-अपनी जगह पर सामान रखने के बाद सहयात्रियों से मिन्नत-खुशामद करना शुरू की तो पता चला कि पिता की सीट कहीं है, पुत्र की कहीं, पति कहीं है तो पत्नी कहीं। कम्प्यूटर के सामने क्रम से जैसे खाली स्थान आते गए, वैसे उसने प्रतीक्षा सूची के यात्रियों को आबंटित कर दिए। उस बिचारे को क्या पता कि किस यात्री का किससे क्या रिश्ता है। लेकिन नागपुर पहुँचते-पहुँचते तक मामला सुलझ गया। हमारी पूरी मंडली एस-10 में आ गई। अकेले यात्रा करनेवाले हमसफर इकलौती सीटों पर चले गए और प्रतीक्षासूची के सारे ही यात्री अपनी-अपनी मंडली के साथ एक साथ स्थान पा गए। यद्यपि इसमें एस-1 से एस-10 के बीच सामान-असबाब के साथ खूब अफरातफरी करनी पड़ी।

(25 मई, 2004)

एक रेलयात्री की डायरी

पहले कुछ तारीफ ! इन दिनों रेलें ज्यादातर समय पर ही चल रही हैं। कम-से-कम मेरा अनुभव तो कुछ ऐसा ही है। पिछले 8-10 माहों में की गई दर्जन भर रेल यात्राओं में एक भी मौका ऐसा नहीं आया कि गाड़ी देर से पहुँची हो। बल्कि इसके विपरीत हर ट्रेन हर स्टेशन पर समय से पहले ही आई है। मैं अभी-अभी नागपुर स्टेशन पर ए.पी. एक्सप्रेस से उतरा हूँ। ट्रेन यहाँ समय से कोई पन्द्रह मिनट पहले पहुँच गई। ऐसा क्यों हो रहा है, यह मैं नहीं जानता। रेल यात्राओं के शेष अनुभव इतने सुखकर नहीं हैं।

❐

जिन-जिन ट्रेनों में यात्राएँ कीं, उनमें अव्वल नम्बर दिल्ली-चैन्नई राजधानी का है। ट्रेन में कहीं गन्दगी नहीं, बीच-बीच में तत्परतापूर्वक सफाई का काम, ट्रेन के स्टाफ का व्यवहार सौजन्यपूर्ण, बैडरोल साफ-सफेद झक्क, यह सब तो तारीफ के काबिल है ही, लेकिन चाय-नाश्ता भी नफीस क्रॉकरी में दिया जाए, यह भारत की रेलों में कल्पना के परे था। यूरोप की रेलों में भी ऐसी उम्दा कैटरिंग सर्विस देखने में नहीं आई। बाद में किसी ने बताया कि दुर्ग की रेलवे कैंटीन के संचालक ही राजधानी एक्सप्रेस में कैटरिंग करते हैं ! जानकर अच्छा लगा कि छत्तीसगढ़ का कोई उद्यमी ऐसी बेहतरीन और सुरुचिपूर्ण सेवा दे सकता है।

❐

मेरे आकलन में दूसरे क्रम पर तमिलनाडु एक्सप्रेस है। उम्दा कैटरिंग को छोड़कर बाकी बातों में वह चैन्नई राजधानी की बराबरी पर ठहरती है। इससे ऐसा लगता है कि चैन्नई रेल मंडल में उत्तम सेवा का ख्याल अन्य रेल मंडलों के मुकाबले ज्यादा रखा जाता है। हो सकता है कि थोड़ा-बहुत योगदान यात्रियों का भी रहता हो। मुझे दिल्ली-मुम्बई राजधानी से भी यात्रा करने का अवसर मिला। उसकी सेवा औसत से बेहतर तो थी, लेकिन उपरोक्त दोनों की तुलना में फीकी थी। एक बात जो मुझे अच्छी लगी कि यात्रा समाप्त होने के पहले सारे डिब्बों से पानी की खाली बोतलें ट्रेन के स्टाफ द्वारा एकत्र कर ली गईं। मुझे आश्चर्य है कि यह व्यवस्था अन्य रेलगाड़ियों में लागू करने में क्या तकलीफ है !

❐

नागपुर में ए.पी. एक्सप्रेस से उतरा और एक घंटे बाद मुम्बई-हावड़ा मेल में बैठा। यह ट्रेन नागपुर कोई पन्द्रह मिनट पहले आ गई और दुर्ग स्टेशन पर पच्चीस मिनट बिफोर टाइम। जहाँ मेरी सीट थी, वहाँ पानी की चार खाली बोतलें छोड़कर यात्री उतर गए थे। मेरे सहयात्री रेलवे के रिटायर्ड अधिकारी ने कोच अटेंडेंट को बोतल ले जाने को कहा। वे उसने उठा लीं। लेकिन जब उन्होंने साइड-टेबल साफ करने को कहा तो उसने साफ मना कर दिया। नागपुर में आधा घंटा ट्रेन रुकी, फिर भी सफाई क्यों नहीं हुई, पूछने पर अटेंडेंट ने बताया कि सफाई का काम प्राइवेट ठेकेदार को दिया गया है, वह सफाई नहीं करवाता।

❐

सफाई की सबसे ज्यादा दुर्गति अहमदाबाद-पुरी एक्सप्रेस में देखी। दुर्ग और रायपुर में उतरनेवाले तमाम यात्री पूरे डिब्बे में बोतल, जूठन और कचरा छोड़कर उतरे थे। सफाई-कर्मी के लिए सूचना भेजने के बाद कोई नहीं आया। ट्रेन रायपुर में आधा घंटा रुकी थी, फिर भी कचरे का अतिरिक्त बोझ लादकर ही उसे आगे बढ़ना पड़ा। इसमें रेल-कर्मियों को कितना दोष दें ? क्या पैसेंजरों की कोई जिम्मेदारी नहीं बनती ? ए.पी. एक्सप्रेस में साथ बैठे रेल अधिकारी की पत्नी ने चाय का खाली कप सीट में ही पीछे दबा दिया। मेल में कुछ युवा यात्रियों ने खा-पीकर शेष जूठन एक खाली ऊपरी बर्थ पर छोड़कर अपने हाथ झटक लिए। जब ए.सी. स्लीपर में यात्रा करनेवालों का ऐसा आचरण है तो आगे फिर क्या कहा जाए ?

❐

ए.सी. स्लीपर में ज्यादातर रेलवेकर्मी ही यात्रा करते हैं, या फिर मन्त्री-अधिकारी, और हमारे जैसे रियायती किराए पर यात्रा कर रहे पत्रकार। व्यापारी आजकल सामान्य तौर पर ए.सी. थ्री टायर में यात्रा करना पसन्द करते हैं। उन्हें न तो फ्री पास मिलता है, न रियायती टिकिट। वे एक-एक रुपए का हिसाब स्वाभाविक ही जोड़ते हैं। ए.सी. थ्री टायर में चहल-पहल ज्यादा रहती है। सेकंड ए.सी. की भाँति उसमें यात्रियों को जुदा करनेवाले परदे नहीं रहते। लोग ताश खेलते हुए, हँसी-ठट्टा करते हुए यात्रा पूरी कर लेते हैं। स्लीपर क्लास का माहौल और ज्यादा हल्का और खुला हुआ होता है। डर उसमें दो बातों का ही होता है—ज़हरखुरानी का, और कुछ 'प्रसिद्धि प्राप्त' स्टेशनों के आसपास सामान चोरी हो जाने का। पहले ए.सी. में साफ-सफाई ठीक रहती थी, लेकिन अब स्लीपर क्लास और ए.सी. इस लिहाज से एक बराबर समझना चाहिए।

❐

साफ-सफाई अब उन स्टेशनों पर भी देखने को नहीं मिलती, जो कुछ साल पहले तक आदर्श माने जाते थे, मसलन वारंगल या पालघाट। सूरत स्टेशन को गन्दगी के लिए

कोई पुरस्कार हो तो दिया जा सकता है, लेकिन रायपुर स्टेशन को इससे तकलीफ पहुँचेगी। हमारा शहर जैसा है, स्टेशन भी वैसा ही है।

रायपुर स्टेशन पर एक नई व्यवस्था जरूर हो गई है कि ट्रेन आने के पहले इलैक्ट्रॉनिक सूचना-पटल से पता चलता है कि कौन-सा डिब्बा कहाँ रुकेगा। लेकिन जब 5 नम्बर प्लेटफार्म पर अहमदाबाद-पुरी एक्सप्रेस आनेवाली हो और सूचना हावड़ा सुपरफास्ट के बारे में दी जाए तो ऐसी सुविधा का अर्थ क्या रह जाता है ? नागपुर में पूछा कि मेल किस प्लेटफार्म पर आएगी तो जवाब मिला शायद 2 नम्बर पर, या 5 नम्बर पर, या फिर 1 नम्बर पर भी आ सकती है, यानी निश्चित कुछ नहीं। अन्ततः मेल 1 नम्बर प्लेटफार्म पर ही आई।

❐

कोई भी ट्रेन ऐसी नहीं है, जिसमें ढंग से चाय मिलती हो। अहमदाबाद-पुरी एक्सप्रेस में मिलनेवाली चाय बदतर थी, लेकिन बाकी ट्रेनों में भी कोई अच्छी व्यवस्था नहीं थी। लेकिन हाँ, अभी हाल की यात्रा में ए.पी. एक्सप्रेस और मुम्बई-हावड़ा मेल दोनों गाड़ियों में भोजन अच्छा मिला। यह सुखद आश्चर्य था। भोजन की सबसे खराब व्यवस्था केरल एक्सप्रेस में थी और यह एक दुःखद आश्चर्य था। केरल एक्सप्रेस में पैंट्री कार है और डिब्बाबन्द सूप, नुडल्स आदि उसमें उपलब्ध रहते हैं। लेकिन यात्री सूप या नूडल्स लेना चाहे तो उसे स्वयं पैंट्री कार तक जाना पड़ता है। पानी की बोतल लेने भी वहाँ तक जाओ। यह नहीं कि बैरा आपकी सीट पर आकर सामग्री दे जाए। इस व्यवस्था का औचित्य मैं नहीं खोज पाया।

❐

ए.सी. में बैडरोल दिया जाता है। उसके लिए शायद तीस रुपया टिकिट में जोड़ा जाता है। लेकिन तमिलनाडु एक्सप्रेस और राजधानी के अलावा किसी भी ट्रेन में बैडरोल ठीक से नहीं मिलता। पुरानी उपयोग की गई चादरें तहाकर वैसे ही दे दी जाती हैं। तकियों में खटमलों का वास होना प्रतीत होता है। इन बैडरोलों से एलर्जी होने लगती है, इसलिए मैं ओढ़ने के लिए एक चादर घर से लेकर ही निकलता हूँ। लेकिन दुर्गत की इन्तिहा ए.पी. एक्सप्रेस में देखी। जो कम्बल मिला, वह भीगा हुआ था। इस कदर कि मेरी बर्थ पर पानी-पानी हो गया और मेरे हैंडबैग में पानी चला गया। चैन्नई और हैदराबाद का यह फर्क गौरतलब है।

❐

ट्रेनों की सेवा में चाहे जितना फर्क देखने को मिले, रेल पटरियों के किनारे बसा भारत चारों दिशा में एक जैसा दिखाई देता है। दिल्ली-लुधियाना के बीच यात्रा में वरिष्ठ पत्रकार अजित भट्टाचार्जी साथ थे। बीच में कोई बस्ती देखकर उन्होंने दुख के साथ

टिप्पणी की—"क्या पटरियों के किनारे बसी झोपड़पट्टियों को व्यवस्थित नहीं किया जा सकता ? क्या इनमें रहनेवाले गरीब एक सुन्दर जिन्दगी जीने के हकदार नहीं हैं ?"

❒

किसी भी ट्रेन में फिटिंग्स ठीक हालत में नहीं मिलतीं। एक ट्रेन में साइड लाइट खुल तो गया लेकिन उसे बन्द करना सम्भव नहीं हुआ। एक दूसरी ट्रेन में एक शौचालय में पंखा नदारद था, तो दूसरे में नल से पूरे समय पानी रिस रहा था। एक ट्रेन में ए.सी. स्लीपर में बैक रैस्ट बार-बार गिर जाता था। उसकी सिटकनियाँ खराब थीं। स्टेशनों पर सामान्य प्रतीक्षालय हों या उच्च श्रेणी प्रतीक्षालय, किसी में साफ-सफाई पर ध्यान नहीं दिया जाता। एक अच्छी बात यही है कि प्रतीक्षालयों में अटेंडेंट या तो शारीरिक रूप से निशक्तजन हैं या महिलाएँ।

❒

यह अनुभव तो हर यात्री का है कि ट्रेन में, या स्टेशन पर याचक मिल ही जाते हैं। यात्रियों की फेंकी हुई जूठन में भोजन तलाश करते भी कितने विपन्नजन मिल जाते हैं। लेकिन तीन दिन पहले नागपुर स्टेशन पर बूट पॉलिश करते चार लड़कों की तत्परता और उत्फुल्लता देखकर मन को अच्छा लगा। उनमें से एक छत्तीसगढ़ी में बात कर रहा था। पूछने पर बताया, "काशीराम नगर, तेलीबाँधा तालाब के पीछे, रिंग रोड पर ससुराल है।" फिर बताया कि वे चारों हिन्दी, मराठी, छत्तीसगढ़ी के अलावा बंगाली, पंजाबी भी बोल लेते हैं। एक लड़के ने एक जूते पर पॉलिश करना शुरू किया, दूसरे ने दूसरा जूता ले लिया। सहकारी भावना से काम पूरा कर दिया पाँच मिनट में। मैंने खुश होकर टिप देना चाही तो स्वीकार नहीं की। दस के नोट में चार रुपए काटकर छह रुपए वापस।

काश ! यह स्वाभिमान और तत्परता रेल-कर्मचारियों और रेलयात्रियों में भी देखने को मिले।

(4 सितम्बर, 2004)

एक उनींदे शहर की डायरी

पिछले तीन दशकों में भुवनेश्वर कई बार जाना हुआ। कभी-कभी तो एक साल में तीन या चार बार। लेकिन इस दफे लगभग चार साल के अन्तराल के बाद जाना हुआ। चार वर्ष पूर्व भी सिर्फ कुछ घंटे ही रुकना हो सका था। सन् 70 के दशक में भुवनेश्वर एक उनींदा-सा नगर था। दोपहर एक बजे के करीब सारा बाजार बन्द हो जाता था। घर जाकर भोजन कर दोपहर की नींद लेकर दूकानदार चार-पाँच बजे के करीब वापस लौटते थे और फिर नौ बजे तक बाजार खुला रहता था। 1977 की दीवाली के तुरन्त बाद, जब उड़ीसा और आन्ध्र में भयानक साइक्लोन आया हुआ था, मैं सपरिवार पुरी से लौटते हुए भुवनेश्वर में रुका था। दोपहर तीन बजे सारे होटल, रेस्तराँ बन्द थे। कहीं भी खाने-पीने को कुछ नहीं मिला।

❐

भुवनेश्वर आज भी दोपहर की नींद का भरपूर मजा लेता है। इतना उनींदापन बाकी है। वैसे शहर पूरी तरह बदल गया है। हिन्दुस्तान के हर शहर की तरह बढ़ती आबादी, वाहनों की बढ़ती संख्या और शहरीकरण ने इस दो हज़ार साल पुराने शहर को अपनी चपेट में ले लिया है। कोई पचास साल पहले उड़ीसा की राजधानी के लिए जो नया निर्माण हुआ था, उसकी व्यवस्था तो किसी हद तक आज भी कायम है, लेकिन उसके बाद का सारा निर्माण बेतरतीब है। बिल्कुल अन्य शहरों की तरह। वैसी ही भीड़-भाड़, वैसा ही शोर-शराबा, वैसे ही अवैध निर्माण, वैसी ही गलीनुमा बसाहट। नयापल्ली इलाके में आई.आर.सी.(इंडियन रोड कांग्रेस) विलेज बसाया गया था, एक वृहत् सम्मेलन के लिए। उसमें सड़क एक भी नहीं, सिर्फ गलियाँ ही हैं।

❐

भुवनेश्वर नया भी है और पुराना भी। नया शहर चंडीगढ़ के साथ-साथ ही बसाया गया। उसके पहले राजधानी कटक में थी। पुराना भुवनेश्वर कम-से-कम ढाई हजार साल पुराना तो है ही। सम्राट अशोक ने कलिंग युद्ध धौली गाँव के पास दया नदी के किनारे लड़ा था और वहीं उन्हें पश्चात्ताप हुआ था। यह स्थान भुवनेश्वर से लगा ही हुआ है। धौली में एक पहाड़ी द सुन्दर बौद्ध मन्दिर है, जिसे जापानियों ने बनवाया है। इस जगह को धौलगिरि के नाम से जाना जाता है। अशोक का पहला शिलालेख भी यहीं है। धौली

का मूर्तिशिल्प बहुत प्रसिद्ध है। देवेन्द्र सत्यार्थी ने अपने प्रसिद्ध उपन्यास 'कथा कहो उर्वशी' में मूर्तिकारों के जीवन को उकेरा है।

❐

धौलगिरि भुवनेश्वर से पूर्व दिशा में पुरी मार्ग पर है। शहर से दक्षिण में चैन्नई राजमार्ग पर उदयगिरि और खंडगिरि की गुफाएँ हैं। आज से कोई 2,400 साल पहले याने ईसा पूर्व पहली और दूसरी शताब्दी में तत्कालीन सम्राट खारवेल ने यहाँ जिन विहारों का निर्माण करवाया था। पहाड़ियों पर गुफाएँ काटकर जैन श्रावकों के लिए गुफा-निवास बनाए गए हैं। चौबीस जैन तीर्थंकरों की और अन्य अनेक मूर्तियाँ व छवियाँ इन गुफाओं में उत्कीर्ण हैं। उदयगिरि में हाथी गुफा नामक एक बड़ी-सी गुफा में खारवेल का एक शिलालेख छत पर उत्कीर्ण किया गया है। पूर्व दिशा में बौद्ध मन्दिर, दक्षिण में जैन मन्दिर और मध्यनगर में पुरातात्विक महत्त्व के शिवमन्दिर–भुवनेश्वर को एक विशेष महत्त्व प्रदान करते हैं।

❐

इस महत्त्व को रेखांकित करने के साथ यह कहना भी जरूरी होगा कि यह पुरातात्विक विरासत नष्ट हो रही है। उदयगिरि-खंडगिरि की दशा देखकर मन विषाद से भर गया। भारतीय पुरातत्व सर्वेक्षण द्वारा संरक्षित होने के बावजूद इन धरोहरों की देखभाल ठीक से नहीं हो पा रही है। उदयगिरि में एक लायसेंसधारी गाइड हमारे पीछे लग गया। वह बेतरह शराब पिए हुए था, वह भी अपराह्न तीन बजे। खंडगिरि में चारों तरफ कचरा बिखरा पड़ा था। सफाई की कोई फिक्र नहीं। धर्मप्राण जैनियों ने पहाड़ी के ऊपर एक मन्दिर बना लिया है, जिससे स्थान की ऐतिहासिकता नष्ट होती है तो दोनों पहाड़ियों के तल पर ही सनातनी मन्दिर भी बन पाए हैं। यह चिन्ता किसी को नहीं कि खंडगिरि-उदयगिरि की प्राकृतिक सुन्दरता, दो हज़ार साल पुराने शिल्पियों की कला और कुल मिलाकर अतिप्राचीन प्राचीन धरोहर को कैसे सुन्दर रूप में सँजोकर रखा जाए।

❐

भुवनेश्वर में पुराने शहर के भीतर कोई पाँच सौ शिवमन्दिर हैं। सारे के सारे एक हजार साल से पुराने। इनमें नए और पुराने नगर के सन्धिस्थल पर जो मन्दिर है, वह शायद सबसे पुराना है, और एक बागीचे के भीतर भली-भाँति सुरक्षित भी। सबसे ज्यादा महत्त्व लिंगराज मन्दिर का है। उसकी अवस्था देश के अन्य पुराने और मान्य मन्दिरों-जैसी ही है। 1986 में लिंगराज मन्दिर की बाहरी दीवारों पर उत्कीर्ण मिथुन मुद्राओं को देखकर ही मेरे मन में विचार उठा था कि जिस तरह से आज देश पतन की ओर जा रहा है और सरकारें भारत महोत्सव और अन्य उत्सवों में व्यस्त हैं, वैसे ही स्थिति हजार-बारह सौ साल पहले रही होगी। राजाओं को आमोद-प्रमोद, विलासिता के जीवन

से फुर्सत ही न मिलती होगी। तभी उन्होंने शिल्पियों को आदेश किया होगा कि वे ऐसा असामान्य व अप्राकृतिक शिल्पांकन करें, क्योंकि साधारण और सामान्य में उनका मन न रमता होगा। मुझे लगता है कि मन्दिरों में उत्कीर्ण कामशिल्प का रहस्य यही है। उसका दर्शनशास्त्र से कोई लेना-देना नहीं है।

❐

भुवनेश्वर अपनी ऐतिहासिक विरासत की ओर भले ही उचित ध्यान न दे रहा हो, शहर अपने आप में सुन्दर है। हरियाली से भरपूर। कोई सड़क ऐसी नहीं, जिस पर पेड़ न लगे हों। ऐसा लगता ही नहीं कि कुछ साल पहले ही इस शहर में अनगिनत पेड़ सुपर साइक्लोन से तबाह हो गए थे। यह हरियाली दो काम करती है। नई-नई बन रही बहुमंजिली इमारतों का सीमेंटी आतंक इनसे कम होता है। दूसरे गाड़ियों के शोर और धुएँ को भी पेड़ किसी हद तक सोख लेते हैं। इनके बिना भुवनेश्वर में जीना दूभर हो सकता था। दुःख यह देखकर हुआ कि नए-नए बने बहुमंजिले आवासीय परिसरों के भीतर पेड़ नहीं हैं। याने वही किस्सा-भूमाफिया, बिल्डर्स माफिया और नगर निगम की दोस्ती का।

❐

ऐसा नहीं कि सारा का सारा समाज अपनी विरासत के प्रति निरपेक्ष है। रेगिस्तान में हरियाली के टुकड़े की तरह एक जो स्थान है, उसे देखने का मौका मुझे अनन्त महापात्र के कारण मिला। अनन्त भारत सांस्कृतिक निधि (इनटैक) उड़ीसा के राज्य संयोजक हैं। वे रंगकर्मी और फिल्म निर्माता भी हैं। उनके ही मार्गदर्शन में इनटैक द्वारा 'उड़ीसा आर्ट कंजरवेशन सेंटर' चलाया जाता है। राज्य संग्रहालय के कुछ कक्षों में स्थापित इस केन्द्र में बहुत महत्त्वपूर्ण काम किया जाता है। ताड़पत्रों पर लिखी सैकड़ों साल पुरानी पांडुलिपियों का संरक्षण, उन्हें सुरक्षित रखने के लिए लोगों को प्रशिक्षण, पुरानी मूर्तियों, चित्रों और फोटो का कायाकल्प और संरक्षण। सेंटर में कार्यरत कलासंरक्षक मल्लिका मित्रा ने बताया कि उन्हें कटक स्थित नेताजी जन्मस्थल संग्रहालय में रखे फोटो और अन्य दस्तावेजों के कायाकल्प का काम मिला है। मधुसूदन दास के दस्तावेजों का संरक्षण भी सेंटर कर रहा है। मुझे वहाँ एक परिवार से आए दो पुराने चित्र देखने को मिले। माता-पिता के चित्र जो समय के साथ फीके पड़ गए थे, दागदार हो गए थे, उन्हें साफ कर बिल्कुल पहले की तरह बनाने का काम चल रहा था। छत्तीसगढ़ और मध्यप्रदेश में ऐसा कोई काम नहीं होता। इस पर विचार किया जाना चाहिए।

❐

मैं भुवनेश्वर एक राष्ट्रीय सेमिनार में भाग लेने पहुँचा था। विश्वव्यापार संगठन की कुटिल नीतियों के प्रति जनमत के लिए यह आयोजन 'ओडिसा नारी समाज' और 'थ्रेड'

नामक संस्थाओं ने किया है। यह अपनी तरह का एक अपूर्व कार्यक्रम था। प्रदेश में चारों ओर से आई कोई छह सौ आदिवासी स्त्रियाँ इसमें भाग ले रही थीं। भुवनेश्वर के प्रदर्शनी मैदान में जिस शामियाने के नीचे बैठकें हो रही थीं, वहीं ये सारी स्त्रियाँ ठहरी थीं। हर व्याख्यान के बाद वे वहीं के वहीं समूहों में बँट जाती थीं, अपने प्रश्न तैयार करती थीं, और दस मिनट के बाद फिर एकत्र होती थीं। पूछे गए प्रश्नों से उनकी जागरूकता का एहसास होता था। वे अपनी सम्पूर्ण चेतना के साथ कार्रवाई में हिस्सा ले रही थीं। अगर भारत दुबारा गुलाम बनने से कभी बचा तो ऐसे जागरूक समूहों के कारण ही बचेगा, जो अपनी जीवन परिस्थितियों को शिद्दत के साथ समझते हैं और संघर्ष करते हैं। अन्यथा सम्पन्न और सक्षम तबके ने तो अपनी ओर से देश को बेचने में कोई कसर बाकी ही नहीं रखी है।

❒

यह सचमुच दुख की बात थी कि भुवनेश्वर में इतना जरूरी कार्यक्रम हो रहा था और मीडिया को उसकी बिल्कुल परवाह नहीं थी। कोई एक दर्जन अखबार भुवनेश्वर-कटक से प्रतिदिन प्रकाशित होते हैं। सिवाय 'इंडियन एक्सप्रेस' के किसी और अखबार के रिपोर्टर को मैंने नहीं देखा। 'इंडियन एक्सप्रेस' में भी सिर्फ दस-बारह पंक्तियों की एक सिंगल कॉलम खबर छपी। इलैक्ट्रॉनिक मीडिया में एनडीटीवी के अलावा अन्य किसी चैनल ने इस कार्यक्रम को कवर नहीं किया। डब्ल्यू.टी.ओ. ज़िन्दाबाद !!

❒

मुझे और बाहर से आए कुछ प्रतिनिधियों को शहर से इक्कीस किलोमीटर दूर जटनी गाँव के पास 'थ्रेड' के परिसर में ठहराया गया था। परिसर का नाम रखा गया है—'सिद्धार्थ विलेज।' यहाँ संस्था द्वारा लगातार पंचायती राज, जनतन्त्र, शिक्षा, स्वास्थ्य आदि पर प्रशिक्षण शिविरों को आयोजन किया जाता है। 'थ्रेड' के साथी सिर्फ अपने नाम से जाने जाते हैं। वे सरनेम का प्रयोग नहीं करते। भीड़भाड़ से दूर एकान्त में बसे इस परिसर में खूब तो हरियाली थी, और थी आश्रम जैसी शान्ति।

❒

अन्त में उड़ीसा का राजनीति पर एक संक्षिप्त नोट। मुख्यमन्त्री नवीन पटनायक लोकप्रिय हैं। एक बेहद ईमानदार व्यक्ति के रूप में उनकी ख्याति है। उनकी तुलना अशोक गहलोत से की जाती है। लेकिन प्रदेश की वित्तीय स्थिति खराब है और नौकरशाह काम न करने में ही विश्वास रखते हैं। शहर का, राजधानी का उनींदापन जारी है।

(11 सितम्बर, 2004)

सरगुजा के पथ पर

I

रायपुर से अम्बिकापुर की दूरी 338 कि.मी. है, याने जगदलपुर से मात्र 39 कि.मी. ज्यादा। लेकिन जगदलपुर पहुँचने में जहाँ कार से पाँच घंटे और तेज-रफ़्तार बस से छह घंटे का समय लगता है, वहीं अम्बिकापुर पहुँचने के लिए कम-से-कम आठ घंटे का समय चाहिए। इस मार्ग पर सड़क बनने की रफ़्तार जितनी धीमी है, सड़क टूटने की रफ्तार उतनी ही तेज। कई बरस इन्तज़ार करने के बाद इस साल जो सड़कें मई-जून तक बन पाई थीं, वे एक बरसात में ही जगह-जगह पर और लम्बी दूरी तक उखड़ चुकी हैं। इस रास्ते पर सफर करते हुए जहाँ मेरी हड्डी-पसली एक हुई जा रही थीं, वहीं मुझे डर भी लग रहा था कि लोक निर्माण मन्त्री तरुण चटर्जी को कहीं हिचकियों का दौरा न पड़ जाए। उन्हें मैं बिना रुके याद कर रहा था।

❐

तरुण चटर्जी के अलावा एक और मन्त्री इस यात्रा में मेरी स्मृति में बस गए। मुख्यमन्त्री से मैं सिफारिश करना चाहूँगा कि वे राज्यमन्त्री बदरुद्दीन कुरैशी का प्रमोशन कर दें। जो मन्त्री भिलाई की चिकनी सड़कें और चिकनी सुविधाएँ छोड़ एक सड़कहीन सड़क पर यात्रा कर अम्बिकापुर से भी सौ कि.मी. दूर वाड्रफनगर तक बीच चौराहे पर सिर्फ अपने नाम का फलक लगवाने पहुँच जाए, उसे बहादुरी के लिए कोई पुरस्कार तो मिलना ही चाहिए। हाँ, अगर मन्त्री जी हेलीकॉप्टर से वहाँ गए हों तो मैं यह सिफारिश वापस लेता हूँ।

❐

अम्बिकापुर के रास्ते पर ही हसदो नदी का पुल है। 1985 में बनना शुरू हुआ। 1989 में बना। और दस साल बीतते-न-बीतते 1998-99 के आसपास क्षतिग्रस्त भी हो गया। म.प्र. राज्य सेतु निर्माण निगम ने कई करोड़ की लागत से इस पुल को बनवाया था। मरम्मत में भी एक-दो करोड़ तो खर्च हुए ही होंगे। क्षतिग्रस्त होने के बाद लगभग दस साल इस रास्ते पर यातायात बन्द रहा था। रायगढ़-पत्थलगाँव होकर अम्बिकापुर जाना

पड़ता था। उसमें जो अतिरिक्त समय और खर्च लगा होगा, वह अलग। पुल पर बहुत सारे नामोंवाला उद्‌घाटन का पत्थर लगा है। उनमें से किसी को भी इस अपराध के लिए एक रुपया जुर्माना या एक दिन की सजा ही हुई हो, ऐसा याद नहीं पड़ता।

❐

सरगुजा क्षेत्र इन खराब सड़कों के कारण शेष छत्तीसगढ़ से कटा-कटा सा रहता है। लेकिन इसके अलावा और भी कारण हैं, जो सरगुजा को दूर किए हुए हैं। सरगुजा विंध्यप्रदेश, उत्तरप्रदेश और बिहार के संगम पर अवस्थित है। वहाँ एक अनूठी मिली-जुली संस्कृति का विकास हुआ है। उसके साथ समरसता स्थापित करने के लिए जिन कोशिशों की जरूरत थी, वे नहीं की गई हैं। प्रदेश में संस्कृति के जो झंडाबरदार हैं, उनके लिए सरगुजा हाशिए से भी बाहर है। अगर यह उपेक्षा जारी रही तो भविष्य में क्या होगा, उसकी चर्चा करने में मुझे डर लग रहा है।

❐

अम्बिकापुर में विश्वविद्यालय स्थापित हो गया है, लेकिन न कुलपति की नियुक्ति हुई है और न ही कोई अन्य स्टाफ है। बिलासपुर वि.वि. के कर्मचारी बँटवारे में अम्बिकापुर जाना नहीं चाहते। राजमोहिनी देवी के नाम पर बनाया गया यह वि.वि. सरगुजा को एक पहचान दे सकता था। इस बारे में सरकार को प्रभावी कदम उठाना चाहिए। अगर वाड्रफनगर से भोपालपट्टनम तक छत्तीसगढ़ को एक प्रदेश के रूप में बनाए रखना है तो और भी बहुत से कदम उठाने की जरूरत होगी।

❐

बिलासपुर से वाड्रफनगर तक की यात्रा वैसे बहुत सुहावनी हो सकती है। दोनों तरफ सरई के ऊँचे-ऊँचे वृक्ष। उनका साथ देते सागौन के कुंज और बाँसों के झुरमुट। हरियाली में नहाई हुई पहाड़ियाँ और इस साल की बरसात में पानी से भरपूर नदियाँ और नाले। बादियाँ इतनी खूबसूरत कि काश्मीर की याद आ जाए। हसदो के क्षतिग्रस्त पुल पर ही हमने कार रोक दी। पुल के दोनों तरफ प्रकृति की निराली छटा। मन्त्रमुग्ध होकर बहुत देर तक उसे निहारते रहे। प्रेम चन्द्राकर को अपनी अगली फिल्म की शूटिंग के लिए यहाँ आना चाहिए। यह सलाह अन्य छत्तीसगढ़ी फिल्म निर्माताओं को भी है।

❐

बहुत साल बाद छत्तीसगढ़ की नदियों में इतनी जलराशि देखी। शिवनाथ, अरपा, मनियारी, रेंड, महान, ताना और न जाने कितनी छोटी-बड़ी नदियाँ, नाले और झरने। इस पानी को अगर हम वक्त रहते रोकने में सक्षम हों तो प्रदेश में अकाल की नौबत ही न आए। हमें न नदी-जोड़ योजना की जरूरत है और न बड़े-बड़े बाँधों की। बस,

एक तो जंगल न कटें और दूसरे जहाँ सम्भव हो, वहाँ बरसात के पानी को स्टॉप डैम आदि सरल व कमखर्च माध्यमों से सुरक्षित कर लिया जाए। पानी के व्यापारियों को जरूर यह बात नागवार गुजरेगी।

❐

इस यात्रा पथ को यदि प्रकृति ने पहाड़, नदी, झरनों और हरियाली से सँवारा है तो मनुष्य ने अपनी ओर से उसे और अलंकृत करने में अपनी रचनाशीलता और कल्पनाशक्ति का भरपूर परिचय दिया है। रायपुर से मात्र 19 कि.मी. दूर चरौदा के एक हजार साल पुराने शिवमन्दिर के खँडहरों से लेकर ताला, रतनपुर, पाली, उदयपुर, महेशपुर तक भारत की शिल्पकला और सांस्कृतिक विरासत के नायाब नमूने देखने को मिलते हैं। उन्हें देखने के लिए समय चाहिए, इच्छा चाहिए और चाहिए एक जिज्ञासु प्रवृत्ति। दुर्भाग्य से इन सबका हमारे जीवन में अभाव होता जा रहा है।

❐

चरौदा में पुराने मन्दिर के अवशेष हैं और उसके सामने ही है गाँव के तत्कालीन सरपंच स्व. बाबू खान द्वारा तामीर करवाया गया नया शिवमन्दिर। छत्तीसगढ़ प्रदेश में आधुनिक समय में साम्प्रदायिक एकता का यह अनुपम उदाहरण है। इस पृष्ठभूमि को जाननेवाले लोग कम होते जा रहे हैं लेकिन नई पीढ़ी उसे जान सके, ऐसी कोई कोशिश नजर नहीं आती।

रतनपुर में महामाया मन्दिर के विशाल प्रांगण में ही अवस्थित है कंठी देवल। भारतीय पुरातत्व सर्वेक्षण द्वारा संरक्षित यह मन्दिर छह सौ साल पुराना है। इसे भारतीय-मुस्लिम शैली में बनाया गया था, यह जानकारी मन्दिर के बाहर ए.एस.आई. द्वारा लगाए गए सूचनापट से प्राप्त हुई। यह अपने आप में कितनी रोचक और महत्त्वपूर्ण बात है कि छत्तीसगढ़ की प्राचीन राजधानी रतनपुर में महामाया के प्राचीन मन्दिर के बाजू में एक और मन्दिर छह सौ साल पहले कलचुरी राजा बनवाते हैं और उस पर सरसानी याने अरब-ईरान के शिल्प का प्रभाव होता है। यह मन्दिर प्रदेश की बहुलतावादी सांस्कृतिक विरासत को रेखांकित करता है।

❐

सांस्कृतिक बहुलता महेशपुर में भी देखने को मिलती है। अम्बिकापुर से छत्तीस कि.मी. पहले मुख्य मार्ग से भीतर घने जंगलों के बीच है महेशपुर। कोई सौ घरोंवाला आदिवासी ग्राम। वहाँ हमें जंगल में लकड़ी बीनते गवरसाय भगत मिल जाते हैं। बड़े उत्साह के साथ भगत हमें महेशपुर में कोई एक किलोमीटर के क्षेत्र में फैले विभिन्न खँडहर दिखाते हैं। पद्मासन में बुद्ध की एक अति सुन्दर प्रतिमा है, जिसे आदिवासी बाबा मानकर पूजा करते हैं। वहीं बाजू में गणेश की प्रतिमा है और है एक हजार

साल पुराने शिल्प के कुछ नमूने। थोड़ी दूरी पर एक प्राचीन शिवलिंग है, जहाँ शिवरात्रि पर मेला भरता है। रेंड नदी के तट पर बसे इस क्षेत्र में ऐसे आठ-दस खँडहर हैं, जिनमें शाल भंजिका, लज्जा गौरी, यक्ष, द्वारपाल से लेकर मिथुन मूर्तियाँ तक तथा पत्थरों पर उत्कीर्ण तरह-तरह की आकृतियाँ और बेलबूटे हैं। मुख्य मार्ग पर एक जीर्ण-शीर्ण बोर्ड में कुछ सूचनाएँ हैं, लेकिन मन्दिर समूह के आसपास कोई सूचना उपलब्ध नहीं कराई गई है।

❐

महेशपुर से 4 कि.मी. पहले है उदयपुर। वहाँ से कोई दो कि.मी. भीतर जाने पर मिलती हैं सीता बेंगरा और जोगीमाड़ा की गुफाएँ। ये वही गुफाएँ हैं, जिनके बारे में कहा गया है कि यह विश्व की सबसे प्राचीन नाट्यशाला है। गुफाओं से नीचे समतल पर एक छोटा-सा मंच बना दिया गया है, जहाँ प्रतिवर्ष प्रथम आषाढ़ पर सरकारी औपचारिकताओं के बीच नृत्य-संगीत का कार्यक्रम आयोजित होता है। वह इसलिए कि कालिदास ने यहीं बैठकर मेघदूत की रचना की थी, ऐसा हाल के बरसों में कहा जाने लगा है।

इन गुफाओं में पाली में अंकित संक्षिप्त इबारतें हैं और जोगीमाड़ा में गुफा पर अंकित कुछ चित्र भी हैं, जो धूमिल पड़ गए हैं। ये चित्र अजन्ता के गुफाचित्रों के समकालीन हो सकते हैं। उनमें चित्रकला की वैसी ही बारीकियाँ हैं। लेकिन इस स्थान पर कोई नाट्यशाला रही होगी, यह कल्पना को कुछ ज्यादा ही लम्बा खींचने की बात है। गुफा की छत पूरे छह फीट भी नहीं है। उसमें जो ग्रीन रूम बनाए गए हैं, उनकी ऊँचाई ज्यादा-से-ज्यादा चार फीट होगी। प्राचीन काल में यहाँ बौने मनुष्य निवास करते रहे हों और उन्होंने नाट्यशाला बनाई हो तो बात अलग है। लेकिन साधारण समझ तो यही कहती है कि आज से दो हजार साल पहले यहाँ बौद्ध भिक्षु या जैन श्रमण आदि रहा करते होंगे। गुफाओं के बाहर भी इतनी खुली जगह नहीं है, जहाँ सौ दर्शक भी ठीक से बैठ सकें।

❐

रामगढ़ की इन गुफाओं के ऊपर पहाड़ पर और भी प्राचीन मूर्तियाँ व खँडहर हैं, लेकिन बारिस की वजह से वहाँ जाने का कठिन रास्ता बन्द हो गया था। गुफाओं के नीचे एक और सुरम्य स्थान है, जिसे हथफोड़ नाम दिया गया है। जंगलों में वेग के साथ बहनेवाले पानी ने पहाड़ के नीचे कोई एक सौ मीटर लम्बी सुरंग बना दी है। ऐसा लगता है जैसे मदमत्त हाथी ने अपने सिर से प्रहार कर पहाड़ को तोड़ दिया हो।

महेशपुर और रामगढ़ में प्राचीन शिल्प के साथ हमें कुछ ऐसे फूल-पौधे भी देखने को मिले जो अन्यत्र देखने में नहीं आते। कुमुदिनी की प्रजाति के एक पौधे में लाल आवरण के बीच कमल के आकार का ही एक सुन्दर सफेद फूल देखा तो चौड़ी-चौड़ी

जुड़ी पत्तियोंवाला एक और पौधा। इनके बारे में कोई वनस्पतिशास्त्री जानकारी दे सके तो मैं आभार मानूँगा।

इस विपुल वैभव के बाद विडम्बना ये कि उदयपुर के रेस्ट हाउस के कमरों में स्विट्ज़रलैंड की और विदेशी दृश्यों की तस्वीरें लगी हुई हैं। छत्तीसगढ़ पर्यटन के पोस्टर वहाँ अब तक नहीं पहुँच पाए हैं।

(18 सितम्बर, 2006)

II

उदयपुर के रेस्ट हाउस की दीवालों पर छत्तीसगढ़ के पोस्टर नहीं हैं तो इसमें कोई हैरानी की बात नहीं है। पूरे प्रदेश के डाकबंगलों की स्थिति कमोबेश यही होगी। इनमें जो नेता-अधिकारी सामान्य तौर पर ठहरते हैं, उनकी नजर भी शायद ही कभी इस ओर गई होगी। सच तो ये है कि अपने पर्यावरण और परिवेश के प्रति आम भारतीय में एक तरह की उदासीनता है। छत्तीसगढ़ उसका अपवाद नहीं है। नए-नए मन्दिर बनाने में हमारी दिलचस्पी चप्पे-चप्पे पर दिखाई देती है, लेकिन पुराने को सम्हालना हमसे नहीं होता।

❐

उदयपुर में पी.डब्ल्यू.डी. के जिस इंजीनियर या बड़े बाबू ने स्विट्ज़रलैंड का पोस्टर लगवाया, उसमें थोड़ा-बहुत सौन्दर्यबोध तो रहा ही होगा, लेकिन अभी हाल में बिलासपुर-कटघोरा के बीच पाली के पुरातात्विक महत्त्व के शिवमन्दिर के ऐन सामने जोगी सरकार की उपलब्धियों का होर्डिंग जिस अधिकारी ने लगाया, उसकी अक्लमन्दी का बखान किस तरह से किया जाए ? जनसम्पर्क विभाग से मेरा अनुरोध है कि उस होर्डिंग को अन्यत्र लगा दिया जाए, ताकि एक प्राचीन धरोहर की भव्यता निहारने में बाधा न पहुँचे। (यह होर्डिंग देशबन्धु में लेख छपने के बाद हटा लिया गया)

❐

यह सर्वविदित है कि रतनपुर एक लम्बे समय तक छत्तीसगढ़ की राजधानी रही है। पहले कलचुरी काल में, फिर मराठा काल में। यह ऐतिहासिक तथ्य है। रतनपुर में बस्ती के दोनों छोर पर बाबू रेवाराम और माखनलाल मिश्र को स्मरण करते हुए लोहे के मेहराबनुमा प्रवेश द्वार बना दिए गए हैं, यह देखकर अच्छा लगा, लेकिन बस्ती में यह जानकारी कहीं भी नहीं मिलती कि यहाँ कभी प्रदेश की राजधानी हुआ करती थी।

मुख्य मार्ग पर ही किले के भग्नावशेष रतनपुर की प्राचीनता की याद दिलाते हैं। इन खँडहरों का थोड़ा-बहुत संरक्षण ए.एस.आई ने किया है। यद्यपि वह पर्याप्त नहीं है।

दुर्भाग्य यह कि किले की दीवारों को तोड़कर एक लम्बे हिस्से में बाजार बन गया है, जिसकी ओट में किला लगभग ढँक गया है। जब रतनपुर के नागरिकों को ही अपनी विरासत की चिन्ता नहीं है तो किसी और से क्या उम्मीद की जाए ?

❐

सरगुजा के पथ पर सचमुच अच्छी सड़कें बनने में तो न जाने कितना वक्त लगेगा। प्राचीन स्मारकों की भी रक्षा कितनी क्या हो पाएगी, कहना मुश्किल है। लेकिन प्रदेश का पर्यटन विभाग लोक निर्माण विभाग या कोई अन्य महकमा इतना तो कर ही सकती है कि जहाँ भी ऐसा दुर्लभ खजाना मौजूद है, वहाँ किसी मुख्य स्थान पर उससे सम्बन्धित ज़रूरी सूचनाएँ देनेवाला एक सूचना फलक लगा दिया जाए। मसलन रेस्ट हाउस में, बस स्टैंड पर, महामाया मन्दिर के प्रांगण में।

रतनपुर के बारे में एक और बात याद आई। महामाया मन्दिर की ट्रस्ट कमेटी ने श्रद्धालुओं और यात्रियों की सुविधा के लिए बहुत सुन्दर इन्तजाम हाल के बरसों में किए हैं। उन्हें देखकर मन प्रसन्न हो उठा। सिर्फ एक कमी दिखी कि वाहनों की पार्किंग के लिए कोई इन्तजाम नहीं किया गया है। इस पर ध्यान देना चाहिए।

❐

पुरावशेषों की खोज में सरगुजा के जंगल में घूमते हुए एक जगह तीन नौजवानों से भेंट हो गई। वे अपने मवेशी चरा रहे थे। तीनों कंवर आदिवासी थे। बातचीत में पता चला कि एक नवयुवा ने दसवीं-ग्यारहवीं तक की पढ़ाई की है। जंगल में तो हाईस्कूल नहीं है। यह दस किलोमीटर साइकिल चलाकर पास के गाँव में स्थित स्कूल जाता था। पढ़ाई खत्म हुई और वह पुश्तैनी काम में लग गया। सीज़न में तेंदुपत्ता और सरईबीज़ का संग्रह कर थोड़ी-बहुत नकद कमाई हो जाती है, वरना छोटी-सी खेती में जो धान उगाया, उसी से साल भर काम चलता है। इस युवाशक्ति का बेहतर उपयोग कैसे किया जाए, यह नीति-निर्धारकों के सोचने की बात है।

❐

बावफनगर के पास किसी गाँव की सरहद पर आते-जाते दोनों समय एक आदिवासी किशोरी भी अपने ढोर चराते नज़र आई, एक अपवाद की तरह। वह इसलिए कि यात्रा के दौरान गाँव-गाँव में बच्चे स्कूल जाते हुए या लौटते हुए मिले। इनमें आधी संख्या तो निश्चित ही लड़कियों की थी। प्राथमिक शाला तो रास्ते के लगभग हर गाँव में थी, लेकिन मिडिल स्कूल और हाईस्कूल के लिए छात्र-छात्राएँ, चार-चार कि.मी. तक की दूरी पैदल या साइकिल से तय कर रहे थे। बच्चों को, खासकर लड़कियों को, स्कूल जाते हुए देखना एक सुखद एहसास था।

❐

अधिकतर विद्यार्थी स्कूल की यूनीफार्म में मिले, लेकिन बहुत बड़ी संख्या उनकी थी, जो नंगे पाँव थे। कुछ के पैरों में हवाई चप्पलें थीं। जूते-मोजे पहने तो एक भी छात्र या छात्रा नहीं मिली। पौंडी-उपरोड़ा में जरूर कुछ छात्रों को जूते पहने देखा। वे शायद शासकीय कर्मियों के बच्चे होंगे। लेकिन इसके विपरीत जहाँ भी संघ परिवार द्वारा संचालित सरस्वती शिशु मन्दिर हैं, उनके विद्यार्थी यूनीफार्म और जूतों से लैस मिले।

❐

सरकारी स्कूलों के विद्यार्थियों के पास जूते-चप्पल तो नहीं ही थे, उनके पास बस्ते भी नहीं थे। ज्यादातर अपनी कॉपी-किताबें पॉलीथिन के बैग में लपेटे हुए थे। जोगीजी की तस्वीरवाले बस्ते की चर्चा तो टीवी चैनलों पर भी हो चुकी है, लेकिन प्रदेश के दूरदराज गाँवों तक ये बस्ते सरकारी योजनाओं की ही तरह अभी तक नहीं पहुँच पाए हैं। यात्रा से लौटने के बाद खबर पढ़ी कि बिलासपुर जिले में भी अब तक बस्तों का वितरण नहीं हो सका है। जिला शिक्षा अधिकारी के पास कोई आदेश ही नहीं पहुँचा है। ऐसी योजनाएँ बनाने का क्या औचित्य है, जिनका क्रियान्वयन ही न हो सके ?

❐

जैसे गाँव-गाँव में स्कूल मिले, वैसे ही एक और अच्छी बात देखने में आई। हर ग्राम पंचायत के साथ ग्रामीण पुस्तकालय की स्थापना हो गई है। पंचायत भवन के बाहर उसके बोर्ड नज़र आए। पुस्तकालय खुलने का समय शाम 5 से 7 था, जबकि हमारी यात्रा दिन-दिन में ही हो रही थी, इसलिए किसी पुस्तकालय को रुककर देखने की इच्छा पूरी नहीं हो पाई। अगर प्रदेश के लेखक और बुद्धिजीवी थोड़ा समय निकालकर अपने आस-पास के गाँव जाकर इन पुस्तकालयों का निरीक्षण कर सकें तो यह एक अच्छी पहल साबित हो सकती है।

❐

अम्बिकापुर से बाड्रफनगर के रास्ते पर भटगाँव कोयला प्रक्षेप पड़ता है। यहाँ जो कोयला खदानें हैं, उन्हें संस्कृतनिष्ठ नाम दिए गए हैं—शिवानी, कल्याणी आदि। इसी तरह वनविभाग ने भी जो रोपणियाँ जगह-जगह पर बनाई हैं, उनके नाम हिन्दी में नहीं संस्कृत में ही हैं। पर्यावरण बचाने का आह्वान करते हुए जो बोर्ड लगाए गए हैं, उनका भी वही हाल है। मेरा अनुमान है कि ये सारे नामकरण हिन्दी के उन उत्साही शिक्षकों ने किए होंगे, जो मन्त्री के आगमन पर स्वागत गीत और अभिनन्दन पत्र आदि रचा करते हैं। अन्यथा ग्रामीण इलाकों में कौन तो इन नामों को, नारों को पढ़ेगा, और कौन समझेगा।

लेकिन इनको ही क्या दोष दें। रायपुर के राजधानी परिक्षेत्र में मुख्यमन्त्री ने भवनों

का नामकरण करना चाहा तो उनके सलाहकारों को भी छत्तीसगढ़ की लोक संस्कृति में रचे-बसे नाम याद न आए और 'नंदीराज द्वार' जैसे भारी-भरकम नाम चस्पा कर दिए गए।

❒

अम्बिकापुर सरगुजा जिले का मुख्यालय है। कोरिया जिला बन जाने के बाद सरगुजा छोटा हो गया है, फिर भी वह काफी बड़ा है। एक मित्र ने जानकारी दी—लगभग हरियाणा के बराबर। अम्बिकापुर शहर चारों ओर जंगलों से घिरा है, लेकिन शहर के बीच बाज़ार की रौनक वैसी ही है, जैसे किसी बड़े शहर के बाजार की। यह रूप देने में हरियाणा का योगदान भी है और अन्य प्रदेशों का भी।

सरगुजा के रियासती वैभव का स्मरण करानेवाला राजमहल या लोक-प्रचलन में 'पैलेस' जराजीर्ण हो चुका है। लेकिन रियासती काल में ही बना एक और महल सर्किट हाउस के रूप में प्रयुक्त होता है। यह वही सर्किट हाउस है, जहाँ कुछ साल पहले पड़ोसी प्रदेश से विचरण करने आए हाथी घुस आए थे और शहर में अफरातफरी मच गई थी। जहाँ सफेद हाथियों का निवास हो, वहाँ काले हाथियों का क्या काम, सो वे अपने जंगलों में लौट गए।

❒

अम्बिकापुर में यदि व्यवसाय की चमक-दमक है तो शब्द-साधना में भी यह शहर कम नहीं है। 1978 में अम्बिकापुर के पास शान्तिपाड़ा नामक एक वनग्राम में हमारे युवा मित्रों ने प्रगतिशील लेखक संघ के दो-दिवसीय शिविर का आयोजन किया था। वह टीम कुछ-कुछ बिखर गई है, लेकिन नए साथी भी जुड़ गए हैं। अम्बिकापुर के या यूँ कहें कि सरगुजा के रचनाकारों ने राष्ट्रीय स्तर पर अपनी जो पहचान बनाई थी, उसे आज भी कायम रखा है।

ये लेखक सिर्फ लिखते-पढ़ते ही नहीं हैं। वे सामाजिक सरोकारों से भी सक्रियता से जुड़े हुए हैं। कुछ बरस पहले जब विश्रामपुर-अम्बिकापुर रेलमार्ग बनाने का ऐतिहासिक—लगभग दो साल तक चलनेवाला—आन्दोलन हुआ था, तो उसमें इन बुद्धिजीवियों ने खुलकर भाग लिया था। वह रेलमार्ग अब बन रहा है। साल-दो साल में पूरा हो पाएगा। शायद अम्बिकापुर से रायपुर, डोंगरगढ़ तक सीधी ट्रेन चलने लगेगी। (2006 के मार्च तक यह पूरा नहीं हो सका है)

काश! रेललाइन पहले बन गई होती तो राज्य के लोक निर्माण विभाग का आधा बोझ हल्का हो गया होता।

(19 सितम्बर, 2003)

इलाहाबाद बरास्ता सरगुजा

रायपुर से इलाहाबाद सड़क मार्ग से जाने का निर्णय कोई अक्लमन्दी का निर्णय नहीं था। छत्तीसगढ़ में बारिश खूब हो रही थी, उधर बनारस-पटना से भी गंगा और अन्य नदियों में बाढ़ आ जाने की खबरें थीं। एक-दो सदाशय मित्रों ने भी सड़क से यात्रा न करने की सलाह चिन्तापूर्ण स्वर में दी, लेकिन मैंने अपनी बुद्धिमत्ता में उनकी राय नहीं मानी। एक तो मेरा सोचना यह था कि इलाहाबाद ले जानेवाली इकलौती ट्रेन सारनाथ एक्सप्रेस का कोई ठौर-ठिकाना तो रहता नहीं है। न जाने कब आए और कब जाए। दूसरे—यदि ट्रेन समय पर भी चलती तो एक दिन पहले पहुँचना और एक दिन बाद निकलना सम्भव होता, याने दो दिन बेकार जाते। तीसरी वजह ये थी कि अम्बिकापुर में जो पूछताछ की, उससे पता चला कि सड़क मार्ग से जाने में कोई विशेष अड़चन नहीं है। तो इस तरह एक न भुलाई जानेवाली यात्रा का प्रोग्राम बन गया।

❐

चूँकि रास्ता नया था, इसलिए तय किया कि यात्रा दिन-दिन में ही की जाए। जाते वक्त एक रात अम्बिकापुर में, लौटते वक्त एक बार और रात्रि विश्राम। दिन की यात्रा का फायदा ये हुआ कि रास्ते के नज़ारे देखने को मिले। सारनाथ एक्सप्रेस में सोते हुए जाने से ये सारे चाक्षुष अनुभव कैसे होते ?

अम्बिकापुर के साथियों को यह तो पता था कि बनारस 325 कि.मी. है, लेकिन इलाहाबाद की ठीक-ठीक दूरी किसी ने भी नहीं बताई। सबका अनुमान था कि बनारस से कुछ ज्यादा ही होगी। यात्रा करने पर पता चला कि अम्बिकापुर-इलाहाबाद व्याहा रॉबर्ट्‌गंज, मिर्जापुर दूरी कुल 400 कि.मी. है। मैंने हिसाब लगाया था कि बनारस से कुछ ज्यादा की दूरी तय करने में शायद सात घंटे लगेंगे, क्योंकि उ.प्र. में सड़कें बेहतर होने का विश्वास भी मुझे दिया गया था। लेकिन मुझे जाते वक्त पूरे बारह घंटे और लौटते में दस घंटे लगे। जाते हुए ज्यादा समय नया होने और मिर्जापुर पहुँचते-पहुँचते अँधेरा हो जाने के कारण हुआ।

❐

फिर भी अनुमान से काफी ज्यादा समय लगा तो उसकी वजह ये थी कि वैसे तो सचमुच उ.प्र. की सड़कें छत्तीसगढ़ से बेहतर थीं, लेकिन इस साल की अपूर्व बरसात में सड़कों

पर कई-कई दिनों तक नदियों का पानी भरा रहा, उससे बहुत स्थानों पर सड़कें टूट गईं। स्वर्णिम चतुर्भुज योजना के अन्तर्गत सड़क बनने का जो काम चल रहा है, उसकी सुस्त रफ्तार के चलते जी.टी. रोड पर यातायात कठिन और विलम्बकारी हो गया है। इधर धनवार में छत्तीसगढ़ की सीमा खत्म होने से लेकर 13 कि.मी. दूर उ.प्र. के बभनी नामक गाँव तक पहुँचने में ही एक घंटे से ज्यादा समय लगा। पूरी यात्रा में सबसे खराब सड़क यही थी। एक तो सिंगल रोड सड़क, तिस पर बरसात के चलते दोनों तरफ गड्ढे और कीचड़ और फिर ट्रक ड्राइवरों की अधीरता।

❐

इस सबके बावजूद यह देखकर हैरत हुई कि उधर उ.प्र. की ओर से मारुति कारों को लादे ट्रक और अन्य सामग्रियों से लदे बड़े-बड़े ट्रक छत्तीसगढ़ आ रहे थे, तो इधर से लोहे के गर्डरों जैसे भारी सामान से भरे ट्रक उत्तर प्रदेश जा रहे थे। उसकी वजह समझ में आई। दिल्ली से रायपुर तक की लम्बी दूरी में सिर्फ एक जगह पर आर.टी.ओ. और वाणिज्य कर की चौकियों पर ट्रकों को रुकना पड़ता है--वाड्रफनगर के आगे धनवार के पास। वही ट्रक दूसरे रास्ते से आएँ तो राजस्थान, मध्यप्रदेश, उत्तरप्रदेश, महाराष्ट्र ऐसे कम-से-कम तीन-चार चौकियों पर रुकना पड़े।

❐

इससे एक विचार उभरता है। अगर छत्तीसगढ़ की सड़कें चुस्त-दुरुस्त हो जाएँ तो दिल्ली से उत्तरप्रदेश, छत्तीसगढ़ होते हुए आन्ध्र अथवा उड़ीसा के लिए भी एक सुगम यातायात मार्ग बन सकता है। इससे छत्तीसगढ़ में बहुत सारे स्थानों पर रोजगार के अनेक नए अवसर खुल सकेंगे। छोटे-मोटे होटल, चाय की दूकान, ढाबा, टायर-ट्यूब मरम्मत, पेट्रोल पम्प--इन सबकी काफी गुंजाइश होगी। छत्तीसगढ़ में पर्यटन का विकास होने में भी इससे सहायता मिलेगी।

❐

उ.प्र. में भदोही के पास हम जी.टी. रोड पर पहुँचे। वहाँ से कुछ दूर इलाहाबाद के बीच फोरलेन रोड की पूरी चौड़ाई में लगा एक होर्डिंग चौंका गया, "सीता समाहित स्थल सीतामढ़ी 13 कि.मी.।" थोड़ी ही देर बाद फिर वैसा ही सूचनापटल देखा, "7 कि.मी.।" फिर इलाहाबाद में एक होर्डिंग देखा, 'सीता समाहित स्थल सीतामढ़ी पधारने के लिए धन्यवाद।' अचरज इसलिए हुआ कि जनश्रुति के मुताबिक सीता तो अयोध्या में ही धरती की कोख में समा गई थीं। यह नई जगह कहाँ से आ गई। इलाहाबाद में मित्रों ने बताया कि इतिहास को नए सिरे से लिखने का जो उपक्रम चल रहा है, यह उसी का हिस्सा है।

❐

जी.टी. रोड जैसे व्यस्त और महत्त्वपूर्ण मार्ग पर या तो यह होर्डिंग देखने में आया, या फिर प्रधानमन्त्री अटलबिहारी वाजपेयी के सपने को साकार करने की सूचना देता वैसा ही लम्बा-चौड़ा होर्डिंग। लेकिन यात्रियों के लिए जरूरी सूचनाओं को यथोचित स्थानों पर लगाने का ख्याल राष्ट्रीय राजमार्ग के अधिकारियों के जेहन से दूर ही है, जिसकी वजह से हमें जगह-जगह पर रुककर रास्ता दरयाफ्त करना पड़ा। छत्तीसगढ़ और म.प्र. में जैसे राजमार्गों के किनारे डाकबंगले या रैस्ट हाउस होते हैं, वे उ.प्र. में भी होंगे, लेकिन उनके बारे में भी कोई सूचना नहीं थी।

❐

उ.प्र. में एक अनोखी बात रास्ते के कस्बों में देखने में आई। राष्ट्रीय राजमार्ग भी जहाँ कस्बे के बीच से गुजरता है, वहाँ नगर की पूरी लम्बाई में ईंट की सड़क बिछा दी गई है। ऐसा क्यों किया गया होगा, यह समझ में नहीं आया। या तो डामर की सड़कें टूटने के कारण या फिर स्पीड ब्रेकर के रूप में ये काम आती हों !

छत्तीसगढ़ पार करते साथ उ.प्र. के शोणभद्र जिले के गाँवों में एक और अनोखी बात देखी। गाँव के मकान तो सामान्यतः खपरैल की छतवाले ही हैं, जैसे भारत के किसी अन्य गाँव में, लेकिन खपरैल की छत के जोड़ों पर मिट्टी के बने कोन आकृति के छोटे-छोटे गुम्बद सजा दिए जाते हैं, जैसे किसी मन्दिर के शिखर हों। इन आकृतियों से मकान, उन्हें झोंपड़ी कहना ज्यादा सही होगा, में एक शोभा आ जाती है। शोणभद्र जिले के बाद यह दृश्य फिर नहीं मिला।

❐

शोणभद्र जिला खनिज संसाधनों से भरपूर है और साथ में अन्य प्राकृतिक सम्पदाओं से। रिहन्द बाँध, शक्तिनगर थर्मल पावर केन्द्र, 3-4 सीमेंट के कारखाने, ये सब रॉबर्ट्सगंज, रेणुकूट, चोपन के आसपास हैं, लेकिन इनसे शोणभद्र के आदिवासियों के जीवन स्तर में कोई सुधार आया हो, यह कल्पना ही नहीं करनी चाहिए। आखिर वहाँ भी तो हिन्दुस्तान है ही।

रास्ते में एक कस्बा पड़ता है—म्योरगंज। किसी अंग्रेज अधिकारी के नाम पर बसाया गया होगा। सड़क के एक ओर बोर्ड लगा था—म्योरगंज हैलीपैड का रास्ता। दूसरी ओर बन रहा है—आदित्य बिड़ला रूरल टैकनालॉजी पार्क। लेकिन गाँव की सड़क पर पानी बह रहा था। इसे विसंगति नहीं तो और क्या कहा जाए ?

❐

चोपन के पास सोन नदी को विराट् रूप में देखा। अमरकंटक में अपने उद्गम सोनमुड़ा पर तो सोन लगभग अदृश्य ही रहती है। विंध्य की पर्वत श्रेणियों में अपना रास्ता बनाते हुए सोन धीरे-धीरे वेगवती और पुष्ट होती जाती है। चोपन में सोन का पुल एक

कि.मी. से कुछ कम ही लम्बाई का रहा होगा। उसे देखकर मुझे कटक में महानदी का दृश्य याद आ गया। नदी के पास ही कैमूर की पहाड़ियों में सोन जीवाश्म पार्क और पक्षी अभयारण्य हैं, जिन्हें देखने की इच्छा मन में ही रह गई।

❒

सामान्य तौर पर लोग इलाहाबाद त्रिवेणी संगम में स्नान कर पुण्य बटोरने और पुरखों की अस्थियाँ प्रवाहित करने जाते हैं, लेकिन मेरे लिए इलाहाबाद का आकर्षण 'आनन्द भवन' के कारण है। इस समय जब जवाहरलाल नेहरू को सायास भुलाने के षड्यन्त्र चल रहे हैं, जब उनकी सबसे बड़ी देन जनतान्त्रिक व्यवस्था सामाजिक न्याय और धर्मनिरपेक्षता के ताने-बाने को तोड़ने की कोशिशें जोर-शोर से चल रही हैं, तब इलाहाबाद पहुँचने पर 'आनन्द भवन' जाना और इन मूल्यों की रक्षा के लिए दुबारा संकल्प लेना एक तीर्थयात्रा करना ही था।

❒

'आनन्द भवन' और 'स्वराज्य भवन' की देखभाल सुचारु रूप से की जाती है। उन कमरों को देखना जिनमें पंडित नेहरू रहे, उन वस्तुओं को देखना जिनका इस्तेमाल उन्होंने किया एक रोमांचकारी अनुभव सदा की तरह था। नेहरूजी की जन्मकुंडली, यज्ञोपवीत की निमन्त्रण पत्रिका, विवाह की पत्रिका, हिन्दी में लिखे गए पत्र आदि उनके बारे में फैलाई गई बहुत-सी भ्रान्त धारणाओं का खंडन करते हैं।

पंडित नेहरू ने बहुत सारी किताबें लिखी थीं। उन पुस्तकों के प्रथम संस्करण की प्रतियों से लेकर देश और विदेश की अनेक भाषाओं में अनूदित पुस्तकें वहाँ थीं। गांधी और नेहरू ने तमाम राजनीतिक व्यस्तता के बीच जितना लेखन किया, उसकी मिसाल कम ही होंगी। अफसोस कि आज के राजनेता उनसे कोई प्रेरणा नहीं लेते।

❒

आनन्द भवन के अहाते में ही कुछ साल पहले एक तारामंडल खुल गया है। यहाँ प्रतिदिन आनेवाले सैकड़ों दर्शकों के लिए तारामंडल एक अतिरिक्त आकर्षण का केन्द्र है। स्वराज भवन में नेहरू के जीवन पर 'साउंड एंड लाइट' का लगभग आधा घंटे का कार्यक्रम आयोजित किया जाता है। यह आकर्षण भी कुछ पहले ही जोड़ा गया है। एक-एक कमरे से गुजरते हुए नेहरू के जीवन के बारे में ध्वनि एवं प्रकाश के माध्यम से जानकारी हासिल करना दिलचस्प तो था, लेकिन उसमें हर दृष्टि से सुधार की गुंजाइश है।

❒

गंगा-यमुना दोनों उन दिनों उफान पर थीं। दारागंज में नागवासुकि के कोई चार सौ साल

पुराने मन्दिर के खूबसूरत घाट से हमने गंगा को वर्षा के विस्तार में देखा। दूर-दूर तक अथाह जलराशि जैसे समुद्र का कोई टुकड़ा। फिर दारागंज की सँकरी गलियों से गुजरकर संगम की ओर जाने की कोशिश। संगम वैसे तो हर बारिश में डूबता ही है, लेकिन इस बार की बरसात में तो संगम के बहुत पहले रास्ता बन्द हो गया था। हम यमुना के दर्शन तो कर ही नहीं पाए। किले के पहले जिस घाट तक जाने की अनुमति थी, वहाँ बरसात और बाढ़ के बावजूद जनसैलाब उमड़ा हुआ था। हिम्मतवर तीर्थयात्री तो उस उफनते पानी में भी नाव की सैर कर रहे थे, लेकिन ज्यादातर लोग किनारे पर ही गंगाजल का आचमन कर खुद को पवित्र कर रहे थे। हमें पंडों द्वारा घेरे जाने का भय था, लेकिन पंडों की अनुभवी आँखें साधारण सैलानी और तीर्थयात्री का फर्क पहचान लेती होंगी। यह सचमुच विस्मयकारी है कि कैसे प्रयाग का त्रिवेणी संगम कैसे देश के कोने-कोने के लोगों को अपनी तरफ खींचता है।

❐

मैं इलाहाबाद हिन्दी साहित्य सम्मेलन, प्रयाग की एक सभा में भाग लेने के लिए गया था। छत्तीसगढ़ से हमारे मित्र रवि श्रीवास्तव और कोमल प्रसाद पांडे भी पहुँचे थे। सम्मेलन का अपना विशाल भवन है, राजर्षि पुरुषोत्तम टंडन के नाम पर विराट सभागार है, बहुत बड़ा पुस्तकालय है, और है एक सुविधायुक्त अतिथिशाला। रवि श्रीवास्तव ने टिप्पणी की, “हिन्दी का काम करनेवाली कोई संस्था तो है, जिसका बजट करोड़ों में है।” यह प्रयाग सम्मेलन के कार्यकलाप की तारीफ थी तो इसमें अपने प्रदेश में साहित्य-संस्कृति की हो रही उपेक्षा के प्रति शायद खिन्नता भी थी।

❐

इलाहाबाद के नगरजन सामान्य तौर पर मृदुभाषी, हँसमुख और सहायता को तत्पर हैं। ऐसा दो दिन के प्रवास में अनुमान हुआ।

(20 सितम्बर, 2003)

जापान से पहला परिचय

I

जापान एयरलाइंस के विमान में साथ की सीट पर बैठे सज्जन से बातचीत शुरू हुई। क्योशी कावाउची इलैक्ट्रिकं इंजीनियर हैं और जापान की एक जानी-मानी कम्पनी में काम करते हैं। कांसाई एयरपोर्ट (ओसाका) पर उतरने के बाद वे मेरी सहायता के लिए जापान रेल के काउंटर तक साथ-साथ आए। मेरा टिकट बनवाया। शिन-ओसाका जंक्शन तक रेल में वे साथ आए और वहाँ से हिरोशिमा की ट्रेन जिस प्लेटफार्म पर आती है, वहाँ तक मुझे छोड़ने भी आए। उन्हें उसी दिशा में एक छोटे स्टेशन पर उतरना था, जिसका प्लेटफार्म अलग था। लेकिन मेरी ट्रेन आने के बाद नजदीक के एक बड़े स्टेशन तक उन्होंने मेरा साथ दिया, और कांफ्रेंस की समाप्ति के बाद अपने शहर आने का न्यौता देकर वहाँ उतर गए। जापान से यह मेरा पहला परिचय था।

अगले दस दिनों में जापानी सौहार्द्र, सद्‌भाव और सहयोग का ऐसा परिचय मुझे बार-बार मिलता रहा। मैं हिरोशिमा और नागासाकी में अणुबम के विरुद्ध आयोजित विश्व सम्मेलन में भाग लेने के लिए पहली बार जापान पहुँचा था। वह सम्मेलन अपने आपमें समझ समृद्ध करनेवाला अनुभव था। लेकिन उस दौरान जापान को जानने-पहचानने का जो अवसर मिला, वह कम कीमती नहीं था। कांफ्रेंस के दौरान जब भी समय मिलता था, मैं अकेले ही घूमने निकल जाता था। न कहीं भाषा का व्यवधान आड़े आया, और न ही दूसरी तकलीफ पेश आई।

बहुत से और देशों की तरह जापान में भी सामान्य तौर पर भी अंग्रेजी नहीं बोली जाती। मैं जिन शहरों में इस प्रवास के दौरान रुका था, वहाँ अन्तरराष्ट्रीय पर्यटकों की आवाजाही बँनी रहती है। फिर भी होटल, रेस्तराँ, रेलवे स्टेशन, यहाँ तक कि पर्यटक सूचना केन्द्र पर भी अंग्रेजी जाननेवाले मुश्किल से मिलते हैं। शहर का नक्शा और अन्य सूचनाएँ होटल आदि में अंग्रेजी में उपलब्ध तो रहती हैं, लेकिन स्टाफ से माँगने पर ही मिलती हैं। उन्हें कीमती वस्तु की तरह सहेजकर दराज के भीतर रखा जाता है। लेकिन यह भी समझ में आया कि धीरे-धीरे अंग्रेजी का चलन बढ़ रहा है। प्रमुख स्थानों पर, मार्गों पर, स्टेशनों पर, रेलगाड़ी के भीतर जापानी के साथ-साथ अंग्रेजी में सूचनाएँ, अपर्याप्त ही सही, मिल जाती हैं। पुरानी पीढ़ी के मुकाबले नई पीढ़ी में अंग्रेजी सीखने

के प्रति आकर्षण है, खासकर उन नौजवानों में, जो अपना 'कैरियर' बनाना चाहते हैं।

जिस तरह से अंग्रेजी बोलने-समझनेवाले कम मिलते हैं, उसी तरह से शाकाहारी भोजन मिलना भी वहाँ काफी कठिन है। जो भारतीय तन्दूरी चिकन और फिश टिक्का और शाही कबाब जैसे सामिष व्यंजनों के आदी हैं, उन्हें भी जापान का सामिष भोजन बहुत रास नहीं आता। जापानी भोजन में मछली और समुद्री आहारों की बहुतायत रहती है, लेकिन उनकी पाकविधि हमसे बहुत अलग है। उनके भोजन में नमक और मसालों का प्रयोग अत्यन्त कम होता है। चावल उनका मुख्य अन्न है, लेकिन वे गीला चावल बिना दाल-सब्जी के ही मजे से खा लेते हैं। लेकिन इससे बढ़कर मुश्किल ये है कि जापान में चाय पीने का रिवाज़ हमसे बहुत अलग है। वे 'टी' नहीं 'चा' पीते हैं, लेकिन वह हरी पत्तियोंवाली, बिना दूध-शक्कर की चाय होती है, जो अक्सर ठंडी पी जाती है।

चाय के मुकाबले वहाँ कॉफी पीने का रिवाज ज्यादा है। लेकिन जापानी जनता गरम पेयों पर ठंडे पेयों को तरजीह देती है। पीने का पानी भी खूब सारी बर्फ डालकर पिया जाता है। हमारी दिन-दिन भर चलनेवाली कांफ्रेंस में चाय-कॉफी का कोई इन्तजाम ही नहीं था। लेकिन हिमशीतल पानी के कंटेनर भरे रखे रहते थे। यही नहीं, जापानी 'बरफ का गोला' भी बहुत शौक से खाते हैं। रेस्तराँ में काँच के बड़े-बड़े कटोरों में अलग-अलग रंग और स्वाद के मीठे बरफ के गोले परोसे जाते हैं। इसी तरह सड़क के किनारे कोनवाली आइसक्रीम भी सस्ते में और सहजता से उपलब्ध हो जाती है।

अपनी पसन्द का भोजन पाने में भले ही थोड़ी-सी कठिनाई होती है, हर कदम पर जापानियों का सौजन्यपूर्ण व्यवहार और सुचारु व्यवस्था उसे भुला देते हैं। लगभग हर रेस्तराँ के बाहर उस वक्त उपलब्ध व्यंजनों की तश्तरियाँ ट्रे में सजी, प्लास्टिक से बाकायदा ढँकी, रखी होती हैं। उसके दाम भी लिखे होते हैं। आप वेटर को बाहर बुला लाइए, जो चाहिए, बता दीजिए। फिर आराम से बैठकर खाइए। पूरे जापान में हर सड़क पर, हर मोड़ पर, थोड़ी-थोड़ी दूर पर, वैंडिंग मशीनें लगी होती हैं। उनमें तरह-तरह के कोल्ड्र-ड्रिंक, पेयजल, चाय, दूध, कॉफी, बीयर, साके (जापानी शराब), आइसक्रीम, चॉकलेट, सिगरेट आदि भरे होते हैं। जितनी कीमत है, उतनी रकम के सिक्के डालिए, बटन दबाइए, सामान हाजिर हो जाता है। ज्यादा रकम डाली है तो चिल्हर भी मशीन से वापस मिल जाती है। इसके अलावा चौबीस घंटे चलनेवाली एक न एक दूकान हर मुहल्ले में होती है, जहाँ भोजन सामग्री के अलावा रोजमर्रा की ज़रूरत का बहुत सारा सामान आधी रात को भी मिल जाता है।

हिरोशिमा में ऐसी ही एक दूकान पर मेरी मुलाकात हरादा योइची से हो गई। वे मुझे वहाँ से थोड़ी दूर पर स्थित इंडियन रेस्तराँ तक ले गए। मेरे आग्रह पर बातचीत करने के लिए रुक भी गए। हरादा शहर के किसी बेसिक स्कूल में अंग्रेजी पढ़ाते हैं। इसलिए उनका अंग्रेजी ज्ञान औसत से बेहतर था। कई साल पहले वे भारत और नेपाल घूमने के लिए भी आए थे। सो उनसे काफी देर तक भारतीय और जापानी संस्कृतियों पर चर्चा होती रही। भोजन के बाद वे मुझे मेरे होटल तक छोड़ने आना चाहते थे, लेकिन

आश्वस्त हो जाने पर कि मुझे रास्ता मालूम है, वे अपने घर के रास्ते पर बढ़ लिए।

जापान में महँगाई बहुत है। मेरे पास तो जापान रेल पास था, जो सिर्फ विदेशी पर्यटक ही खरीद सकते हैं। इसलिए मुझे रेल का टिकिट कहीं भी नहीं खरीदना पड़ा। वैसे वहाँ की रेलों में सफर करना शायद जापानियों को भी महँगा पड़ता होगा। नागासाकी से टोक्यो तक द्वितीय श्रेणी का एकतरफा टिकिट पच्चीस हजार येन याने आठ हजार रुपए का था। कॉफी का एक सामान्य कप भी तीन सौ येन से कम नहीं मिलता। साधारण रेस्तराँ में भोजन का मूल्य सात सौ से लेकर दो हजार येन तक हो सकता है। बड़े होटलों में और ज्यादा। मुझे ये कीमतें अमेरिका, यूरोप के मुकाबले बहुत ज्यादा प्रतीत हुईं।

जापान में एक सामान्य कामकाजी का औसतन वेतन दो लाख येन प्रतिमाह के आसपास होता है। अध्यापक, डॉक्टर, इंजीनियर आदि को चार-पाँच लाख येन मिलते हैं। हमारा एक रुपया तीन येन के बराबर है और अमेरिकी डॉलर में एक सौ बीस येन होते हैं। याने फिलहाल वहाँ औसतन वेतन दो हजार डॉलर से लेकर चार हजार डॉलर के समतुल्य होता है। इतने वेतन में उन्हें कठिनाई झेलनी पड़ती होगी। ऐसा मेरा अनुमान है। पश्चिमी देशों में चाय-कॉफी लगभग आधा डॉलर में मिल जाती है, साधारण भोजन चार डॉलर में। यहाँ कॉफी दो-ढाई डॉलर में, और भोजन आठ डॉलर में मिल रहा है। यह हो सकता है कि दफ्तर की कैंटीन में सस्ता भोजन मिलता हो। फिर भी वस्त्रों और अन्य सामग्रियों की कीमतों से मुझे महँगाई होने का अहसास हुआ। इस पर कोई विधिवत अध्ययन तो मैंने किया नहीं। जिन होटलों में हम ठहरे थे, उनका किराया पचास-साठ डॉलर के आसपास था, याने वे यूरोप के मुकाबले सस्ते थे।

कीमतें तो जो भी हैं, एक बात ये देखने को मिली कि एक ही वस्तु का मूल्य अलग-अलग जगहों पर अलग-अलग है। एक वैंडिंग मशीन में पानी की बोतल सौ येन में है, तो दूसरी में एक सौ बीस में, और तीसरी में एक सौ पचास में। एक छोटे स्टोर में दो लिटर की पानी की बोतल मैंने एक सौ पैंसठ येन में खरीदी, एक बड़े स्टोर में वहीं दो सौ पैंतीस में मिल रही थी, और नागासाकी के बाजार में 'सेल' में मात्र पंच्यानवे येन में। यह भी दिलचस्प बात है कि पानी की बोतल सेल में बिक रही हो।

जापान के बाज़ार चीन में निर्मित वस्तुओं से भरे पड़े हैं। यह स्थिति हाल के बरसों में पैदा हुई है। चीन में उत्पादन लागत कम है और उनका बनाया माल चारों तरफ छा गया है। भारत और जापान में यह एक समानता नज़र आई। हिरोशिमा, नागासाकी में शहर के मध्य में बड़े-बड़े बाज़ार हैं। ढँकी छतोंवाली बाज़ार-गलियों में अनगिनत दूकानें हैं जहाँ आवाज़ लगा-लगाकर ग्राहक को आकर्षित करने की कोशिश की जाती है। हिरोशिमा के अंडरग्राउंड 'शेरयो' मार्केट में भी यही स्थिति थी, जबकि वह ऊँचे दर्जे का बाज़ार था। इन बाज़ारों में अच्छी चहल-पहल बनी रहती है। सामने से जो दूकान छोटी दिख रही हो, हो सकता है अन्दर वह सात मंजिलोंवाली हो।

हिरोशिमा का शेरयो मार्केट साल-दो साल पहले ही खुला है। भूतल में वह एक

तिलिस्म से कम नहीं है। बाज़ार के बीचों बीच एक चौक है, जहाँ तरह-तरह के सांस्कृतिक कार्यक्रम चलते रहते हैं। चारों दिशाओं में फूटती दर्जनों गलियाँ हैं, जिनके दोनों ओर दूकानें सजी हुई हैं, इन्हीं में कुछ ऊपर अलग-अलग सड़कों और स्टेशनों की ओर ले जाती हैं। शहर का बेसबॉल स्टेडियम, जिम्नेशियम, हिरोशिमा कैसल, आर्ट म्यूजियम, पीस पार्क आदि प्रमुख स्थल इस गोलचक्कर के आसपास ही हैं।

जापान की यातायात व्यवस्था बहुत अच्छी है। बुलैट ट्रेन तो प्रसिद्ध है ही। अन्य रेलगाड़ियाँ भी कम नहीं हैं। दो सौ कि.मी. प्रति घंटे से कम की गति तो शायद ही किसी ट्रेन की होती है। लेकिन बुलैट जब गुजरती है तो बाजू में चल रही या खड़ी ट्रेन पत्ते की तरह काँप जाती है। जापान चारों तरफ समुद्र से बँधा है, और भीतर पहाड़ ही पहाड़ हैं। सारी रेल लाइनें पहाड़ों के नीचे काटी गई सुरंगों से गुजरती हैं। मैंने हिरोशिमा और नागासाकी के बीच आए बोगदों की गिनती शुरू की, फिर थककर छोड़ दी। हिरोशिमा और ओसाका के बीच भी यही स्थिति थी। चार-पाँच घंटे के सफर में सौ-सौ बोगदे तो रहे ही होंगे। पूरा देश बहुत सघन बसा है। खाली जगह मुश्किल से देखने को मिलती है। हर पन्द्रह मिनट पर एक रेलवे स्टेशन आ जाता है।

ऊपर पहाड़ खूब हरे-भरे हैं, लेकिन उनके बीच-बीच में भी बसाहट है। खेत कम देखने को मिले। जहाँ मिले, उनके बीच में डामर की पक्की पगडंडियाँ आई हुई हैं, जिन पर मोटरसाइकिलें चलती हैं। गाँवों में सड़कें सँकरी हैं, फिर भी कारें आराम से चलती हैं। कार ड्राइवरों का धीरज और निपुणता हमारे लिए सीखने की चीज़ है। शहरों में बसें और ट्राम यातायात का मुख्य साधन हैं। कारों की भी कोई कमी नहीं है। इसके अलावा साइकिलों का भी प्रचलन खूब है। हर सड़क पर साइकिल चालकों और पदयात्रियों के लिए पगडंडियाँ हैं। हर नागरिक ट्रैफिक नियमों का धीरजपूर्वक पालन करता है। हरी बत्ती हो गई हो, तब भी कोई पैदल पार कर रहा हो तो कारें थमी रहती हैं। हम जापान से सुजुकी, यामाहा और होंडा तो भारत ले आए हैं, उनका धीरज और सौजन्य लाना भूल गए हैं।

(19 अगस्त, 2003)

II

भारत में यदि जापानी कार, मोटरसाइकिल और इलैक्टॉनिक्स सामान के प्रति आकर्षण है, तो जापान भी विदेशी वस्तुओं के आकर्षण से मुक्त नहीं है। उसके बाज़ारों पर जहाँ चीन का कब्जा जैसा ही है, अन्य क्षेत्रों में अमेरिकी प्रभाव अच्छा-खासा है। मसलन जापान का सबसे प्रिय खेल बेसबॉल है। सभी शहरों में बेसबॉल के बड़े-बड़े स्टेडियम बने हैं और उसमें लगातार मैच चलते रहते हैं। टी.वी. चैनलों पर भी बेसबॉल का प्रसारण निरन्तर होता रहता है। मैक्डोनाल्ड और कैंटुकी फ्रायड चिकन के रेस्तराँ भी जगह-जगह पर खुले हुए हैं, जिनमें पर्यटकों के बजाय ज्यादातर जापानी नवयुवा ही नज़र

आते हैं। इसी तरह कोकाकोला और पेप्सीकोला उनके प्रिय पेय उसी तरह से हैं जैसे दुनिया में और कहीं।

हिरोशिमा और नागासाकी में घूमते ऐसा एक पल को भी नहीं लगता, कि लगभग साठ साल पहले अमेरिका ने अणुबम बरसाकर इन शहरों को ध्वस्त कर दिया था। नागासाकी में होटल वाशिंगटन होना मुझे तो एक अन्तर्विरोध ही प्रतीत हुआ। लेकिन आश्चर्य मुझे तब हुआ, जब मैंने समुद्र किनारे बसे कस्बे आको-सिटी में न सिर्फ कैसिनो देखा, बल्कि कैसिनो के प्रांगण में उन्नत खड़ी अमेरिकी स्वतन्त्रता की मूर्ति (स्टैच्यू ऑफ लिबर्टी) भी देखी। मैं नहीं समझ पाया कि जापान में इस प्रतिमा का क्या काम है और इसे जापान के लोग कैसे बरदाश्त कर रहे हैं। इस अमेरिकी प्रभाव के बावजूद यह देखना आश्चर्यजनक था कि जापान में यातायात भारत की ही तरह सड़क के बाईं ओर चलता है, न कि अमेरिका की तरह दाहिनी ओर से।

विदेशी प्रभाव चाहे जितना हो, जापान के बारे में यह समझ लेना ठीक होगा कि उन्होंने अपनी सांस्कृतिक विरासत को खूब सहेजकर रखा हुआ है। यह एक सुखद संयोग था कि अपने ग्यारह दिन के प्रवास में समय निकालकर मैं इस देश की दो महान विरासतों को देख सका। एक तो हिरोशिमा के निकट मियाजिमा द्वीप पर अवस्थित इत्सुकुशिमा बौद्ध मन्दिर और उसके साथ के अन्य मन्दिरों का समूह। दूसरे आको-सिटी के पास स्थित हिमेजी कैसल। ये दोनों स्थल यूनेस्को द्वारा विश्व धरोहर के रूप में मान्य किए गए हैं, हमारे ताजमहल और खजुराहो की तरह। जापान में वैसे भी साफ-सफाई पर काफी ध्यान दिया जाता है और उनका सौन्दर्यबोध तो विश्वप्रसिद्ध है ही। लेकिन उपरोक्त दोनों स्थलों पर जैसे अतिरिक्त ही ध्यान रखा जाता है।

मियाजिमा के बौद्ध मन्दिर का निर्माण छठवीं शताब्दी में किया गया था। पूरा मन्दिर लकड़ी से बना है और उसमें लम्बे-लम्बे गलियारे हैं, जो रामेश्वरम् की याद दिलाते हैं। मन्दिर का एक सांकेतिक प्रवेश द्वार, लकड़ी का ही बना हुआ, समुद्र के बीच में खड़ा, अतीत के वैभव का स्मरण कराता है। हिरोशिमा नगर से लगभग एक घंटे की दूरी पर बसे इस द्वीप तक रेल/ट्राम और फिर स्टीमर से पहुँचना होता है। स्टीमर से उतरते साथ ही चारों तरफ निर्भय घूमते चीतलों के झुंड मन मोह लेते हैं। यात्रियों के हाथ से खाद्य सामग्री लेते हुए चीतल एक आनन्दमय कौतुक की सृष्टि करते हैं। एक आश्रम का दृश्य उपस्थित करते हुए चीतल और मनुष्य बुद्ध की करुणा को सजीव कर देते हैं।

मियाजिमा द्वीप की व्यवस्था अपने आपमें सम्पूर्ण है। श्रद्धालुजन मन्दिरों में पूजा करते हैं। अन्य पर्यटक भी अपना समय शान्ति और सुविधा से बिता सकते हैं। हमारे तीर्थ-स्थानों की तरह वहाँ भी छोटी-छोटी गलियाँ हैं, जिनमें बैंक और पोस्ट ऑफिस से लेकर हर तरह की दूकानें हाज़िर हैं। कितने सारे तो भोजनालय हैं और न जाने कितनी सोवेनियर शॉप। हिरोशिमा क्षेत्र की 'मोमिजी मानजू' नामक प्रसिद्ध मिठाई की तो दर्जन भर दूकानें होंगी, जो मथुरा के पेड़े और आगरा के पेठे की तरह ही बेची-खरीदी जाती

हैं। हिरोशिमा की काष्ठकला कभी बहुत प्रसिद्ध रही है तो मियाजिमा के बाज़ार में बीचोंबीच रखी एक पेड़ के साबुत तने से तराशी गई पच्चीस फीट लम्बी चम्मच कौतूहल उपजाती है। इस चम्मच का निर्माण 1996 में मियाजिमा को विश्वधरोहर घोषित किए जाने के उपलक्ष्य में किया गया था।

हिमेजी कैसल, ओसाका से लगभग डेढ़ घंटे की दूरी पर है। 1601 में इस भव्य प्रासाद का निर्माण किया गया था। हिमेजी नगर में एक छोटी-सी पहाड़ी पर बने इस सातमंजिला प्रासाद की छटा एकबारगी ही मुग्ध कर लेती है। प्रासाद ऊपर की ओर धीरे-धीरे सँकरा होता चला गया है। सातवीं मंजिल किसी समय वॉच टावर के रूप में ही काम आती थी। प्रासाद का परकोटा चारों तरफ एक विस्तृत खंदक से घिरा हुआ है। शायद कभी उसमें मगरमच्छ पाले जाते होंगे। फिलहाल रंग-बिरंगी खूबसूरत मछलियाँ उसमें तैरते हुए पर्यटकों को कैसल की सैर का आमन्त्रण देते प्रतीत होती हैं। परकोटे के भीतर चैरी के सैकड़ों वृक्ष लगे हैं, जो बसन्त ऋतु में अपनी शोभा बिखेरते हैं। इनमें से कुछ पेड़ों की आयु कैसल की आयु के ही बराबर होगी।

हरियाली जापान में चारों ओर है। इसमें प्रकृति का वरदान तो खैर है ही, उसे सहेजकर रखने की जापानी अभिरुचि भी है। शहर में एक भी ऐसी सड़क न होगी, जिस पर कतार से पेड़ न लगे हों। चैरी के साथ-साथ सेब आदि के वृक्ष दिखना सामान्य है। हिरोशिमा का राज्य वृक्ष मैपल है, तो मैपल अपनी पंचकोनी सुन्दर पत्तियों के साथ पूरे शहर में और आसपास इठलाता नज़र आता है। इस हरियाली में गुलाब सहित ढेरों छोटे-मोटे फूल रंग भरते हैं। फूल और पत्तियाँ जापानी समाज की दिनचर्या का अनिवार्य अंग उसी तरह हैं जैसे उनका शिष्टाचार।

मुझे मियाजिमा के रेस्तराँ की वह घटना हमेशा याद रहेगी। दोपहर के भोजन के लिए मैंने चावल के साथ सोया सॉस का ऑर्डर दिया था। मैं चम्मच से सॉस से लेकर चावल के साथ मिलाकर खाने का प्रयास कर रहा था। इतने में वेटर लड़की आई। मेरे हाथ से चम्मच लिया और साभिनय समझाया कि चम्मच से चावल लेकर सॉस की कटोरी में डुबाकर खाओ। जापानी में धन्यवाद को 'अरीगातो' और बहुत-बहुत धन्यवाद के लिए 'अरीगातो गोजाई मस्ता' कहा जाता है। एक दिन में शायद पचास बार यह आभार-प्रदर्शन स्वीकार करना होता था। इस धन्यवाद में औपचारिकता की मशीनी लय न होकर एक प्रसन्नता की गूँज होती थी, जो शायद बहुत प्रशिक्षण से, या लम्बे संस्कारों से हासिल की गई होगी।

हिरोशिमा में आयोजन समिति ने एक परिवार के साथ दो रात ठहरने की व्यवस्था की थी। वे शहर से आधा घंटा की दूरी पर पहाड़ियों के बीच बसे एक छोटे किन्तु सुन्दर घर में रहते थे। पति-पत्नी दोनों कामकाजी व्यक्ति थे। अपनी निजी व्यस्तता के बावजूद मेरी फिक्र करने में उन्होंने कोई कमी नहीं की। इन दिनों जापान में गर्मी है और वैसी ही उमस भी। पसीने से कपड़े भीग जाते थे। केइ-को याने श्रीमती उनेगा ने मेरे मना करने के बाद भी अपनी वाशिंग मशीन में मेरे कपड़े धो दिए। एक कमीज़ बैग में रखने

के हिसाब से बाकायदा तह करके रखा और दूसरा हैंगर पर लगा दिया, ताकि सुबह उसे पहन सकूँ। मुझे सम्मेलन स्थल तक लाना-ले जाना तो उन्होंने किया ही, तीसरी सुबह केइ-को मुझे नागासाकी के लिए स्टेशन छोड़ने भी आईं। मेरे लिए पानी की एक बोतल बिना कहे खरीदकर ले आईं और मुझे आयोजकों के जिम्मे करने के बाद ही स्टेशन से रवाना हुईं।

सूर्योदय के देश में शिष्टता जितनी है, उतनी ही कार्यदक्षता भी। सूरज की दिनचर्या की तरह। विश्वसम्मेलन की आयोजन समिति के कार्यालय में जितने लोग काम कर रहे थे, उनकी फुर्ती और लगन की मिसाल देना मुश्किल है। सम्मेलन के दौरान उन्हें सोलह-सोलह घंटे काम करना होता था, फिर भी किसी बात में न कोई कमी, न कोई चूक। देशी-विदेशी प्रतिनिधियों के आवास, यात्रा अन्य कोई ज़रूरत सबका उन्होंने पूरा-पूरा ख्याल रखा। कार्यालय की प्रमुख यायोई से लेकर केई हुसे, मिसाको हिमेनो और टोमोहाशी तक। इनमें से कुछ पूर्णकालिक थे, तो कुछ स्वैच्छिक कार्यकर्त्ता। यह कार्यकुशलता अन्यत्र भी लगातार देखने में आई। अब इसे मैं क्या कहूँ कि क्योशो और केई-को उनेगा ने मेरी जो तस्वीरें खींची थीं, वे मेरे रायपुर पहुँचने से पहले इंटरनैट के जरिए मेरे कम्प्यूटर पर पहुँच चुकी थीं।

एक सामान्य प्रवासी की तरह मैंने अल्प प्रवास के दौरान जो देखा और समझा, उसे रेखांकित करने का प्रयत्न किया है। जापान के जनजीवन का गहरा अध्ययन कर सकूँ, न तो यह मेरा मिशन था और न उसके लिए समय या अन्य साधन थे। फिर भी एक चिन्ताजनक बात तो यहाँ-वहाँ चर्चाओं में उभरकर सामने आई, वह ये कि जापान मन्दी के एक लम्बे दौर से गुजर रहा है। नागरिकों की वास्तविक आय में कमी आई है, और बेरोजगारी की दर बढ़ रही है। अगर यह सब सच है तो ऊपरी तौर पर उसके कोई लक्षण नज़र नहीं आए। नौजवानों से बात करते हुए यह ज़रूर मैंने समझा कि उनमें लुभावने कैरियर के प्रति तीव्र उत्कंठा है। वे अंग्रेजी पढ़ रहे हैं, और साथ में अर्थशास्त्र या व्यापार प्रबन्ध, ताकि आगे चलकर उन्हें कोई अच्छी नौकरी मिल सके। कोई अन्य विषय पढ़नेवाले नवयुवा से मेरी भेंट नहीं हो सकी।

यात्रा-संस्मरण के नाते काफी कुछ और लिखा जा सकता था। कुछ बातें अणुबम के विरुद्ध हुए विश्वसम्मेलन के वृत्तान्त के माध्यम से सामने आएँगी। बहुत से छोटे-मोटे विवरण हैं, जिनमें पाठकों की दिलचस्पी शायद नहीं होगी। जिस मातृभूमि से मैंने बात शुरू की थी, उसी का एक और उदाहरण देकर मैं बात समाप्त करना चाहूँगा।

11 अगस्त को आको-सिटी के नजदीकी स्टेशन आयोई से मुझे शिन ओसाका जंक्शन के लिए गाड़ी पकड़नी थी। वहाँ से मात्र तेरह मिनट के अन्तराल पर दूसरी गाड़ी मिलती जो का साई एयरपोर्ट ले जाती। मैं थोड़ा चिन्तित था। शिन ओसाका बड़ा स्टेशन है। सैकड़ों गाड़ियों की आवाजाही लगी रहती है। अन्य स्टेशनों की तरह वहाँ भी प्लेटफार्म अलग-अलग मंजिलों पर होते हैं, जिनके लिए स्वचालित सीढ़ियों से आना-जाना होता है। ऐसे में शिन ओसाका पर उतरकर 10-12 मिनट के भीतर दूसरे

प्लेटफार्म को खोजकर उस तक कैसे पहुँच पाऊँगा, इसे लेकर ही यह चिन्ता थी।

स्टेशन पहुँचने के एक मिनट पहले मैं दरवाजे पर आकर खड़ा हो गया था। पीछे-पीछे एक नौजवान था। उसने अंग्रेजी में कहा—प्लेटफार्म बाईं तरफ आएगा। मैंने उससे फिर अंग्रेजी में पूछा कि कानसाई के प्लेटफार्म तक कैसे जाना होगा। स्टेशन पर हम साथ-साथ उतरे। उसने मेरा भारी सूटकेस अपने हाथ में ले लिया। सीढ़ियों से नीचे आए। वह मुझे एक गेट तक ले गया। वहाँ जापान रेल की एक टिकिट चैकर को जापानी में समझाया। मुझे उसके हवाले किया। वह भद्र महिला एक दूसरी सीढ़ी से लेकर उस प्लेटफार्म तक साथ आई, जहाँ एयरपोर्ट की ट्रेन मिलनी थी। जिस बोगी में मेरा आरक्षण था, उसके लिए निर्धारित स्थान पर मुझे छोड़ा, टूटी-फूटी अंग्रेजी में 'जापान रेल में यात्रा करने के लिए' धन्यवाद कहा और वापस लौट गई। यह जापान से लौटते वक्त का परिचय था। बिल्कुल पहले परिचय की तरह।

(20 अगस्त, 2003)

मैं कहती हूँ–शान्ति !

अमेरिका ने 6 जून, 1945 को हिरोशिमा और 9 जून को नागासाकी पर अणुबम बरसाए थे। द्वितीय विश्वयुद्ध की समाप्ति के बाद एक हारे हुए शत्रु देश की नागरिक आबादी पर बम-वर्षा कर लाखों निरीह लोगों की हत्या और लाखों को अपाहिज कर देने की करतूत अमेरिका ने क्यों की, इसके बारे में कई बातें कही गई हैं। एक थ्योरी कहती है कि महायुद्ध की समाप्ति के बाद विश्व पर अपना दबदबा और वर्चस्व बनाए रखने के लिए अमेरिका ने यह किया। वह खासतौर पर कम्यूनिस्ट सोवियत संघ को अपनी श्रेष्ठता की चुनौती देना चाहता था। दूसरी राय ये है कि अमेरिका अणुबम की संहारक क्षमता को मापना चाहता था, इसके लिए उसे एक सघन आबादीवाले क्षेत्र की तलाश थी। जो भी हो, सारा विश्व एकमत है कि अमेरिका के हाथ लाखों निर्दोष और आत्मरक्षा में असमर्थ लोगों के खून से रँगे हैं।

अगर अमेरिका सोचता था कि अणुबम की संहारक क्षमता हासिल कर उसका वर्चस्व स्थापित हो जाएगा तो ऐसा नहीं हुआ। चार साल बाद ही सोवियत संघ ने भी वह क्षमता विकसित कर ली और उसके बाद बहुत जल्दी ब्रिटेन, फ्रांस और चीन ने भी। 1998 में भारत ने भी अमेरिका की गलती दोहराई और उसे एक सप्ताह के भीतर ही जवाब मिल गया, जब पाकिस्तान ने भी अणुबम का परीक्षण कर लिया। 1945 से लेकर आज तक के अन्तराल में देखा जा सकता है कि आण्विक हथियार मानवता के सामने सबसे बड़ा खतरा बनकर उपस्थित हुए हैं। हिरोशिमा और नागासाकी, इस खतरे के त्रासद और ज्वलन्त प्रतीक के रूप में हमारे सामने मौजूद हैं। लेकिन इन चीखते हुए शीर्षकों के अलावा हाशिए पर भी ऐसी बहुत-सी इबारत लिखी हुई है, जिससे विश्व की जनता सामान्य तौर पर परिचित नहीं है।

हर साल हिरोशिमा और नागासाकी में अणुबम और हाइड्रोजन बम के खिलाफ व विश्वशान्ति के लिए विश्वसम्मेलनों का आयोजन अगस्त के पहले पखवाड़े में किया जाता है। लगभग पचास साल से यह सिलसिला चल रहा है। जापान में विश्वशान्ति व जनतन्त्र के लिए काम कर रहे कुछ प्रमुख संगठन मिल-जुलकर यह आयोजन करते हैं। इन संगठनों में हिरोशिमा, नागासाकी, नगोया आदि अनेक विश्वविद्यालयों के प्रोफेसर, डॉक्टर, वकील, पत्रकार, श्रमिक, व्यापारी, अध्यापक, महिलाएँ और छात्र सक्रियतापूर्वक भागीदारी करते हैं। सम्मेलन के आयोजकों में प्रमुख हिरोशी ताका,

प्रो. सावादा और डॉ. टोमोयासु कवाई देश के जाने-माने बुद्धिजीवी हैं। एक महत्त्वपूर्ण भागीदारी उन लोगों की भी होती है, जो 1945 के तांडव से प्रभावित हुए। वे जीवित तो बचे, लेकिन उन्हें जीवन भर बयान न की जा सकनेवाली तकलीफों कर सामना करना पड़ा। जापानी में इन्हें 'हिबाकुशा' कहा जाता है।

आज भी जापान के अस्पतालों में लगभग नौ हज़ार तीन सौ हिबाकुशा भरती हैं। पिछले अट्ठावन सालों में हजारों ने तिल-तिल कर दम तोड़ दिया। कितने हजार विकलांग हुए, हजारों गर्भस्थ सन्तानों ने शारीरिक विद्रूपताओं के साथ ही जन्म लिया, हज़ारों को कैंसर और दूसरी असाध्य बीमारियों का सामना करना पड़ा। इन सबके जीवन यापन की समस्या पैदा हुई। इन्हें रोजगार नहीं मिला। मिला भी तो शारीरिक अस्वस्थता के कारण काम नहीं कर पाए। जापानी समाज में एक लम्बे समय तक इन्हें छूत के मरीजों की तरह देखा जाता रहा, याने सार्वजनिक अवमानना का भी सामना करना पड़ा। लेकिन इसके बाद भी इन्होंने हिम्मत का दामन नहीं छोड़ा।

जापान के हिबाकुशाओं के सबसे जाने-माने प्रतीक बन गए हैं, नागासाकी के सेनजी यामागुची। अपनी पुस्तक 'बर्नूट यट अनडांटेड' (जलकर भी जीवित) में उन्होंने 9 अगस्त, 1945 से लेकर अब तक की आपबीती लिखी है। इस साल 9 अगस्त को नागासाकी के सम्मेलन में यामागुची अपनी बढ़ती आयु और शारीरिक तकलीफ के बावजूद आए थे। उनकी वाणी में ओज था और चाल में आत्मविश्वास। वे थोड़ी देर ही रुके, लेकिन सम्मेलन में भाग ले रहे सभी प्रतिनिधियों को विश्वास दे गए कि अणुबम का विरोध जारी रहना चाहिए।

हिबाकुशा सिर्फ जापान में नहीं है। विश्वयुद्ध के समय जापान में जो व्यवस्था थी, उसमें चीन और कोरिया के गरीब हज़ारों की संख्या में जापानी सेना और उद्योग में बँधुआ मजदूरों की तरह काम कर रहे थे। याने जो लाखों लोग मारे गए या प्रभावित हुए, उनमें जापानियों के साथ चीनी और कोरियाई नागरिक भी थे। फिर समय के साथ बहुत से जापानी हिबाकुशा दूसरे देशों में जाकर बस गए। इन सबके इलाज और जीवन यापन की समस्याएँ पैदा हुईं, जो आज तक किसी न किसी रूप में जारी हैं। जापान के शान्ति संगठनों से जुड़े वकील हिबाकुशाओं की ओर से अमेरिका और जापान की अदालतों में मुकदमे लड़ रहे हैं। आखिर हरजाना भरने की पहली जिम्मेदारी तो अमेरिका की ही है। जापान को भी इन बेबस लोगों के इलाज की व्यवस्था, वे जहाँ भी बसे हों, करनी चाहिए। ऐसे बहुत से उलझे हुए मुद्दों पर विचार और रणनीति बनाने का काम जारी है।

लेकिन अमेरिका द्वारा की गई अणुबम की बौछार से ही अच्छे खासे लोग हिबाकुशा में बदल गए हों, ऐसा नहीं। विश्व में जहाँ कहीं भी आण्विक परीक्षण हुए हैं, हरेक ने अपने-अपने हिबाकुशाओं को जन्म दिया है। सोवियत संघ ने कज़ाकिस्तान में परीक्षण किए तो वहाँ कई किलोमीटर के दायरे में रहनेवाले हज़ारों मासूम विकिरण की चपेट में आ गए। अमेरिका ने 1954 में जब बिकिनी द्वीप पर हाइड्रोजन बम का परीक्षण किया

तो प्रशान्त महासागर के आसपास के सारे द्वीपों पर उसका प्रतिकूल असर पड़ा। यह सब फिजी के द्वीप समूह को भी ब्रिटिश परीक्षणों के चलते झेलना पड़ा। न्यूजीलैंड और आस्ट्रेलिया के आदिवासी इलाके भी विकिरण से अछूते न रह सके।

प्रशान्त महासागर के मार्शल आइलैंड्स की निवासी हिराको लैंगिन बेलिक, फिजी के तेकोटी रोटन और कज़ाकिस्तान की रेनाटा इस्माइलोवा उन हिबाकुशाओं के प्रतिनिधि के रूप में विश्व-सम्मेलन में मौजूद थे, जिनके त्रासद जीवन के बारे में शेष विश्व को सामान्य तौर पर कोई जानकारी नहीं है। बिकिनी में हाइड्रोजन बम का परीक्षण हुआ और नजदीक के मार्शल आइलैंड्स में स्कूल जाने की तैयारी कर रही बारहवर्षीया छात्रा हिराको बुरी तरह से झुलस गई। रेनाटा का तो शारीरिक विकास ही थम गया। 2 साल के शिशु जैसे शरीर को लिए रेनाटा व्हील चेयर पर चलने के लिए मजबूर है। अगर आसपास कोई परिचारक न हो तो रेनाटा जैसे न जाने कितनें हिबाकुशा एक गिलास पानी के लिए भी तरस जाएँ।

सन् 2003 का सम्मेलन सिर्फ आण्विक हथियारों के विरोध में ही नहीं, युद्ध के विरोध में भी था। इस सम्मेलन की चिन्ता का एक मुख्य विषय यह भी था कि एक ध्रुवीय विश्वव्यवस्था में अमेरिका किस तरह अपनी दादागिरी मचाए हुए है। सम्मेलन में आए दुनिया भर के प्रतिनिधियों ने ईराक पर किए गए अमेरिकी आक्रमण की पुरजोर भर्त्सना की। यह सबका मानना था कि अमेरिका लगातार संयुक्त राष्ट्र संघ के घोषणापत्र की अवहेलना कर रहा है, और उसकी युद्धपिपासा आनेवाले कल में हिरोशिमा और नागासाकी की त्रासदी दोहराए जाने का कारण बन सकती है।

पूर्व एशिया में जो स्थिति बन रही है, उस पर भी सम्मेलन में गहरी चिन्ता व्यक्त की गई। अमेरिका जिस तरह से बार-बार उत्तर कोरिया को धमका रहा है, उसकी प्रतिक्रिया में उत्तर कोरिया युद्ध की भाषा में बात करने लगा है। उसने अपने पास आण्विक हथियार होने की धमकी भी दी है। अगर स्थिति नियन्त्रण में न रही तो पूर्व एशिया एक अनचाहे विध्वंसक युद्ध की चपेट में आ सकता है। वहीं जापान की सरकार इन दिनों अमेरिकी प्रभाव में है। अपने संविधान का उल्लंघन कर जापान अमेरिकी इशारे पर ईराक में सेना भेजने की तैयारी में है। सम्मेलन ने जापान सरकार से अपील की है कि वह संविधान की धारा 9 का अपमान करे, जो जापान को एक युद्धविरोधी शान्तिकामी देश के रूप में स्थापित करती है।

इन चिन्ताओं के बरक्स यह भी सन्तोष के साथ नोट किया गया कि ईराक पर अमेरिकी हमले के खिलाफ़ सारी दुनिया में जनमत जाग्रत हुआ है। अरबों लोग सड़कों पर आए और उन्होंने शान्तिमय विश्व के लिए अपनी आवाज बुलन्द की। अगर अमेरिका समझता है कि दुनिया एकध्रुवीय हो गई है तो वह गलत समझता है, क्योंकि विश्व जनमत ही दूसरे ध्रुव के रूप में उनके सामने खड़ा हो गया है। इस प्रबल जनमत की ताईद और किसी ने नहीं, सम्मेलन में आए अमेरिकी प्रतिनिधियों ने ही की।

टैरी रॉकफैलर बोस्टन शहर की निवासी हैं। वे अपनी बेटी को साथ लेकर सम्मेलन

में आई थीं। अमेरिका में वे 'सैप्टैंबर इलैवन फैमिलीज़ फॉर पीसफुल टुमारो' नामक संगठन से जुड़ी हैं। जैसा कि नाम से जाहिर है, इस संगठन में वे लोग हैं जिनके अपने 9/11 की वर्ल्ड ट्रेड टावर त्रासदी में मारे गए हैं, लेकिन जो खून का बदला खून के बजाय शान्तिपूर्ण भविष्य के लिए काम कर रहे हैं। टैरी की इकलौती बहन वर्ल्ड ट्रेड टावर में किसी काम से गई थी और 104वीं मंजिल पर फँसे हुए उसकी मृत्यु हो गई थी। लेकिन टैरी और उनके जैसे बहुत से लोग मानते हैं कि उनके परिजनों का उत्सर्ग विश्वशान्ति का स्थायी वातावरण बनाने में काम आए, तभी वह सार्थक होगा। और इसीलिए वे अपनी बेटी को साथ लाईं।

अमेरिका के ही सैनफ्रांसिस्को से बॉडले दम्पती आए थे। उनकी इकलौती बेटी डेओरा उस जहाज में थी, जिसे आतंकवादियों ने पैनसिलवानिया में टकराया था। मृत्यु के बाद बेटी की डायरी में उन्हें एक छोटी-सी कविता मिली थी–

"लोग पूछते हैं–कौन ?
लोग पूछते हैं–क्या ?
लोग पूछते हैं–कब ?
लोग पूछते हैं–कहाँ ?
लोग पूछते हैं–क्यों ?
मैं कहती हूँ–शान्ति !"

पिता डैरिल बॉडले संगीत के अध्यापक हैं और माँ नेंसी विश्वविद्यालय में लायब्रेरियन। बॉडले ने बेटी की कविता को आधार बनाकर एक सांगीतिक रचना की, जो पियानो पर उन्होंने सम्मेलन में सुनाई। किसी अन्य साथी ने बताया कि बॉडले दम्पती ने राष्ट्रपति बुश को कहा कि हमारी बेटी की मौत को युद्ध का बहाना मत बनाइए।

सम्मेलन में भारत और जापान सहित बीस देशों के प्रतिनिधि थे। सबका एक स्वर से कहना था कि दुनिया की सरकारों को जनता की बुनियादी जरूरतों पर ध्यान देना चाहिए, बजाय इसके कि एक तनाव का वातावरण बनाया जाए, जिसमें सारी दुनिया दहशत के साये में जीने के लिए मजबूर हो।

(21 अगस्त, 2003)

शान्ति के लिए मनौतियाँ

हिरोशिमा-नागासाकी के अणुबम और युद्ध के खिलाफ विश्वसम्मेलन में यदि डेओरा अपनी कविता के रूप में मौजूद थीं, तो दुनिया के अनेक देशों से आए कई नौजवान विश्वशान्ति और युद्ध मुक्त विश्व के लिए अपनी प्रतिबद्धता दोहराने के लिए सदेह शामिल थे। इनमें अमेरिका, रूस, न्यूजीलैंड, फिजी, चीन आदि के अलावा जापान के नौजवान भी भारी संख्या में शामिल थे। सम्मेलन की औपचारिक गोष्ठियों में इनमें से कुछ ने शिरकत की, लेकिन जो सार्वजनिक कार्यक्रम हुए, उनमें इन सबकी ऊर्जा और उमंग देखते ही बनती थी।

4 अगस्त की सुबह से हिरोशिमा में एक पवित्र पर्व का वातावरण बनना शुरू हो गया था। जापान के अलग-अलग इलाकों से शान्ति के लिए निकाली गई पदयात्राएँ हिरोशिमा पहुँचने लगी थीं। इनमें सभी उम्र के लोग थे, लेकिन स्वाभाविक है कि युवाओं की संख्या ज्यादा ही थी। कोई मई के पहले सप्ताह में अपने घर से रवाना हुआ था और तीन माह में पन्द्रह सौ किलोमीटर की दूरी तय की थी तो और कोई जून से लगातार यात्रापथ पर ही था। 4 जून की दोपहर 12 बजे हिरोशिमा के पीस पार्क में तपते सूरज और उमस के बीच इन नौजवानों के उत्साह भरे वक्तव्य सुनना एक सन्तोषदायक अनुभव था।

इनके अलावा भी देश-विदेश से आए हज़ारों नागरिक, युवा और छात्र पीस पार्क के विशाल प्रांगण में जगह-जगह अपना डेरा डाले 4 से 6 अगस्त तक मौजूद थे। कहीं किसी पेड़ के नीचे कविताएँ पढ़ी जा रही थीं, तो कहीं नदी के घाट पर आर्केस्ट्रा की रिहर्सल चल रही थी। कितने सारे जन शान्ति की प्रतीक शान्ति की चिड़िया कागज़ के चौकोर टुकड़ों से बनाने में व्यस्त थे। वह एक विशाल मेला था, जिसमें सबके सब विश्वशान्ति के लिए मनौती मानने आए थे।

पीस पार्क वहीं बना है, जहाँ 1945 में अणुबम गिराया गया था। बम गिरने के ठीक स्थान पर एक स्मारक छतरी है, जहाँ लोग लगातार फूल चढ़ाने आ रहे थे और यह सिलसिला थम ही नहीं रहा था। पीस पार्क के नजदीक ही एटम बम डोम है। किसी समय इस स्थान पर हिरोशिमा की औद्योगिक प्रदर्शनी की गुम्बदनुमा इमारत थी, जो बम के प्रभाव से ध्वस्त हो गई। जली हुई दीवालें, जीर्णशीर्ण गुम्बद से लटकती हुई लोहे की बीमें, काला पड़ गया प्लास्टर, यही बचा है उस भव्य इमारत का, जो सन् 1910

के दशक में तामीर की गई थी। नदी के किनारे खड़ी यह भग्न इमारत उस त्रासदी का एक भयावह स्मारक है। और उसे विश्व धरोहर के रूप में सुरक्षित रखा गया है।

थोड़ी ही दूर पर किसी मन्दिर के कलश-सा एक गोलाकार निर्माण है, जिसमें एक घंटी बँधी हुई है। वहाँ धैर्यपूर्वक कतार में खड़े हुए लोग अपनी बारी की प्रतीक्षा कर रहे थे कि घंटी बजाकर शान्ति के लिए प्रार्थना कर सकें। इस स्थल के चारों ओर काँच के बने हुए कैप्सूलनुमा कक्ष थे, जिनमें लम्बी-लम्बी मालाओं के रूप में सदाको की चिड़ियाएँ बँधी हुई थीं। लोग चिड़िया बनाकर लाते हैं और यहाँ मनौती के रूप में बाँध जाते हैं।

6 अगस्त को सुबह 8 बजे से पीस पार्क में प्रार्थना सभा का आयोजन था। कुल पैंतालीस मिनट की सभा, जिसमें हमेशा की तरह जापान के प्रधानमन्त्री, हिरोशिमा प्रान्त के गवर्नर और हिरोशिमा के मेयर के अलावा हजारों नागरिक उपस्थित थे। ठीक 8.15 पर याने बम गिरने के क्षण पर मौन प्रार्थना की गई। विशिष्ट अतिथियों के अति संक्षिप्त वक्तव्य हुए। कुछ और औपचारिकताएँ और शान्ति के लिए संगीत। हिरोशिमा में छठवीं कक्षा के दो छात्रों ने नई पीढ़ी की ओर से शान्ति के लिए संकल्प व्यक्त किया, वह मर्मस्पर्शी था।

लेकिन सबसे ज्यादा प्रभाव छोड़नेवाला प्रसंग थी उसी दिन पीस पार्क के बाजू से बहनेवाली नदी (वैसे हिरोशिमा सात नदियों के मुहाने समुद्र तट पर बसा है) में सूर्यास्त के बाद दीपों का प्रवाह। नदी के दोनों तट पर बने घाटों पर अनगिनत लोग उपस्थित थे और कागज के आवरण में सुरक्षित मोमबत्तियाँ नदी में प्रवाहित कर रहे थे। मुझे उस समय एकाएक सतीश चौबे की कविता 'रौशन हाथों की दस्तकें' याद आई, जिसे तुरन्त अंग्रेजी में अनुवाद कर अपने साथी प्रतिनिधियों को सुनाया। उस शाम खूब तेज हवा चल रही थी और मोमबत्तियाँ बुझ-बुझ जा रही थीं, फिर भी हम सबने बड़े जतन से अपने-अपने दीप नदी की धारा में छोड़ दिए। मैंने दीप के आवरण-कागज पर हिन्दी में ही कामना लिखी, 'अपनी आगत पीढ़ियों के भविष्य के लिए।'

सतीश चौबे की कविता मित्रों को पसन्द आई और बाद में उसकी प्रतियाँ कर-कर मैं सबको देता रहा। मैं मुक्तिबोधजी की कहानी 'क्लॉड ईथरली' का अनुवाद करके भी ले गया था, जिसे सम्मेलन में अन्य दस्तावेजों के साथ वितरित किया गया। पीस पार्क में ही स्थित म्यूजियम देखते हुए मन में विचार उठा तो मैं संग्रहालय अध्यक्ष के कार्यालय जा पहुँचा और वहाँ 'क्लॉड ईथरली' के अंग्रेजी अनुवाद की एक प्रति उनकी लायब्रेरी के लिए भेंट कर आया।

म्यूजियम में घूमते हुए एक जगह पहुँचकर मैं स्तब्ध रह गया। 6 अगस्त, 1945 को बम-वर्षा से जल गई एक बच्चे की ट्राइसिकल। वैसे तो वहाँ प्रदर्शित हर सामग्री चीख-चीखकर साठ साल पहले किए गए अक्षम्य अपराध की गवाही दे रही थी, लेकिन वह छोटी-सी ट्राइसिकल बता रही थी कि किस बेरहमी से युद्धपिपासुओं ने आनेवाली सन्तानों का जीवन, उनका अस्तित्व, उनका सुख, उनकी खुशियाँ छीन ली थीं। म्यूजियम

में जली हुई दीवालों के टुकड़े थे, फफोले पड़े कवेलू थे, रक्तरंजित और जली हुई पोशाकें थीं और थीं 8.15 पर रुक गई घड़ी। क्या वह समय का ठहरना बता रही थी या फिर सभ्यता से पाशविकता में बदल जाने के पल को रेखांकित कर रही थी। शायद वह दर्शा रही थी कि युद्ध तो वैसे भी वांछित नहीं है, फिर भी यदि युद्ध है तो उसके भी अपने नियम हैं, जिनको उस क्षण एक राक्षसी सोच में तोड़ दिया गया था।

हिरोशिमा में जैसा माहौल था, उससे कुछ जुदा माहौल नागासाकी में देखने को मिला। वहाँ 9 अगस्त की सुबह 11 बजकर 2 मिनट पर बम-वर्षा की गई थी। 7 से 10 अगस्त तक हम लोग इसलिए वहाँ थे। नागासाकी का पीस पार्क हिरोशिमा के बनिस्त छोटा है। पार्क के पास एक पायेवाली अलंकृत मेहराब उस त्रासद दिन की याद दिलाती है। उसका दूसरा पाया बम विस्फोट में उड़ गया था, यद्यपि बम गिरने के केन्द्र से वह आधा किलोमीटर की दूरी पर थी। इसी तरह केन्द्र से लगभग पौन किलोमीटर की दूरी पर जापान का सबसे पुराना उराकामी गिरजाघर था, जो पूरी तरह ध्वस्त हो गया था। उसके अवशेष पीस पार्क में रखे गए हैं। लेकिन मुझे यह देखकर बेहद तकलीफ हुई कि पीस पार्क में प्रवेशद्वार पर ही एक मामूली-सा स्मृतिफलक लायंस क्लब द्वारा लगा दिया गया है, जिस पर इबारत के मुकाबले लायंस क्लब का प्रतीक चिह्न चमक रहा था। मैं नहीं समझ पाया कि ऐसा प्रदर्शन करने की क्या जरूरत थी, वह भी ऐसी जगह पर, जहाँ मनुष्य को अपना अहंकार भूलकर ही आना चाहिए।

नागासाकी में विश्वसम्मेलन के जो कार्यक्रम हुए, उनमें हिरोशिमा की तुलना में ज्यादा विविधता थी। पूरा प्रोग्राम शायद बनाया ही इस तरह से गया था। शान्ति के लिए महिलाओं का विशेष सत्र, युवाओं का विशेष सत्र, शिक्षकों का विशेष सत्र। जो विचार-गोष्ठियाँ हुईं, वे भी ज्यादा जीवन्त थीं। आरम्भिक और समापन सत्रों में नागासाकी में उपस्थिति कहीं ज्यादा थी। इन चार दिनों में एक महत्त्वपूर्ण काम था—हस्ताक्षर अभियान।

सारे प्रतिनिधि 9 अगस्त को समापनसत्र के बाद शहर के मुख्य बाजार के बाहर एकत्र हुए। बाजार में खूब चहल-पहल थी। हम लोगों का लक्ष्य था कि विश्वशान्ति के घोषणापत्र पर ज्यादा हस्ताक्षर कराए जाएँ। मेरे साथ एक वृद्ध जापानी शान्ति, कार्यकर्ता थे। हम दोनों ने मिलकर खूब लोगों को पकड़ा और एक घंटे की अवधि में लगभग सौ हस्ताक्षर लेने में सफल हुए। हमने रिकॉर्ड बनाया। बाकी सब 25-30 से आगे नहीं बढ़ पाए। दरअसल, बाज़ार आनेवालों को ठीक से समझा पाने का समय तो था नहीं, और न लोग उस मानसिकता से ही वहाँ पहुँचे थे। ज्यादातर लोग तो बाजू से कतराकर निकल जाते थे। मैं अपना डेलीगेट बैच दिखा-दिखाकर युवाओं को ही खासकर रोक रहा था, इसलिए कुछ ज्यादा काम हो गया।

लेकिन एक बात और गौर करने लायक है। आज की पीढ़ी के मन में अगस्त 1945 की स्मृतियाँ नहीं हैं। अपेक्षाकृत सुखी-समृद्ध जीवन जिया है। आज हिरोशिमा और नागासाकी दोनों दमकते हुए नए शहर हैं, जहाँ अणुबम की खौफ भरी परछाईं न देखना

चाहें तो नहीं दिखती। इसीलिए सम्मेलन के दौरान बार-बार 'पीस-एजुकेशन' याने स्कूली पाठ्यक्रमों में शान्ति का पाठ शामिल करने पर जोर दिया गया।

नौ दिन के सम्मेलन में विश्वशान्ति से जुड़े और भी बहुत से मुद्दे उभरकर आए। मसलन फिलिपीन्स की प्रतिनिधि कोराजान फैब्रोस का यह याद दिलाना कि सौ साल पहले उसका देश एशिया में अमेरिकी साम्राज्यवाद का सबसे पहले शिकार बना था। या फिर दक्षिण और उत्तर कोरिया के एकीकरण के चल रहे प्रयत्नों की चर्चा, जो पूर्व एशिया में स्थायी शान्ति के लिए महत्त्वपूर्ण है। या युद्ध का महिलाओं और बच्चों पर पड़नेवाला प्रभाव, जिसकी कल्पना भी अधिकतर पुरुषों द्वारा लिए गए निर्णयों में नहीं की जाती। या युद्ध और हथियारों की होड़ किस तरह उत्पादक शक्ति को विनष्ट कर देती है।

सम्मेलन में भाग लेते हुए मुझे बराबर यह विचार सालता रहा कि भारत ने अणुबम का परीक्षण कर तो लिया, लेकिन उससे क्या लाभ हुआ ? जिस विश्वसमाज में भारत की बात सम्मान के साथ सुनी जाती है, आज वहाँ हम लगभग अनुपस्थित हैं। विश्वशान्ति के लिए सम्मेलन हो और उसमें भारत के प्रधानमन्त्री का सन्देश न हो, क्या नेहरू युग में यह सम्भव था ?

(24 अगस्त, 2003)

दोबारा हिरोशिमा नहीं! दोबारा नागासाकी नहीं!

(1) अणुबम (ए एंड एच बम) के खिलाफ विश्व सम्मेलन खंड की अन्तरराष्ट्रीय बैठक में 20 देशों के दो सौ साठ (260) प्रतिनिधियों ने हिस्सा लिया। बैठक में इस बात पर विचार किया गया कि विश्व को युद्धरहित तथा आणविक हथियाररहित कैसे बनाया जाए।

गत वर्ष इराक पर अमरीका तथा ब्रिटेन के हमले का विरोध दुनिया भर के शान्तिप्रिय लोगों ने किया। मानव इतिहास में यह सबसे बड़ा विरोध था, जिसमें अलग-अलग आर्थिक व सामाजिक मुद्दे उठानेवाले विभिन्न स्तरों के शान्तिप्रचारकों ने युद्ध के खिलाफ एक नया आन्दोलन छेड़ा। 'हिरोशिमा और नागासाकी दोबारा नहीं' यह अपील हम लम्बे समय से करते आ रहे हैं, युद्ध के खिलाफ शान्ति की चाहत को हम इस अपील से जोड़ते हैं। विश्वभर में आणविक हथियार नष्ट हो इसलिए आज हम एक-दूसरे से प्रण करते हैं कि आणविक हथियार विरोधी लहर को हम और आगे बनाएँगे। अभी भी पृथ्वी पर 20-30 हजार आणविक हथियारों का संग्रह है। उनमें वृद्धि तथा उनके इस्तेमाल का खतरा बढ़ता ही जा रहा है। हम पूरे विश्व की जनता का आह्वान करते हैं कि आणविक हथियार के खतरे के उन्मूलन तथा सुनहरे भविष्य के लिए मिलकर कदम उठाएँ।

(2) इराक पर अमरीकी व ब्रिटिश हमले से कई मासूम नागरिकों की जान गई और बहुत से अपंग हो गए। दो विश्वयुद्धों की विभीषिका झेलने के बाद दुनिया के लोगों ने संयुक्त राष्ट्र का निर्माण किया ताकि अन्तरराष्ट्रीय मतभेदों को शान्तिपूर्ण तरीके से दूर किया जा सके। लेकिन अमरीका व ब्रिटेन ने इराक पर हमला कर संयुक्त राष्ट्र के सिद्धान्तों का उल्लंघन किया है। इस दौरान संयुक्त राष्ट्र के घोषणापत्र का बचाव तथा युद्ध रोकने की माँग विभिन्न जनआन्दोलनों, राजनयिक क्षेत्रों तथा चहुँओर की गई। संयुक्त राष्ट्र में भी इस समस्या को शान्तिपूर्वक तरीके से सुलझाने के ज्यादा प्रयास किए गए। इराक पर जिन विनाशकारी हथियारों के रखने का आरोप लगाकर अमरीका व ब्रिटेन ने हमला किया था, पर्याप्त सबूतों के अभाव में यह आरोप सन्देह के घेरे में है। इसलिए यह युद्ध और भी ज्यादा अन्यायकारी माना जाएगा। गहरी चिन्ता का एक कारण यह भी है कि बुश प्रशासन ने इराक पर हमले में आणविक हथियारों के प्रयोग की सम्भावना से लगातार इंकार किया है, लेकिन दूसरी ओर 'आतंकवाद के खिलाफ

लड़ाई तथा संहारक हथियारों के उन्मूलन' के नाम पर आणविक लड़ाई की योजना भी उनकी है। गैर आणविक हथियार सम्पन्न देशों समेत सात देश अभी उनके निशाने में हैं। साथ ही 'उपयोग करने लायक' कम क्षमतावाले 'आणविक हथियारों के विकास' को भी वह बढ़ावा दे रहे हैं।

अमेरिका की मनमानी व दादागिरी के चलते दूसरे हिरोशिमा व नागासाकी के होने का खतरा उत्पन्न हो गया है। भारी मात्रा में आणविक हथियार तथा दूसरे जनसंहारक हथियार रखने से अधिक छलपूर्ण व असंगत काम दूसरा नहीं हो सकता। एक ओर तो इजरायल व अन्य देशों के आणविक हथियारों के विकास पर आँखें मूँद लेना और दूसरी ओर कुछ देशों पर सिर्फ इसी बात को लेकर हमले की धमकी देना कि वे आणविक हथियारों का निर्माण कर सकते हैं। उन पर न सिर्फ हमला बल्कि आणविक हथियार के प्रयोग की धमकी भी दी जा रही है, यह सब शान्ति स्थापना के प्रयासों की धज्जी उड़ाना है। अपने इस रवैये के कारण विश्वभर में अमरीका की कड़ी आलोचना हो रही है। आज जितना वह एकाकी पड़ गया है, इससे पहले कभी नहीं रहा।

(3) बिना अणु हथियार के शान्तिपूर्ण दुनिया कायम करने के प्रयास और आशा जिस तेजी से फैल रही है, उसी तेजी से आणविक हथियारों के उन्मूलन की माँग भी जोर पकड़ती जा रही है। वर्ष 2000 में आणविक हथियारसम्पन्न देशों तथा अन्य देशों के एक सम्मेलन में आणविक हथियार नष्ट करने पर सहमति बनी थी। अब उसे लागू करने की माँग बढ़ती जा रही है। शान्ति आन्दोलन को मिल रहे भारी जनसमर्थन, गुट-निरपेक्ष आन्दोलन के गैर-आणविक हथियारसम्पन्न राष्ट्रों के बीच बढ़ती एकता व पारस्परिक समझ तथा संयुक्त प्रयासों के बल पर आज हम सब आणविक हथियार उन्मूलन के खिलाफ अणु समर्थक देशों के षड्यन्त्र को खारिज करते हैं। आइए हम सब आणविक हथियारों के बढ़ने के सारे रास्ते मिलकर रोकें। नए अणु हथियारों का निर्माण, प्रयोग तथा बाह्य अन्तरिक्ष में अणु मिसाइलों को स्थापित करने के सारे कदमों का विरोध करें। अणु ऊर्जा के सैन्यप्रयोग का हम पूर्ण पारदर्शिता की माँग करते हैं।

अणुयुद्ध के खतरे को हटाने तथा विश्वशान्ति के लिए अन्तरराष्ट्रीय नियमों की स्थापना की आवश्यकता है। साथ ही संयुक्त राष्ट्र घोषणापत्र में उल्लिखित शान्ति नियमों के उल्लंघन को रोकने की भी जरूरत है। सुपर पावर अमरीका के मनमाने व्यवहार पर अंकुश लगाने के लिए आइए हम सब एकजुट होकर कार्य करें ताकि एक ऐसे विश्व का निर्माण हो सके जहाँ संयुक्त राष्ट्र के घोषणापत्र के उद्देश्य पूर्ण हों। इराक पर अवैध हमले का हम विरोध करते हैं। गैरकानूनी ढंग से सैन्य आधिपत्य को तुरन्त खत्म करने की हम माँग करते हैं और यह माँग करते हैं कि इराक का पुनर्निर्माण इराकी जनता ही करे, जिसमें संयुक्त राष्ट्र द्वारा चुने गए देश सहायता करें।

उत्तरी कोरिया द्वारा अणुअस्त्रों का विकास एशिया तथा खुद दक्षिण कोरिया की शान्ति व सुरक्षा के लिए खतरा है। हम उत्तर कोरिया से पुरजोर माँग करते हैं कि अणुअस्त्र विकास कार्यक्रम को तुरन्त खत्म करें। अमरीका द्वारा दी गई सैन्य धमकी

का अन्तरराष्ट्रीय समुदाय विरोध करता है। बातचीत के जरिए, समस्या के शान्तिपूर्ण समाधान के लिए प्रयास करना होगा।

(4) हिरोशिमा व नागासाकी के अनुभव से जापान ने राष्ट्रीय सिद्धान्तों के रूप में 'तीन गैर अणु सिद्धान्तों' की घोषणा की तथा युद्ध की विभीषिका देखने के बाद संविधान की धारा 9 के तहत युद्ध त्याग की घोषणा की। अणुअस्त्रों के उन्मूलन तथा विश्वशान्ति की स्थापना के लिए जनता जापान से नेतृत्व की उम्मीद कर रही है। हालाँकि जापान सरकार, अमरीकी-जापानी सैन्य गठबन्धन के तहत ज्यादा तेजी से अमरीका का अनुसरण कर रही है। हमलों तथा अणुअस्त्रों के प्रयोग की अमरीकी नीति को भी वह समर्थन दे रही है। इराक युद्ध के दौरान देखा गया कि जापान में पहले से मजबूत अमरीकी सैन्य अड्डों को हमले के लिहाज से और मजबूत बनाया गया। नागरिकों के विरोध के बावजूद तथाकथित आपात कानूनों ने जापान को एक ऐसे देश में बदल दिया, जहाँ 'युद्ध को तर्कसंगत' बताया जा रहा है। इसके साथ ही संविधान की पुनर्व्याख्या की तैयारी भी बढ़ा दी गई है। अणुअस्त्रों को नष्ट करने के प्रचार कार्य को गति देने की जिम्मेदारी जापानी नागरिकों की और बढ़ गई है। इसके साथ ही उनके तथा उनके शान्ति आन्दोलन का यह अन्तरराष्ट्रीय कर्तव्य बनता है कि वे इराक पर अमरीकी आधिपत्य के समर्थन में स्वरक्षा बलों के भेजे जाने का विरोध करें। विश्वशान्ति को भंग करने के प्रयासों के खिलाफ आवाज उठाएँ।

(5) हिरोशिमा-नागासाकी की त्रासदी तथा अभी भी उसकी यन्त्रणा व जीवन की आशा के बीच झूलते हिबाकुशा (अणुबम पीड़ित) तथा दुनिया भर में अणुबम पीड़ितों की व्यथा कथा दुनिया के हर कोने में फैले। इस प्रयास से विश्व को अणुअस्त्रविहीन बनाने के कार्य को बल मिलेगा। राहत कार्यों में वृद्धि तथा अणुबम के नुकसान की क्षतिपूर्ति के लिए हम सबसे सहयोग की माँग करते हैं। जैविक, रासायनिक हथियारों के खतरों से आगाह करने के प्रचार में सबसे एकजुट होकर कार्य करने की भी हम अपील करते हैं।

(6) आणविक हथियार रहित तथा युद्धविहीन शान्तिपूर्ण 21वीं सदी का निर्माण अन्तरराष्ट्रीय एकता व सामूहिक प्रयासों से ही सम्भव है। यह तभी हो सकता है जब जाति, धर्म, राष्ट्रीयता, विचार, विश्वास तथा सामाजिक व्यवस्था से परे होकर सब एक समान उद्देश्य के लिए विश्व की जनता व सरकारें परस्पर सहयोग से काम करें। इराक पर हमले के खिलाफ वैश्विक विरोध का उमड़ना यह दर्शाता है कि इस तरह की एकता व सहयोग से विश्व को शान्ति की ओर ले जाया जा सकता है।

बड़ी शक्तियों द्वारा पैदा किए गए वैश्वीकरण के खतरे, भूख, गरीबी को हटाने, सैन्य खर्चों को रोकने, पर्यावरण को बचाने, महिलाओं से भेदभाव खत्म करने तथा सामाजिक अन्याय को दूर करने के लिए विभिन्न अभियानों के जरिए हम एकजुट होकर काम करने का आह्वान करते हैं। अणुबम त्रासदी की 60वीं वर्षगाँठ सन् 2003 में होगी। यह वर्ष इतिहास के लिए महत्त्वपूर्ण होगा। इस वर्ष को निर्णायक बनाने तथा

अणुअस्त्र उन्मूलन के लिए हम पूरे विश्व में पुरजोर कार्यक्रम चलाने की अपील करते हैं। आइए, हम इस कार्य के लिए हस्ताक्षर अभियान चलाएँ, 'अणु हथियार नष्ट करें, अभी !' इस बैठक में हम यह प्रस्ताव रखते हैं कि दोबारा हिरोशिमा और नागासाकी नहीं होने देंगे।

बिना अणुअस्त्रों तथा युद्ध के एक शान्तिपूर्ण विश्व के लिए अभी से हम प्रयासरत हो जाएँ। दोबारा हिरोशिमा नहीं। दोबारा नागासाकी नहीं ! और युद्ध नहीं ! और हिबाकुशा नहीं !

(23 अगस्त, 2003)

धर्मस्थल : एक अशासकीय प्रस्ताव

कुछ दिन पहले बृजभूमि की एक संक्षिप्त यात्रा पर जाने का अवसर मिला। इस यात्रा से कुछ ऐसे विचार सूत्रबद्ध हो सके, जो लम्बे समय से मन में घुमड़ते रहे हैं। काम के सिलसिले में भारत के लगभग हर प्रदेश में और दूरस्थ स्थानों तक जाने के मौके आते रहे हैं। ऐसे मौकों पर सहज ही आसपास स्थित देवस्थानों के दर्शन करने की इच्छा होती है। इस इच्छा के तीन सरल कारण हैं। पहला कारण है बचपन के संस्कार। दादा-दादी के साथ, प्रायमरी स्कूल में पढ़ते-पढ़ते ही, दो बार बृज की चौरासी कोस की परिक्रमा हो गई थी। गर्मी और दीवाली की छुट्टियों का एक बड़ा हिस्सा उनके ही साथ तीर्थयात्राओं में बीतता था। एक पत्रकार के लिए उचित जिज्ञासु वृत्ति दूसरा कारण है। तीर्थस्थानों में देश के कोने-कोने में से आए हुए लोगों से भेंट होती है। भारत की बहुविध, सामासिक संस्कृति को निकट से देख पाने का अवसर सुलभ हो जाता है। फर्स्ट हैंड नॉलेज। आखिरी कारण इस अनबूझ पहेली को सुलझाने-समझने की अन्तहीन कोशिश है कि ऐसा क्या है जो लाखों-करोड़ों मनुष्यों को तमाम तकलीफों और मुसीबतों के बावजूद इतनी दूर-दूर तक खींचकर ले आता है।

देवस्थानों की यात्रा करते हुए तरह-तरह के अनुभव होते रहे हैं। मीठे कम, खट्टे और कड़वे ज्यादा। तीर्थों और मन्दिरों में जो सर्वत्र व्याप्त कुव्यवस्था है, उससे खिन्नता होती है। झुंझलाहट भी। जो श्रद्धालु एकाग्र भाव से पारलौकिक चिन्तन में लीन रहते हैं, लौकिक स्थितियों के प्रति उनका निर्विकार भाव देखकर आश्चर्य भी होता है। कैसे बरदाश्त कर लेते हैं वे यह सब। जगन्नाथपुरी हो या द्वारिकाधाम या श्रीनाथद्वारा—पहली नजर गन्दगी तथा बदइन्तज़ामी पर जाती है। तिरुपति निश्चय ही एक अपवाद है। दक्षिण भारत के मन्दिरों का प्रबन्ध उत्तर भारत की तुलना में बहुत अच्छा है। वैसे भी प्रतीत होता है कि दक्षिण में उत्तर की तुलना में ज्यादा नागरिक चेतना और सुरुचिसम्पन्नता है। लेकिन हाँ, देश में कहीं चले जाइए—जैन मन्दिरों, गिरजाघरों, गुरुद्वारों और मस्जिदों में एक सुशान्त, स्वच्छ वातावरण का परिचय मिलता है। शायद 'कार-सेवा' इसका कारण हो। भक्तजन देवालय की स्वच्छता और पवित्रता बनाए रखने को भी देवपूजा का अनिवार्य अंग मानें, तभी ऐसा हो सकता है।

बहरहाल, ब्रजभूमि की ताजा यात्रा पर हम सड़क मार्ग से निकले थे। परिवार के 4-5 सदस्य थे। मथुरा लगभग 2 बजे दोपहर पहुँचे थे, जून की भीषण गर्मी में। नगर

के प्रवेश द्वार पर उस मौसम में भी पंडा महोदय विद्यमान थे। हाथ दिखाकर गाड़ी रोकने की कोशिश की। अपने ठिकाने पहुँचने तक कोई आधा दर्जन पंडों से बचना पड़ा। पाठकों में से बहुतों को प्रयाग का अनुभव होगा। कटनी स्टेशन से ही पंडे साथ लग लेते हैं। तीर्थयात्री किसके हिस्से में आएगा, इसे लेकर हाथापाई तक की नौबत आ जाती है। कभी-कभी यात्रियों को भी पंडों का कोपभाजन बनना पड़ता है। जगन्नाथपुरी में भी स्थिति विकट है। मुझे साल में एकाध बार पुरी जाने का मौका लग ही जाता है। हर बार पंडों से जूझना पड़ता है। मथुरा में भी यही हुआ। होटल पर पंडे मौजूद, जमुना के घाट पर भी वृन्दावन में भी वे। क्या किया जाए ? मथुरा के होटल में आए एक पंडे की सेवाएँ लीं। गोकुल, वृन्दावन, नन्दग्राम, बरसाना जाने के लिए सेवाशुल्क तय हो गया। पहले पड़ाव गोकुल में ही उन्होंने मन्दिर के बाहर की दूकानों से हम कुछ खरीदें, इस पर जोर डाला। नन्दबाबा के महल में पुजारियों की सेवा करें, ऐसा भी उनका आग्रह था। उनकी बात अनसुनी कर ट्रस्ट कमेटी की सीलबन्द तिजोरी में श्रद्धा-भेंट की तो पंडा महाशय दुखी हो गए। गोकुल से लौटते ही मथुरा में उतर गए। उन्हें कोई जरूरी काम याद आन पड़ा।

अनुभवी तीर्थयात्री रास्ता सुझाते हैं कि पंडों से इस तरह होनेवाली नाहक तकरार सौदेबाजी और मन खट्टा कर देनेवाले प्रसंगों से कैसे बचा जाए। लगभग हर प्रमुख तीर्थस्थान में ऐसे पंडे हैं जो पीढ़ी-दर-पीढ़ी किसी स्थान विशेष या जाति-कुल से जुड़े चले आए हैं। यात्रा पर रवाना होने के समय उनका नाम-पता लेकर चलें और अब तो सस्ते एस.टी.डी. के दौर में फोन पर पूर्व सूचना भी दी जा सकती है। अगर ऐसा न कर पाएँ तो तीर्थस्थान पर पहुँचकर उनसे सम्पर्क साधा जा सकता है। झूम पड़नेवाले पंडों को शान्तिपूर्वक यह कहकर विदा कर सकते हैं कि हमारे पंडा तो फलाने-फलाने हैं। यह सचमुच एक अच्छा उपाय है। द्वारिका के पास बेट-द्वारिका में मैंने अपने कुल का परिचय दिया तो एक पंडा दौड़कर आ गया। मैं ही आपका पंडा हूँ। उससे प्रमाण माँगा तो तुरन्त बही लेकर आ गया। उसमें मेरे दादाजी और पिताजी के हस्ताक्षर थे, यात्रा की तिथि, दिन और सहयात्रियों के नाम के साथ। समाधान हो गया। अच्छे से दर्शन हो गए। पंडाजी को जो दक्षिणा दी, उसमें वे भी सन्तुष्ट हुए। मेरे दस्तखत ले लिए, भविष्य की जरूरत के लिए। लेकिन जहाँ ऐसी सुविधा उपलब्ध न हो, वहाँ क्या किया जाए ?

विदेशों में, बल्कि भारत में भी अनेक होटलों में ट्रैवल एजेंट का दफ्तर रहता है। उनके पास उस स्थान की पूरी जानकारी होती है। गाइड मैप, दर्शनीय स्थानों का परिचय, प्रवेश शुल्क, भ्रमण या दर्शन का समय जैसी आवश्यक सूचनाएँ वहाँ मिल जाती हैं। टैक्सी, साइटसीइंग बस व प्रशिक्षित गाइड आदि की तत्काल व्यवस्था ये ट्रैवल एजेंट कर देते हैं। जैसी व्यवस्था आप चाहते हैं, वैसा निर्धारित शुल्क वे ले लेते हैं। सरकार की ओर से या पर्यटन संगठन की ओर से इनको मान्यता मिलती है। सेवा में त्रुटि होने पर शिकायत की जा सकती है। उनका व्यापार का लायसेंस छिन सकता है। अगर

सरकार गम्भीरतापूर्वक विचार करे तो भारत के तीर्थस्थानों में किंचित संशोधन के साथ ऐसी ही व्यवस्था अपनाई जा सकती है।

पंडों के परिवार बढ़ रहे हैं। जिनके घर में सिर्फ जजमानी पीढ़ियों से होती आई हो, वे कोई दूसरा काम हाथ में लेने में संकोच करते हैं। इन परिवारों के युवा सदस्यों को गाइड के रूप में प्रशिक्षित कर दिया जाए, फीस निर्धारित कर दी जाए, होटल और धर्मशालाओं के साथ इनको सम्बद्ध कर दिया जाए और इनके पास विधिवत लायसेंस हो तो तीर्थयात्री शंकामुक्त और तनावमुक्त होकर देवदर्शन कर सकते हैं। यह काम सरकार भी कर सकती है, स्थानीय निकाय भी और पर्यटन व्यवसाय के संगठन भी। पश्चिमी देशों में तथा एशिया के पर्यटन-विकसित देशों के छोटे-छोटे कस्बों तक में पर्यटन एजेंटों की सुविधा उपलब्ध रहती है। हमारे यहाँ इस विचार को मूर्तरूप दिया जाए तो मैं सोचता हूँ कि इससे पंडों का पुश्तैनी व्यवसाय तो चलता ही रहेगा, उनको व यात्रियों के अनुभव भी सुखद होने लगेंगे।

हमारी इस यात्रा का मुख्य उद्देश्य था जतीपुरा पहुँचकर गोवर्द्धन परिक्रमा करना। गर्मी का मौसम था। शाम 7 बजे यात्रा प्रारम्भ होनी थी। जतीपुरा मथुरा से 30 कि.मी. गोवर्द्धन पर्वत की सुरम्य पृष्ठभूमि में बसा छोटा कस्बा है। मथुरा से जतीपुरा के रास्ते पर 27वें कि.मी. पर गोवर्द्धन नामक कस्बा है। कुछ भक्त जतीपुरा से परिक्रमा प्रारम्भ करते हैं तो कुछ गोवर्द्धन से। अंग्रेजी के 8 के आकार में बने यात्रापथ की कुल लम्बाई 21 कि.मी. है। जतीपुरा व गोवर्द्धन के अलावा राधाकुंड, श्यामकुंड और मानसी गंगा—ऐसे 5 तीर्थ इस यात्रा पथ पर हैं। अधिकतर तीर्थयात्री पैदल यात्रा करते हैं और स्वाभाविक है कि नंगे पैर। कुछेक वृद्ध या अशक्तजन ताँगे या हाथरिक्शा का आश्रय ले लेते हैं। आजकल सूमो जीपों का भी प्रयोग यात्रा में होने लगा है। दूसरी तरफ ऐसे मतवाले भी हैं जो साष्टांग दंडवत करते हुए परिक्रमा करते हैं। यात्रा में सामान्य तौर पर 7 घंटे लगते हैं। अनुभवी भक्त 4-5 घंटों में ही तेज-तेज कदमों से चल मनोरथ पूरा कर लेते हैं। हम जतीपुरा शाम 6 बजे के लगभग पहुँचे। गोवर्द्धन और जतीपुरा के बीच दर्जनों यात्री मिले जो निश्चिन्त हो तपती जमीन पर नंगे पैर शाम होते ही निकल पड़े थे।

जतीपुरा में गिरिराजजी के मुखारविन्द पर आरती के बाद आठ बजे रात हम लोगों के दल ने परिक्रमा प्रारम्भ की। दल में डेढ़ सौ से ज्यादा सदस्य थे—सभी कौटुम्बिक सम्बन्धी। सबको यह आश्चर्य था कि क्या मैं नंगे पैर गोवर्द्धन परिक्रमा करूँगा। मेरी लगभग नास्तिक-सी छवि का यह स्वाभाविक परिणाम था। इस यात्रा में भाग लेने के पीछे मेरी भक्ति-भावना कितनी थी, यह तो शायद मैं भी नहीं जानता, लेकिन दो प्रबल कारण थे। एक तो संयोग से यात्रा उसी दिन करना था, जिस दिन जतीपुरा में गिरिराजजी के मुखारविन्द पर माथा टेकते ही मेरी दादी का स्वर्गवास 34 वर्ष पूर्व हो गया था। दूसरे—मैं अपने बचपन की बृज की स्मृतियों को भी एक बार जी लेना चाहता था। कुटुम्ब के सदस्य साथ होंगे तो यात्रा मजे-मजे में हो जाएगी, अकेले यह हिम्मत

कर नहीं सकता था, यह विचार भी मन में था।

21 कि.मी. का पूरा पथ देर शाम बरसात हो जाने और बृज की चिकनी मिट्टी के कारण फिसलनमय हो गया था। रात का समय था। अधिकतर हिस्से में रौशनी नहीं थी। यात्रीगण टॉर्च लेकर चल रहे थे। थकान दूर करने के लिए जोर-जोर से भजनों का बुर-बेसुर गायन हो रहा था। जगह-जगह पर छोटी-छोटी चाय-पान की दूकानें खुली थीं। चाय पीएँ या न पीएँ, कुर्सी पर बैठकर कुछ पल सुस्ताने की मनाही नहीं थी। 8 के आकार में एक छल्ला 8 कि.मी. का था, जो गोवर्द्धन और राधाकुंड-श्यामकुंड की गलियों से गुजरता था। 13 कि.मी. के बड़े छल्ले में गोवर्द्धन पर्वत की तलहटी थी, वनस्पति और वृक्षों से आच्छादित एक छोटी-सी पहाड़ी। इस पथ का 2-3 कि.मी. का भाग राजस्थान के सीमावर्ती इलाके से ही गुजरता है। मैंने 13 कि.मी. की दूरी तो पैदल पार कर ली, लेकिन आखिर 8 कि.मी. में मुझे रिक्शा का सहारा लेना पड़ा।

यात्रा-पथ पर अनायास एक सूचना-पटल पर नजर पड़ी। राज्यसभा सदस्य दीनानाथ मिश्र द्वारा सांसद निधि से दी गई राशि से 'मानसी गंगा' सरोवर का जीर्णोद्धार कार्य सम्पन्न किया गया। पढ़ते साथ ही मन में विचार दौड़ने लगे। सबसे पहले सोचा कि रायपुर लौटते साथ मिश्रजी को पत्र लिखूँगा। फिर सोचा कि नहीं, 'देशबन्धु' के माध्यम से खुला पत्र लिखना बेहतर होगा। ये जो लेख आप पढ़ रहे हैं, उसे आप मिश्रजी के नाम वह खुला पत्र ही मान लीजिए। मैंने सोचा कि मिश्रजी को धन्यवाद दिया जाना चाहिए कि हिन्दू धर्म के अजेंडा पर राजनीति करनेवाली पार्टी के सांसद के लिए यह उचित और करणीय ही है कि अपने तीर्थस्थानों का रखरखाव करने पर ध्यान दिया जाए। अगर भारतीय जनता पार्टी के सभी सांसद और विधायक मिश्रजी का अनुकरण करें तो भारत में सनातन परम्परा के सभी मन्दिरों व तीर्थों की व्यवस्था सुधारी जा सकती है। मैंने यह भी सोचा कि बाबरी मस्जिद तोड़कर नया मन्दिर बनाने की हठ के बजाय अपने धर्म को पुष्ट करने का यह श्रेयस्कर उपाय है। ये हम देख रहे हैं कि पुराने मन्दिर रखरखाव के अभाव में प्रभाशून्य हो रहे हैं, जबकि दूसरी ओर नित नए मन्दिर बन रहे हैं। ये कोई नहीं सोचता कि 25-50 साल में ये किस अवस्था को प्राप्त होंगे।

परिक्रमा करते हुए मन में एक और विचार कौंधा। विश्व के पर्यटन-प्रदेशों में प्रायः चलन है कि आप एक जानकार गाइड के साथ पैदल नगर यात्रा कर उस स्थान के इतिहास व भूगोल से परिचित हो सकते हैं। इस 'सिटी वाक' में उत्साहपूर्वक अनेक पर्यटक भाग लेते हैं। इसी तरह नैसर्गिक शोभावाले स्थलों में पैदल या साइकिल से 'नेचर ट्रैक' की परिकल्पना साकार की गई है। किराए की साइकिल उठाइए और मीलों दूर घूमने निकल जाइए। प्रदूषणविहीन, स्वास्थकर पर्यटन। मैंने सोचा कि जतीपुरा या गोवर्द्धन में ऐसा क्यों नहीं हो सकता ? मोटरकार या टाँगा-रिक्शा से परिक्रमा करने के बजाय तो यह बेहतर है कि धर्मशाला के बाजू की दूकान से साइकिल किराए पर ली और 2-3 घंटे में परिक्रमा हो गई। माना कि नंगे पैर परिक्रमा करने के मुकाबले

पुण्य-लाभ कम होगा, लेकिन दूसरे के कन्धे पर सवार होकर चलने से तो यह ज्यादा ही अच्छा होगा।

एक और गम्भीर विचार मन में आया। दुनिया जितनी देखी है, उसके आधार पर कह सकता हूँ कि कहीं गिरजाघर, गुरुद्वारा, बौद्धमठ, जिनालय या मस्जिद में प्रवेश पर किसी तरह की पाबन्दी नहीं है। कुछ स्पष्ट नियम हैं, उनका पालन भर करना होता है। धर्म के आधार पर प्रवेश देने में भेद नहीं होता। कतिपय अपवाद जरूर हैं। माउंट आबू पर स्थित देलवाड़ा के जैन मन्दिर परिसर में यह देखकर आश्चर्य हुआ कि मन्दिर में सुबह-शाम, पूजा-अर्चना नियमतः होती है, तब गैर-जैन वहाँ प्रवेश नहीं कर सकते, लेकिन शेष दिन में 11 से शाम 5 बजे तक मन्दिर के पट सभी के दर्शनार्थ खुले रहते हैं। आशय यह कि अन्य धर्मों के पूजास्थलों में विधर्मी के आने से उनको कोई फर्क नहीं पड़ता। जबकि हिन्दू धर्म के प्रायः हर मन्दिर में यह लगभग निरपवाद नियम है कि गैर-हिन्दू भीतर घुस ही नहीं सकते। पुरी में तो ये हाल है कि अगर किसी हिन्दू का रंगरूप विदेशियों-सा हो तो उसे भी रोक दिया जाता है। अलमोड़ा के पास बिनसर में रहनेवाली पर्यावरणविद् मुक्ति दत्ता को हम लोगों के सामने जगन्नाथ मन्दिर में जाने से रोका गया, क्योंकि दिखने में वे अंग्रेजों-सी दिखती हैं।

यह ताज्जुब और दुख की बात है कि जिस देश में सनातन संस्कृति की, हजारों सालों से दुहाई दी जाती हो, जिस धर्म में 'वसुधैव कुटुम्बकम्' का साक्ष्य हर प्रवचन-भाषण में दिया जाता हो, वह इतना छुईमुई या भीतर से इतना आशंकित हो कि किसी गैर-हिन्दू के प्रवेश मात्र से अपवित्र हो जाए। इसमें क्या बुराई है कि हिन्दू मन्दिरों के द्वार सबके लिए खुले रहें। आखिर जो भी आएगा वह आपके देवता के सामने सिर नवाकर ही तो जाएगा। भाषा, जाति, धर्म और सम्प्रदाय को आधार बना अपने को संकुचित कर लेने का क्या लाभ हिन्दू धर्म को मिला है—इस पर श्रद्धालु समाज को और धर्म की ध्वजा उठानेवाले गुरुओं को आत्मचिन्तन करना चाहिए।

पत्रकार-सांसद दीनानाथ मिश्र से और उनके माध्यम से अन्य सम्बन्धित व्यक्तियों से मैं निवेदन करना चाहता हूँ कि इन बातों पर गौर करें और देश में बहुसंख्यक समाज के जो श्रद्धाकेन्द्र हैं, उनका परिवेश और वातावरण ऐसा बनाने का प्रयत्न करें, जहाँ स्वच्छता हो, सह-अनुभूति हो, पवित्रता हो, जहाँ पहुँचकर हर व्यक्ति का तन-मन उत्फुल्ल हो और जहाँ से लौटते समय गहरी मानसिक शान्ति का अनुभव हो।

(8 अगस्त, 2000)

एक नया अनुभव

देश के विभिन्न क्षेत्रों से आए समाज के विभिन्न वर्गों के प्रतिनिधि दल ने गुजरात और महाराष्ट्र की एक पाँच दिवसीय अध्ययन यात्रा की। यात्रा का मकसद पद्‌भूषण पांडुरंग शास्त्री आठवले के उस अनोखे प्रयोग का अध्ययन करना था, जिसमें वे पिछले पाँच दशक से जुटे हुए हैं, हाल हाल तक प्रचार से लगभग दूर रहकर। धर्म के सकारात्मक पक्ष का प्रतिपादन करते हुए एक समरस समाज की रचना कैसे की जा सकती है—इसे उन्होंने अपने 'स्वाध्याय-प्रयोग' से सिद्ध करने का उदाहरण सामने रखा है। अध्ययन यात्रा का आयोजन दिल्ली स्थित गांधी शान्ति प्रतिष्ठान ने किया था। 'गांधी मार्ग' के सम्पादक राजीव वोरा दल का नेतृत्व कर रहे थे, जबकि मुम्बई के उद्योगपति स्वाध्यायी भाई महेश शाह यात्रा के संयोजक थे। दल के सदस्यों में प्रबन्धन विशेषज्ञ, प्राध्यापक, स्वैच्छिक संगठनों के प्रतिनिधि, प्रशासनिक अधिकारी, पर्यावरणविद, चित्रकार संगीतकार, संस्कृत विद्वान और समाजशास्त्री शामिल थे। केन्द्रीय पड़ती भूमि विकास बोर्ड की पूर्व अध्यक्ष कमला चौधरी और सुप्रसिद्ध लेखक महीप सिंह दल के ज्येष्ठ सदस्य थे तो रंगकर्मी-चित्रकार ओरून दास, वन्य जीवनविद जुल्फिकार हुसैन और पर्यावरणविद् रुस्तम वानिया युवा पीढ़ी का भी प्रतिनिधित्व कर रहे थे। ऑक्सफोर्ड वि.वि. के प्रोफेसर गोपाल कृष्ण थे तो संस्कृत की प्रोफेसर डॉ. सरस्वती बाली भी। समाजशास्त्री आर.के. श्रीवास्तव, लेखक-प्राध्यापक गुरुचरण सिंह, प्रबन्ध विशेषज्ञ एलिक भंडारी, स्वैच्छिक संगठनकर्मी पवन व अनुराधा गुप्ता, वरिष्ठ प्रशासनिक अधिकारी अपर्णा सहाय और सैनफ्रांसिस्को के सामाजिक अध्येता डेविड अन्य सदस्य थे। पत्रकारों के प्रतिनिधि थे—हरिवंश, अनुराग चतुर्वेदी, सूर्यकान्त बाली, शुभु पटवा, हरप्रीत सिंह, संजीव दुबे और ललित सुरजन।

यह एक बिल्कुल नया अनुभव था। लोगों के जीवन में इस तरह तब्दीली आ सकती है, यह बिना देखे विश्वास करना तो कठिन था ही, देखने के बाद, भी लग रहा है जैसे कोई सपना देखा हो। साहित्य की शब्दावली में बात करूँ तो यह मानो एक अतिवास्तविक अनुभव था। कुछ उदाहरण सामने रखने से शायद बात बनेगी।

ज़ाई महाराष्ट्र का एक छोटा-सा गाँव है। गुजरात और महाराष्ट्र की सीमा पर

दहाणू तालुके में समुद्रतट पर। यह मछुआरों का गाँव है। कभी ये मछुआरे औरों की व्यापारिक नौकाओं पर नौकरी करते थे। आज इनके पास दो सौ के लगभग खुद की नावें हैं। ये मछुआरे स्वावलम्बी हो गए हैं। उनके घरों में खुशहाली की चमक एकबारगी ही दिखाई देती है। स्त्री-पुरुष, आबाल-वृद्ध किसी से भी बात करो--गहरा आत्मविश्वास गूँजता है। अपनी निजी नावों के अलावा इनके पास एक और नाव है। सामुदायिक आखेट नौका जिसका नाम है 'मत्स्यगंधा'। मछुआरों की पालियाँ बँधी हुई हैं। नियत तिथि को अपनी नौका के बजाय वे 'मत्स्यगन्धा' को लेकर समुद्र में जाते हैं। उस दिन की जो कमाई होती है वह गाँव के ट्रस्ट में जाती है और गाढ़े दिनों में काम आती है।

मोरेश्वर भगवान मजवेलकर के घर मैंने एक घंटे से ज्यादा समय बिताया। साफ-सुथरा घर। चौके में करीने से सजे हुए बर्तन। दीवालों पर 'पूज्य दादाजी' याने पांडुरंग शास्त्री आठवले के विभिन्न मुद्राओं में चित्र और उनके प्रवचनों के उद्धरण। घर के एक चमकते कोने में उपासना स्थल जिसमें शास्त्रीजी द्वारा प्रकल्पित योगेश्वर कृष्ण की छवि। मोरेश्वर की पत्नी लक्ष्मी बताती हैं जब से दादाजी के 'स्वाध्याय प्रयोग' में शामिल हुए, तब से जीवन में बदलाहट आना शुरू हुई। शराब पीना धीरे-धीरे बन्द हो गया। घर में मांगलिक अवसरों पर फिजूलखर्ची बन्द हो गई। कच्चा घर था सो पक्का हो गया। आज बैंक में बचत खाते में रकम बढ़ रही है। घर के बाकी सदस्य सहमति में सिर हिलाते हैं।

इस बीच मेरी नजर आलमारी पर रखी एक ट्रॉफी पर जाती है। मछुआरों के गाँवों के बीच 'धनंजय कला क्रीड़ा उत्सव' का आयोजन होता है। मोरेश्वर की कप्तानी में टीम ने बॉलीबॉल में इनाम जीता था। लेकिन ट्रॉफियों पर प्रथम-द्वितीय अंकित नहीं किया जाता। महिलाओं की भी तरह-तरह की स्पर्धाएँ आयोजित होती हैं। उन्हें इनाम में फल-फूल दिए जाते हैं। खेलना चाहिए, इसलिए खेलते हैं। इनाम के लिए नहीं। गर्व करने के लिए नहीं।

4-5 साल की आयु के बच्चे भी संस्कृत श्लोकों का पाठ बखूबी कर लेते हैं। 'स्वाध्याय' को माननेवाले सभी लोग त्रिकाल संध्या याने दिन में तीन बार वैदिक मन्त्रों का पाठ करते हैं। मच्छी मारने जैसे हाड़-मांस गला देनेवाले व्यवसाय में लगे रहनेवाले इन कम पढ़े-लिखे लोगों की बोलचाल की भाषा प्रांजल है और अभिव्यक्ति सटीक सुन्दर। असंख्य अन्य भारतीयों की तरह भी फिल्म देखते हैं और गाने सुनते हैं लेकिन इनका जीवन उस रुपहली अवास्तविकता से अप्रभावित है। हर शाम पूरा गाँव प्रार्थना मन्दिर में एकत्र होता है और वहाँ सामूहिक प्रार्थनाएँ होती हैं। लगभग सभी जन एकादशी का व्रत रखते हैं। यह हमारी फलाहारवाली एकादशी से अलग होती है। महिलाएँ अपना दो समय का टिफिन लेकर आसपास के किसी गाँव में जाती हैं और वहाँ की स्त्रियों से स्वाध्याय के बारे में बात करती हैं। एकादशी याने भक्तिसेवा का दिन। उनकी शब्दावली में 'भाव-फेरी' का दिन।

12 फरवरी की शाम हमारा दल प्रार्थना मन्दिर में गाँववालों के साथ था। 'स्वाध्याय

परिवार' के 'मोटा भाई' महादेव मांगेला ने बताया कि शास्त्री जी की प्रेरणा से ओखा से गोवा तक के साढ़े पाँच सौ कि.मी. लम्बे समुद्र तट पर बसे गाँवों में उनका प्रयोग फैल रहा है। आज उनके पास 75 सामुदायिक सम्पत्ति की नौकाएँ याने 'मत्स्यगन्धा' नावें हैं और दस हजार से ज्यादा कार्यकर्त्ता स्वाध्याय का सन्देश तटीय जनपद में फैलाने के काम में जुटे हैं। इनमें से एक भी व्यक्ति पूर्णकालिक स्वयंसेवक नहीं है। इनकी न कोई वरदी है, न कोई निशान। सारे के सारे सामान्य गृहस्थ हैं और माह या साल में कुछ दिन अपनी सुविधा से नियत कर इस काम में समर्पित करते हैं।

बड़ौदा के पास आजोड़ गाँव है। यहाँ शास्त्रीजी की प्रेरणा से 'पातंजलि वृक्ष मन्दिर' की स्थापना हुई है। 1985 में आसपास के 16 गाँवों के स्वाध्यायी किसान भाइयों ने मिलकर गुजरात सरकार से तीस साल के पट्टे पर 30 एकड़ बंजर जमीन ली। इस जमीन पर आज ग्यारह सौ वृक्षों का लहलहाता नन्दन कानन है। आम के वृक्ष बौरों से लदे हुए थे। चीकू, केला, नीबू जैसे वृक्षों के कुंज भी थे। वृक्ष मन्दिर में वृक्षों की पूजा होती है, और काम करनेवाले स्वयंसेवक ही इस मन्दिर के पुजारी हैं। इस उद्यान में सिर्फ 4-5 स्थायी कर्मी हैं। लेकिन 16 गाँवों के पुजारियों पर पारी बँधी हुई है। जो दिन नियत है, सारे काम छोड़कर वे आते हैं। इनमें से कोई गुजरात नर्मदा फर्टिलाइजर में अधिकारी है तो कोई गुजरात सरकार में इंजीनियर, कोई इंडियन पैट्रोकैमिकल्स में कर्मचारी। कुछ अवकाश प्राप्त, आयु प्राप्त, वानप्रस्थी पुजारी भी हैं जो सप्ताह में तीन दिन का समय यहाँ देते हैं। इनमें से कोई भी फलों की पैदावार से प्राप्त आय से कुछ नहीं लेता। सब दो समय का अपना टिफिन लेकर ही आते हैं। पातंजलि वृक्ष मन्दिर में सबने मिलकर एक तालाब वर्षा जल एकत्र करने के लिए बनाया है। 'वृक्ष में वासुदेव' का वास माननेवाले ये भाई कहते हैं कि स्वाध्याय से जुड़ने के बाद गाँवों का वातावरण बदल गया है। अब वहाँ कलह की बजाय सौहार्द्र का वातावरण है। अलग-अलग परिवेश के लोग मिलने-जुलने लगे हैं तो ज्ञान और अनुभवों के विनिमय से बहुत कुछ सीखने को मिल रहा है। 16 गाँवों के कृषि अनुभवी पुजारी माह में एक बार बैठक करते हैं। इसमें वे अपनी गतिविधियों की विवेचना करते हैं।"

अभी ऐसे 18 वृक्षमन्दिर हैं। इनमें से एक मध्यप्रदेश के बुहरानपुर में है। पहला 'याज्ञवल्क्य वृक्षमन्दिर' 1979 में स्थापित किया गया था।

हमें 'घर मन्दिर' देखने का और अवसर मिला। वापी के पास जरोली खुशालपाड़ा नामक आदिवासी ग्राम में। 'घर मन्दिर' याने वर्ष में एक बार एक सप्ताह के लिए स्थापित योगेश्वर कृष्ण की छवि। अगले सप्ताह ये छवि किसी दूसरे स्वाध्यायी परिवार में बिराजेगी। घर का युवा सदस्य अजय जोश के साथ कहता है "चा की लारी करेंगे, लाचारी नहीं करेंगे।" चा की लारी याने गुजराती में चाय का ठेला। अजय की पत्नी कुम्कुबेन कहती हैं, "पहले ये शराब पीकर आते थे। मारपीट करते थे। अब सब बन्द हो गया है।" आदिवासी घरों के बच्चे अब नियमित रूप से स्कूल जाने लगे हैं। बड़े लोग कुछ-न-कुछ जीवन उपयोगी काम करते हैं।

वापी से जरोली तक की ऊबड़खाबड़ सड़क पर यात्रा में हमारे सारथी हैं धर्मेश टंडेल। दमन में रहनेवाला मछुआरा युवक। धर्मेश भी अपने और स्वाध्यायी परिवार के अपने मित्रों की जीवनशैली में आए परिवर्तनों के बारे में उत्साहपूर्वक जानकारी देते हैं। जो युवक कभी नशाबन्दीवाले गुजरात में शराब की तस्करी करते थे, अब सच्चे तरीके से जीवनयापन कर रहे हैं।

अहमदाबाद महानगर के भीतर ही नवा वाइज में वणकरवास है। हमारी शब्दावली में दलित मोहल्ला। दादाजी के अनुसार 'भावलक्षी वास। उनकी ओर समाज सद्भाव के साथ लक्ष्य करें।' सँकरी-सीधी गलियोंवाले इस मोहल्ले का हर घर लिपापुता था। हर घर के भीतर एक दीप्ति थी। घरों में कढ़ाई-बुनाई की कुशल कारीगरी के प्रमाण जगह-जगह थे। भावलक्षी अरविन्द भाई का नौवीं में पढ़नेवाला बेटा तरुण कहता है हमें स्वाध्याय प्रयोग से ज्ञान प्राप्त हो रहा है। इस मोहल्ले में बाल विकास केन्द्र चल रहा है। युवा विकास केन्द्र प्रारम्भ होनेवाला है। महिलाओं का अपना केन्द्र है। गरज ये कि छोटे से लेकर बड़े तक सबको स्वाध्याय से जोड़ने के लिए कुछ-न-कुछ योजना है। हमारे स्वागत के लिए इकट्ठे नन्हें-मुन्नों में से हर एक बच्चा हमें संस्कृत का एक न एक श्लोक या वैदिक प्रार्थना सुनाना ही चाहता है। 'ट्विंकल ट्विंकल लिटिल स्टार' के मुकाबले 'कराग्रे वसते लक्ष्मी' सुनना अच्छा ही लगता है लेकिन मन में एक सवाल भी उठता है। उसकी चर्चा बाद में।

इस मोहल्ले के ठीक बाजू में गौपालक रबाड़ियों का मुहल्ला है। वे भावलक्षी जनों से आज भी छुआछूत मानते हैं लेकिन ये दलित कहते हैं कि हमारा उनका कोई झगड़ा नहीं। वे हमारे घर नहीं आते लेकिन हमारी प्रार्थना-पूजा में शामिल होने आ भी जाते हैं।

अहमदाबाद महानगर में ही नवा बापू नगर इलाके में मोहन नगर पार्ट टू में रामकृपा नगर एक छोटा-सा मोहल्ला है। यहाँ साग-सब्जी का पारम्परिक व्यवसाय करनेवाले आदिवासी वाघरी समाज का निवास है। पांडुरंग शास्त्री आठवले इन्हें 'देवी पुत्र' का सम्बोधन देते हैं। क्योंकि ये पारम्परिक तौर से मातृशक्ति की उपासना करते आए हैं। दसवीं पास मंगूबाई की गम्भीर वाणी में कही गई बातें हमें आश्चर्य से भर देती हैं। मंगूबाई ने इलाबेन भट्ट के साथ 'सेवा' (श्रमिक महिलाओं का विख्यात संगठन) में 18 साल काम किया। इसी बीच स्वाध्याय से परिचय हुआ। मन में द्वन्द्व उठा कि सेवा में काम करते हुए वाघरी बहनों के लिए बैंक ऋण आदि के फॉर्म भरवाना आदि काम करना होते हैं, उससे बेहतर है कि उन्हें स्वावलम्बन की नई दिशा दी जाए। मंगूबेन ने 'सेवा' की नौकरी छोड़ दी। अब वे खुद का सब्जी का काम करती हैं और अपने समाज की आर्थिक हालत सुधारने के लिए ऐच्छिक कार्य करती हैं। उसी में वे प्रभु भक्ति देखती हैं।

मंगूबाई के अलावा मोहल्ले के बुजुर्ग पपन भाई, उनके बेटे किशोर और अन्य लोग अलग-अलग चर्चा में भी बताते हैं कि कच्चे घर पक्के बन गए, बच्चे पढ़ाई करने लग

गए और टोना-टोटका, पशुबलि, मृत्युभोज आदि कुरीतियाँ बन्द हो गई हैं। किशोर रत्न कलाकार है याने हीरा तराशनेवाला कारीगर। वह जहाँ काम करने जाता है वहाँ स्वाध्यायी कारीगरों के लिए 'हीरा मन्दिर' की स्थापना हुई है।

'भावलक्षी' और 'देवीपुत्र' समुदाय के लोगों से मिलने के बाद अगली सुबह हमने 'भावनिर्झर' में बिताई। अहमदाबाद के सैटेलाइट रोड पर भारतीय अन्तरिक्ष अनुसन्धान संगठन के सामने 60 एकड़ के प्रशस्त भूखंड पर यह पांडुरंग आठवले शास्त्री द्वारा स्थापित अपने तरह की अनूठी शिक्षण संस्था है। नीम के पेड़ों की छाया में हम शिक्षकों और विद्यार्थियों से बात करते हैं। उनकी कक्षाएँ, छात्रावास और पाठशाला भी देखते हैं। 'भावनिर्झर' में 10वीं कक्षा के बाद तीन वर्ष का पाठ्यक्रम संचालित होता है। कुल 60 छात्र लिए जाते हैं, जिनमें गुजरात व महाराष्ट्र के ही ज्यादा छात्र होते हैं। कुछेक बंगाल व आन्ध्र आदि से आते हैं। शास्त्रीजी शिक्षा में जिस नवाचार का प्रयोग कर रहे हैं, उसके अन्तर्गत 7वीं कक्षा के बाद चुने गए छात्र तीन साल के लिए भुज (कच्छ) या सिंहगड़ (महा) 'ईश्वर भावना' नामक विद्यालय भेजे जाते हैं, वहाँ से 'भावनिर्झर' और यहाँ तीन साल पूरे करने के बाद एक या दो वर्ष के लिए थाणे स्थित तत्वज्ञान विद्यापीठ।

शिक्षक कृपालसिंह सोलंकी बताते हैं कि नई पीढ़ी को वर्तमान शिक्षा प्रणाली में सही अर्थों में शिक्षा नहीं मिल रही है। शास्त्रीजी के मॉडल में नई पीढ़ी में प्रतिकार क्षमता तेजस्विता और जीवन मूल्य विकसित करने की शिक्षा दी जाती है, यहाँ आए सभी छात्र गाँवों से आते हैं। किसी के घर खेती है तो किसी की दूकान। नौकरीपेशा परिवारों के बेटे लगभग नहीं हैं। स्वाध्यायशाला में कोई भी विद्यार्थी बिना माता-पिता की लिखित अनुमति के भरती नहीं किया जाता। पढ़ाई समाप्त होने के बाद इन्हें कोई डिग्री भी नहीं दी जाती। विद्यार्थी इस समझ के साथ पढ़ रहे हैं कि उन्हें अध्ययन समाप्त होने के बाद अपने गाँव लौटना है और गाँव को प्रबुद्ध नेतृत्व देना है। दूसरे शब्दों में ये तरुण स्वाध्याय प्रयोग के आत्मव्रती कार्यकर्ता बन जाएँगे।

भावनिर्झर के पाठ्यक्रम में संस्कृत और प्राचीन भारतीय संस्कृति पर विशेष बल है। उनकी दिनचर्या में खेत में काम करना, पाठशाला में भोजन बनाना, अन्य गृहकार्य करना और वक्तृव्य कला का विकास आदि शामिल हैं। मोरवी से आए छात्र खोडीदास ने कहा कि यहाँ विद्यार्थियों को 'स्वाश्रय, कर्तव्य परायणता, शील सम्वर्द्धन, जीवन निर्वाह कला और वैदिक संस्कृति संरक्षण की शिक्षा प्राप्त होती है। बजबज (कलकत्ता) के छात्र समीरण मंडल जो पहले विज्ञान का विद्यार्थी रह चुका है, ने कहा कि यहाँ की पढ़ाई में 'मनुष्य होने का अर्थ' और 'जीवन के मूल तत्व' का ज्ञान प्राप्त हो रहा है। लेकिन समीरण ने चातुर्वर्ण की बात भी की और कहा कि पृथ्वी पर सबका अपना-अपना काम निर्धारित है। जैसे शरीर के अंगों का। पैर यदि हाथ बनना चाहे तो कैसे काम चलेगा।

यात्रा में एक पड़ाव बड़ौदा से लगभग 50 कि.मी. दूर तुलसीपुरा ग्राम था। 35 घरों

के इस गाँव में पूरी आबादी कृषक पटेलों की है। इस गाँव के बहुत से लोग अमरीका-इंग्लैंड में बसे हुए हैं। शहरों जैसे सर्वसुविधासम्पन्न मकान हैं और घरों के बाहर नए-नए मॉडलों की मोटरकारें। खेतों में काम करनेवाले मजदूर पास के गाँवों से आते हैं और उन्हें 20-25 रुपए रोजी मिलती है। इस गाँव में मैंने किराना दूकानदार हरीशचन्द्र पटेल और उनकी पत्नी गीताबेन के साथ काफी समय गुजारा। हरीश भाई की गणना सम्भवत् गाँव के सम्पन्न लोगों में नहीं की जा सकती। उन्होंने कहा कि जब से गाँव में स्वाध्याय का प्रवेश हुआ है, जीवन में एकदम फर्क आ गया है। पहले खेती और जमीन को लेकर आए दिन झगड़े होते रहते थे। सारा वक्त कोर्ट-कचहरी में बीत जाता था। अब सुख-शान्ति है।

तुलसीपुरा में शास्त्रीजी की प्रेरणा से 'अमृतालयम्' की स्थापना हुई है। घर मन्दिर और प्रार्थना मन्दिर से एक सोपान ऊपर। अमृतालयम् में योगेश्वर कृष्ण और साथ में शिव, अम्बा, गणेश व सूर्य की छवियों की प्रतिष्ठा की गई है। स्वयं दादाजी ने आकर भाव-प्रतिष्ठा की विधि सम्पन्न की है। प्रतिमा या छवि तो सब जगह एक-सी है, अमृतालयम् वह जहाँ विधिवत् भाव-प्रतिष्ठा की गई हो। अमृतालयम् की स्थापना भी उन्हीं स्थानों में की जाती है, जहाँ भावकों की संख्या पर्याप्त हो। स्वाध्याय के इन मन्दिरों में सबके लिए प्रवेश खुला हुआ है। हमें बताया गया कि स्वाध्याय भक्ति में ऊँच-नीच या जात-पात का कोई फर्क नहीं किया जाता। यह भी मालूम हुआ कि हर स्वाध्यायी परिवार अपनी आय का एक निश्चित भाग योगेश्वर की सेवा में अर्पित करता है, लेकिन गाँव में प्राप्त भक्ति भेंट गाँव में ही रहती है और विभिन्न कार्यक्रमों, आयोजनों या आवश्यकताओं में व्यय की जाती है। हर जगह का अपना स्वतन्त्र ट्रस्ट है लेकिन कुछ भी राशि निकालने के पहले उस गाँव या क्षेत्र के प्रभारी 'मोटा भाई' (परिवार प्रमुख) को विश्वास में लिया जाता है।

इन सब कार्यक्रमों को देखने से समझ आया कि श्री शास्त्री ने संगठन की प्रचलित धारणा से अलग हटकर एक नए किस्म का संगठन खड़ा कर दिया है। ईश्वर भक्ति और सामाजिक सुधार का एक ऐसा परस्पर आश्रित तन्त्र उन्होंने बुना है जो ऐसे किसी भी अन्य ढाँचे से एकदम भिन्न है। स्वाध्याय में रामकृष्ण मिशन की तरह भगवा वस्त्रधारी ब्रह्मचारी नहीं हैं। इसमें राष्ट्रीय स्वयंसेवक संघ या कम्यूनिस्ट पार्टी की तरह पूर्णकालिक कार्यकर्ता या संगठन भी नहीं हैं। ईसाई मिशन की तरह जीवन अर्पित करनेवाली साध्वियाँ या साधक भी नहीं हैं। अपने काम को आगे बढ़ाने के लिए ये न सरकार से कोई अनुदान माँगते हैं न कोई चैरिटी शो करते हैं, और न समाज-सेवा का दम भरनेवाली स्वफोटो प्रिय, स्वनाम प्रिय संस्थाओं के पास ये जाते हैं। लेकिन समूचा आन्दोलन एक अनुशासन से बँधा है और कार्यकर्ताओं में अपनी भूमिका को लेकर कहीं आत्मसंशय नहीं है।

स्वाध्याय प्रयोग की परिकल्पना जिन पांडुरंग शास्त्री आठवले ने की थी, उनके बारे में एक लम्बे समय से सुनते आए थे। सौराष्ट्र प्रवास में जगह-जगह गाँवों में उनके नाम

से जुड़ी योजनाओं के बोर्ड कुछ साल पूर्व देखने में आए थे। पिछले सालों में उन्हें मैगासैसे पुरस्कार व टैंपलटन पुरस्कार भी सामाजिक जागृति के क्षेत्र में क्रान्तिकारी काम करने के लिए मिले हैं। अब हमारी उत्कंठा उनसे मिलने और उनके अद्‌भुत कार्य के बारे में जानने के लिए बढ़ती जा रही थी।

(9 मार्च, 1999)

प्रचलित धारणा से अलग

12 फरवरी की शाम। आधा दिन रेल की प्रतीक्षा में बापी रेलवे स्टेशन पर गुजारने और 3 घंटे यात्रा में बिताने के बाद हमारा दल अपने गन्तव्य पहुँचा। थाणे (मुम्बई) स्थित तत्वज्ञान विद्यापीठ। विशाल परिसर के बागीचे में ह्वील चेयर पर बैठे वयोवृद्ध दादाजी हम लोगों की प्रतीक्षा ही कर रहे थे। कुछ का उनसे पूर्व परिचय था। अधिकतर पहली बार मिल रहे थे। सहज समभाव से वे सबसे मिले। प्रथम परिचय में, उनके सान्निध्य में एक सरस आत्मीयता का भान हुआ। उनके पांडित्य, यश और ख्याति का आतंक एक क्षण के लिए भी हावी नहीं हुआ। परिवार के एक बुजुर्ग की तरह दादाजी का आदेश हुआ कि हम लोग थककर आए हैं। पहले चाय-वाय पी लें। फिर विस्तार से बातचीत होगी।

चाय पीकर कुछ समय हमने परिसर घूमने में बिताया। दादाजी के जीवन के मिशन पर निर्मित एक चित्रमय झाँकी एक बड़े प्रदर्शनी हॉल में लगी है। विद्यापीठ के छात्र उत्साहपूर्वक हमारे गाइड बनते हैं। बहुत सारा हिस्सा वैसा ही था जैसा ऐसी झाँकियों का अमूमन होता है। चित्र, उद्धरण, अमृतवाणी। मुझे तीन बातें उल्लेखनीय लगीं। पहले दादाजी ने अपने चित्र जिनसे एक सामान्य गृहस्थ, एक सामान्य कामकाजी व्यक्ति की छवि उभरती है। किसी चित्र में वे अपनी सहधर्मिणी के साथ बैठे नौकाविहार का आनन्द ले रहे हैं तो किसी में परिवार के सदस्यों के साथ आराम के क्षण बिता रहे हैं। मुझे जिन चित्रों ने चकित किया उनमें वे सूट-बूट-टाई धारण किए दिख रहे हैं। देश-विदेश के प्रमुख जनों से उनकी भेटों के चित्र भी हैं। वे भी जिनमें वे खाड़ी-देशों के सुलतानों और अमीरों से मिल रहे हैं। चित्रों को देखकर यही प्रभाव कि यदि आप पांडुरंग शास्त्री आठवले को एक आध्यात्मिक पुरुष के रूप में पहले से न जानते हों तो यही समझेंगे कि ये किसी विश्वविद्यालय के दर्शन शास्त्र विभाग के प्रोफेसर होंगे।

दूसरी बात, 'आलोक' के उस विशाल हॉल में दुनिया के सभी धर्मों के प्रतीक पूरे सम्मान के साथ प्रतिष्ठित हैं। उनमें वैटिकन का प्रादर्श है तो मक्का भी। पारसी अग्नि मन्दिर है तो यहूदी सिनेगॉग भी। जेरुसलम की पवित्र दीवार है तो साँची का स्तूप भी। चीन का पगोड़ा है तो जैन तीर्थ भी। तीसरी बात आधुनिक युग के विश्व मनीषियों द्वारा समय-समय पर उठाए गए प्रश्न और उन पर शास्त्री जी के उत्तर। हॉब्स, लॉक, मार्क्स से लेकर आइंस्टीन और बर्ट्रेंड रसेल तक। यह ध्यान देने योग्य है कि शास्त्रीजी

ने इन चिन्तकों द्वारा किए गए किसी निष्कर्ष का निषेध नहीं किया, बल्कि बड़ी निपुणता से यह दर्शाया है कि इन मनीषियों के मन में भी सवाल थे, जिनका उत्तर वे नहीं ढूँढ़ पाए पर स्वाध्याय की भक्ति साधना में ये उत्तर निहित हैं।

प्रदर्शनी का अवलोकन करवा रहे युवा विद्यार्थियों से मैं बातचीत करता हूँ। इनमें से कोई स्नातक परीक्षा पास कर सीधे तत्व-ज्ञान विद्यापीठ में आया है तो कोई अहमेदाबाद के 'भाव निर्झर' से पढ़ाई कर यहाँ पहुँचा है। ये सभी तरुण गुजरात और महाराष्ट्र के विभिन्न गाँवों से आए हैं। ज्यादातर कृषकों और छोटे दूकानदारों के बेटे हैं। एक-दो के अभिभावक नौकरीपेशा भी हैं। इन सबका संकल्प है कि अध्ययन पूरा करने के बाद गाँव लौटेंगे। अपने पारम्परिक काम में लग जाएँगे और नियमपूर्वक स्वाध्याय का सन्देश फैलाने का काम करेंगे। ये विद्यार्थी यद्यपि बात-बात में दादाजी का श्रद्धापूर्वक उल्लेख करते हैं लेकिन अचरज होता है यह देखकर कि इनकी बातचीत-व्यवहार में किसी तरह की जड़बद्धता नहीं हैं। मुझे यह तो लगता है कि तत्वज्ञान विद्यापीठ में एक खास किस्म का कैडर निर्माण हो रहा है, लेकिन किसी भी कैडर से अपेक्षित पूर्वाग्रह, उन्माद और आक्रामकता का लेशमात्र भी यहाँ नहीं दिखता। दादाजी से बातचीत का समय हो गया है। शायद रहस्य वहीं खुलेगा। विद्यापीठ में पहले तल पर बने मन्दिर में हम लोग दादाजी से विस्तृत भेंट के लिए इकट्ठे होते हैं। वे दो सहयोगियों का आश्रय ले लिफ्ट से ऊपर आते हैं और काँपते हुए कदमों को स्थिर रखने की कोशिश करते हुए अपनी जगह पर आकर बैठते हैं। कुछ समय पूर्व अस्वस्थ हुए थे। हृदय का ऑपरेशन हुआ था। अभी भी शरीर में निर्बलता है। ये स्वयं सहजभाव से जैसे बहुत अरसे बाद मिले मित्रों को हालचाल बताते हैं। हम लोग चाहते हैं कि अब वे अपनी परिकल्पना के बारे में कुछ बताएँ लेकिन वे चाहते हैं कि हम अपने सवालों से शुरुआत करें।

अपने उद्धत स्वभाव के अनुकूल पहला सवाल मैं ही पूछता हूँ—आप गीता का उपदेश देते हैं। गीता के कृष्ण के हाथ में तो रथ की वल्गा थी लेकिन आपके योगेश्वर कृष्ण के हाथ में सुदर्शन चक्र क्यों है ? शास्त्री जी का उत्तर है—जब चारों तरफ से आक्रमण का भय है, ऐसा समय हो तो सुरक्षा की आश्वस्ति कराने के लिए ही सुदर्शन चक्र है। यही उत्तर 'भाव-निर्झर' के एक किशोर विद्यार्थी ने भी मुझे दिया था। मन में शंका उठती है कि क्या यह सवाल इनसे पहले भी किया जा चुका है ? बातचीत का सिलसिला चल पड़ता है। मेरा एक ओर सवाल है—योगेश्वर कृष्ण के साथ शिव, अम्बा, गणेश और सूर्य की पूजा का विधान क्यों रखा है, जबकि शैव और वैष्णवों के बीच तो प्राचीन काल में लड़ाई-झगड़े भी होते रहे हैं। उत्तर बहुत सधा हुआ और सरल मिलता है। हमारे देश में बहुसंख्यक जन के बीच शिव, पार्वती, गणेश की पूजा तो प्रचलित है ही। भक्त का जिस ईश्वर पर विश्वास हो, उसकी प्रतिष्ठा कर दी तो अच्छा ही है।

बातचीत के दौरान शास्त्रीजी कहते हैं कि उनकी प्रभु पर अनन्य विश्वास है और वे जो कुछ भी कर रहे हैं प्रभु की प्रेरणा से ही कर रहे हैं। हममें से कोई 'स्वाध्याय

आन्दोलन' कहता है तो वे बरजते हैं। आन्दोलन नहीं प्रयोग। मैं कोई आन्दोलन नहीं कर रहा, कोई क्रान्ति नहीं कर रहा, सिर्फ एक प्रयोग कर रहा हूँ। 36 बरस की आयु में जापान की यात्रा की थी। तब जगह-जगह से लुभावने प्रस्ताव मिले थे। ब्रिटेन के नोबल विजेता क्रॉप्टन ने 500 स्टर्लिंग पौंड के वेतन पर उच्च पद पर आने का निमन्त्रण दिया था। खुद डॉ. राधाकृष्णन ने उस पद के लिए मुझे मनाने की कोशिश की लेकिन मैंने मना कर दिया। प्रभु की प्रेरणा से मुझे यही काम करना था।

शास्त्रीजी का मानना है कि दुनिया में धर्म की ग्लानि हो रही है। जिसे धर्म माना जा रहा है, वह धर्म नहीं, धर्म का कूड़ा है। लोग बुद्धि की ताक पर रखकर निर्बुद्ध पूजा में लगे हुए हैं। इस गड़बड़ को दूर करने के लिए वे नौजवानों को तैयार करने का काम कर रहे हैं। यह काम बुद्धिमान लोगों को करना चाहिए था। लेकिन ये इसमें असफल हुए हैं। उन पर कटाक्ष करते हुए वे कहते हैं कि बुद्धिमान लोग सुखी हैं। इसी बिन्दु पर वे पहली और आखिरी बार आलोचना के स्वर में कहते हैं–'बुद्धिमानों को मार्क्स ने मार दिया, लेनिन ने मार दिया।' यद्यपि दो दिन के चर्चा सत्र में कहीं उन्होंने ये भी कहा कि लेनिन महापुरुष था। वे भारत की आजादी के बाद की स्थिति का जिक्र करते हुए कहते हैं कि सरकार को सिर्फ किसान और मजदूर दिखते हैं। उनके वोट दिखते हैं लेकिन समाज में परिवर्तन करने के लिए बुद्धिमान व्यक्ति की जो भूमिका हो सकती है, उसे कोई नहीं देखता। वे हम लोगों की तरफ सवाल उछालते हैं कि 'क्या पढ़ा-लिखा आदमी क्रान्ति नहीं कर सकता ?' और जैसे फिर खुद ही उत्तर देते है कि बुद्धिमानों ने प्रश्न करना छोड़ दिया है, इसलिए ये हालत बन रहे हैं।

वार्तालाप आगे बढ़ रहा है। दादाजी बताते हैं कि वे इस्लामी देशों की भी यात्रा कर आए हैं और वहाँ के राजप्रमुखों से उन्होंने वैदिक धर्म पर, गीता पर चर्चा की और उन्हें ये समझा सके कि गीता में ऐसा कुछ नहीं है जो कोई दूसरे धर्मवाला न मान सके। वे स्वामी चिन्मयानन्द से अपनी बातचीत का जिक्र करते हैं कि स्वामीजी को इस बात पर घोर आश्चर्य हुआ कि कि मुझे इस्लामी देशों का वीसा कैसे मिल गया, उन्हें तो मनाही हो गई थी। तो मैंने कहा कि आप भगवा वस्त्र पहनकर धर्म का प्रचार करने जाना चाहते थे जबकि मैं एक सामान्य व्यक्ति की भाँति बुद्धि की बात करने जा रहा था। उदाहरण देकर शास्त्रीजी कहते हैं कि धर्म का सम्बन्ध बुद्धि से है, कर्मकांड से नहीं।

शास्त्रीजी धर्म में व्याप्त कर्मकांड के बारे में स्पष्ट रूप से कहते हैं कि सत्तावान और धनवान लोगों ने अपने स्वार्थों की पूर्ति के लिए कर्मकांड को बढ़ावा दिया है। सच्चे धर्मपालन में इन सबकी कोई जरूरत नहीं है। हममें से कोई सवाल पूछता है कि क्या स्वाध्याय में कभी कर्मकांड आ सकने की आशंका है ? वे सरल मन से उत्तर देते हैं–हाँ, आगे चलकर ऐसा कुछ हो जाए तो असम्भव नहीं। दूसरा सवाल उछलता है अभी भी तो थोड़ा बहुत कर्मकांड स्वाध्याय में है। उसी सरल भाव से उत्तर मिलता है–यदि है तो वह सिर्फ एक आन्तरिक अनुशासन में बाँधने के लिए है। लेकिन उसकी कोई

बाध्यता नहीं है। अपने काम के बारे में उनका मानना है कि साथ में जुड़नेवालों की मनोवृत्ति को देख समझकर वे काम कर रहे हैं और अभी इतने समय बाद भी प्रयोग चल ही रहा है।

आदिवासी-दलितों और मछुआरों के बीच चल रहे उनके काम का जिक्र करने पर दादाजी विनम्रतापूर्वक कहते हैं कि वे समाज सुधारक नहीं हैं और न ही क्रान्तिकारी। वे खुद को धार्मिक नेता भी मानने से इनकार करते हैं। उन्होंने कहा कि वे धर्म और भक्ति में फर्क करते हैं। जो समाज को विभक्त न करे बल्कि जोड़े वही भक्ति है और उसी का प्रसार करने में वे जुटे हुए हैं। धर्म और भक्ति के बीच इसी फर्क को शायद रेखांकित करते हैं, जब ईसाई मिशनरियों पर हुए हमलों का वे विरोध करते हैं। एक साथी द्वारा पूछे गए सवाल के जवाब में दादाजी ने कहा कि इन घटनाओं ने दिखाया है कि इनसान की इनसानियत मर गई है। अरे लोग ईसाई बनते हैं तो बन जाएँ, इसमें विरोध की क्या बात है ? क्या उनके ऐसे विचारों में वर्तमान राजसत्ता से उनका टकराव नहीं होगा, यह पूछने पर वे कहते हैं—नहीं। मेरा टकराव किसी से नहीं है। अच्छा तो क्या आप सर्वधर्म समभाव में विश्वास करते हैं ? वे एक सुन्दर उत्तर देते हैं—मैं सर्वधर्म स्वीकार में विश्वास करता हूँ।

(10 मार्च, 1999)

बुद्धि की कसौटी पर

लेकिन शास्त्री कम्यूनिस्ट विचारधारा से सहमति नहीं रखते। उनका मानना है कि साम्यवादियों ने अपने दिमाग के दरवाजे बन्द कर रखे हैं। ईश्वर ने जैसी दुनिया बनाई है, उसमें मनुष्य और मनुष्य में फर्क रहेगा ही। वर्गहीन समाज की कल्पना अस्वाभाविक है। समाज में वर्गभेद रहेगा, लेकिन विभिन्न वर्ग साथ मिलकर रह सकते हैं। योगेश्वर कृषि और अपने अन्य प्रयोगों से वे यही दर्शाने की कोशिश कर रहे हैं। वे कहीं पर इजराइल में प्रचलित किबुत्ज़ का उल्लेख एक आदर्श परिकल्पना के रूप में भी करते हैं, जिसमें कि बड़े-छोटे सब मिलकर सामुदायिक खेती करते हैं। मैं एक प्रश्न उठाता हूँ कि वे जो सामाजिक बदलाव का कार्य कर रहे हैं क्या वह धर्म को जोड़े बिना सम्भव नहीं है ? वे कहते हैं कि नहीं। सामाजिक और आर्थिक परिष्कार बिना धर्म के सम्भव नहीं हो सकता था। उन्होंने भक्ति योग से लोगों को जोड़ा, तभी उनके जीवन में परिबर्तन आ सका। लेकिन इसके आगे दादाजी यह भी कहते हैं कि मैंने नया कुछ नहीं किया है। मैं सिर्फ धर्म का कूड़ा निकालकर उसका मूल तत्व याने भक्ति को सामने रख रहा हूँ। वे ये मानते हैं कि रामराज्य आना है तो वह व्यक्ति को बदलने से ही आएगा। हनुमान जब राम के सम्पर्क में आए, तब ही वे हनुमान बन सके, तभी उन्हें अपनी क्षमता का बोध हो सका। मेरे इस सवाल को कि अपनी रामराज्य की कल्पना और गांधी की रामराज्य की कल्पना में क्या अन्तर देखते हैं, वे एक उन्मुक्त हँसी के साथ हमारे दल नेता, *गांधी मार्ग* के सम्पादक राजीव वोरा की ओर उछाल देते है, 'क्यों भाई गांधीवादी, इस सवाल का उत्तर तुम दो।'

दादाजी से यह बातचीत दो सत्रों में होती है। रविवार शिवरात्रि के दिन हमें उनका सार्वजनिक प्रवचन सुनने का मौका भी मिला और फिर एक लम्बी बातचीत का भी। उनसे मिलने, बात करने से जो समझ आया वह यही कि वे किसी बात का प्रतिकार नहीं करते। विरोध में अपनी सामर्थ्य एवं उलझाने के बजाय वे अपनी बात पहुँचाने समझाने का प्रयास करते हैं। हम लोगों के तमाम प्रश्नों का शान्तिपूर्वक उत्तर देते हुए उन्होंने एक बार भी यह नहीं कहा कि तुम गलत बोल रहे हो। दल में चार सदस्य पूर्णकालिक पत्रकार थे और स्वाभाविक है ज्यादातर सवाल हमीं पूछ रहे थे वह भी कुरेद-कुरेद कर, लेकिन दादाजी की सहजता से हम बार-बार परास्त हो रहे थे। एक अन्य बात जो मेरी समझ में आई कि वे बहुत सरल भाषा में और शब्दों को नया अर्थ

देते हुए बात करते हैं। उनकी बातों में और प्रवचन में पांडित्य का दर्प नहीं था और यद्यपि उनके अनुयायी तत्सम शब्दावली का प्रयोग करते हैं, स्वयं दादाजी आमफहम भाषा में अपने विचार रखते हैं।

पांडुरंग शास्त्री आठवले एक ओर जहाँ धर्म में भक्ति के सूत्र को पकड़ने का सन्देश देते हैं, वहीं वे बुद्धि की कसौटी पर हर आचरण को परखने का आह्वान भी करते हैं। वे जहाँ यह कहते हैं कि धार्मिक कर्मकांड का प्रचलन समर्थजनों ने अपने स्वार्थ के लिए किया है, वहीं यह भी उनका मानना है कि विज्ञान और तकनालॉजी में हुई प्रगति का सारा लाभ भी बड़े लोगों ने ही ले लिया है। साधारण जनता को उससे कोई फायदा नहीं पहुँचा। लेकिन वे यह बात भी जोर देकर कहते हैं कि किसी पुरानी, प्रचलित बात को अमान्य तभी किया जा सकता है, जब कोई नई मान्यता दी जाए जो सर्वस्वीकार हो सके।

यह देखा जा सकता है कि धर्म, भक्ति, धार्मिक आचार, रामराज्य और सामाजिक उन्नति के सम्बन्ध में पूर्व प्रचलित मान्यताओं को अस्वीकार करते हुए वे नई परिभाषाएँ भी गढ़ रहे हैं। दलितों के लिए भावलक्षी, आदिवासियों के लिए देवीपुत्र, मछुआरों की सामुदायिक नाव को मत्स्यगन्धा, वृक्षोद्यान को वृक्षमन्दिर व सामुदायिक खेती को योगेश्वर कृषि आदि नाम देकर अपने प्रयत्नों को वे जैसे एक नए आलोक से भर देते हैं। यह अनायास नहीं है कि उनके नेटवर्क में कहीं भी दल नेता, प्रमुख, स्वयंसेवक जैसे पदस्तर नहीं है। बात 'स्वाध्याय परिवार' की होती है, जिसमें वे स्वयं बड़े भाई हैं और बाकी सब भी मोटा भाई या नानूभाई हैं। यद्यपि यह जिज्ञासा का विषय है कि इस नेटवर्क में ताई या बहिन की भूमिका उतनी सक्रिय क्यों नहीं है, जबकि दादाजी की भतीजी पूरे स्वाध्याय परिवार की सर्वमान्य 'ताई' ही हैं।

शास्त्री परिवार में वैदिक परम्पराओं का अनुशीलन कई पीढ़ियों से होता आया है। दादाजी के पिता स्व. वैजनाथ शास्त्री आठवले ने 1926 में माधवबाग, खेतवाड़ी, मुम्बई में श्रीमद्भागवत गीता पाठशाला की स्थापना की थी। दादीजी ने भी अपने मिशन की शुरुआत यहीं से की। आज भी वे हर रविवार सुबह 10 बजे यहाँ प्रवचन करते हैं। पहली मंजिल पर बने सभागार में शायद एक हजार व्यक्ति बैठ सकते होंगे। नीचे पाठशाला के प्रांगण में, सामने माधव मन्दिर में और आसपास की सड़कों पर उनका प्रवचन सुनने भीड़ जुटती है। हजारों लोगों को क्लोज सर्किट टी.वी. पर देख सुनकर सन्तोष करना पड़ता है। भाव-अधीर भक्त अगर सभागार में दादाजी के सामने बैठकर प्रवचन सुनना चाहे तो सुबह पाँच बजे से आकर कतार में लगना पड़ता है। हमारी जिन लोगों से भेंट हुई, उनमें से बहुत से लोग शोलापुर और नांदेड़ जैसे दूर-दूर के स्थानों में समूहों के आए थे। कोई बस लेकर, कोई सूमो टैक्सी में। दादाजी के स्वाध्याय प्रयोग को फैलाने में यदि रामदास गांधी जैसे सुप्रसिद्ध सॉलीसिटर और महेश शाह जैसे उद्योगपति लगे हुए हैं तो मंगूबेन, लंकेश और दिनेश भाई जैसे औसत स्थिति के व्यक्ति भी।

पाँच दिन की यह यात्रा मेरे लिए एक अनोखा अनुभव थी और दादाजी से विदा लेते हुए दल के सभी साथियों की ओर से जो बातें मैंने कहीं थी, शायद उनसे ही इस विवरण का समापन किया जा सकता है।

स्वाध्याय प्रयोग में हमने मुख्य तौर पर देखा कि (1) समाज में स्वावलम्बन की भावना का विकास हुआ है (2) परस्पर सहकार की भावना बढ़ी है (3) आत्मविश्वास का उदय हुआ है (4) अनपढ़, अशिक्षित और पिछड़े समझे जानेवाले तबके में भी अपनी बात दृढ़तापूर्वक और तार्किक ढंग से सुन्दर रूप में अभिव्यक्त करने की क्षमता विकसित हुई है (5) इन तबकों का जीवन स्तर बेहतर हुआ है और (6) घर, मुहल्ले, गाँव में स्वच्छता व शुचिता के दर्शन होते हैं। कहा जा सकता है कि स्वाध्याय परिवार में एक तरह से निर्मल आनन्द की सृष्टि हुई है।

स्वाध्याय को लेकर कुछ प्रश्न भी मन में बने हुए हैं जैसे क्या स्वाध्यायी दलित और सवर्ण के बीच समरसता स्थापित हो चुकी है ? क्या स्वाध्यायी धनिक और श्रमिक के बीच ऐसा निर्मल भावबोध है ? एक सीमित भौगोलिक क्षेत्र में प्रयोग की जड़ें जमाते लगभग पाँच दशक बीत गए, भविष्य में उसका विस्तार कैसे और किसके नेतृत्व में होगा ? कहीं स्वाध्याय भी कालान्तर में एक रूढ़ धर्म में तो नहीं बदल जाएगा और क्या इस प्रयोग का आज नहीं तो भविष्य में कोई राजनीतिक निहितार्थ होगा ?

ऐसे तमाम प्रश्न मेरे मन में थे, लेकिन मैंने सिर्फ यही कहा कि इस दल के सभी सदस्य वे हैं जो समाचार पत्र के माध्यम से या अपने अन्य जीवन कर्मों के द्वारा समाज को बेहतर बनाने की कोशिशों में जुटे रहते हैं और असफल होने पर हताश भी होते हैं। हाल के बरसों में हमारी हताशा बढ़ी है लेकिन दादाजी का जीवन, व्यक्तित्व और कार्य देखकर एक नया विश्वास प्राप्त हो रहा है कि दृढ़ संकल्प यदि हो तो परिस्थितियाँ बदली जा सकती हैं।

(11 मार्च, 1999)

एक नए रूस में...

लम्बी कतारें थीं। ज़ल्दबाजी थी। भीड़ थी। शोरशराबा था। गन्दगी थी। धुआँ था और धूल थी। प्लेटफार्म पर मलबा बिखरा था और लोग उसे पार करते अपना डिब्बा, अपनी बर्थ तक पहुँच रहे थे। नीचे पटरियों पर गन्दगी स्थिर थी। लोग निरपेक्ष थे। उस दिन के 'इंडियन एक्सप्रेस' में रिपोर्ट थी कि दिल्ली की गलियों में कैसे हानिकर वातावरण में पनीर और दही की बिक्री होती है। जो था, जैसा था, मैं उसमें सहज भाव से उतर पड़ा। अथाह जलराशि से परिचित मीन की तरह या यह मेरा अपना कुआँ था जिसमें अपने असंख्य भाई बिरादरों के बीच मैं एक और मेंढक था।

मुझे कुछ भी असहज नहीं लगा। मेरी संवेदनाओं को कोई धक्का नहीं पहुँचा। मैं एक माह परदेश में बिताकर लौट रहा था। एक बिल्कुल अलग तरह के परिवेश में चार हफ्ते रहने के बाद। इसके पहले जब भी बाहर जाना हुआ, लौटने पर एक जबरदस्त धक्का लगता था। विदेशी के विमानतल पर भारत लौटनेवाले जहाज के 'चैक-इन काउंटर' पर पहुँचने के साथ विदेश और देश के बीच का असुविधाजनक फर्क समझ आने लगता था। हर बार जैसे एक स्वप्न भंग होता था। इस बार ऐसा कुछ भी नहीं हुआ। शायद इसलिए कि दिल्ली विमानतल पर उतरते समय किसी असुविधा का सामना नहीं करना पड़ा। आव्रजन अधिकारी ने आलस्य नहीं किया। कस्टम अधिकारियों ने शक की निगाहों से नहीं देखा। रेल का आरक्षण पहले से हो चुका था। होटल की बिजली बार-बार गुल हो रही थी लेकिन जैनरेटर से काम चल रहा था। एयरपोर्ट पर विनोद अपने बेटे के साथ परिचित टैक्सी चालक राजेन्द्र को लेकर उपस्थित थे घर वापसी का सुखद अहसास दिलाते हुए और रायपुर रेल समय पर पहुँच गई थी।

या शायद इसलिए कि चार साल के अन्तराल के बाद यह पहली विदेश यात्रा थी और रक्तचाप नियन्त्रित रखने की दवा लेते भी लगभग इतना ही अरसा बीत चला है। शायद इसलिए भी कि स्थितियाँ सुधर जाने की जो उम्मीद पहले रहती थी, अब वह क्षीण होने लगी है। शायद इसलिए कि उम्र का वह दौर सामने है जिसमें टूटे हुए सपनों की गठरी बाँधकर ताक पर रख देने की अवशता मन को घेरने लगी है। इस कुएँ में क्या कहीं वह सुरंग है जो महासागर तक जाने को प्रेरित करती हो ?

मुझे यात्राएँ करना हमेशा अच्छा लगता रहा है। भूगोल के पन्नों से रूबरू होने से रोमांच होता है। शहर, गाँव, गलियाँ, नदी, झरने, पहाड़ आँखों से उतरकर शिराओं

में बहने लगते हैं। इतिहास की इबारतें मानव सभ्यता के परत दर परत अर्थ खोलने लगती हैं। किले, महल, चर्च, मन्दिर, स्मारक, विजयद्वार और संग्रहालयों से गुजरते हुए कहीं पुराने विश्वासों की पुष्टि होती है तो कहीं नई समझ भी विकसित होती है। नए-नए लोगों से मिलने, बात करने, नए समाजों से परिचय पाने में विश्व समाज को समझ पाने, सामाजिक परिस्थितियों का विश्लेषण कर पाने के सूत्र मिलने लगते हैं। भाषा, भूगोल, वेशभूषा और खानपान की इतनी विविधताओं के बावजूद पूरी दुनिया में अपनी वैयक्तिकता में मनुष्य हर जगह एक है और सामाजिक परिस्थितियों का दबाव ही उसे विशिष्ट या पृथक बनाता है, यह एहसास यात्राओं में बार-बार होता है। लेकिन अरबों लोगों की इस दुनिया में सामाजिक खंडों को पार कर व्यक्ति से व्यक्ति का निज स्तर पर तादात्म्य क्या सम्भव है ?

हर यात्रा के बाद नए अनुभव लेकर लौटता हूँ। व्यवसायिक कारणों से की गई विवश, चिन्तायुक्त, एकाकी यात्राएँ, मित्रों के साथ साहित्यिक-सांस्कृतिक समागमों के लिए की गई बहस और उत्तेजना से भरी यात्राएँ, दादा-दादी के साथ बचपन में की गई तीर्थयात्राएँ, बाबूजी के साथ कभी सैर-सपाटे, कभी सामाजिक, कभी निजी उद्‌देश्यों से की गई यात्राएँ, परिवार के छोटे-बड़े सदस्यों के साथ छुट्टियों में की गई लम्बी यात्राएँ या फिर पत्नी के साथ तरह-तरह के कारणों से, तरह-तरह की मनस्थितियों में की गई बड़ी और छोटी यात्राएँ-सारा जीवन जैसे इन यात्राओं में ही प्रवाहित होते रहा है। अगर किसी सुदूर देश की यात्रा की कल्पना मात्र से रोमांच हो आता है तो छत्तीसगढ़ के सभ्य आँखों से ओझल गाँवों की गलियों में, घरों के लोगों से बात करने, मिलने-जुलने में उससे कम स्फूर्ति नहीं होती।

कुछ यात्राओं से लौटकर उनके वृत्तान्त लिखे हैं। अधिकांश के नहीं। हिन्दी में यात्रा वृत्तान्तों की कमी खलती है। क्या इस कमी को दूर करने में मेरी कोई सार्थक भूमिका हो सकती है ? मैं लिख तो लूँ लेकिन मेरे पास न तो उन्मुक्त सैलानी की विहंगम दृष्टि है, न सिद्ध साहित्यकार की सर्वग्राही संवेदनशीलता और न है मेरे पास प्रकांड पंडित की वेधक विश्लेषण क्षमता। फिर भी मन कहता है कि यात्रा संस्मरण लिखना ही है तो शुरुआत हाल ही में की गई यात्रा से क्यों न की जाए ?

मास्को में लेनिनिस्की प्रॉस्पैक्ट पर यूरी गगारिन की आकाश को छूते हुए प्रस्तर प्रतिमा खड़ी है। पिछली बार की तरह इस बार भी मैं गगारिन को अपना सम्मान देने प्रतिमा तक गया। सोवियत संघ द्वारा पहला स्पुतनिक अन्तरिक्ष में छोड़े जाने से आज तक मनुष्य के अपनी सरहदें पार करने के हर उपक्रम से मन स्फुरित हो उठता है। यूरी गगारिन हम किशोरों के महानायक थे। उस महानायक की प्रतिमा के नीचे ट्रैफिक सिग्नल पर तीन किशोर रुकी हुई कारों के शीशे साफ कर रहे हैं और चालकों से कुछ सिक्के मिल जाने के इन्तजार में हथेली पसारे खड़े हैं। यह मास्को है या दिल्ली ? बहुत देर तक विषाद बना रहता है। आज तक। सोवियत संघ ने एक पूरी नौजवान पीढ़ी युद्ध में उत्सर्ग कर दी थी। उसके बाद जरूरत थी देश का भविष्य सँवारने नैनिहालों

की, एक नई पीढ़ी की। अखबारों में बॉक्स में खबरें छपती थीं—छह सन्तानों को जन्म देनेवाली माता को लेनिन पुरस्कार। उसने एक राष्ट्रीय कर्तव्य निभाया है। आज के रूस में जन्मदर लगातार गिर रही है। युवा दम्पत्ती सन्तान नहीं चाहते। उनका पालन पोषण कैसे होगा ? किसी समय का यह महादेश क्या आज की अनिश्चितता से उबर पाएगा ? यूरी गगारिन की मौन प्रतिमा के पास इसका जवाब नहीं।

तो क्या मास्को के मेयर लुशकोव के पास कोई ऐसा जवाब है जो राष्ट्रपति येल्तसिन या उनके नवनियुक्त युवा प्रधानमन्त्री किरियेंको के पास नहीं है ? 1990 में प्रधानमन्त्री वी.पी. सिंह के साथ मास्को आने पर देखा था—इमारतें अधबनी पड़ी हैं। बीस-पच्चीस मंजिल के अधबने ढाँचों के ऊपर क्रेनें खामोश पड़ी हैं। तब बताया गया था कि 'ग्लासनोस्त' के बाद पूर्वी यूरोपीय देशों से आए मजदूर अपने देश वापस लौट गए हैं और सोवियत संघ में काम करनेवाले हाथों की कमी है।

1993 में हालात और निराशाजनक नजर आ रहे थे। गोर्बाच्योव का महिमा मंडल पराभूत हो चुका था। देश में एक उन्माद के साथ लेनिन का नाम हटाने का काम शुरू हो गया था। लाल चौक में लेनिन की समाधि बन्द थी। अधबनी इमारतों पर क्रेनें वैसे ही खड़ी थीं लेकिन गिरजाघरों का नवनिर्माण जोरों से चल रहा था। हर बस स्टॉप और हर मैट्रो स्टेशन के बाहर गन्दगी के ढेर नजर आते थे।

इसी मास्को ने पिछले साल अपनी आठ शताब्दियाँ पूरी कीं। महापौर लुशकोव के नेतृत्व में नए उत्साह से मास्को का कायाकल्प हुआ। अनगिनत नई इमारतें बन गईं। नए-नए बाग-बगीचे बने। सड़कें बनीं। क्रेमलिन के सामने एक विशाल भूमिगत बाजार बन गया है बिल्कुल अमरीकन मॉल की तरह। शहर अब बहुत ज्यादा साफ-सुथरा है। पुराने गिरजाघरों का जीर्णोद्धार हो चुका है। नए गिरजाघर बन रहे हैं। लेकिन अब लेनिन का नाम मिटाना आसान नहीं रह गया है। हर उस इमारत पर, जिससे लेनिन का थोड़ा भी सम्बन्ध रहा, एक विवरण पट्टिका लगी है कि लेनिन ने भाषण दिया, कि लेनिन ने यहाँ बैठकर फलाँ-तारीख को सभा की आदि-आदि। बहुत से लोगों का कहना है कि लुशकोव दो साल बाद होनेवाले चुनावों में राष्ट्रपति पद के प्रबल दावेदार हो सकते हैं। लेकिन यह आलोचना भी बहुतों से सुनने को मिली कि मास्को पर बहुत ज्यादा खर्च किया जा रहा है। देश के भीतरी हिस्सों की तरफ ध्यान नहीं दिया जा रहा है।

(26 अगस्त, 1998)

उजियारी रातों में घूमते हुए-2

पवित्र जल का प्रसाद

मास्को के सत्तर कि.मी. दूर सर्गेई पसाद नामक कस्बा है। राजीव और सुरभि के साथ लोकल ट्रेन से गए। अजय और तिथि कार से आए। बहुत खूबसूरत जगह है। पहिली नजर में पचमढ़ी की तरह। ऊँची-नीचे सड़कें। छोटे-छोटे कॉटेज। सड़कों पर फूलों की क्यारियाँ और उनके पीछे विशाल वृक्ष। कस्बे के बीच झरना बह रहा है। उसके दोनों तरफ हरियाली का विस्तार। बीच-बीच में लकड़ी के पुल। एक सुखद रूमानी एहसास। कस्बे का नाम पहले कुछ और था। साम्यवाद विरोधी दौर में नाम बदल दिया गया। यहाँ बड़ा पुराना गिरजाघर है। कोई सात सौ साल पुराना। गिरजे के साथ बहुत सी दन्त-कथाएँ जुड़ी हैं। विशाल प्रांगण के बीच के फव्वारा है। लोग उसमें सिक्के डालकर मनौती मान रहे हैं। फव्वारे का पानी 'पवित्र जल' मानकर आचमन कर रहे हैं। प्रांगण में एक नहीं, कई चर्च हैं। वृक्षों की घनी छाया और हरी दूब पर भक्तों और दर्शनार्थियों के बैठने के लिए जगह-जगह साफ-सुथरी बेंचें हैं। हर गिरजाघर में भीतर धार्मिक गाथाओं के भित्तिचित्र हैं। खिड़की और दरवाजों के काँचों पर की गई चित्रकारी उपासनागृह की शोभा और आकर्षण को बढ़ाती है। भक्तजन मोमबत्तियाँ प्रदीप्त कर ईश्वर को नमन करते हैं। आवाजाही लगातार बनी है लेकिन दबे कदमों। कहीं कोई आवाज नहीं।

प्रांगण के सिंहद्वार के बाहर का दृश्य देख भारत की याद आती है। हरिद्वार की या पुरी की। दरवाजे की दोनों तरफ कतार से याचक बैठे हैं। उनके सामने कटोरे रखे हैं। बूढ़ी औरतें, विकलांग हताश पुरुष। वे ईश्वर के नाम पर दान माँगते हैं। मिल जाने पर फलने-फूलने का आशीर्वाद देते हैं। बाहर भी खूब हरियाली है। एक खाली जगह देखकर हमारी मंडली टिफिन खोलकर बैठ जाती है। भोजन समाप्त होते न होते तेज कदमों से एक याचक आता है। हम उसे डबलरोटी देते हैं। वह मीट का शोरबा भी चाहता है जो हमारे पास नहीं है। उसे विश्वास नहीं होता। थोड़ी देर बाद निराश होकर लौट जाता है। खाने के बाद 'बिसलेरी' जैसी कोई सीलबन्द पेयजल की बोतल खुली। उत्सुकतावश मैंने देखा। ट्रेडमार्क है, 'सेंट्सस्प्रिंग' याने साधु-सन्तों का झरना। अंग्रेजी में ही लिखा है कि रशियन-आर्थोडॉक्स द्वितीय के आशीर्वाद से रूस के पवित्रतम झरनों में यह जल प्राप्त कर बोतल बन्द किया गया है और इससे प्राप्त आमदनी रूस में गिरजाघरों के जीर्णाद्धार पर खर्च की जाएगी।

लगभग दो हफ्ते तक पवित्र झरनों का बोतलबन्द जल पीकर हम अलेक्सी द्वितीय की भावनाओं का सम्मान करते रहे। मैं भी थोड़ा आश्वस्त हुआ कि पैट्रियार्क के आशीर्वाद मुझ जैसे आस्थाहीन के परलोक सुधारने में मदद आएँगे।

चर्च में आनेवालों में युवजन बड़ी संख्या में दिखे। अनुपात में शायद बुजुर्गों से अधिक। पारम्परिक काले चोगे में घूमते अधिकतर पादरी भी युवक ही दिखे। 30 वर्ष से भी कम आयु के भी। गगारिन की प्रतिमा के नीचे भीख माँगते किशोरों के लिए शायद इनके पास कोई समाधान हो !

जाते वक्त ट्रेन से गए थे। करीब सवा घंटे में सत्तर कि.मी.। मास्को के जिस रेलवे स्टेशन से हम ट्रेन में बैठे उसमें चौदह प्लेटफार्म थे। ट्रेनें लगातार आ-जा रही थी। टिकट बुकिंग ऑफिस और प्लेटफार्मों के बीच अच्छा-खासा बाज़ार भरा था। बुकिंग ऑफिस के उस तरफ मुख्य सड़क। न प्लेटफार्म टिकिट, न कोई और रोक-टोक फिर भी सब कुछ व्यवस्थित। ट्रेन उतनी साफ नहीं थी, जितनी उम्मीद की थी लेकिन प्लेटफार्म पर गन्दगी नहीं थी, जबकि हजारों लोग आ-जा रहे थे, सामान खरीद रहे थे, कोल्ड्रिंक पी रहे थे।

ट्रेन चलना शुरू और एक के बाद एक फेरीवालों का आना शुरू हुआ। आईसक्रीम, बिस्किट, फुग्गे, साबुन के बुलबुले की डिब्बी, कंघी, टूथपेस्ट और न जाने क्या-क्या। सत्तर कि.मी. में सत्तर फेरीवाले। चर्च के लिए चन्दा माँगनेवाले भी और गाना गाकर भीख माँगनेवाले भी। मास्को वैसे भी हरा-भरा है। एक-दो स्टेशन बाद तो चारों तरफ हरीतिमा ही हरीतिमा थी। उसके बीच छोटे-छोटे गाँव और छोटे-छोटे मकान या डाचा जिनमें चेरी व सेब के वृक्ष और दूसरे फल-फूल सब्जियों के पौधे। एक जगह नए-नए बने ज्यादा बड़े और सुन्दर ढाँचों का संकुल पता चला ये 'नोवी रूस्की' या नवधनाढ्य वर्ग के विश्राम स्थल बन रहे हैं।

लौटे हम कार से। वैसी ही हरियाली के बीच से गुजरती सड़क। हर पाँच-दस कि.मी. पर 'गाई' याने यातायात पुलिस की चौकी। गति सीमा का उल्लंघन हो तो दस्तूरी देकर यात्रा जारी लेकिन दुर्घटना, अनहोने होने की स्थिति में त्वरित कार्रवाई। सर्गेई पसाद कस्बे के बाहर कुछ कारखाने देखें। लम्बे समय से बन्द। जो भी कारण हो रूस में इस समय औद्योगिक उत्पादन में काफी गिरावट आई है। अधिकांश कारखाने या तो बन्द हैं या मन्दी के दौर से गुजर रहे हैं। सड़क से यात्रा करने में भी लगभग सवा डेढ़ घंटे का समय लगता। एक जगह दुर्घटना के कारण यातायात रुक गया था। देखते-ही-देखते आगे-पीछे सैकड़ों गाड़ियाँ। पन्द्रह मिनट स्थिति सामान्य होने में लगे। कहीं नाव बाँधे तो कहीं लकड़ी के बड़े-बड़े पट्टे बाँधे कारें खूब दिखीं। नावें-नदी, झील में बोटिंग करने के लिए। लकड़ी अपने घर में नया कमरा बनाने या मरम्मत करने। इसमें बाहर से मजदूर बुलाने की जरूरत नहीं, पति-पत्नी मिलकर ही काफी काम कर लेते हैं। एक जगह अजय पेट्रोल भरवाने रुके। गाड़ी से उतरकर खुद ही पेट्रोल भरा और भीतर कैशियर को जाकर बिल की रकम दे आए। रूस में पेट्रोल बहुत सस्ता है

और तीन-चार किस्मों में मिलता है। नए मॉडल की गाड़ियों में कम सीसेवाला पेट्रोल भरा जाता है, जिससे न्यूनतम प्रदूषण होता है।

मास्को से दूर एक और दिन। स्टार सिटी। डेढ़-दो घंटे की दूरी पर बसा एक और छोटा-सा नगर। सारे अन्तरिक्ष यात्रियों का प्रशिक्षण यहीं होता रहा है। दुनिया की पहली स्त्री अन्तरिक्ष यात्री वैलेंतीना तेरेश्कोवा से भेंट हो पाने की सम्भावना हमें वहाँ तक ले गई। मास्को शहर के आउटर रिंग रोड से निकलने में ही एक घंटा लग गया। उसके बाद प्रादेशिक मार्ग पर एक घंटा और। ऐसा लगा जैसे भारत के ही किसी भीतरी हिस्से से गुजर रहे हों। छोटे-छोटे गाँव। एकमंजिला मकान। तालाब और पोखरा घरों के अहाते में, फलों और फूलों से लदे पेड़ व झाड़ियाँ। जगह-जगह सड़क किनारे फल-फूल की दूकानें सजाए बैठे लोग। लालच हुआ कि रुकें, देखें। फिर तय किया कि लौटते में रुकेंगे।

चारों तरफ से घने वृक्षों के बीच छुपी स्टार सिटी पहुँचकर सबसे पहले हम अन्तरिक्ष म्यूजियम देखने गए। हमारी बदकिस्मती कि म्यूजियम का उस दिन अवकाश था। लेकिन सुरक्षाकर्मी ने हमें यहाँ-वहाँ घूमने दिया। कॉफी पीने पहली मंजिल पर स्थित कैफटेरिया में पहुँचे। कैफे की संचालिका भारतीयों को देखकर बहुत खुश हुई। उसने बताया राकेश शर्मा जब प्रशिक्षण के लिए आए थे तो नियमित कैफे के इसी हाल में ही किया गया। कॉफी के साथ हम लोगों ने स्वादिष्ट रूसी आईसक्रीम भी चखी।

वैलेंतीना तेरेश्कोवा का घर का पता सुरक्षाकर्मियों से पूछा। पहले तो उन्होंने नहीं बताया लेकिन यह बताए जाने पर कि भारत से पत्रकार आए हैं और मदाम तेरेश्कोवा से पहले मिल चुके हैं, पता आसानी से मिल गया। टेलीफोन किया तो उत्तर नहीं मिला। शायद ग्रीष्म अवकाश में कहीं बाहर गई हों। एक इच्छा अधूरी रह गई। लौटते वक्त जगह-जगह रुके। कहीं चेरी खरीदी तो कहीं ककड़ी। एक गाँव के छोटे से रेस्तराँ में ठेठ रूसी खाना खाने रुके। रूस में मिलनेवाला दूध स्वादिष्ट नहीं लगा लेकिन मीठा दही, पनीर, आईसक्रीम और कॉफी ज़ायकेदार होती हैं। एक जगह बाबुश्का (बूढ़ी अम्मा) से फूल भी खरीद लिए और उससे सेब के पेड़ से एक-दो कच्चे सेब तोड़ने की अनुमति माँगी। उदारता से जवाब मिला जितने चाहे तोड़ लो। अपने गाँव का बचपन याद आने लगा। जगह-जगह तरबूज भी बिक रहे थे। और देख-देख कर मन ललचा रहा था। लेकिन सारे स्टॉल सड़क के दूसरे छोर पर थे। गाड़ी रोककर जाना मुश्किल था। मास्को में वापस प्रवेश किया तो सड़क की अपनी ओर तरबूज़ों की ढेरियाँ लगी दूकानें नजर आईं तो ताजे-रसीले तरबूज खरीद ही लिए। बड़े-बड़े अक्षरों में बोर्ड पर लिखा था—अस्त्राखान के स्वादिष्ट तरबूज।

सुरभि के घर के पास ही एक रीनक है। रीनक याने बाज़ार। इस हाट में मुख्यतः साग-सब्जी ही बिकती है। दूकानदार रूसी भी हैं लेकिन काफी दूकानदार अजेरी याने अज़रबेज़ान के हैं। बाज़ार अपने शहर की सब्जी मंडी जैसा ही लगा। ज्यादा व्यवस्थित। शायद मुम्बई के क्राफर्ड मार्केट से तुलना ज्यादा सही होगी। पानी छींट-छींटकर सब्जियों

को ताजा रखने की कोशिश, तौलने की पुरानी तराजू, कुछ-कुछ भाव-ताव भी। ग्राहकों को आवाज़ दे-देकर बुलाने की कोशिश ! अभी गर्मी के दिन हैं तो सारी सब्जियाँ मिल रही हैं। बैंगन, मेथी-भाजी, हरी मिर्च और लौकी तक। अज़ेरी दूकानदार हम भारतीयों को देखकर प्रेम से आवाज़ लगाते और ज्यादातर तो कोई-न-कोई हिन्दी गाना ही गुनगुनाने लगते। एक नई बात देखी कि सामान लाने के लिए या तो घर से झोला लेकर जाओ या फिर वहीं बाज़ार में पॉलीथिन की थैली खरीदो। चाहे सब्जी की दूकान हो चाहे डिपार्टमेंटल स्टोर। रीनक के बाहर दो-तीन महिलाएँ पॉलीथिन की थैलियाँ बेचकर ही अपना गुज़ारा करती हैं।

मास्को में कोई सौ-दो सौ रीनक होंगी। करीब एक करोड़ की आबादीवाले महानगर के लिए यह स्वाभाविक ही है। कहीं साग-सब्जी है तो कहीं रेडीमेड वस्त्र तो कहीं इलेक्ट्रॉनिक सामान। यूरी गगारिन की प्रतिमा के नीचे दो फर्लांग लम्बी रीनक है, जिसमें कील से लेकर नल के पाइप और दरवाजे के हैंडल तक के सभी घरेलू उपकरण मिलते हैं। अगर महँगे दामों पर खरीदारी करनी हो तो बड़े-बड़े डिपार्टमेंटल स्टोर्स व सुपर-बाजार भी हैं और सीमित बजट में काम चलाने के लिए फुटपाथ के बाज़ार भी। ऐसी भी दूकानें हैं जो चौबीस घंटे खुली रहती हैं। लेकिन भारतीय बाज़ारों के शोरशराबे के आदी कानों को मास्को की शान्ति बेचैन कर सकती है। बाज़ार हो या सड़क। रेल का डिब्बा हो या बस। सारा काम खामोशी से चलता रहता है। मैट्रो में अधिकतर यात्री अखबार या पुस्तक पढ़ते नजर आएँगे। कारों और बसों के हार्न शायद ही कभी बजाए जाते हों। एक शाम बस में 20-22 साल की लड़की सुबुक-सुबुक कर रो रही थी लेकिन उससे किसी ने नहीं पूछा कि उसे क्या तकलीफ है। एक ही बहुमंजिली इमारत में रहनेवाले लोग भी शायद ही कभी आपस में दुआ सलाम करते हों।

(27 अगस्त, 1998)

इतिहास की मूक गवाह

मास्को की इमारतें ज्यादातर पुरानी शैली की ही हैं। आधुनिक वास्तुशिल्प के उदाहरण कम ही नजर आते हैं। स्टालिन के समय में बनी 'सैवन सिस्टर्स' के नाम से प्रसिद्ध सात इमारतों के शिखर आज भी लेनिन हिल की ऊँचाई से साफ-साफ देखे जा सकते हैं। ज्यादातर नई इमारतें बैंकों की हैं। इनमें से एक भवन ऊँचा नहीं, बल्कि लम्बाई में दीर्घ है, 700 मीटर याने कोई पौन कि.मी. लम्बा। शहर को 108 कि.मी. लम्बा बाहरी रिंग रोड़ आबद्ध करता है, जिस पर एक साथ दस वाहन आ-जा सकते हैं। भीतरी इलाकों में भी क्रेमलिन के आसपास का इलाका छोड़ मुख्य मार्ग खूब विस्तृत हैं और वृक्षों से आच्छादित। शहर के नियोजन में नियमबद्धता पहली नजर में ही दिखाई दे जाती है। न कहीं अवैध कब्जे हैं न अतिक्रमण। फुटपाथ पैदल चलनेवालों के लिए सुरक्षित हैं और कोई घर, कोई दूकान निर्धारित सीमारेखा से एक इंच भी बाहर नहीं है। सड़कों पर आधी रात को भी लालबत्ती देखकर गाड़ियाँ रुक जाती हैं और दिन में वीआईजनों के लिए अगर कभी ट्रैफिक रुकता भी है तो 2-3 दिन मिनट से ज्यादा देर के लिए नहीं।

मास्को में एक बहुचर्चित इलाका हैं अरबात। एक है स्तारी अरबात याने पुराना और एक है ? अरबात याने नया। स्तारी अरबात छोटा-सा मुहल्ला है जो अपनी लगभग डेढ़ कि.मी. लम्बी सड़क के कारण प्रसिद्ध हो गया है। इस सड़क देर रात गए तक रौनक रहती है। शनिवार-रविवार को और ज्यादा। सड़क पर सिर्फ पैदल चला जा सकता है। कोई वाहन नहीं। खूब सारे रेस्तराँ हैं और ढेर सारी छोटी-छोटी दूकानें। कहीं कोई मदारी खेल दिखा रहा है तो कहीं हाथ देखकर भविष्यफल बताया जा रहा है। कहीं सिद्धहस्त चित्रकार बैठे हैं। फीस दीजिए और आधा घंटे में अपना चित्र बनवा लीजिए। उस दिन मौसम एकाएक ठंडा हो गया था। तेज हवाएँ चल रही थी। और भीड़ सिमटने लगी थी। बाज़ार मंदा देखकर चित्रकारों ने फीस भी कम कर दी और मात्र दस डॉलर में हमने अपना श्वेतश्याम रेखाचित्र बनवा लिया। आमतौर पर इस सड़क पर खूब चहल-पहल रहती है। हिन्दी फिल्मों के मेले जैसी। हम लोग चार-पाँच घंटे बिना थके, बिना ऊबे अरबात में चहल कदमी करते रहे। कहीं रुककर कॉफी पी तो कहीं तमाशा देखने रुक गए। कहीं नाच चल रहा था तो कहीं युवाओं का वाद्यवृन्द। हर जगह लोग रुक-रुककर तमाशा देख रहे थे। जितनी देर चाहे रुको। गाना-बजाना पसन्द आए तो,

तालियाँ बजाओ। अगर मन उदार हो आए तो सिक्के भी भेंट कर दो। इसी सड़क पर हर रविवार को हरे कृष्णा सम्प्रदाय के अनुयायी भजन-कीर्तन करते गुजरते हैं। यात्रा के अगले पड़ावों में देख कि यूरोप के हर बड़े शहर में इस तरह की एक सड़क है जो सैलानियों के आकर्षण का सबसे प्रमुख केन्द्र है।

एक दिन राजीव 'फूड ट्रॉली' लेकर आ गए। चार चक्कोंवाली बड़ी सी ट्रे। पूछा इसकी क्या जरूरत थी। जवाब मिला—श्रमिकों को ये ट्रॉलियाँ दे दी गई कि इन्हें बेचकर वेतन का जुगाड़ कर लें। रूस इन दिनों आर्थिक मन्दी के दौर से गुजर रहा है। बहुत से कारखानों और प्रतिष्ठानों में काम ठप्प पड़ा है। सरकारी अस्पतालों में डॉक्टरों को महीनों वेतन नहीं मिल रहा। विश्वविद्यालय और उच्च शिक्षा संस्थान विदेशी छात्रों से मिल रही फीस पर काफी हद तक आश्रित हो गए हैं। हमारे मास्को प्रवास के दौरान ही मजदूरों की हड़ताल चल रही थी और ट्रांस सायबेरियन रेललाइन पर आठ दिन से उनका धरना जारी था। इसके बावजूद शहर हो या गाँव, सतह पर किसी तरह की अव्यवस्था नजर नहीं आई। मास्को अपनी भूमिगत मैट्रो रेल के लिए मशहूर रहा है। आज भी मैट्रो का हर स्टेशन हमेशा की तरह साफ-सुथरा, हर ट्रेन समय पर आ रही थी। किसी भी दिन एक मिनट के लिए भी बिजली गुल नहीं हुई। घरों में चौबीस घंटे ठंडा और गर्म पानी नलों में आता है। हर घर में टेलीफोन है और बिना बिगड़े काम करते रहता है। ये सारी सेवाएँ या तो निःशुल्क मिलती हैं या बहुत कम शुल्क पर।

रूस में बरसों से निवास कर रहे मित्रों ने बताया कि रूसी जनता में असीम धैर्य और सहनशक्ति है। मौसम की भार और विदेशी हमलों का इतना लम्बे समय उन्होंने सामना किया है। वे जल्दी नहीं घबराते।

मैंने पूछा कि महीनों वेतन न मिलने पर गुजारा कैसे होता है ? इसका जो उत्तर मिला उसे इतिहास की विडम्बना ही समझना चाहिए। साम्यवादी शासनकाल में सामाजिक कल्याण का जो देशव्यापी ढाँचा बना था, आज उसी के कारण रूस के साम्यवाद विरोधी शासक अपनी मनमर्जी राज कर पा रहे हैं।

सोवियत संघ के दिनों से करीब-करीब हर नागरिक के पास निजी घर है। परिवार के हर वयस्क का निजी घर। माता-पिता का निधन हुआ तो बेटे को विरासत में घर मिल गया। इस तरह जिसके पास भी एक अतिरिक्त मकान हैं, उसे वे किराए पर उठा देते हैं। गाँवों में भी बहुत सारे लोगों के पास खेती करने का छोटा-मोटा इन्तजाम है। उसमें आलू-चुकन्दर आदि उगाकर कुछ हफ्तों का प्रबन्ध हो जाता है। शिक्षा, स्वास्थ्य और बिजली पानी जब तक नाम मात्र के शुल्क पर मिल रहे हैं, तब तक किसी-न-किसी तरह काम चल ही जाएगा।

लेकिन पिछले 8-10 साल में रूस के सामाजिक-आर्थिक ढाँचे में जो जबरदस्त बदलाव आया है, वह गौरतलब है। एक तरफ नवधनाढ्य वर्ग है, जिसके जीवन में चिन्ता जैसा कोई शब्द ही नहीं है। दूसरी तरफ बहुसंख्यक जनता है जो अच्छे दिनों की प्रतीक्षा कर रही है। जिस तरह भारत में अमीर और गरीब की खाई साफ नजर

आती है, उससे कहीं ज्यादा भीषण रूप से उसे रूस में देखा जा सकता है।

रूस का औसत आदमी, खासकर ग्रामीणजन कोकाकोला, कोलगेट या एरियल जैसी उपभोक्ता सामग्री के बारे में सोच भी नहीं सकता। उसे चाहिए सस्ता सामान जो चाहे चीन से आए या भारत से। लट्ठे से भी खराब कपड़ा वह आज खरीद रहा है। जबकि मास्को और सेंट पीटर्सबर्ग जैसे बड़े शहरों में नए से नए मॉडलों की कारें बिक रही हैं। नए-नए खुले बैंकों की बहुमंजिली अमरीकी शैली की इमारतें बन गई हैं। डिपार्टमेंटल स्टोर्स महँगे सामानों से भरे पड़े हैं और उन्हें खरीदनेवालों की कमी नहीं है। ये खरीददार ही आज रूस पर राज कर रहे हैं।

मास्को के उत्तरी छोर पर स्थित 'वदनखा' का मीलों विस्तृत परिसर जिसमें कभी सोवियत संघ की उपलब्धियों की झाँकियाँ सजी रहती हैं, आज महँगे आयातित उपभोक्ता सामानों से सजे शोरूमों की कतारों में बदल गया है। परिसर के बीच सोवियत संघ के 15 गणराज्यों की प्रतीक पुतलियों से अलंकृत फव्वारे आज भी वैसे ही मन मोहते हैं लेकिन वे पन्द्र पुतलियाँ इतिहास के एक दौर का मूक गवाह बनकर रह गई है।

दुनिया के किसी और महानगर की भाँति मास्को में दर्जनों म्यूजियम हैं। क्रेमलिन के ही भीतर प्राचीन शस्त्रों का संग्रहालय और 2-3 अन्य संग्रहालय हैं। शहर में कहीं मॉडर्न आर्ट म्यूजियम है तो कहीं क्लासिकल आर्ट म्यूजियम। यहाँ तक कि टॉल्सटॉय के 'यास्नाया पोल्याना' की हूबहू अनुकृति भी बना दी गई है। इन सबके बीच 'पैनोरमा' की बात ही अनोखी है। सन् 1812 में नेपोलियन द्वारा मास्को पर किए गए असफल आक्रमण की स्मृतियाँ इस म्यूजियम में सँजोई गई हैं। कई मीटर व्यास के एक गुम्बदाकार कक्ष में उस आक्रमण की त्रिआयामी तस्वीरें उकेरी गई हैं। इतनी सजीव कि लगता है सामने सैनिकों के कैम्प में आग सुलग रही हैं या बाजू में कोई सैनिक घायल अवस्था में पड़ा है। बार-बार भ्रम होता है कि हम सचमुच का युद्ध क्षेत्र देख रहे हैं या उसके चित्र। म्यूजियम के बाहर इस युद्ध के नायक जनरल कुतुजोव की विशाल प्रतिमा स्थापित है। उस मुख्य मार्ग का नाम भी कुतुजोव के नाम पर ही रखा गया है।

रूस में अपने नायकों को आदर के साथ स्मरण किया जाता है। वे चाहे सेनानायक हों या कलाकार। पुश्किन, चेखव, तुर्गनेव, चैकोवस्की सबके नाम पर थियेटर, सड़कें या मैट्रो स्टेशन हैं। अमरकृति 'माँ' के लेखक मैक्सिम गोर्की शायद एकमात्र अपवाद है। 'गोर्की' शहर का नाम बदलकर 'निज्मी नोवोगोरद' कर दिया गया है। मास्को के विश्व विख्यात गोर्की पार्क का भी नाम अब 'कल्चर पार्क' है। लेनिनग्राद शहर का नाम बदल दिया गया लेकिन मास्को में अभी भी 'लेनिनग्राद प्रास्पेक्ट' नाम से एक मुख्य मार्ग जाना जाता है। मास्को विश्वविद्यालय जिस सुरम्य पहाड़ी पर बसा है, उसका नाम भी अभी 'लेनिन हिल' ही है। न जाने कब से दस्तूर चला आ रहा है कि मास्को में हर नवविवाहित जोड़ा 'लेनिन हिल' पर आता ही है। नगर देवता का आशीष लेने !!

(28 अगस्त, 1998)

उजियारी रातों में घूमते हुए-4

मुस्कुराने की इजाज़त

शेष विश्व में रूस को लेकर जिस भाव और भाषा में बातें होती हैं, उससे लगता है कि जैसे रूस किसी और दुनिया का देश है, हमारी पृथ्वी का नहीं। साम्यवादी शासन के दिनों सोवियत संघ पर पड़े लौह आवरण की बात खूब होती थी। सोवियत संघ विघटित हो गया। साम्यवादी व्यवस्था समाप्त हो गई। फिर भी रूस को लेकर एक रहस्य जैसा बना ही हुआ है। इसके बहुत से कारण हो सकते हैं—ऐतिहासिक, भौगोलिक और राजनैतिक। सबसे बड़ा कारण शायद यह है कि पिछले अस्सी सालों में पश्चिमी प्रचारतन्त्र ने रूस की जो तस्वीर लगातार पेश की, उसे इतनी जल्दी नहीं बदला जा सकता। आज भी रूस की लगभग पचास प्रतिशत जनता साम्यवाद की पक्षधर है और कम्यूनिस्ट पार्टी संसद में सबसे बड़ा दल है। इसलिए पश्चिमी समाज रूस को पूरी तरह से स्वीकार नहीं कर पा रहा है। पश्चिमी मीडिया ने रूस की छवि चाहे जैसी प्रस्तुत की हो, स्वयं रूस अपनी बेहतर छवि पेश करने की दिशा में बहुत सजग है, ऐसा नहीं लगता। एक सामान्य पर्यटक के लिए रूस से पहला साक्षात्कार तो अन्तरराष्ट्रीय विमानतल पर ही होता है। अब अगर वहाँ का माहौल यन्त्रचलित मुस्तैदी का हो, अंग्रेजी जानने-समझनेवाला स्टाफ न हों, आव्रजन या कस्टम के फार्म तक रूसी के अलावा दूसरी भाषा में उपलब्ध न हों, अंग्रेजी में संकेत चिह्न भी न हों और सबसे बढ़कर अगर मुस्कान के साथ स्वागत न होकर वेधक दृष्टि से पासपोर्ट-वीसा की जाँच हो तो एक चौथाई उत्साह तो वहीं समाप्त हो जाता है। विश्व के बहुत से देश हैं जहाँ अंग्रेजी नहीं बोली जाती लेकिन विदेशी पर्यटकों के प्रति एक मैत्रीपूर्ण वातावरण की सुविचारित रूप से सृष्टि देश में प्रवेशद्वार पर की जाती है। भारत और रूस इसके उल्लेखनीय अपवाद हो सकते हैं। मुझे लगा कि सरकार यदि अपने कर्मियों को सिर्फ थोड़ा-सा मुस्कुराने की आज्ञा दे दे, थोड़ा कम तने रहने की, तो बात काफी हद तक बन सकती है।

❑

रूस में कानून व्यवस्था की स्थिति, माफिया-राज आदि को लेकर भी इन दिनों काफी चिन्ता व्यक्त की जा रही है। साम्यवादी व्यवस्था समाप्त होने के बाद वहाँ निजी क्षेत्र में व्यापार एकाएक बढ़ गया है। दूसरी तरफ येल्तसिन के सात वर्षों के स्थिर शासन के बावजूद औद्योगिक उत्पादन और अन्य उत्पादन गतिविधियों को वांछित गति नहीं

मिल सकी है। बीते वर्षों के अनेक प्रभावशाली राजनेता और शासकीय अधिकारी महत्त्वहीन बना दिए गए हैं। और 'फ्री एंटरप्राइज' के नाम पर एक नए वर्ग का उदय हो गया है। यह संक्रमण काल है, जिसमें सामाजिक समीकरण अस्त-व्यस्त हो गए हैं। प्रभावशाली वर्ग अपनी स्वार्थ सिद्धि के लिए अपराधी गिरोहों का इस्तेमाल खुलकर कर रहा है। यही गिरोह रूस में माफियोसी के नाम से जाने जाते हैं। लेकिन ये सिसीलियन माफिया की तरह एक सर्वव्यापी संगठन में आबद्ध नहीं हैं। इस माफिया से आमतौर पर सामान्य नागरिक को कोई तकलीफ नहीं होती। कब तक नहीं होगा, कहना मुश्किल है। अपराधियों पर अंकुश न रखा जाए तो उनकी गतिविधियों का विस्तार असीमित हो सकता है।

सामान्य नागरिक की दृष्टि से यदि आज सबसे बड़ी सामाजिक समस्या है तो वह नई पीढ़ी के लक्ष्यहीन हो जाने की है। आर्थिक मन्दी के कारण बेरोजगारी बढ़ रही है और तब जो युवा पीढ़ी अपने भविष्य को लेकर पूरी तरह आश्वस्त थी, आज अनिश्चिय के कगार पर खड़ी है। रूस अपने विपुल संसाधनों का दोहन योजनाबद्ध रूप से करना प्रारम्भ कर दे तो उसकी बहुत सी सामाजिक समस्याएँ अपने आप दूर हो सकती हैं। लेकिन आज तो युवा पीढ़ी के सपने बीयर की बोतलों में डूब रहे हैं। यही नौजवान छोटे-मोटे अपराधों की तरफ प्रवृत्त हो रहे हैं। अकेले-दुकेले विदेशी यात्री से लूटपाट की घटनाएँ अभी दो माह पहले तक सुर्खियों में थीं। लेकिन विदेशियों से ज्यादा स्वयं रूसी इन उद्धत युवाओं की लूटपाट का शिकार होते हैं। शायद ही कोई ऐसा आवासीय फ्लैट हो जिसके दरवाजे पर दोहरे ताले की व्यवस्था न हो। यद्यपि ये घटनाएँ मास्को और सेंट पीटर्सबर्ग तक ही सीमित हैं। भीतरी इलाकों में नहीं। जीवन में सार्थक दिशा न मिल पाने के कारण ये तरुण नवनाजीवाद जैसे आन्दोलनों में अपने होने का प्रयोजन ढूँढ़ रहे हैं।

कभी सोवियत संघ की यात्रा पर गए भारतीय नागरिक अभिभूत होकर लौटते थे। राजकपूर की फिल्मों और गानों की सब तरफ धूम मची थी। सोवियत नागरिक ख़ुद होकर प्रवासी भारतीयों से दुआ सलाम करते थे। उन बीते दिनों की यादें अब सिर्फ वृद्ध नागरिकों के मन में बसी हैं। बीच में एक ऐसा समय आया कि मिथुन चक्रवर्ती हरदिल अजीज़ अभिनेता हो गए थे। लेकिन आज की युवा पीढ़ी के लिए भारत का कोई अर्थ नहीं है। ट्रेन में, बस में, पार्क में बुजुर्ग रूसी भारतीयों को देखकर मुस्कुराकर अभिवादन करते हैं लेकिन नौजवानों की प्रतिक्रिया यदि होती भी है तो प्रतिकूल ही होती है।

पहले सोवियत मीडिया में भारत के बारे में जिस तरह मैत्रीपूर्ण प्रचार होता था, वह पूरी तरह समाप्त हो गया है। रूस के टी.वी. चैनलों या अख़बारों में शायद ही भारत के बारे में कोई खबर छपती हो। पहले भारतीय लेखक-कलाकार अक्सर आया करते थे। सांस्कृतिक आदान-प्रदान के कार्यक्रम बहुत ज्यादा हुआ करते थे। मास्को रेडियो और विदेशी भाषा प्रकाशन गृह जैसे प्रतिष्ठानों में प्रबुद्ध भारतीय काम किया करते थे।

अब रूस में या तो व्यवसायी हैं या छात्र। कहना होगा कि दोनों वर्गों ने भारत की प्रतिष्ठा बढ़ाने जैसा कोई काम आज के रूस में नहीं किया है। भारतीय छात्रों का समवयस्क रूसी छात्रों के साथ मेल-जोल लगभग नहीं है।

रूस में मुक्त आर्थिक व्यवस्था हो जाने के बाद भारतीय व्यापारी वहाँ बड़ी संख्या में पहुँचे। चावल, शक्कर, कपड़े, चाय, टूथपेस्ट, दवाई, चमड़े का सामान और कम्प्यूटर आदि के निर्यात में भारतीय व्यापारियों ने अच्छी सम्भावनाएँ देखीं लेकिन यह आर्थिक सम्बन्ध भी कई कारणों से अब तक ठोस रूप नहीं ले पाया है। भारतीय व्यापारी फटाफट लाभ की तरफ देखता है, स्थायी और मजबूत रिश्ते स्थापित करने की तरफ नहीं। धीरे-धीरे चीन और दूसरे निर्यातक देशों के मुकाबले भारत की साख कम होती गई है।

बहुत से भारतीय छात्रों ने पढ़ाई करते हुए भारतीय प्रतिष्ठानों में पार्टटाइम काम करना शुरू कर दिया था। उनमें से अनेक ने बाद में अपने स्वतन्त्र व्यवसाय भी प्रारम्भ किए लेकिन स्थिर होकर बहुत ज्यादा लोग काम नहीं कर पाए। इनके सामने नई समस्याएँ आ गई हैं। रूस में रहना चाहते हैं तो व्यापार कर कमाई करने की सम्भावनाएँ क्षीण हैं। भारत लौटते हैं तो यहाँ नौकरी में उनकी डिग्री का वज़न नहीं है। रूस में शिक्षा का स्तर ऊँचा रहा है लेकिन जब भारतीय विद्यार्थियों से मिले डॉलरों से शिक्षकों को वेतन मिल रहा हो, तो वे ठीक से पढ़ रहे हैं या नहीं, इसकी चिन्ता कौन करे।

आज भी रूस और यूक्रेन में सैकड़ों भारतीय विद्यार्थी हर साल पढ़ाई करने जाते हैं। उसी तरह जैसे वे मणिपाल या बीजापुर जा सकते हैं। लेकिन मुझे लगता है कि रूस जानेवाले भारतीय विद्यार्थियों और उनके आतुर अभिभावकों को सही मार्गदर्शन मिलना चाहिए। भारत सरकार के विदेश मन्त्रालय और शिक्षा मन्त्रालय को कोई ऐसी पद्धति विकसित करना चाहिए, जिससे ये विद्यार्थी पढ़ाई भी ठीक से कर सकें, परदेश में असुरक्षित न महसूस करें, देश की प्रतिष्ठा भी धूमिल न हो और एक नए अपरिचित परिवेश में पाँच-सात साल रहने के बाद उनके अनुभव और आत्मविश्वास का सही उपयोग देश की सेवा में किया जा सके।

अतुल सावानी मास्को में पिछले तीस साल से हैं। वे रूसी साहित्य का गुजराती में अनुवाद करने के लिए विदेशी भाषा प्रकाशन गृह में पहुँचे थे। अतुलजी और उनकी पत्नी कुदसिया बहुत ही मिलनसार और मेहमाननवाज़ दम्पत्ती हैं। एक दिन दो घंटे तक उनसे राजनीति, साहित्य, संगीत और दुनियाभर के विषयों पर बातें होती रहीं। मास्को की इंडियन एसोसिएशन ने मुझे काव्यपाठ के लिए आमन्त्रित किया तो अतुलजी ने अपने बड़े से घर में ही आयोजन करने का प्रस्ताव रख दिया। उस दिन और बहुत से भारतीयों से भेंट हुई। कविता में दिलचस्पी तो उन्हीं को हो सकती थी जिनका शब्दों से कुछ लेना-देना हो। जिनसे मिले, वे या तो मास्को रेडियो में या प्रगति प्रकाशन में काम करने आए थे या अभी मास्को में पत्रकार हैं। सभी को रूस में रहते लम्बा समय बीत गया है। वहाँ की सुव्यवस्थित जीवनचर्या के आदी हैं और सोचते हैं कि भारत

लौटना हुआ तो वृद्धावस्था में कैसे नए वातावरण से तालमेल बैठाएँगे। लेकिन सोवियत भारत मैत्री का दौर खत्म हो जाने के बाद रूस में रहने का कोई आकर्षण नहीं बचा है। मेरे पुराने मित्र ददन उपाध्याय इंडियन एक्सप्रेस के संवाददाता हैं। दोनों बेटे इंजीनियर हैं और प्रतिष्ठित कम्पनियों में काम कर रहे हैं। वे सोचते हैं कि अन्ततः देश तो वापस आना ही है लेकिन इतने बरसों से जमाया डेरा कैसे उखाड़ लें।

इंडियन एसोसिएशन के अध्यक्ष मदनलाल मधु हैं। मास्को के सबसे पुराने भारतीय प्रवासी। राष्ट्रपति द्वारा पद्मश्री से अलंकृत। इन्दकुमार गुजराल और भीष्म साहनी जैसे बुद्धिजीवियों के मित्र। रूसी साहित्य से हिन्दी पाठकों को परिचित कराने की दिशा में उन्होंने जबरदस्त काम किया है। टॉल्स्टॉय से लेकर रसूल हमज़ातोव तक के अनुवाद उन्होंने किए हैं। मधुजी लगातार इस फिक्र में रहते हैं कि भारत की सांस्कृतिक छवि रूस में निखरना चाहिए। इन सब लोगों से मिलना और फिर फोन पर बातें करते रहने से मास्को में बीता समय लाभदायी सिद्ध हुआ।

मास्को में इंडियन बिजनेस एसोसिएशन भी है और ठेठ भारतीय ठाठ में मैथिल समाज, भोजपुरी समाज, ब्राह्मण समाज आदि भी। बम्बई की तरह घर पहुँच दफ्तर टिफिन का डिब्बा भेजने की व्यवस्था भी है और घर पर खाना बनाना हो तो विजय शॉप जैसी 'इंडियन शॉप' में कई गुना महँगे दाम पर मिर्च मसाले भी उपलब्ध हैं। प्रवासी भारतीय रूसी सुन्दरियों के साथ अपना एकाकीपन बाँटते नजर आते हैं तो भारतीय दूतावास के नोटिस बोर्ड पर भारतीय विद्यार्थियों के रूसी कन्याओं से विवाह के तीस दिनी नोटिस भी नियमित देखे जा सकते हैं।

भारतीय दूतावास के ही अन्तर्गत जवाहरलाल नेहरू कल्चरल सेंटर हैं, जिसमें हिन्दी भाषा, तबला और कत्थक आदि की कक्षाएँ निरन्तर चलती रहती हैं। सेन्टर का सभाकक्ष सत्यजित राय की स्मृति को समर्पित है। पहले सुपरिचित युवा लेखक पवन वर्मा सेन्टर के निदेशक थे। इन दिनों भारतीय विदेश सेवा के वरिष्ठ अधिकारी अशोक सज्जननहार निदेशक हैं। भारतीय संस्कृति के विविध आयामों में उनकी गहरी दिलचस्पी है। मैं बिना समय लिए ही पहुँच गया था फिर भी आत्मीयता से मिले और बातें करते-करते कब एक घंटा बीत गया, पता ही नहीं चला। मैंने कहा कि दुबारा आऊँगा लेकिन नहीं जा सका।

मास्को में केन्द्रीय विद्यालय भी है जिसमें ढाई सौ से ज्यादा छात्र पढ़ रहे हैं। इनमें भारतीयों के अलावा पाकिस्तानी, बंगलादेशी और नेपाल के बच्चे भी हैं। शिक्षकों में भारतीय भी हैं और रूसी भी। विद्यालय के ग्रन्थागार में चार हज़ार से ज्यादा पुस्तकें हैं। स्कूल की सारी दीवारें विद्यार्थियों द्वारा बनाए गए चित्रों और पोस्टरों से सजाई गई हैं। हम पहुँचे तो प्राचार्य श्री चक्रवर्ती के पास बंगलादेश के राजदूत बैठे हुए थे। चक्रवर्तीजी बड़े स्नेह से मिले। हमें स्कूल का भ्रमण कराया। कुल मिलाकर अच्छा माहौल। ऐसा लगा कि सार्क देशों के बीच आपसी समझ बढ़ाने के लिए यह स्कूल एक उपयुक्त मंच हो सकता है।

भारतीय दूतावास में प्रेस सचिव एस. चक्रवर्ती है। अस्वस्थता के बाद उस दिन पहली बार ही अपने कार्यालय आए थे। उनसे अन्तरराष्ट्रीय राजनीति आदि पर काफी देर चर्चा होती रही। रूस आने के पहले वे हॉलैंड में थे। उनसे मिलना एक सुखद अनुभव रहा।

भारतीय राजदूत रोनेन सेन से थोड़ा-सा पूर्व सम्पर्क था। वे उन दिनों काफी व्यस्त थे फिर भी शाम को सपरिवार चाय पर उन्होंने आमन्त्रित किया। रूस में उन्हें छह साल हो गए हैं। शायद इससे ज्यादा समय तक सिर्फ गुजराल साहब ही मास्को में राजदूत रहे। आधा घंटे की बातचीत में श्री सेन हिन्दी में ही बात करते रहे। अंग्रेजी का एक लफ़्ज़ नहीं। उनसे भी बहुत से विषयों पर बात होती रहे। मेरी जानकारियों में इज़ाफ़ा हुआ। लेकिन उन बातों का उल्लेख शायद किसी और लेख में ही हो पाएगा।

1977 में तीन माह वेल्स के कार्डिफ शहर में रहना हुआ था। 21 साल बाद अठारह दिन मास्को में बिताए। इतना लम्बा समय विदेश के एक शहर में कैसे बीत गया पता ही नहीं चला। जनवरी 1978 में पहली बाद सोवियत संघ की यात्रा की थी। ताशकन्द, अश्काबाद, किशिनेव, लेनिनग्राद और मास्को। 90 और 92 में फिर संक्षिप्त प्रवास पर मास्को आना हुआ था। हर बार मास्को में कुछ न कुछ नया देखा। दुनिया के किसी और शहर में शायद इतने ज्यादा परिवर्तन इतनी जल्दी न हुए होंगे। 1998 का मास्को मुझे आश्वस्त करता लगा कि चाहे कितनी भी विषय परिस्थिति क्यों न हो, रूस की जनता उसका सामना करने में सक्षम है। 11 जुलाई से मास्को में विश्व यूथ ओलम्पिक खेलों का आयोजन था। उसकी तैयारियाँ दिन-रात चल रही थी। मैं नहीं जानता कि रूस के अलावा भी किसी और जनतान्त्रिक देश में यह हो सकता है कि महीनों वेतन न मिले लेकिन सुबह चार बजे नगर निगम के कर्मी सड़कों की सफाई में जुट जाएँ या रात-रात भर जागकर सड़कों का निर्माण और भवनों का रंग-रोगन होता रहे और महँगाई का सामना करने के लिए विश्वविद्यालय के प्रोफेसर और वैज्ञानिक आत्महत्या करने के बजाए अपनी कार को खाली समय में प्राइवेट टैक्सी की तरह चलाने लगें ! भारत की पान दूकानों, कैंटीनों और क्लबों में यह चर्चा का अच्छा विषय हो सकता है।

मास्को से रवानगी के समय एक ऐसा वाकया हो गया, जिसने थोड़ी देर के लिए तो मुझे हद से ज्यादा बेचैन कर दिया। आगे की यात्रा के लिए अजय ने मुझे 1,500 डॉलर अपनी कम्पनी से दिए थे। उसका प्रमाण पत्र रूसी नियमों के तहत मेरे पास था। मास्को से आते-जाते में हर यात्री को 1,500 डॉलर से ज्यादा विदेशी मुद्रा हो तो घोषित करना पड़ती है। दिल्ली में मैंने 500 डॉलर खरीदे थे, वे पासपोर्ट में दर्ज थे और राशि पूरी बची हुई थी। मास्को से रवाना होते समय कस्टम के घोषणा पत्र में मैंने 1,500 डॉलर की राशि भर दी। रैड चैनल (घोषणा योग्य वस्तुओं के साथ गुजरने के लिए) से निकलते हुए कस्टम अधिकारी ने घोषणापत्र देखा, मास्को में मुद्रा हासिल करने का प्रमाणपत्र देखा और पूरी राशि देखने की माँग की। मेरे कोट की जेब में कुल दो हजार

डॉलर थे, जो तुरन्त मैंने पेश कर दिए। उसने आपत्ति की कि घोषणा तो 1,500/- की है। मैंने समझाया 500/- की प्रविष्टि मेरे पासपोर्ट में है। वह नहीं माना और अपने बड़े अधिकारी के पास ले गया। उन्हें भी जब यही बात समझाई तो मेरे उत्तर से सन्तुष्ट हुए लेकिन कहा कि आपको पूरे दो हजार डॉलर की घोषणा करनी थी। मैंने अपनी नासमझी मान ली। इस बीच कस्टम के दरवाजे पर दोनों बेटियाँ और दामाद खड़े थे। लौटकर आया तो पूछा—कितनी रिश्वत ली। मैंने बताया एक पैसा भी नहीं।

सुना तो बहुत था कि रूस में रिश्वत बहुत ज्यादा ली-दी जाती है। हो सकता है कि व्यापारिक यात्रियों के साथ ऐसा ही होता है लेकिन मेरा अनुभव प्रारम्भिक चिन्ता के बाद अलग ही रहा। यद्यपि हेलसिंकी में अपने होटल पहुँचने तक मेरे मन में यह विचार घुमड़ रहा कि अगर उच्च अधिकारी मेरी बात पर विश्वास न करता तो क्या होता। दोनों अधिकारी अंग्रेजी भी टूटी-फूटी बोल रहे थे और या नहीं, मैं नहीं जानता था। उनकी जो भावहीन मुखमुद्रा थी, उससे जान पाना मुश्किल था कि आखिर वे क्या सोच रहे हैं। लेकिन अपने अनुभव के बाद यही लगा कि रूस के बारे में अतिरंजित बातें की जाती हैं।

(29 अगस्त, 1998)

बाल्टिक की सुन्दरी

1978 की 26 जनवरी। लेनिनग्राद में फिनलैंड की खाड़ी में दक्षिण तट पर खड़े हुए इच्छा हुई कि काश फिनलैंड भी देख पाते। 20 साल बाद यह इच्छा पूरी हो ही गई। दिल्ली स्थित फिनिश दूतावास की प्रेस अधिकारी ने अगर तत्पर सहायता न की होती तो हम शायद उत्तरी यूरोप याने स्कैंडिनेविया के देशों की यात्रा नहीं कर पाते।

24 जून की शाम रूसी वीसा मिला था। 25 जून की शाम का टिकिट था मास्को का। 25 की ही सुबह पत्रकार होने का परिचय देते हुए फिनिश दूतावास में प्रेस अधिकारी से भेंट का आग्रह किया था। उन्होंने सौजन्यपूर्वक भेंट की। यात्रा का उद्देश्य पूछा, भारत और फिनलैंड के बीच सम्बन्धों पर कुछ देर बात की, यह भी कहा कि सम्बन्ध कोई खास प्रगाढ़ नहीं हैं। फिर शायद वे मेरे इस उत्तर से आश्वस्त हुई कि एक पत्रकार की जिज्ञासा ही मुझे एक सुदूर, लगभग अपरिचित, गैर अंग्रेजीभाषी मुल्क की तरफ आकर्षित कर रही है। उन्होंने दूतावास के वीसा विभाग में क्या कहा, मैं नहीं जानता; लेकिन चार घंटे में वीसा यदि मिल गया तो श्रेय उनको ही है, जिनका नाम भी मैं अपनी हड़बड़ाहट में नहीं पूछ पाया।

13 जुलाई को हम हेलसिंकी पहुँचे। फिनलैंड की राजधानी। महानगर मॉस्को की तुलना में एक छोटा शहर। छोटा-सा विमानतल। यात्रियों की आवाजाही तो थी लेकिन भागमभाग नहीं, भीड़ में खोने की आशंका नहीं। पहली नजर में ही लगा जैसे किसी पूर्वपरिचित स्थान पर आ गए हों। एक तसल्लीबख़्श एहसास। आव्रजन अधिकारी ने मुस्कुराकर स्वागत किया। कोई पूछताछ नहीं की। पूछताछ काउंटर पर वैसी ही स्वागत भरी मुस्कान के साथ सवालों के जवाब। खूब घनी हरियाली के बीच से गुजरते हुए आधा घंटे में अपने होटल पहुँच गए। आरक्षण पहले हो गया था।

रायपुर से रवाना होने के पहले ही 18-19 जून को उत्तर यूरोपीय देशों में अपने मित्रों को मैंने पत्र लिखे थे—हम पति-पत्नी आपके देश की यात्रा पर शायद पहुँचेंगे। अगर सुविधाजनक हो तो भेंट करना हमारा सौभाग्य होगा। उत्तर देने के लिए मास्को का नम्बर दे दिया था। सुखद आश्चर्य कि हमारे पत्र एक सप्ताह के भीतर सारे मित्रों को मिल गए और 27 जून को मास्को में फैक्स पर पहला निमन्त्रण भी मिल गया। हेलसिंकी के मित्र लेनर्ट ग्रिपनबर्ग का। लेनर्ट और उनकी पत्नी एलिसाबेथ ने हमारी प्रस्तावित यात्रा का स्वागत तो किया ही, अपने गाँव में नातियों के साथ एक दिन बिताने

का भी भावपूर्ण आग्रह किया। मास्को से उनसे दो-तीन फैक्स पर ही सन्देशों का आदान-प्रदान हुआ।

हेलसिंकी के नक्शे पर नज़र डाली तो पता चला कि जिस सड़क से गुजरे थे, उसी पर देश की पार्लियामेंट भी है। आते-जाते में कुछ बड़ी इमारतें देखी तो थीं लेकिन संसद भवन जैसे किसी विराट् परिसर के सामने से निकले हो ऐसा ख्याल नहीं पड़ रहा था। दिन फिर उसी मार्ग से ध्यानपूर्वक देखते गए तो भारत और फिनलैंड के संसद भवन का अन्दर समझ आया। न कोई प्रतिबन्ध न कोई चौकसी। संसद से लगभग सटकर ही राष्ट्रीय संग्रहालय। सामने ऐतिहासिक फिनलैंडिया हॉल। दो कदम की दूरी पर मुख्य बस डिपो। आराम से लोग आना-जाना कर रहे हैं। यही सड़क हेलसिंकी की सबसे प्रमुख और सबसे लम्बी सड़क है। हमारे होटल के सामने ऑपेरा हाउस है और उसके बाजू में सुरम्य झील के किनारे एक सुन्दर बागीचा। ऑपेरा हाउस से लेकर स्टेशन चौक तक सड़क पर दोनों तरफ घने वृक्ष हैं और जगह-जगह फूलों की क्यारियाँ।

साफ-सुथरे शहर में स्टेशन के प्रवेश द्वार पर ही चारों तरफ बिखरे सिगरेट के टोटे देखकर झटका लगता है लेकिन भीतर स्टेशन फिर वैसा ही साफ-सुथरा। अन्दर अच्छी खासी चहल-पहल है। रेस्तराओं में, पुस्तक की दूकानों पर, विदेशी मुद्रा विनिमय के काउंटरों पर और रेलवे टिकिट, आरक्षण, पूछताछ आदि के दर्जनों काउंटरों में से हरेक के सामने कतारें।

सामने एक मशीन है। बटन दबाइए। अपने नम्बर की चिट निकालिए और उस नम्बर के हिसाब से बारी आने पर निर्देशित काउंटर पर जाकर अपना प्रयोजन सिद्ध कीजिए। हम पहले नम्बर लेकर पूछताछ काउंटर पर गए। फिर दूसरा नम्बर लेकर अन्तरराष्ट्रीय रेल सेवा काउंटर पर गए। दोनों में कोई 10-15 मिनट का समय लग गया लेकिन सारा काम व्यवस्थित सुचारू और धैर्यपूर्वक। दिल्ली में हमने यूरोप यात्रा के लिए विदेशी यात्रियों को मिलनेवाले 'यूरो रेल पास' खरीद लिए थे। हेलसिंकी से आगे की यात्रा रेल से करनी थी, इसके पूर्व पास का प्रमाणीकरण रेलवे स्टेशन पर करवाना था। यूरोरेल पास कई जगह समुद्री जहाज के लिए भी मान्य होता है। अपने मित्र के सुझाव पर हम हेलसिंकी से स्टॉकहोम की यात्रा जहाज से ही करनेवाले थे। इसलिए पास का प्रमाणीकरण करवाने के बाद जहाजरानी कम्पनी के दफ्तर गए। वहाँ भी वैसे ही कतार में अपनी बारी आने का इन्तजार। कई-कई काउंटरों पर एक साथ काम हो रहा है और मशीन से नम्बर लेकर लोग धैर्यपूर्वक प्रतीक्षा कर रहे हैं। आगे की यात्रा के लिए जरूरी प्रबन्ध कर हम शहर की सैर पर पैदल निकल पड़े।

हमारे होटल और स्टेशन के बीच का इलाका जितना शान्त, स्टेशन के आगे उतना ही गहमागमी होटल, डिपार्टमेंटल स्टोर्स, कैफे, रेस्तराँ और दूकानें। सड़क किनारे जगह-जगह खुले आसमान के नीचे रेस्तराँ में टेबलें सजी हैं, और लोग आराम से बीयर पीते हुए, या खाना खाते हुए बैठे हैं। भीड़ भरी सड़क के बीच चारों तरफ से बेफिक्र ऐसा इत्मीनान। मन होता है इसी तरह अपन भी कहीं बैठ जाएँ। फिर लगता है हाथ

में सिर्फ कॉफी का प्याला लिए इस महफिल में बैठना हिमाकत होगी और फिर जेब में रखे गिनती के डॉलर भी बाहर आने के लिए आसानी से तैयार नहीं होते।

मास्को में भारतीय या उपमहाद्वीपीय भाईबन्द जगह-जगह दिख जाते थे। हम मन में सोच बैठे थे कि फिनलैंड की खोज करनेवाले पहले भारतीय शायद हम ही होंगे। सड़क पर थोड़ी दूर घूमने से अपनी गलती समझ आ गई। इक्के-दुक्के ही सही अपने वतन के लोग यहाँ भी हैं। हेलसिंकी का यह व्यस्त बाज़ार का इलाका पर्यटकों से गुलजार है। हर दूसरा व्यक्ति हाथ में 'सिटी मैप' लिए घूम रहा है।

हेलसिंकी शहर बहुत बड़ा न हो लेकिन पर्यटकों के लिए आकर्षण के केन्द्र पूरे शहर में और उपनगरों में बिखरे पड़े हैं। टूरिस्ट गाइड में तो सौ के करीब संग्रहालयों और अन्य आकर्षणों का ब्यौरा दिया हुआ है। यूरोप के इतिहास और विकास का विस्तृत अध्ययन करने में जिनकी दिलचस्पी हो उनके लिए हेलसिंकी में एक सप्ताह बिताना भी शायद पर्याप्त न हो। लेकिन हमारे जैसे सैलानी के लिए यूरोप के किसी भी शहर में तीन दिन का समय काफी है।

विदेशी पर्यटन को बढ़ावा देने के लिए जिस तरह यूरोरेल पास सस्ते दामों में उपलब्ध कराए जाते हैं, उसी तरह हर पर्यटक नगरी में 'सिटी कार्ड' भी स्टेशन, होटल, पर्यटन कार्यालय और बुकशॉप में मिल जाते हैं। अपने होटल के काउंटर में हमने 110 फिनिश मार्क (लगभग 20 डॉलर में चौबीस घंटे के लिए वैध हेलसिंकी काड) खरीद लिए। कार्ड जेब में रखो और चौबीस घंटे शहर की बस, ट्राम, लोकल ट्रेन में जितनी मर्जी आए घूमो। इसी कार्ड से नगर में अधिकतम आकर्षण स्थलों में निःशुल्क प्रवेश। अनेक होटलों और दूकानों में भी कीमत में रियायत। हिसाब लगाया अगर कार्ड न लेकर अलग-अलग जगह टिकिट खरीदते तो 20 की जगह 40 डॉलर खर्च हो जाते।

हम सुबह होटल से निकले। पास के ट्राम स्टॉप से ट्राम पकड़ी। ड्राइवर से कार्ड पर तारीख और समय अंकित करवा लिया। 'सिटी सेन्टर' पर ट्राम से उतरे और 'सिटी साइट सीइंग' बस में बैठ गए। दो घंटे का शहर का सफर अंग्रेजी भाषी गाइड के साथ। लौटकर आए तो नजदीक के स्टीमर घाट से स्टीमर में बैठे और बीस मिनट की दूर पर समुद्र में बसे सुओमिनलिना द्वीप की सैर करके आ गए।

नगर भ्रमण कर लगा कि हेलसिंकी को 'ब्यूटी ऑन द बाल्टिक' की उपमा सार्थक ही है। तीन दिशाओं में नगर को घेरे बाल्टिक समुद्र लहराता है और बीच में बगीचों और सरोवरों के बीच खिलता हुआ शहर—ऊँची-नीचे घेरदार घुमावदार लगभग सँकरी सड़कें। ज्यादातर इमारतें 5-7 मंजिली। बाल्टिक की शर्मीली सुन्दरी।

शहर के बीचोंबीच एक चर्च है। चट्टान काटकर बनाया गया। भीतर पहुँचकर लगता है कि किसी गुफा के भीतर आ गए हैं। चारों तरफ चट्टानों की स्वाभाविक दीवार। ऊपर शीशे की छत से आती सूरज की हल्की सी रौशनी। एक ओर कतार से मोम के दीये जल रहे हैं। नगर भ्रमण में यह पहला पड़ाव है। फिनलैंड ओर स्कैंडिनेविया के बाकी तीनों देशों में प्रोटेस्टैंट लूथरन चर्च की मान्यता है। सरकार चर्च के लिए भी

कर वसूल करती है। लेकिन यह इन देशों की व्यवस्था का एक सामान्य, सर्वस्वीकृत अंग है। धर्म को लेकर कोई अतिरिक्त उत्साह कहीं नज़र नहीं आता। चर्च की राजनीति में हस्तक्षेप या सार्वजनिक उन्माद बिल्कुल नहीं है। जब रूस में पुराने चर्चों में वापस प्राण-प्रतिष्ठा की जा रही है, तब स्कैंडिनेविया में पुराने चर्चों में रेस्तराँ खुल रहे हैं।

एक सुन्दर छोटा-सा उद्यान फिनलैंड के विश्वविख्यात संगीतज्ञ सिबेलियस की स्मृति को समर्पित है। हरे-भरे वृक्षों के बीच आधुनिक अमूर्त शिल्प में धातु से ढला कोई बीस फीट ऊँचा स्मारक बना है। इसे फिनलैंड की किसी प्रसिद्ध शिल्पी ने ही गढ़ा है। स्मारक से जैसे संगीत की लहरियाँ उठ रही हैं और सामने बने अनगढ़ सरोवर में विलीन हो रहे हैं। स्मृति उद्यान अपनी सादगी में अप्रतिम है।

एक दूसरे स्मारक फिनलैंड के एक और सपूत की याद दिलाता है। 1952 के ओलम्पिक खेलों के लिए बनाए गए ओलम्पिक स्टेडियम के सामने महान धावक पावो नूरमी की प्रतिमा स्थापित है। देखकर लगता है मानो अभी दौड़ शुरू होने ही वाली है।

हमारा होटल जिस मुख्य सड़क पर था, उसका नामकरण फिनलैंड के शूरवीर और प्रथम राष्ट्रपति जनरल मैनरहाइम के नाम पर है। उनकी अश्वारोही प्रतिमा शहर के सबसे व्यस्त चौराहे पर, स्टेशन और संसद भवन के नजदीक ही स्थापित की गई है।

वास्तविक जीवन के नायकों के इन स्मारकों से थोड़ी अलहदा एक मूर्ति बरबस मन मोह लेती है। 'ब्यूटी ऑन द बाल्टिक' याने हेलसिंकी नगर के सौन्दर्य की प्रतीक एक काल्पनिक सुन्दरी की प्रतिमा।

प्रतिमा स्थल के आसपास खुला मैदान है। आकार में बहुत बड़ा नहीं। एक तरफ एक मंच बना हुआ है। सामने कुछ बेंच डाल दी गई है। कॉफी या बीयर पीते हुए, पॉपकार्न और चिप्स खाते हुए मंच पर चल रहे गीत-संगीत के कार्यक्रमों का मुफ्त में आनन्द उठाया जा सकता है।

घूमते-घूमते हम लोग पहुँचे। दूर से ही आर्केस्ट्रा की धुन सुनाई दी रही थी। मंच पर थाई देश के कलाकार नृत्य पेश कर रहे थे। कार्यक्रम देखते हुए सबसे आगे की बेंच पर थाईदेश के महामहिम राजदूत कुछ फिनिश अधिकारियों के साथ बैठे थे।

एकदम अनौपचारिक माहौल। मंच और 'दर्शन दीर्घा' के बीच से लोग आना-जाना कर रहे थे। बेंचें भर गई थीं तो इधर-उधर झुंडों में लोग खड़े होकर कार्यक्रम देख रहे थे। एक आइटम समाप्त हुआ तो जोरदार तालियाँ बजाकर कलाकारों का उत्साहवर्द्धन। फिर अगले आइटम की प्रतीक्षा।

इसी जगह से कोई सौ कदम की दूरी पर स्टीमर घाट है और उसके सामने 'मच्छी बाज़ार'। मच्छी बाज़ार या फिश मार्केट से आशय हर रोज अस्थायी दूकानें लगाकर किस्म-किस्म का माल बेचनेवाले बाज़ार से है। सुबह दूकानदार मिनी ट्रक में सामान लेकर आ जाते हैं और शाम को दूकान समेटकर लौट जाते हैं। इस बाज़ार में ताजी सब्जियाँ और फल मिल रहे थे तो ऊनी कपड़े, चमड़े के बैग और फिनलैंड के स्मृति चिह्न भी। बाज़ार के सामने सड़क की दूसरी ओर फिनलैंड के राष्ट्रपति का राजकीय

आवास है। संसद भवन देखने के बाद राजकीय सादगी का यह दूसरा उदाहरण हमने देखा।

हेलसिंकी में पर्यटकों की चहल-पहल का मुख्य केन्द्र समुद्र तट के आसपास का यही इलाका है। स्टीमर घाट से 5 मिनट की दूरी पर बड़े जहाजों का बन्दरगाह है और सामने ही नगर भ्रमण की बसें छूटती और लौटती हैं। 'मच्छी बाज़ार' में घूमते-घूमते एक जगह ताजी मटर खरीदी और खाते हुए सुओमिनलिना द्वीप ले जानेवाले स्टीमर पर सवार हो गए।

बाल्टिक समुद्र के बीच तट से बीस मिनट की स्टीमर यात्रा दूर इस द्वीप का कभी सामरिक महत्त्व रहा है। द्वीप पर बने किले को इस साल ढाई सौ साल पूरे हुए हैं और इसकी जयन्ती धूमधाम से मनाई जा रही है। फिनलैंड रूस और स्वीडन के बीच प्रतिद्वन्द्विता का केन्द्र रहा है। रूसी आधिपत्य के दौरान ही सुओमिनलिना द्वीप पर किला बनाया गया था। उत्तरी यूरोप का यह सबसे मजबूत गढ़ माना जाता है। द्वीप पर एक पुराना गिरजा घर, आसवनी, कुछ पुराने घर, एक पुस्तकालय और कोई एक दर्जन संग्रहालय पर्यटकों को अपनी तरफ खींचते हैं। किले की बनावट और इन्तजाम हमारे अपने पुराने किलों की याद दिलाते हैं।

इन दिनों हेलसिंकी में सबसे ज्यादा चर्चा अगर है तो कियास्मा की। आधुनिक कला का यह घर अभी दो माह पहले ही खुला है। नव्यतम वास्तुशिल्प में गढ़ा गया कियास्मा का भवन अपने अनोखेपन के कारण दूर से ही आकर्षित करता है। भीतर चार मंजिलों में स्थित दो दर्जन से ज्यादा प्रदर्शन कक्षों में आधुनिक कला रूपों की कहीं बरबस ध्यान खींचनेवाली तो कहीं एकदम चौंकानेवाली निर्मितियाँ देखी जा सकती हैं। एक कक्ष में एक बहुत छोटी प्लेट से लेकर एक विशालकाय परात तक कोई बीस पात्रों में चावल भरकर कतार में सजा दिया गया था। शीर्षक था, 'दी राइस फीस्ट।' एक-दूसरे कक्ष में बहुत सारे टेलीविजन सैटों पर एक फिल्म चल रही थी और सैटों के बीच बिछे बिस्तर पर एक युवक कोई किताब पढ़ता हुआ लेटा था—दर्शकों से निरपेक्ष। एक मेधावी कम्प्यूटरज्ञानी युवक के मनोरोगी हो जाने और बाद में मनोचिकित्सक के उपचार से स्वस्थ हो जाने के बीच वह किस मनोलोक में रहा—वह इस कृति में दर्शाया गया था। लेकिन हम जैसे सामान्य पर्यटक के लिए इसमें सिर्फ कौतूहल ही था। किसी कक्ष में आधुनिक चित्रकारों की पेंटिंग्स प्रदर्शित थीं तो कहीं मूवी कैमरे की सारी क्षमताओं का उपयोग करती लघु फिल्मों का प्रदर्शन भी चल रहा था। कुल मिलाकर कियास्मा को तभी समझा जा सकता है, जब उसे कलाकार की निगाह से देखने की कोशिश की जाए या फिर कलारूप को देख दर्शक उसे जैसा परिभाषित कर ले, वही उसका अर्थ मान लिया जाए।

कियास्मा से बाहर निकले तो हमने ट्राम की सवारी करने की ठानी। तीन-बी और तीन-टी नम्बर की दो ट्रामें हैं जो विपरीत दिशाओं से पूरे 8 के आकार में शहर का चक्कर लगाती हैं। हम पहले तीन-टी में बैठे और करीब एक घंटे में पूरे शहर को

भीतर-बाहर देखते वापस लौटे और फिर तीन-बी से घूमकर विपरीत दिशा से शहर की खोज की। दूकानें शाम 6-7 बजे तक बन्द हो गई थीं। यद्यपि अभी गर्मी के दिन थे और रात 11 बजे तक सूरज की रौशनी रहती थी। सड़कें सूनी होने लगी थीं और चहल-पहल सिर्फ स्टेशन चौक से सिटी सेन्टर के बीच के पर्यटक क्षेत्र में ही थी या फिर शहर में जगह-जगह खुले रेस्तराओं में। ट्राम की खिड़की से ही हमारी नजर 'महाराजा' नाम के एक भारतीय रेस्तराँ पर पड़ी। रात हम उसी जगह देशी खाना खाने गए। रेस्तराँ के बंगलादेशी मालिक से कुछ देर गपशप की और भारत से आए कलाकारों की सितार और तबले की जुगलबन्दी का आनन्द उठाया।

शहर में आवारा घूमते हुए एक छोटी सी दूकान में कुछ सामान लेने घुसे तो दूकान में बैठी फिनिश युवती ने पूछा आप भारत से आए हैं। फिर बताया कि उसने बंगलादेशी युवक से विवाह रचाया है और इसी साल जानेवाली है। उससे थोड़ी देर बंगलादेश और भारत के बारे में बातचीत चलती रही।

फिनलैंड में हमारा तीसरा और आखिरी दिन लगातार घूमते हुए बीता। लेनर्ट और एलिसाबेथ सुबह ही होटल हमें लेने आ गए थे। उनकी कार में सामान रखा और गाँवों की ओर निकल पड़े। पहला पड़ाव राजधानी के सीमान्त पर सवा सौ साल पुराने अरेबया पॉटरी वर्क्स के संग्रहालय में। संग्रहालय में कारखाने में बने पहले क्रॉकरी सेट से लेकर आज बन रहे नई-नई डिजाइनों के सेटों के नमूने प्रदर्शित किए गए हैं। इनसे एक झलक मिलती है कि लोगों के खानपान में और रुचियों में पिछले सौ सालों में किस तरह परिवर्तन आया है। हमें ये देखकर बहुत अच्छा लगा कि हर प्रदर्शित वस्तु के साथ उसके शिल्पी और कलाकार का नाम भी दिया गया है। सौ साल पुरानी चिट्ठियाँ, ग्राहकों के ऑर्डर आदि भी सहेजकर रखे गए हैं।

राजधानी का साथ छूटते न छूटते चीड़, देवदार और स्प्रूस के घने जंगल हमारे साथ हो लिए और शाम को बन्दरगाह पहुँचने तक साथ रहे। जंगलों के बीच दूर-दूर बसे छोटे-छोटे गाँव थे और उनसे लगे हुए खेत। अधिकतर खेतों में अभी सरसों की प्रजाति के ही सरसों जैसे पौधों पर पीले फूलों की बहार आई थी। कृषि शास्त्री लेनर्ट हमें फसल कटाई दिखाने ले जाना चाहते थे लेकिन आए दिन हो रही असमय बारिश के कारण कटाई हो नहीं पा रही थी।

दिनभर साथ रहते-घूमते ग्रिपनबर्ग दम्पती से रोचक जानकारियाँ मिली। फिनलैंड की छह प्रतिशत आबादी स्वीडिश मूल की है। फिनिश के साथ-साथ स्वीडिश भी राजभाषा के रूप में मान्य है। फिनिश भाषा स्कैंडिनेविया की दूसरी भाषाओं से एकदम अलग है और उसे सीखना सरल नहीं है। दो भाषाएँ की शासकीय मान्यता इस हद तक है कि करीब-करीब हर शहर-गाँव के नाम भी दो-दो हैं। हेलसिंकी नामक फिनिश भाषा में हैं तो स्वीडिश में उसे हेलसिंगफोर लिखा जाता है। हम एक बहुत प्राचीन गाँव में गए। वहाँ की सँकरी-सँकरी गलियों से गुजरते हुए सदियों, पुराना चर्च देखने गए, खपरैल की छतवाले पुराने मकानों के सामने से गुजरे और कुछ समय के लिए अतीत

में खो गए। इस गाँव का नाम फिनिश में पोरवू है, जबकि स्वीडिश में बोर्गा। हर सड़क पर, हर मील के पत्थर पर हम गन्तव्य का नाम दोनों भाषाओं में लिखा मिला।

पोरवू या बोर्गा में हम एक प्रकाशन संस्थान गए। गाँव के नवविकसित क्षेत्र में कोई एक फर्लांग लम्बे और उतने ही गहरे क्षेत्र में संस्थान का कामकाज फैला है। सामने एक अदृश्य सा प्रवेशद्वार लेकिन भीतर बड़े-बड़े हॉल, मशीन रूम, कागज का भंडार और पुस्तकों का गोदाम आदि। फिनिश भाषा के सभी प्रमुख लेखकों की पुस्तकें यहाँ छपती रही हैं और स्वागत कक्ष में न सिर्फ पुस्तकें सजी हैं, बल्कि लेखकों के फोटो भी सलीके से चारों तरफ दीवारों पर मढ़े हुए हैं। लेखकों का यह सम्मान देखकर स्वाभाविकतः मन को अच्छा लगा। पोरवू फिनलैंड के राष्ट्रकवि जे.एल. रुनबर्ग की जन्मस्थली भी है।

वहाँ से हम ग्रेनाई की खदानोंवाले इलाके से गुजरते हुए एक और गाँव गए वहाँ की ग्लास फैक्टरी देखने। इस कारखाने का संग्रहालय एक तिमंजिली इमारत में अवस्थित है। काँच के आविष्कार से लेकर अब तक के प्रयोगों की झाँकी। डेढ़ सौ साल पहले फैक्टरी में बने ग्लासों के नूमने से लेकर आधुनिक शैली के ग्लास और इनके बीच तरह-तरह की दवा की शीशियाँ, शराब की बोतलें, खिलौने और सजावटी सामग्री का प्रदर्शन निर्माण का समय, शिल्पी का नाम, कलाकार का नाम आदि सारे विवरणों के साथ दिखे।

शाम हो चली थी। लौटते हुए हेलसिंकी में हम ग्रिपनबर्ग दम्पती के घर थोड़ी देर रुके। प्यारा-सा घर सुरुचि की छाप हर जगह। लेनर्ट अपने घर की अतिथि पुस्तिका लेकर आए। पुस्तिका में 15 जुलाई, 1998 की तारीख डालते हुए मैंने लिखा कि फिनलैंड की यात्रा और आज का दिन हमारे लिए एक स्मरणीय दिन था जिसकी स्मृतियाँ ताजिन्दगी हमारे साथ रहेंगी।

लेनर्ट कृषि वैज्ञानिक के पद से काफी पहले सेवानिवृत्ति हो चुके हैं। एलिसाबेथ स्वयं एक थोक उपभोक्ता भंडार का संचालन करती हैं। उन्होंने अपने काम से उस दिन अवकाश ले लिया था। लेनर्ट दिन भर बिना थके कार चलाते रहे। घर पर विदा की चाय ली। बन्दरगाह आते-आते अपने बेटे का दफ्तर दिखाया और 'नोकिया' का मुख्यालय जो फिनलैंड की सबसे बड़ी कम्पनी है। बन्दरगाह पर विदा लेते हुए एलिसाबेथ ने माया से कहा—टाइटैनिक फिल्म देखी है इसलिए जहाज में घबराना मत। सफर बहुत मजे में कटेगा। अपने केबिन में सामान रख तुरन्त जहाज के डैक पर आ जाना। वहाँ से छूटते हुए हेलसिंकी नगर का सुहाना दृश्य दिखेगा।

(30 अगस्त, 1998)

वीसा मिलने की कहानी

'सिल्या लाइंस' जहाजरानी कम्पनी के 'सिल्या सिम्फनी' नामक जहाज से हमें हेलसिंकी से स्टॉकहोम की यात्रा करनी थी। लेनर्ट ने बताया था कि बाल्टिक समुद्र में चलनेवाले जहाजों में यह सबसे आधुनिक और सबसे ज्यादा सुसज्जित है। हवाई अड्डे की ही तरह बन्दरगाह के काउंटर से बोर्डिंग पास लिए और 'सिम्फनी' में सवार होने के लिए बढ़े। हमें ये देखकर आश्चर्य हुआ कि कस्टम की चैकिंग अनिवार्य नहीं थी और पासपोर्ट की जाँच करने के लिए कोई काउंटर, कोई अधिकारी नहीं था। पुल से गुजरते हुए हम जहाज तक पहुँचे, सीढ़ियाँ चढ़कर सातवीं मंजिल और वहाँ से लिफ्ट लेकर नीचे दूसरी मंजिल पर अपने केबिन में। अपना सामान पटका और वापस लिफ्ट लेकर सीधे 12वीं मंजिल पर। हमारी ही तरह बहुत से यात्री डैक पर आ रहे थे शहर को अलविदा कहने। हवा तेज चल रही थी और थोड़ी देर बाद बारिश भी होने लगी तो हम नीचे सातवीं मंजिल पर आ गए। हमारे लिए वह एक नया अनुभव था। एक अनोखी दुनिया। इस मंजिल पर 'सिम्फनी' का बाज़ार था। 4-5 रेस्तराँ, मुद्रा विनिमय काउंटर, कम पैसों में जुआँ खेलने की 20-25 मशीनें, बच्चों का खिलौनाघर, फुटकर सामानों की दूकान, और फोटोग्राफी का स्टुडियो। बाज़ार की ऊपरी मंजिलों पर भी केबिन थे और उनकी खिड़कियों से बाज़ार की चहल-पहल देखी जा सकती थी। लोग पारदर्शी शीशों वाली लिफ्टों से आना-जाना कर रहे थे। कोई मुद्रा विनिमय कर रहा था तो कोई कैमरे की रील खरीद रहा था। मिनी कैसिनो की एक भी मशीन खाली नहीं थी। सबके सामने भाग्य आजमाने लोग डट गए थे। रेस्तराओं में रात के भोजन के लिए मनपसन्द टेबल आरक्षित करवाने की भी कतारें लग गई थीं और बार में जाम छलकने लगे थे। यूरोपीय यात्रियों के अलावा ज्यादातर जापानी टूरिस्ट ही थे। एक भारतीय युवक अपनी यूरोपीय पत्नी और दो सुन्दर बेटियों के साथ दिखा। हमारी ही तरह कम बजटवाले भी काफी यात्री रहे होंगे जिनकी कतार सेल्फ सर्विसवाले कम महँगे रेस्तराँ में लगी थी।

समुद्री जहाज के इस प्रथम अनुभव को आँखों से पीते हुए हम वापस दूसरी मंजिल पर अपने केबिन में आए। छोटा लेकिन सर्वसुविधायुक्त केबिन। सलीके से बिछाए हुए दो साफ-सुथरे बिस्तर, टेलीफोन और साथ में ठंडे, गरम पानी के साथ शावर और टॉयलेट। अपने सूटकेस-बैग जगह पर रखे, दिन की थकान हाथ-मुँह धोकर उतारी और शिशु सुलभ उत्साह के साथ वापस डैक पर। चारों तरफ अथाह जलराशि और ठंडी

हवाओं के बीच मंथर गति से डोलता हमारा जहाज। सूरज को भी जैसे अस्त होने की जल्दी नहीं थी। बहुत देर तक डैक पर घूमते रहने के बाद बाज़ार में आकर जो कुछ शाकाहारी भोजन मिला, उससे पेट पूजा की। कैसिनो में 4-5 सिक्के जीते, उतने ही हारकर हिसाब बराबर किया और स्टॉकहोम की सुबह की उत्सुक प्रतीक्षा में डूबे सो गए।

रात दो बजे श्रीमतीजी ने उठाया भूख लग रही है। शाकाहारी भोजन के चक्कर में पूरा दिन सूप और सलाद पर ही गुजार दिया था। ब्रेड उन्हें ज्यादा पसन्द नहीं है। भुनभुनाते हुए मैं उठा। पाजामा-चप्पल पहने ही सातवीं मंजिल पर गया। शाम की गरमागहमी समाप्त हो चुकी थी। इक्के-दुक्के लोग यहाँ-वहाँ घूम रहे थे। ऑल नाइट कैफे में दो-चार यात्री कॉफी पीते बैठे थे। और तो कुछ मिला नहीं, थोड़ा केक और पेस्ट्री लेकर केबिन में लौटा। देखते ही देखते प्लेट साफ। लेकिन 15 मिनट बाद मुसीबत। पत्नी को उल्टी हो गई। गनीमत ये कि कुल्ला कर दवाई ली और फिर घोड़े बेचकर सो गईं। बाद में पन्द्रह दिन तक रोज लड़ाई होती रही कि खाली पेट सोने के कारण तबीयत बिगड़ी कि समुद्री यात्रा से। अन्तिम निष्कर्ष ये निकला कि भूखे पेट उस रात को दो कप कॉफी पीने के कारण ही परेशानी उठानी पड़ी।

❒

शाम 6 बजे के चले अगली सुबह 8 बजे 'सिम्फनी' ने हमें स्वीडन की राजधानी स्टॉकहोम पहुँचा दिया। एक हजार यात्रियों से भरा विशाल जहाज देखते-ही-देखते खाली हो गया। 10 मिनट के भीतर अपने सामान सहित हम जमीन पर थे। स्टॉकहोम बन्दरगाह के आगमन क्षेत्र में। फिर न कस्टम अधिकारी के दर्शन न आव्रजन अधिकारी के। हम बाहर की दिशा में बढ़े जा रहे थे कि एक सुदर्शन प्रौढ़ व्यक्ति ने रोका—ललित ! मैंने कहा—ओट्टो। हम लोग गले मिले। ओट्टो ने माया के हाथ से सामान लिया और हम शहर की सड़क पर आ गए।

ओट्टो ओस्ट से पाँच साल पहले संक्षिप्त साथ के बाद पहली बार मुलाकात हो रही थी। रायपुर से भेजे गए मेरे पत्रों के उत्तर स्वीडन के सभी मित्रों ने दिए थे। ओट्टो और उसकी पत्नी ऊला ने हमें स्टॉकहोम के पास समुद्रतट पर स्थित अपने ग्रीष्मकालीन आवास में दो दिन ठहरने का भी निमन्त्रण दिया था। हमारे लिए इससे बढ़कर प्रसन्नता की बात क्या हो सकती थी ? अपने खुशदिल मेजबान के साथ स्टॉकहोम शहर को पार करते हुए करीब एक घंटे बाद इंगारो नाम के ग्रामीण क्षेत्र में घने झुरमुटों के बीच कच्ची सड़क से गुजरते हुए हम उनके घर पहुँचे। ऐसा लग रहा था मानो हिमालय के किसी पहाड़ी प्रदेश में यात्रा कर रहे हों। बर्च, ओक, चीड़ और देवदार के ऊँचे-ऊँचे वृक्ष और जंगली फूलों, घास और फर्न से अटी पड़ी धरती। ओट्टो के निवास पहुँचे तो एकबारगी ही तबीयत खुश हो गई। मोबाइल फोन पर घर खबर हो चुकी थी, ऊला अपनी मोहक मुस्कान बिखेरते हुए। हमारे स्वागत के लिए दरवाजे के सामने ही फलों से लदा चेरी का वृक्ष था और उससे थोड़ी दूर पर कच्चे हरे फलों से झुक रहा सेब का वृक्ष।

समुद्रतट के इस ग्रीष्मकालीन आवास में चार कॉटेजें थीं। एक गृहस्वामी की दुमंजिली कॉटेज के बाजू में ही बड़ी बेटी के लिए कॉटेज जो अभी खाली थी और जिसमें हमारा डेरा दो दिन तक रहना था। थोड़ी दूर पर छोटी बेटी के लिए और दूसरी तरफ बेटे के लिए पृथक कॉटेज। घर और समुद्रतट के बीच फूलों की क्यारियाँ थीं। गरम पानी की व्यवस्था के साथ स्वीमिंग पूल और घर की सीमा पर समुद्र से मिलती हुई निजी जेटी जिसमें उनकी मोटर बोट बँधी हुई थी।

ओट्टो के पुरखे कोई दो सौ साल पहले जर्मनी से आकर स्वीडन में बसे थे। ओट्टो स्वयं अब फ्रांस के नागरिक हैं, क्योंकि वहाँ अवकाश प्राप्त व्यक्तियों की आमदनी पर कर नहीं लगता जबकि स्वीडन सहित स्कैंडिनेविया में हर जगह करारोपण बहुत ज्यादा है। आय के सत्तर प्रतिशत तक। लेकिन ओट्टो सामान्य तौर पर इन दिनों स्पेन में रहते हैं, क्योंकि वहाँ की आबोहवा ज्यादा रास आती है और गर्मी के 4 महीने स्वीडन के इस ग्रीष्मावास में बिताते हैं। पत्नी ऊला व्योमबाला थीं। रिटायर हो चुकी हैं। स्वयं ओट्टो स्वीडिश नौसेना में सेवाएँ दे चुके हैं। जल और आकाश का मिलन।

जब दिल्ली से चले थे तो तय नहीं था कि स्वीडन जा पाएँगे या नहीं। हमारे पास सिर्फ फिनलैंड का वीसा था। दिल्ली में डेनमार्क के दूतावास में तो ये माहौल था मानो डेनमार्क का वीसा माँगकर कोई अपराध कर दिया हो। चन्द घंटों के समय में कहीं और सम्पर्क करना सम्भव भी नहीं था।

मास्को पहुँचकर सोचा कि वीसा के लिए कोशिश करने में कोई हर्ज नहीं है। पहले हम डेनमार्क के दूतावास गए। तब वह वहाँ से किसी मित्र का आमन्त्रण हमारे पास नहीं था। वहाँ के अधिकारी ने शिष्टाचारपूर्वक बात की और निमन्त्रण मिल जाने पर वीसा देने का आश्वासन दिया। अगले दिन निमन्त्रण आ गया और बिना परेशानी के वीसा मिल गया। फिर हम स्वीडन के दूतावास गए। वहाँ जब बताया कि बेटी भारतीय दूतावास से सम्बद्ध है तो कुछ अतिरिक्त सौजन्य का परिचय वीसा अधिकारी ने दिया। सामान्य तौर पर जो सवाल पूछे जाते हैं, वे पूछे और बताया कि वीसा मिल जाएगा। मैं जब वीसा शुल्क देने लगा तो उसने राशि नहीं ली। मुस्कुराकर कहा कि आप पत्रकार हैं। हमारे देश के बारे में अच्छी-अच्छी बातें लिखिए। आपसे फीस नहीं लेंगे। इस सौजन्य ने हमें जीत लिया।

इंगारो के समर हाऊस में ओट्टो दम्पती के साथ नाश्ता करते हुए स्टॉकहोम शहर घूमने का कार्यक्रम बना। ओट्टो ने पहले ही तय कर लिया था कि वे हमें कहाँ-कहाँ ले जाएँगे और क्या-क्या दिखाएँगे। मैंने एक छोटा संशोधन पेश किया—नार्वे का वीसा लेने का समय मास्को में भी नहीं मिल पाया था। सम्भव हो तो यहाँ कोशिश कर लें। अनुभवी मेजबान ने तुरन्त नार्वे के दूतावास फोन लगाया। स्वीडिश में बात की। उत्तर मिला, आ जाएँ। सबसे पहले दूतावास गए। अपनी बात समझाई। बिना किसी परेशानी के तुरन्त वीसा मिल गया। यद्यपि फीस देनी पड़ी। स्वीडन का उदाहरण काम नहीं

आया। कुल मिलाकर इस यात्रा में वीसा लेना अपने आपमें एक रोचक अध्याय बन गया।

स्टॉकहोम बन्दरगाह से इंगारो पहुँचने के बीच हमने कोई एक दर्जन पुल पार किए होंगे। नगर दर्शन के लिए वापस आते हुए कार एक जगह रोकनी पड़ी। आगे और गाड़ियाँ रुकी थीं। सामने पुल पर रेड सिग्नल चमक रहा था। कुछ पल बाद घंटी बजने की आवाज आई। पुल धीरे-धीरे अपने दो बाजुओं पर उठकर अलग हो गया, एक छोटी जहाज मद्धिम गति से पुल पार कर आगे बढ़ा और पुल उसी तरह वापस अपनी जगह पर तन गया। 10 मिनट की कवायद के बाद यातायात अपनी रफ्तार से शुरू हो गया। सुनते थे कि हावड़ा ब्रिज पहले इसी तरह बीच से खुला करता था लेकिन अब हुगली में इतने भीतर तक जहाज नहीं आते और हावड़ा ब्रिज मुकम्मिल हो गया है।

दरअसल स्टॉकहोम बाल्टिक समुद्र के बीच स्थित चौबीस हजार द्वीपों का समूह है। इनमें से कुछ बड़े द्वीपों पर ही बसाहट है। शायद 15 पर। ये सारे द्वीप एक-दूसरे से पुलों से जुड़े हुए हैं। इसके अलावा मुख्य द्वीप का भीतरी भाग भी एक नहर प्रणाली द्वारा समुद्र से जुड़ा हुआ है और फिर प्राकृतिक संरचना के कारण समुद्र का पानी कुछ द्वीपों में भीतर तक वैसे ही चला आता है जैसे केरल के 'बैकवाटर्स' में हम देखते हैं। इस वजह से शहर में थोड़ी दूर भी जाना हो तो एक न एक पुल पार करना ही होता है।

(31 अगस्त, 1998)

मित्र द्वीपों का नगर

स्टॉकहोम के निवासी अपने शहर को 'वेनिस ऑफ द नार्थ' की उपमा देते हैं। जिस शहर की शिराओं में नीला जल प्रवाहित होता हो, सड़कों पर घने वृक्षों की छाया हो और प्राचीन इमारतों की पाषाणी कठोरता को चारों दिशाओं में फैले विस्तृत उपवन पिघलाते हों, उसके लिए यह उपमा उचित ही है। लेकिन मुझे लगा कि 'मित्र द्वीपों का नगर' जैसी उपमा इस खूबसूरत शहर के लिए ज्यादा सटीक और अर्थगर्भित होगी।

नहरों के किनारे बागीचों में कहीं कोई ध्यानी जल में बंसी डालकर बैठा है तो कहीं बेंच पर बैठे पुस्तक पढ़ी जा रही है। कहीं हरी घास में लेटकर आराम फरमाया जा रहा है तो कहीं उपवनों में बने विशेष पथों पर घुड़सवारी हो रही है। स्टॉकहोम में ये सारे दृश्य बस से घूमते हुए या नाव में सैर करते हुए देखे जा सकते हैं। टुकड़ों-टुकड़ों में तो इस तरह घूमते-घूमते शहर की सुन्दर संरचना को देखा जा सकता है लेकिन अगर विहंगम अवलोकन करना हो तो टावर से बेहतर और कोई जगह नहीं हो सकती। 115 मीटर याने 450 फीट ऊँची ककनॉस टावर स्टॉकहोम की सबसे ऊँची इमारत है। तीसवीं मंजिल पर स्थित पारदर्शी गोल गुम्बद से नीलिमा और हरीतिमा के बीच झूलती हुई राजधानी का सौन्दर्य निहारा जा सकता है।

ककनॉस मीनार पर चढ़ने के पहले हम वासा म्यूजियम देखने गए। स्टॉकहोम में भी दुनिया के दूसरे प्रमुख नगरों की तरह बहुत सारे म्यूजियम हैं लेकिन 'वासा' अपने आपमें एक विशेष संग्रहालय है और यह सिर्फ स्वीडन में ही हो सकता था। सत्रहवीं शताब्दी (सन् 1628) में स्वीडन में बना 'वासा' नामक युद्धपोत समुद्र में उतारने के बीस मिनट बाद ही जल में डूब गया था। ठीक 333 (तीन सौ तैंतीस) साल बाद सन् 1991 में इसे समुद्र से निकाला गया। कुछ साल कहीं और रखने के बाद वर्तमान स्थान पर संग्रहालय बना समुद्र के किनारे जहाज की आकृति में। इसी में सँजोकर रखा गया 'वासा' अपने निर्माण और जल-समाधि की कहानी कहता है। जहाज के जो हिस्से पानी में गलकर नष्ट हो गए थे, शोधपूर्वक उनकी पुनर्रचना कर उन्हें अलग से प्रदर्शित किया गया है। इस दौर का सैनिक साजोसामान कैसा होता था, नाविक कैसे समय बिताते थे, कप्तान और नाविकों के बीच के सम्बन्ध क्या थे, व जहाज की आन्तरिक सज्जा कैसी थी, आदि तमाम पहलुओं पर रोचक ढंग से सामग्री प्रदर्शित की गई है। म्यूजियम में एक सिनेमाघर भी है, जिसमें हर आधा घंटे में बारी-बारी से अंग्रेजी और स्वीडिश

में जहाज के डूबने और बाहर निकालने की फिल्म दिखाई जाती है।

इन दिनों जब 'टाइटैनिक' फिल्म जोर-शोर से पूरी दुनिया में चल रही है, तब स्वाभाविक है कि लगभग साढ़े तीन सदी पहले डूब गए जहाज के बारे में जानने की उत्सुकता हो। हम बड़ी देर तक तीन मंजिल ऊँचे इस ऐतिहासिक पोत के अवशेष देखते रहे। ज्यादा कुछ तो समझ नहीं आया लेकिन पोत के भीतर लकड़ी पर की गई कलात्मक नक्काशी को देखकर अचम्भा हुआ। जिस जहाज पर तोपें तैनात की गई हों, उसे भला इतना क्यों सजाया गया ? इसलिए कि तत्कालीन शासक की प्रतिष्ठा के प्रतीक रूप में यह युद्धपोत बनाया गया था। लेकिन इस तकनीकी पहलू पर ध्यान नहीं दिया गया कि ऊपर जब वजनी तोपें होंगी तो तली को कैसे सन्तुलित किया जाएगा। यही भूल जहाज के डूबने का कारण बन गई।

म्यूजियम के ही भीतर एक कैफटेरिया भी है, जिसमें हमने भोजन किया। वहाँ एक नया व्यंजन देखा। स्वीडिश हार्डब्रेड। बिल्कुल हमारे खाखरा की तरह पतली और कुरकुरी। हमने मक्खन के साथ हाईब्रेड खाकर ही उस दोपहर पेट-पूजा की।

उस दिन बचे समय में हम कार से स्टॉकहोम शहर में घूमते रहे। एक द्वीप से दूसरे द्वीप। एक पुल से दूसरे पुल। हम उस पुरानी जेल के पास से गुजरे जिसे अब महँगे होटल में बदल दिया गया है। स्वीडन की संसद को हमने बाहर से देखा और ऑपेरा हाउस को। पुराने रिहायशी मुहल्ले देखे और बाज़ार भी। कहीं समुद्र के किनारे, कहीं नहर के बाजू से, कहीं पुराने किले की दीवाल के बाहर से होते हुए वापस इंगारो के 'समर हाउस' में पहुँचे, जहाँ गृहस्वामिनी ने हमारे लिए बड़ी मेहनत और सुरुचि के साथ शाकाहारी भोजन तैयार किया था।

कुछ साल पहले स्टॉकहोम ने अपनी स्थापना के सात सौ साल पूरे किए हैं। ऐसे किसी भी पुराने शहर की तरह स्टॉकहोम में भी एक पुरानी बस्ती है, एक नया नगर और बीच में मध्ययुगीन जीवन शैली के प्रमाण। इतने सारे द्वीपों और तीन कालखंडों में बँटे होने के बावजूद स्टॉकहोम के नगर नियोजन में एक तरह की निरन्तरता है। पुरानी एकबारगी ही जीवन स्तर का फर्क महसूस किया जा सकता है, जिस तरह नया भोपाल पुराने भोपाल को एकदम खारिज करता नजर आता है, वैसा चौंकानेवाला अन्तर स्वीडन की राजधानी में महसूस नहीं होता। इसका एक कारण ये हो सकता है कि यूरोपीय देशों में आधारभूत नागरिक सुविधाएँ सभी को लगभग एक जैसी ही उपलब्ध हैं। दूसरा कारण सक्षम विशेषज्ञों के जिम्मे होता है निहित स्वार्थों के भरोसे नहीं। लेकिन इन दोनों से बढ़कर भी शायद एक और कारण है। स्कैंडिनेविया के चार देशों में घूमते हुए मुझे लगा कि एक तरफ तो इस समाज में अपनी ऐतिहासिक परम्पराओं और धरोहरों को सँजोकर रखने की ललक है, वहीं दूसरी ओर इतिहास के प्रति इसकी दृष्टि काफी हद तक वस्तुपरक है। शायद इसीलिए इतिहास के विभिन्न मोड़ों से गुजरते हुए इस समाज ने भी जो रचनात्मक उपक्रम किए हैं, उनके प्रति तिरस्कार का भाव न होकर परम्परा में अंगीकार करने का उत्साह ही दर्शाया है।

स्टॉकहोम की पुरानी बस्ती शहर के दक्षिण मध्य में है। स्वीडिश भाषा में उसका नाम है 'गमला स्तान'। सँकरी गलियों से गुजरते हुए स्वाभाविक है कि पुरानी दिल्ली की गलियाँ याद आ जाएँ। 'गमला स्तान' में ही सैलानियों की तफरीह का सबसे मुख्य आकर्षण है स्टोरा नायगाटन। नहर के पुल के दोनों तरफ फैले विस्तृत चौक के दोनों ओर यह सँकरी पैदल सड़क करीब डेढ़ कि.मी. लम्बाई तक चली गई है। दोनों ओर भव्य प्रस्तर भवनों के बीच उतने ही भव्य सिंहद्वार हैं जहाँ से खड़े होकर दूर तक पर्यटकों की ठेलमठेल देखी जा सकती है। क्या कभी पुरानी दिल्ली का चाँदनी चौक का इलाका इतना या इससे कहीं ज्यादा स्वच्छ और सुन्दर रहा होगा ?

लेकिन राजधानी का जो सबसे सुन्दर क्षेत्र है, वह 'यूरगार्डन' नामक द्वीप है। 'वासा' म्यूजियम एक तरह से इस द्वीप का प्रवेश-द्वार है। इस क्षेत्र में ही बोटेनिकल गार्डन से ज्यादा संग्रहालय हैं। विदेशी दूतावास भी ज्यादातर यहीं हैं और समुद्र किनारे जो बंगले हैं, वे या तो देश के धनकुबेरों के हैं या नामीगिरामी हस्तियों के। इसी द्वीप पर फैला है 'स्कैनसन' का मुक्ताकाशी संग्रहालय। संग्रहालय क्या, एक छोटा-मोटा गाँव ही है, जिसमें स्वीडन के विभिन्न कालावधियों के सामाजिक जीवन की झलक देखी जा सकती है। सौ साल पुराने किसान के घर के हूबहू नमूने आदि दूरदराज से लाकर ज्यों के त्यों फिर खड़े कर दिए गए हैं। वास्तविकता का जामा इस हद तक कि हिमप्रदेश के एस्किमो की कुटिया में एस्किमो परिवार अपने पारम्परिक परिधान में उपस्थित चूल्हा सुलगा रहा है। रोटी पक रही है। एक सदस्य सो रहा है। एक बुजुर्ग चाय पी रहा है।

पारम्परिक स्वीडिश जीवन शैली की एक और झाँकी देने का कल्पनाशील यत्न किया गया है--'सैंडबीच' या बालुई तट पर। चौबीस हजार द्वीपों के बीच एक छोटा-सा द्वीप जहाँ नाव से पहुँचकर सैलानी एक स्वीडिश गाँव को उसके मौलिक परिवेश में देख सकते हैं। कच्ची सड़कें, इकमंजिले खपरैलवाले मकान, हैंडपम्प और हर घर से लगी छोटी-सी बाड़ी।

अपने खुशदिल मेजबानों के साथ दो दिन का अविस्मरणीय समय बिता हमने उनसे विदा ली। अतिथि सत्कार का यह विरल उदाहरण था कि हमारा साथ देने के लिए उन्होंने अपने पूर्वनिर्धारित पारिवारिक मिलन-समारोह को दो दिन के लिए स्थगित किया। नौसैनिक ओट्टो और व्योमबाला ऊला के बेटे डगलस ने अपने एक मित्र के गेस्ट हाउस में हमारी व्यवस्था कर दी थी। वे हमें वहाँ तक छोड़ने आए। युवा डगलस एक विज्ञापन की मार्केटिंग कम्पनी चलाते हैं और ढेर सारे विषयों पर साधिकार बात कर सकते हैं।

यह डगलस ने ही हमें बताया कि स्वीडन में जो सामाजिक समरसता दिखती है, उसका बहुत बड़ा कारण ये है कि शुरू से ही राजनीतिक दल और उद्योगपतियों ने श्रमिक संगठनों और समूहों के साथ दोस्ताना व्यवहार किया। चूँकि सामान्य नागरिक को जीवनयापन के सम्मानजनक अवसर मिल रहे हैं इसलिए वह इस बात की ज्यादा परवाह नहीं करता कि अभिजात वर्ग उसके मुकाबले कितनी ज्यादा सुविधाओं का

उपभोग कर रहा है। बातचीत में ही पता चला कि स्वीडन में यद्यपि कर की दरें बहुत ज्यादा हैं लेकिन सामाजिक कल्याण का जो ढाँचा खड़ा किया गया है, वह भी बेमिसाल है। कितनी ही बुनियादी सुविधाएँ नाममात्र के शुल्क पर उपलब्ध हैं। अगर कोई व्यक्ति काम नहीं कर रहा है, तब भी सरकार उसका पालन-पोषण करती ही है। वृद्धजनों को पेंशन मिलती है, यहाँ तक कि देश के सम्राट को भी। आयकर देनेवाले हर व्यक्ति की आय का एक निश्चित हिस्सा अनिवार्य रूप से चर्च को देना होता है। कमोबेश उत्तरी यूरोप के पाँचों देशों में यही स्थिति है।

(1 सितम्बर, 1998)

झीलों का देश

हम जहाँ ठहरे वह 10-12 कमरों का गेस्ट हाउस था। गेस्ट हाउस के मालिक का घर ऊपर की मंजिल पर था। महँगे स्टॉकहोम में सत्तर डॉलर प्रतिदिन के हिसाब से जगह अच्छी थी। बिल में सुबह का नाश्ता भी शामिल था। पहले भी लंदन आदि में बी एंड बी अर्थात् ब्रेड एंड ब्रेकफास्ट होटलों में ठहरने के अवसर आए हैं। यहाँ इतना फर्क था कि सुबह नाश्ता खुद ही तैयार करना पड़ता था। घर की तरह। डाइनिंग रूम में चाय-कॉफी की मशीनें लगी थीं। टोस्टर-ओवन आदि थे। फ्रिज में जूस, ब्रेड, अंडे, मक्खन आदि सारी सामग्री उपलब्ध थी। जितना मर्जी आए नाश्ता कर लो।

एक और सुविधा अनायास ही मिल गई। होटल के ठीक सामने ही इंडियन रेस्तराँ दिख गया। हेलसिंकी के 'महाराजा' में तो भोजन किया ही था। स्टॉकहोम के 'महाराजा' में भी हम पहुँच गए। आर्डर लेने आया वेटर पाकिस्तानी था। हिन्दुस्तानी में बात की। फिर बताया कि मालिक हिन्दुस्तान के हैं, उन्हें खबर करता हूँ, आपसे मिलकर खुश होंगे। पाँच मिनट में ही मालिक आ गए बनारस के निवासी बाकर भाई। बहुत प्रेम से मिले। हमारे भोजन करते तक साथ बैठे रहे। अपनी तरफ से एक सब्जी अतिरिक्त बुला दी। पापड़ और चाय भी उनकी ही ओर से।

बाकर भाई पढ़ने के लिए जर्मनी गए थे। संयोग ऐसा बना कि स्टॉकहोम में होटल खोल लिया। यह होटल की नई खुली शाखा थी। ढाई सौ लोगों के एक साथ बैठने योग्य मुख्य शाखा 'गमला स्तान' में। उन्होंने बताया कि यूरोप में इस समय हिन्दुस्तानी भोजन के प्रति दीवानगी है। पहले फास्ट फूट चला। उसके बाद लोग चीनी भोजन की तरफ दौड़े फिर थाई व्यंजनों की ओर और अब हिन्दुस्तानी की लहर चली है।

बाकर बीच-बीच में देश आते रहते हैं लेकिन स्वीडन का जो जीवन-स्तर है, जो सुविधाएँ मिल रही हैं, उन्हें छोड़कर आने के बारे में नहीं सोचते। पर उन्हें इस बात का अफसोस है कि बहुत से भारतीय जो इन देशों में रह रहे हैं, कोई काम नहीं करते, सामाजिक सुविधाओं का लाभ लेकर जी रहे हैं और यह नहीं सोचते कि इससे देश का नाम ऊँचा होगा या नीचा। स्वीडन की नौजवान पीढ़ी में भी एक उद्धत वर्ग तैयार हो गया है, जो उन्हें चिन्तित करता है लेकिन कुल मिलाकर एक आम नागरिक की जिन्दगी खुशहाल और सुरक्षित है, ऐसा उनका दस साल के अनुभव का निचोड़ है।

दूसरे दिन हम 'गमला स्तान' में घूम रहे थे तो रात का भोजन करने 'महाराजा'

की मुख्य शाखा में चले गए। इस बार जो वेटर ऑर्डर लेने आया वह कश्मीरी युवक था। भोजन करते हुए उससे भी बातें होती रहीं। यह सुनकर अच्छा लगा कि परदेस में उपमहाद्धीप के सभी देशों के लोग हेलमेल के साथ रहते हैं। इस नौजवान ने कहा कि कश्मीर के हालात अब बेहतर हैं और वह वतन लौटना चाहता है। "यहाँ सब कुछ है फिर भी कुछ नहीं है। वहाँ कुछ भी नहीं है फिर भी सब कुछ है।" शायराना उदासी के साथ कही गई इस बात में उसने जैसे हर प्रवासी के मन की बात कह दी। रात को होटल लौटे। रिसेप्शन पर अभी-अभी पहुँचे कुछ यात्रियों का प्रबन्ध करती क्लर्क एमिली को बताकर कल सुबह ओस्लो की ट्रेन पकड़नी है, सुबह सवा छह बजे टैक्सी का प्रबन्ध कर दे, कमरे में आ गए। थोड़ी देर बाद मन में खुटका हुआ कि रिसेप्शन क्लर्क व्यस्त थी, कहीं भूल न गई हो, वापस काउंटर पर जाकर याद दिलाया तो जवाब मिला, सुबह ठीक समय पर टैक्सी आ जाएगी।

अगली सुबह जल्दी उठे। जल्दी-जल्दी तैयार हुए। डाइनिंग रूम में जाकर थोड़ा नाश्ता किया। थोड़ा रास्ते के लिए बैग में रख लिया। रिसेप्शन इस समय बन्द था। चाबी ऑफिस के बाहर रखे छोटे बॉक्स में छोड़ी और छह बजकर पाँच मिनट में होटल से बाहर। सड़क वीरान थी। मन में फिर आशंका कि टैक्सी समय पर नहीं आई तो स्टेशन कैसे पहुँचेंगे। दूर-दूर तक कोई वाहन नहीं दिख रहा था। छह बजकर चौदह मिनट हो गए। पैंतालीस सेंकड और बीत गए। लेकिन मेरी बेसब्री और बढ़ती इसके पहले ही टैक्सी आकर सामने खड़ी हो गई। सात मिनट बाद हम स्टॉकहोम सेन्ट्रल स्टेशन पर थे।

स्टेशन से छूटनेवाली सभी गाड़ियों के सूचना-पटल यूरोप में सर्वप्रचलित पीले रंग में और आनेवाली गाड़ियों के सफेद रंग में सामने ही लगे थे। अपने सूटकेस खींचते हुए जगह-जगह लगे संकेत चिह्न देखते हुए थोड़ी ही देर में हम ग्यारह नम्बर प्लेटफार्म पर पहुँच गए। वहाँ भी सूचना-पटल कि कौन-सा डिब्बा प्लेटफार्म के किस हिस्से पर आएगा। टिकिट में दिए विवरण के मुताबिक हम अपनी जगह पर पहुँच गए। नार्वे की राजधानी ओस्लो के लिए अन्तरराष्ट्रीय ट्रेन सात बजकर छह मिनट पर छूटती थी। ठीक सात बजकर एक मिनट पर ट्रेन प्लेटफार्म पर आई। बिना हड़बड़ी के यात्री अपने-अपने डिब्बे में सवार हुए। नियत समय पर ट्रेन ने स्टेशन छोड़ दिया।

सुबह की गई अनावश्यक जल्दबाजी के कारण हम चालीस मिनट पहले स्टेशन पहुँच गए थे। अनुमान था कि शायद पासपोर्ट-वीसा की जाँच होगी लेकिन यहाँ भी कुछ नहीं। ट्रेन में कंडक्टर टिकिट देखने तक नहीं आया। अलबत्ता पैंट्रीकार से खाद्य-सामग्री की गाड़ी लेकर वेट्रेस जरूर आई। डिब्बे में ही चाय-कॉफी का निःशुल्क प्रबन्ध था। दरवाजे के पास ही बड़े-बड़े थर्मसों में चाय-कॉफी और गिलास रखे थे। बीच में मन हो तो पैंट्रीकार तक जाकर सामग्री खरीद लो।

❐

स्वीडन के पूर्वी तट से उत्तर की ओर जंगलों, शहरों और मीठे पानी की झीलों को पार करते हुए चार-साढ़े चार घंटे बाद नार्वे की सीमा के निकट पहुँचे। कंडक्टर ने दर्शन दिए। पूछा—सबके पास टिकिट है। न हो तो अभी बनवा लें। नार्वे के रेल अधिकारी हो सकता है चैक करें। सबके पास टिकिट थे। कंडक्टर आश्वस्त होकर आखिरी स्टेशन पर उतर गया। थोड़ी देर बाद हम नार्वे की उत्तर-पूर्वी सीमा के भीतर थे और पहला स्टेशन ज्यादा दूर नहीं था। स्टेशन भी आ गया। यहाँ भी कोई पासपोर्ट-वीसा देखने नहीं आया। कंडक्टर आया। टिकिट सरसरी निगाह से देखे और धन्यवाद देकर अपने कक्ष में चला गया।

स्वीडन में पूरे रास्ते भर बस्तियाँ दिख रही थीं। लेकिन नार्वे के इस क्षेत्र में सिर्फ जंगल ही जंगल थे। स्टेशन के आसपास सिर्फ टिम्बर डिपो ही थे। ढाई घंटे की ओस्लो तक की यात्रा में कोई बड़ी आबादीवाला क्षेत्र नहीं दिखा। ओस्लो स्टेशन पर उतरकर हम स्टेशन पर ही स्थित पर्यटक सहायता केन्द्र में गए। होटल का आरक्षण करवाया, स्टेशन के ही टिकिट बिक्री काउंटर से डॉलर के बदले नार्वे की मुद्रा खरीदी और चूँकि होटल पास ही था, फिर अपने सूटकेस खींचते हुए पैदल ही चल पड़े। हमें बताया गया था कि सामनेवाली सड़क पर पार्लियामेंट हैं। पाँच मिनट का रास्ता है। पार्लियामेंट के ही लगभग सामने होटल है।

सामने जो सड़क थी उस पर भारी भीड़भाड़ थी। रविवार का दिन था। 'कार्ल्स जोहान गेटे' नामक यही सड़क ओस्लो की अपनी पैदल सड़क थी। सैर में मशगूल पर्यटकों के बीच अपना सामान लेकर निकलते हुए हमारी नजरें पार्लियामेंट भवन को ढूँढ़ रही थीं। सड़क पर दोनों तरफ लगे मजमों, दूकानों और रेस्तराओं के बीच नार्वे की संसद कहाँ है, समझ ही नहीं आ रहा था। बहरहाल एक जगह रुककर हमने पूछा तो पता चला होटल बिल्कुल सामने ही है।

❐

ऊपर पहाड़ पर धीरे-धीरे बर्फ पिघल रही थी और उसका पानी झरनों की शक्ल में वेग के साथ नीचे उतर रहा था। चारों तरफ एक विस्मयकारी प्रीतिकर शान्ति थी। एक झील से दूसरी झील में कब कैसे स्टीमर दाखिल हो रहा था—पता ही नहीं चल रहा था। पहाड़ों की तराई में आकाश को छूने को आतुर वृक्षों की कतारें थीं, बीच-बीच में चट्टानों से लुकाछुपी खेलकर झील में सभा के लिए आतुर जलप्रपात थे और शिखरों पर सूर्य की रौशनी में बर्फ चाँदी के समान चमक रही थी। स्टीमर के इंजिन की आवाज़ पर किसी का ध्यान नहीं था। साथ-साथ उड़ रहे जलपक्षी जैसे हमें कैद किए प्रकृति के दरबार में हाजिरी देने लिए जा रहे थे। स्वच्छ नीले जलवाली झीलों से गुजरते हुए कितना समय बीत रहा था, पता ही नहीं चल रहा था। बस ऐसा लग रहा था कि इसी तरह चलते चलें। 'फ्लोम' से बैठे 'गुडावेंगन' में जब स्टीमर रुका तो लगा जैसे स्वप्न भंग हो गया हो।

हम सुबह ओस्लो से ट्रेन में बैठकर मिरडाल नामक स्टेशन पर उतरे थे। छोटा-सा स्टेशन। उतरनेवाले सभी पर्यटक। स्टेशन के कैफे में सबने जल्दी-जल्दी नाश्ता किया ही था कि फ्लोम ले जानेवाली ट्रेन प्लेटफार्म पर आ लगी। खिलौना ट्रेन। वैसी ही सुन्दर। इसी ट्रेन में यात्रा कर तीन हजार फीट की ऊँचाई से उतर समुद्र सतह से मात्र दो फीट ऊँचाईवाली उस जगह पहुँचना था, जहाँ से नार्वे के विश्वविख्यात 'फ्योर्ड' या कि पर्वतीय झीलों का भ्रमण करना था।

ट्रेन 15 मिनट चली होगी कि एक जगह रुकी। दाहिनी तरफ एक जलप्रपात अपने पूरे वेग के साथ उतर रहा था। जल के छींटे ट्रेन तक आ रहे थे। विस्मय-विमुग्ध जलराशि को देख रहे थे कि संगीत की ध्वनि आई और एकाएक न जाने कहाँ से जलप्रपात के बीच किसी पत्थर पर हमसे कोई 100 फीट दूर एक जलपरी प्रकट हो गई। टी.वी. विज्ञापनों की 'लिरिल सुन्दरी' की तरह। पलक झपकते वह ओझल हुई और पास के किसी खँडहर से फिर उसकी रहस्यमयी झलक दिखी। पर्यटकों के लिए रेल किराए में शामिल इस मनमोहक तमाशे को देखने के बाद ट्रेन आगे बढ़ी। एक घंटे के सफर के बाद गुडावेंगन पहुँचे। स्टीमर तैयार ही था। आगे की यात्रा के लिए। सारे के सारे दूर देशों से आए हुए उत्साही पर्यटक। इनके बीच दो भारतीय परिवार जिन्हें निसर्ग की शोभा का आनन्द लेने से ज्यादा दिलचस्पी कैसेट रिकॉर्डर पर हिन्दी गाने सुनने में थी। इस बात से बेखबर और बेफिक्र कि सहयात्री क्या सोच रहे हैं।

पहले जिस झील से स्टीमर गुजरा, उसकी लम्बाई 205 कि.मी. थी। गइराई कितनी थी याद नहीं लेकिन चारों ओर से घेरे पहाड़ों में सबसे ऊँचा शिखर छह हजार फीट ऊँचा था। इस झील के बाद भीतर ही भीतर जुड़े जलमार्ग से दूसरी झील में गए और फिर तीसरी में जो उत्तरी यूरोप की सबसे सँकरी झील थी। इससे गुजरते हुए कहीं-कहीं ऐसा दृश्य मानो जबलपुर में बन्दर कूदनी के बीच बहती नर्मदा में नाव की सैर कर रहे हों।

(2 सितम्बर, 1998)

आदिम राग उद्यान

इस जल यात्रा में पहाड़ के नीचे एक गाँव मिला। 6 घरों और 15 निवासियोंवाला। नाव ही यातायात का एकमात्र साधन है। ऐसे ही एक-दो छोटे-छोटे गाँव और मिले। खिलौना ट्रेन और स्टीमर की सब कुछ बिसरा देनेवाली यात्रा के बाद भी रोमांच का अन्त नहीं हुआ था। स्टीमर रुका और सामने बसें लगी थीं, संकीर्ण, घुमावदार, घेरदार पहाड़ी सड़कों से ऊपर ले जाने के लिए। इतनी सँकरी कि एक बस ही निकल सके। सामने खाई और पीछे पहाड़। लेकिन एक बार भी हॉर्न बजाने की जरूरत ड्राइवर को महसूस नहीं हुई। घाटी के ऊपर पहुँचकर एक होटल में चाय पीने के लिए बसें रुकीं। थोड़ी देर बाद झीलों के किनारे चलती सड़क के साथ-साथ वॉस के रेलवे स्टेशन पर। यहाँ से लोकल ट्रेन में बैठकर बर्गेन जाना था। नार्वे के पश्चिमी समुद्र तट पर।

बर्गेन ओस्लो के बाद नार्वे का दूसरा बड़ा शहर है और महत्त्वपूर्ण बन्दरगाहों पूर्वी तट से पश्चिमी तट तक सीधे रेल से पहुँचने में 5 घंटे का समय लगता है। ट्रेन, छोटी ट्रेन, स्टीमर, बस और लोकल ट्रेन से दिन भर की यात्रा करके जब बर्गेन पहुँचे तो रात के 8 बज रहे थे। यहाँ से ओस्लो के लिए फिर ट्रेन पकड़नी थी। स्टेशन के बाहर सड़कें सुनसान थीं। हमें भोजन करना था और मुद्रा विनिमय भी करना था। स्टेशन के पर्यटक सहायता केन्द्र से शहर का नक्शा लिया और उसे देखते-देखते 15 मिनट में 'सिटी सेन्टर' पहुँच गए। वहाँ की चहल-पहल देख आश्चर्य हुआ कि रास्तों पर इतनी वीरानी कैसे थी। वहीं बैंक से मुद्रा विनिमय किया और वापस लौटे कि स्टेशन पर जो कुछ मिलेगा, उसी से रात्रि भोज कर लेंगे। अभी उजाला था और हम वीरान राह पर अँधेरे में नहीं लौटना चाहते थे। आधी दूर आए होंगे कि एक इंडियन रेस्तराँ के बोर्ड पर नजर गई हम चिन्ता छोड़ रेस्तराँ में दाखिल हो गए। रॉयल बैंगाल होटल में कैसेट पर बंगला गीत बज रहा था। ग्राहक हम पति-पत्नी ही थे। बंगलादेशी युवा मालिक ने हमारी आवभगत की। प्याज और बैंगन के बढ़िया पकौड़ों से भोजन की शुरुआत की। खाना खाते-खाते तीन बार पुलिस की गश्ती गाड़ी सामने से गुजरी। इतमीनान से खाना खाकर स्टेशन आए।

ओस्लो की ट्रेन प्लेटफार्म पर लग चुकी थी। हमारा दो बर्थ का कूपे निहायत आरामदेह और सुरुचिपूर्ण था। ऊपर की बर्थ के साथ सेफ्टी बेल्ट भी था ताकि ट्रेन की तेज रफ्तार के चलते नींद में कहीं गिर न जाएँ। ट्रैटापैक पाउच में पीने का पानी

था। वॉश बेसिन के साथ साबुन और टूथपेस्ट भी। कंडक्टर ने जानकारी दी कि प्रथम श्रेणी के यात्रियों को सुबह का नाश्ता भी मिलेगा। चाहें तो डाइनिंग कार में कर लें, चाहें ओस्लो सेंट्रल स्टेशन पर। सुबह कितने बजे उठेंगे यह भी उसने पूछा। ठीक साढ़े छह बजे अपनी 'मास्टर की' से कंडक्टर ने कूपे का दरवाजा हल्के से खोला और आवाज़ दी—साढ़े छह बज गए हैं। डाइनिंग कार में नाश्ता बढ़िया पैकबन्द मिला। साथ में चाय-कॉफी। एक डिब्बा हमने अपने पॉलीबैग में रख लिया। ट्रेन साढ़े सात बजे पहुँच रही थी। उतने जल्दी कितना नाश्ता करते।

❐

समुद्रतट पर सिटी हॉल के सामने बने छोटे से उद्यान में, ओस्लो विश्वविद्यालय के इतिहास संग्रहालय के प्रवेश-द्वार पर और शहर में कई जगहों पर प्रस्तर में गढ़ी कलाकृतियाँ अपनी ओर ध्यान खींचती हैं। ये सामान्य कलाकृतियाँ नहीं हैं। नार्वे के महान शिल्पी विगलैंड ने इस शताब्दी के पूर्वार्द्ध में इनको गढ़ा था। अद्‌भुत कलात्मक सन्तुलन के साथ रची गई इन कृतियों में मनुष्य की आदिम आकांक्षाओं और स्त्री-पुरुष के रागात्मक सम्बन्धों की उद्‌दाम अभिव्यक्ति हुई है। विषय अपने समूचे आवेग के साथ माध्यम के ठोसपन का आश्रय लेकर जैसे और मुखर हो उठा है। हालाँकि खजुराहो की मिथुन मूर्तियों जैसी सूक्ष्म शृंगारिकता इस शिल्प में नहीं है, लेकिन कलाकार की साधना और प्रतिभा का पूरा परिचय इन यत्र-तत्र बिखरी कृतियों में नहीं पाया जा सकता। उसके लिए विगलैंड पार्क जाना होगा।

राजधानी के उत्तर में नोबलगेट के शान्त आवासीय क्षेत्र की सीमा पर बसा है यह पार्क। सैकड़ों एकड़ में फैले उद्यान में विगलैंड की बनी हुई ढाई सौ से ज्यादा प्रतिमाएँ प्रदर्शित हैं। प्रशस्त लॉनो के बीच, नहर के पुल पर दोनों ओर, विशाल फव्वारे के चारों ओर और थोड़ी-सी ऊँचाई पर स्थापित स्तम्भ पर उत्कीर्ण। इन आकृतियों को समझने के लिए न तो कल्पना-शक्ति की जरूरत है, न तन्त्र साधना या रहस्यवाद का गूढ़ मर्म जानने की। कुछेक आकृतियों में जरूर प्रतीकार्थ खोजे जा सकते हैं लेकिन अधिकतम जैसे मनुष्य की चिरवासना के उत्सव का ही जयघोष है। विगलैंड का निधन 1943 में हो गया था। उस वक्त तक बाहरी दुनिया तो क्या, भारत ही खजुराहो से लगभग अपरिचित था। आठवीं से बारहवीं सदी के बीच भारत के अनगिनत मन्दिरों में जो अंकन हुआ—उसी का आधुनिक, यूरोपीय संस्करण देखकर विचार उठा कि किस तरह से मनुष्य की सहजवृत्ति देश काल की सीमाओं का अतिक्रमण करती है।

हर साल कई लाख लोग विगलैंड पार्क देखने जाते हैं। ओस्लो में पर्यटकों की सबसे ज्यादा आमद यहीं होती है। शहर के दूसरे छोर पर विश्वविद्यालय का वनस्पति उद्यान है। विश्व के तमाम देशों से लाए हुए पौधों का संग्रह। डेहलिया के फूल जितने बड़े बिगोनिया के फूल। कई-कई रंगों में।

इस इलाके में प्रवासी भारतीय ज्यादातर रहते हैं। सच तो ये है कि ओस्लो में या

नार्वे में जितनी बड़ी संख्या में भारतीय उपमहाद्वीप के लोग बसे हैं, उतने स्कैंडिनेविया के दूसरे देशों में नहीं। इनमें श्रीलंका के तमिलों की काफी तादाद है। पंजाब से आए सिख भी बहुत हैं। 'बाम्बे करी हाउस' नामक जिस रेस्तराँ में हम खाना खाने गए, उसे एक वृद्ध सिख सज्जन और उनका परिवार ही चलाता है। ओस्लो की कोई भी सड़क ऐसी नहीं जिस पर इंडियन रेस्तराँ या दूकान न हो। इनमें ऐसे बहुत से लोग हैं जिन्हें राजनीतिक शरणार्थी होने के नाते नार्वे में प्रवेश मिला। इसके पीछे नार्वे की अपनी उदार राजनीतिक परम्परा है या कोई और बड़ा प्रयोजन यह तो विश्व राजनीति के पंडित ही बता पाएँगे।

राजधानी में घूमते-घूमते एक जगह मजमा देखकर रुक गए। चौक पर कहीं जादूगर का तमाशा चल रहा है तो एक कोने में लातीन अमरीकी वाद्यवृन्द बज रहा है तो दूसरी तरफ अंग्रेजी प्रहसन हो रहा है। पार्क की बैंचों पर कोई ऊँघ रहा है तो सामने लॉन में बच्चे खेल रहे हैं। हम दोनों भी अपने नाश्ते का डिब्बा खोलकर बैठ गए। नाश्ता करते-करते ध्यान गया कि सामने की भव्य इमारत ही तो नार्वे की पार्लियामेंट है।

हमारे लिए जो संसद और विधानसभा तो क्या, कलेक्टर के दफ्तर के बाहर चार-चार बेरीकेड देखने के आदी हैं, यह एक आश्चर्यजनक अनुभव था। भीतर तक झिंझोड़ता हुआ। उदास करता हुआ। एक खामोश चीख में बदलता हुआ। इसी तरह जब सुना कि देश के मन्त्री और प्रधानमन्त्री तक हमारी तरह एक सामान्य नागरिक की तरह टहलते हुए कैफे में चाय पीने आ जाते हैं कि देश के सम्राट को बाज़ार में खरीदारी करते हुए सहज ही देखा जा सकता है तो हम इस बात पर एकाएक यकीन नहीं कर पाए।

ओस्लो में भी संग्रहालयों की कमी नहीं है। जिस विषय में आपकी दिलचस्पी हो, उसका ही म्यूजियम। अमर नाटक लेखक हेनरिख इब्सन का निवास भी एक म्यूजियम के रूप में संरक्षित है। अन्य ख्यातनाम व्यक्तियों के घर भी इसी भाँति सहेजकर रखे गए हैं। पूरी देखभाल के साथ। उत्सुकतावश हम 'आर्किटेक्चर म्यूजियम' देखने गए। वास्तुशिल्प पर भी कोई संग्रहालय हो सकता है यह हमारे लिए नई बात थी। इस संग्रहालय में यूरोप में नगरों का क्रमिक विकास, भवन निर्माण की बदलती तकनीकें और साधन, नई कल्पनाएँ, प्रसिद्ध इमारतों के रेखाचित्र और जाने-माने वास्तुविदों के कार्य आदि पर तरतीबवार जानकारी सँजोई गई थी। यद्यपि विषय की गहराई में जाना हमारे लिए सम्भव नहीं था लेकिन किसी समाज में उपयोगी श्रम और कल्पनाशीलता का कितना सम्मान हो सकता है, इसका जीवन्त उदाहरण यह म्यूजियम था और यही बात हमें प्रभावित कर गई।

❐

एक बार फिर रेल यात्रा। ओस्लो से डेनमार्क की राजधानी कोपनहैगन के लिए। रात ग्यारह बजे चलकर सुबह सात बजे पहुँचनेवाली इस ट्रेन में सिर्फ द्वितीय श्रेणी स्लीपर

ही थे। हमारे थ्री-टायर जैसे। लेकिन छह-छह बर्थों के ही खंड थे। साइड बर्थ नहीं थी। हर खंड में दरवाजा भी था। बिस्तर सलीके से बिछे हुए थे। तकिया-कम्बल के साथ। पेयजल का पाउच भी। हमें मिलीं दोनों बर्थ बीच की थीं। सामान रखा ही था कि एक सहयात्री भीतर आया। 22-23 साल का साढ़े छह फीट लम्बा सुदर्शन युवक। उसने स्वयं प्रस्ताव किया—मैं बीच की बर्थ पर चला जाता हूँ। आपकी पत्नी लोअर बर्थ ले लें। प्रस्ताव सहर्ष स्वीकार। नीदरलैंड का यह युवक पशु चिकित्सा का विद्यार्थी था। हमारी ही तरह छुट्टियाँ बिताने निकला था। तरुण सुलभ चंचलता के साथ मजेदार बातें करता रहा। थोड़ी-सी देर में पूरे डिब्बे में उसने दोस्ती कर ली। ऊपर की दोनों बर्थ पर युवा जापानी युगल आ गया था। आखिरी में आया एक तीस-पैंतीस साल का श्यामल युवक। नीचे की बर्थ पर सामान रखते-रखते हम पर नजर पड़ी। पूछा—आप दोनों पति-पत्नी साथ-साथ हैं। हाँ। उसने अपना सामान बीच की बर्थ पर रख लिया। प्रस्ताव किया मैं नीचे की बर्थ ले लूँ। खुद का परिचय दिया—कुवैत से आया हूँ। दोनों युवकों की भलमनसाहत छू गई। थोड़ी देर तक बातचीत कर नींद के आगोश में अगली सुबह की प्रतीक्षा में।

इस यात्रा में हमें एक बार फिर स्वीडन से गुजरना था। फिनलैंड स्वीडन और नार्वे उत्तरी भाग में एक-दूसरे से जुड़े हुए हैं। डेनमार्क, स्वीडन के नीचे है। समुद्रपथ से तो नार्वे से डेनमार्क सीधे आया जा सकता है लेकिन रेलमार्ग स्वीडन के पश्चिमी समुद्रतट के किनारे-किनारे चलता है। सुबह नींद खुली तो पता चला हम हेंलसिंगोर रेलवे स्टेशन के पास थे। स्वीडन की सीमा पार कर चुके थे और अभी रेल समुद्र के बीच पुल पर से धीरे-धीरे खिसक रही थी। यह 22 जुलाई की सुबह थी। कुछ मिनट बाद पत्नी उठीं। मुझे हल्के से बधाई दी। किस बात की ? बुद्धू हो। इतना भी भूल गए आज तुम्हारा जन्मदिन है। और सचमुच यात्रा करते-करते तारीखवार कुछ भी याद नहीं रह रहा था।

(3 सितम्बर, 1998)

गूँगी मत्स्य कन्या

डेनमार्क का परिदृश्य एक नजर में बाकी तीन देशों से एकदम अलग लगा। यहाँ घने जंगल नहीं थे। ऊँची-नीची पहाड़ियाँ नहीं थीं। धरती समतल बिछी हुई थी और खेतों में जहाँ तक दृष्टि जाए फसल लहलहा रही थी।

एक घंटे बाद ट्रेन कोपनहैगन सेन्ट्रल रेलवे स्टेशन पर रुकी। सहयात्रियों को अलविदा कहा और सबसे पहले स्टेशन के कैफे में चाय। थोड़ी देर बाद टैक्सी लेकर होटल जिसका आरक्षण ओस्लो में ही करवा लिया था।

❐

सारी दुनिया में कोपनहैगन बाल्टिक सागर में चट्टान पर स्थापित मत्स्य कन्या की प्रतिमा के लिए विख्यात है। चोरी हो गई थी और मिल भी गई थी।

समुद्र तट से कुछ फीट की दूरी पर ही एक छोटी चट्टान पर यह प्रतिमा लगी है। छायाचित्रों में मत्स्य कन्या जितनी मोहती है, उतनी प्रत्यक्ष दर्शन में नहीं। कुछ शायद अपने लघु आकार के कारण जो समुद्र की जलराशि में विलीन होने लगती है और कुछ शायद पर्यटकों की भीड़-भाड़ के कारण जिसमें मूर्ति दब-सी जाती है। लेकिन एक रचनाकार अपनी लेखनी के द्वारा कितनी दूर तक और कितने रूपों में प्रभावित कर सकता है उसका यह एक अनुपम उदाहरण है। यह प्रतिमा अगर एंडरसन की रचनाशक्ति का प्रतीक है तो मूर्ति के अपने होने की सार्थकता का प्रतीक भी।

डेनमार्क ने अपने इस मनीषी सर्जक को सिर्फ उसकी मानस कन्या के ही बहाने याद नहीं रखा है, बल्कि उसकी स्मृति को चिरस्थायी बनाने के लिए दूसरे उपाय भी किए हैं। देश की राजधानी कोपनहैगन के सबसे प्रमुख मार्ग का नामकरण ही 'हांस क्रिश्चियन एंडरसन बूलवर्ड' किया गया है। जितना देखा, उस अनुमान से यह शायद स्कैंडिनेविया का सबसे विस्तृत मार्ग है। अन्यथा अन्यत्र तो सँकरी सड़कें ही देखने को मिलीं। इसी पथ पर कोपनहैगन का ऐतिहासिक सिटी हॉल है, प्राचीन कला संग्रहालय है, परमाणु बम के जनकों में से एक विख्यात भौतिकविद नील बोहर का आवास संग्रहालय है और है विश्व का पहला आमोद पार्क—टिवोली पार्क।

डेनमार्क का प्राकृतिक परिवेश तो पड़ोसी तीनों देशों से अलग है ही, कोपनहैगन भी पड़ोसी राजधानियों से भिन्न नजर आता है। सड़कें सीधी समतल हैं। ऊँची इमारतों

का बढ़ता चलन है, हेलसिंकी या स्टॉकहोम के बनिस्बत सड़कों पर ज्यादा तेज रफ्तार से दौड़ते वाहन हैं और एक बड़ा फर्क है कि शहर में भूमिगत रेल सेवा या मैट्रो रेल नहीं है। इन सबसे बढ़कर जो अन्तर है वह सामाजिक मूल्यों का है। हम जिस होटल में थे वह 25 मंजिल ऊँचा था। उत्तरी यूरोप का एकमात्र कैसिनो या लायसेंसशुदा जुआघर इसी में था। होटल में अपने कमरे में टूरिस्ट गाइड देखते हुए मैं चौंक पड़ा कि उसमें कॉल गर्ल्स के विज्ञापनों से पन्ने भरे पड़े थे। ये हम सुनते आए थे कि स्कैंडिनेविया देश स्त्री-पुरुष सम्बन्धों के मामले में वर्जनामुक्त है। उनकी अपनी सामाजिक मान्यताएँ हो सकती हैं, लेकिन पिछले तीन देशों में हमने सैक्स व्यापार को प्रोत्साहित करनेवाला कोई उपक्रम या उसकी मार्केटिंग नहीं देखी थी। अगर कहा जाए कि कोपनहैगन को यूरोप का बैंकाक बना दिया गया है तो अतिशयोक्ति नहीं होगी। हमने दर्जनों यूरोपीय पुरुषों को पूर्व एशियाई युवतियों के साथ जगह-जगह घूमते देखा। यह अनुमान लगाना कठिन नहीं था कि डेनमार्क के सैक्स बाज़ार की सफलता का दारोमदार थाईलैंड या फिलिपीन्स से लाई गई लड़कियों पर ही है। कॉल गर्ल्स या सैक्स वर्कर्स के खुले तौर पर इश्तिहार थाईलैंड, हांगकांग और फिलिपीन्स में देखने को मिलते हैं। मास्को में जो अंग्रेजी साप्ताहिक पत्र प्रकाशित होते हैं, उनमें भी एक-एक, दो-दो पंक्तियों के ऐसे ही विज्ञापन पिछले 5-6 सालों में छपने लगे हैं। लेकिन जिस देश-समाज में स्त्री-पुरुष सम्बन्धों को लेकर एक स्वस्थ उन्मुक्तता अथवा निषेधहीनता की चर्चा होती रही हो, वहाँ देह-व्यापार व्यावसायिक धरातल पर चल रहा हो, यह चौंकानेवाली बात थी। क्या यह अपने आपमें उस उन्मुक्तता का निषेध नहीं था ? यह विचार भी उठा कि ये कैसी विडम्बना है कि जिस शासन-व्यवस्था ने अपने देशवासियों को सामाजिक न्याय और कल्याण के उच्चतम स्तर पर पहुँचने के सफल प्रयत्न किए, उसी में विदेशी युवतियों को जीवनयापन के लिए देह-व्यापार पर मजबूर होना पड़ा।

एंडरसन की मरमेड याने मत्स्य कन्या ने अपनी जीभ खोकर दो पैर पाए थे लेकिन उसके सपनों के राजकुमार ने गूँगी सुन्दरी को अन्ततः त्याग दिया था। क्या कोपनहैगन में देहव्यापार कर रही सुकुमारियाँ अन्तस की बात अपनी जुबान पर कभी ला पाती हैं ? क्या नारी इस हेतु अभिशप्त है कि कभी उसके पैर पत्थरों में जकड़ दिए जाएँ या कभी जुबान बन्द कर दी जाए ?

कोपनहैगन में प्रकृति की विविधता की कमी को समुद्र तट किसी हद तक दूर करता है। या फिर टिवोली गार्डन। रेलवे स्टेशन और एंडरसन बुलवर्ड के बीच फैला हुआ यह उद्यान ही है जो बच्चों और बूढ़ों को अपनी ओर चुम्बक की तरह खींचता है। जगह-जगह फूलों की क्यारियाँ लगी हैं। हरे-भरे लॉन हैं। कोई आधा दर्जन मंच हैं जिन पर लगातार तरह-तरह के कार्यक्रम होते रहते हैं। कहीं रशियन सर्कस चल रहा है तो कहीं पाश्चात्य शास्त्रीय संगीत गूँज रहा है। और कहीं रॉक बैंड बज रहा है। मीना बाज़ार की तरह इनाम का लालच देनेवाले भाँति-भाँति के स्टॉल हैं। कहीं बन्दूक से निशानेबाजी का तो कहीं लकड़ी के पुतले गिराने का। बाकायदा एक जुआ घर भी है

जिसमें सैकड़ों मशीनों पर लोग खेले जा रहे हैं। लेकिन यहाँ जीत में नकदी नहीं मिलती। जितना जीते उतना और खेल लो। तरह-तरह के झूले, जायंटव्हील और राइड्स भी हैं। एक दर्जन से ज्यादा भोजनगृह हैं। पेड़ों के साये में फूलों से दोस्ती करते हुए देश-विदेश के व्यंजनों का स्वाद लीजिए।

टिवोली पार्क का निर्माण सन् 1843 में जॉर्ज कार्सटेनसेन ने किया था। अपने समय से आगे सोचनेवाले इस व्यक्ति का जीवन उतार-चढ़ावों से भरपूर रहा। एक समय उसे अपने ही शहर में अपने परिचितों से मुँह छिपाकर रहना पड़ा। गुमनामी में ही उसकी मौत हुई। लेकिन सार्वजनिक मनोरंजन की दुनिया की जो राह उसने दिखाई उसी का अनुकरण करते हुए एनाहाइम (लॉस एंजल्स) में डिज्नीलैंड बना। आज तो भारत में जगह-जगह पर फनपार्क बन गए हैं।

❐

रोसकिल्ड डेनमार्क का सबसे प्राचीन नगर है। इस साल नगर अपने एक हजार साल पूरे कर रहा है। कोपनहैगन से पश्चिम में आधा घंटे की दूरी पर यह शहर बसा है। स्टेशन के करीब-करीब सामने ही एक पुराने चर्च के विशाल प्रांगण के पीछे रोसकिल्ड का बाज़ार शुरू हो जाता है। हर तरफ बेहद अनौपचारिक माहौल। एक खुशनुमा वातावरण। एक बेफिकरी का अन्दाज। समय जैसे ठहर गया हो। शहर जैसे दीवार पर लगे किसी पोस्टर से उतरकर आ गया हो।

बाज़ार पार कर हम आवासीय इलाके से गुजरकर समुद्रतट की तरफ जा रहे थे कि एक जगह सड़क के किनारे पत्थर से बनी एक प्याऊ के भीतर व्याघ्रमुख से पानी प्रवाहित होते देखकर ठिठक गए। बाजू में एक सूचनाफलक लगा था कि यह कस्बे का सबसे प्राचीन जलस्रोत है। इस के साथ किंवदन्तियाँ भी जुड़ गई हैं।

रोसकिल्ड के सागरतट पर वाइकिंग संग्रहालय स्थापित है। स्कैंडिनेविया के पुरातन निवासी वाइकिंग दुस्साहसी नाविक और सैनिक हुआ करते थे। उस समय की पाँच जर्जर नौकाएँ संग्रहालय में प्रदर्शित की गई हैं। साथ में वाइकिंग सभ्यता के विभिन्न कालखंडों की झाकियाँ। उनके आदिम विश्वास, यूरोप के अन्य क्षेत्रों से सम्पर्क और संघर्ष, लूथरन चर्च का प्रवेश और प्रभाव आदि की कहानी इन झाँकियों में पढ़ी जा सकती है। संग्रहालय के पास रेतीले बीच पर रेत से बनी कलाकृतियाँ दूर से ही आकर्षित कर रही थीं। प्रवीण कलाकारों द्वारा निर्मित ये आकृतियाँ रेत के घरौंदों की नहीं थीं। उनमें 10-10 फीट ऊँची मूर्तियाँ भी थीं। इनके ही बीच सैकड़ों बच्चे रेत पर अपने सपनों को आकृति देने में जुटे हुए थे। सामने बाल्टिक समुद्र की अगाध जलराशि बिखरी थी और ऊपर खुले आकाश से सुखदायी किरणें उतर रही थीं।

रोसकिल्ड के बाज़ार में टहलते हुए एक डैनिश युवती ने हमें रोका। भारतीय। हाँ। क्या आप यह प्रसाद खरीदना चाहेंगे ? कैसा प्रसाद ? यू नो हरे कृष्णा ? हाँ। उसी का प्रसाद है वेरी टेस्टी। नहीं हमारी रुचि नहीं है। अच्छा कोई बात नहीं लेकिन क्या आप

शाकाहारी हैं ? हाँ। कोपनहैगन में ये हमारा रेस्तराँ हैं गोविन्दाज़—वहाँ भोजन कीजिए, स्वादिष्ट और सस्ता। हमने पतेवाला पैंफलेंट रख लिया। धन्यवाद।

दूसरा प्रसंग। वाइकिंग म्यूजियम के अहाते में घूमते हुए एक महिला ने रोका। साथ में एक किशोरी और एक 10 साले का बालक। भारतीय ! हाँ। आज शाम को फलाँ जगह आइए—हमारे गुरुजी का प्रवचन है वेदान्त पर। नहीं आ पाएँगे हम लोग शाम को, लौट रहे हैं, लेकिन कौन हैं आपके गुरु ? देखिए। पहनी हुई टी शर्ट पर गुरु महाराज का चित्र-वेदानन्द, अभेदानन्द जैसा कोई नाम। आप कहाँ की हैं—भारतीय दर्शन में दिलचस्पी कैसे हुई ? मैं हवाई द्वीप से हूँ। यह मेरी गुरुबहन है। यह मेरा बेटा है कैलास। मैंने वेदान्त में डिप्लोमा हासिल किया है। मेरे गुरुजी—ही इज ग्रेट। ठीक है। फिर कभी मिलेंगे। बाय-बाय।

भारत से 5 हजार मील दूर। एक हजार साल पुराने एक कस्बे में दो घंटे के भीतर ये दो मुलाकातें। विचित्र संयोग था।

(4 सितम्बर, 1998)

उल्लास और अवसाद

रोसकिल्ड से वापिस कोपनहैगन सेन्ट्रल स्टेशन पर और अब की बार उत्तर दिशा की ट्रेन। एक घंटे की दूरी पर बसा एक और सुन्दर नगर हुमलीबेक। लगभग जनहीन रेलवे स्टेशन। हमारे साथ 2-4 लोग ही उतरे होंगे।

पैदल ही घूमते हुए करीब एक कि.मी. 'लूसियाना'। डेनमार्क का स्थापत्य उद्यान। किसी सुप्रसिद्ध उद्योगपति के द्वारा 1858 में बनाए गए कलाओं के इस घर ने इस वर्ष चालीसवीं वर्षगाँठ मनाई है। देश-विदेश के जाने-माने आधुनिक चित्रकारों की कृतियाँ। विश्वविख्यात अमरीकन शिल्पी हेनरी मूर के प्रस्तर शिल्प के अनुपम उदाहरण इस संग्रहालय का मुख्य आकर्षण हैं। समुद्र के किनारे प्रशस्त बागीचे में जगह-जगह घास पर हेनरी मूर और अन्य कलाकारों की कृतियाँ हम जैसे नासमझों को भी आकर्षित करती हैं।

एक पूरा दिन रेल में घूमते रहे। आरामदेह तथा साफ-सुथरी गाड़ियाँ। डेनमार्क की लोकल ट्रेन भी हमारी शताब्दी एक्सप्रेस से बेहतर लगी। लोकल ट्रेनों में साइकिल सवारों के लिए अलग डिब्बे होते हैं। भीड़ के समय में उनके लिए विशेष ट्रेनें चलती हैं। स्कैंडिनेविया के चारों देशों में साइकिलों का चलन खूब देखा। सैलानी लड़के-लड़कियाँ यूथ हॉस्टल, होटल या पर्यटन दफ्तर के आसपास से साइकिल किराए पर लेकर घूमते रहते हैं। छोटे शहरों से बड़े शहर काम पर आनेवाले लोग अपने साथ साइकिल लेकर लोकल ट्रेन से आ जाते हैं। प्लेटफार्म से ही साइकिल चलाते हुए दफ्तर या काम पर। यद्यपि वाहन-पथ संकीर्ण हैं लेकिन उसके साथ-साथ फुटपाथ और साइकिल पथ अनिवार्य रूप से होते ही हैं।

सब तरफ इतना यातायात फिर भी कोई अव्यवस्था नहीं। शायद ही कभी वाहनों के हॉर्न बजते हों। कोपनहैगन में सड़क पार करते हुए हमारे पीछे आ रहा एक प्रौढ़ सामने कारवाले से भिड़ पड़ा। तुमने हॉर्न कैसे बजाया। मैं हरी बत्ती देखकर सड़क पार कर रहा था। लालबत्ती बाद में। मेरा अपमान करने का साहस तुमने कैसे किया।

चारों देशों में राष्ट्रध्वज के प्रति बड़ा अनुराग देखने को मिला। स्टॉकहोम में ओट्टो रोज सुबह घर पर राष्ट्रध्वज फहरा देते थे और रात को ठीक नौ बजे उतार लेते थे। कोपनहैगन के विमानतल पर विदेश जाते हुए डैनिश तरुण-तरुणियाँ अपने हाथों में सामान के साथ छोटी-छोटी पताकाएँ सँभाले हुए थे।

❒

कोपनहैगन के विमानतल पर ही चैक इन काउंटर की पंक्ति में मेरे सामने एक परिवार था। छोटे बच्चे कभी सामान तौलने की मशीन पर वजन लेने लगते तो कभी. काउंटर पर कोई और शरारत लेकिन काउंटर पर बैठी अधिकारी के चेहरे पर एक शिकन नहीं। न मना किया न आँखें तरेरीं। ट्रेन में बच्चों की धमाचौकड़ी इसी तरह चलती रहती। बाग-बागीचों में तो कहना ही क्या ? टिवोली में एक युवती कभी गोद में शिशु को सँभालती तो कभी दौड़-दौड़कर उससे बड़े शिशु की फिकर करती। न जाने कितनी अकेली माताएँ बच्चों के साथ दिखीं तो शिशुओं के साथ समय बिताते अकेले पिताओं की भी संख्या कम नहीं थी यद्यपि इन दोनों से ज्यादा प्रतिशत पूरे परिवार के साथ रहने का ही था। एक जुलाई को मास्को में स्कूलों के अवकाश का पहला दिन था। वहाँ के चिड़ियाघर के सामने बच्चों के साथ खड़े अभिभावक कम-से-कम एक कि.मी. लम्बी कतार प्रवेश द्वार के सामने थी। जैसा बच्चों का ख्याल वैसी ही कोशिश अन्य पर निर्भर नागरिकों के लिए भी दिखी। हर म्यूजियम में वृद्ध और अशक्तजनों के लिए व्हील चेयर चल सके ऐसे प्रवेश पथ। सीढ़ियों पर चढ़ने-उतरने के लिए मशीन चालित प्लेटफार्म। ट्रेन, ट्राम और बस में दरवाजे के पास की सीट हमेशा अशक्तजनों के लिए सुरक्षित। नार्वे की बसों में तो भीड़ होने के बावजूद उन सीटों पर कोई और नहीं बैठता था।

यह शिष्टाचार सभी जगह देखने को मिला। रेल कंडक्टर हो या बस का ड्राइवर। पोस्ट ऑफिस का क्लर्क हो या पूछताछ कार्यालय का। सौजन्य में कोई कमी नहीं साथ ही सेवा में तत्परता। सब जगह मुस्कुराकर ही बातचीत। रूस में सहयात्री एक-दूसरे से बातचीत न कर अपने अखबार या पत्रिका में डूबे रहते हैं लेकिन बाकी देशों में बातचीत करने में अनिच्छा नहीं होती।

यूरोप में यह ग्रीष्म अवकाश का समय था। मई-जून में बसन्त और जुलाई-अगस्त में गर्मी। उत्तरी ध्रुव के निकटवर्ती देशों में यह आधी रात के सूरज का मौसम होता है। हमने यात्रा प्रारम्भ करने में 3-4 दिन की देर कर दी अन्यथा जून के तीसरे हफ्ते में सेंट पीटर्सबर्ग हेलसिंकी या ओस्लो में 'व्हाइट नाइट' का अनुपम दृश्य देख सकते थे, ये कुछ दिन ऐसे होते हैं जब उत्तरी गोलार्द्ध में रात भर सूरज नहीं डूबता। फिर भी जिन दिनों हम थे लगभग 20-21 घंटे सूरज की रौशनी बनी रहती थी।

ग्रीष्म का यह मौसम पूरे यूरोप के लिए उल्लास का मौसम होता है। हर व्यक्ति जैसे पिंजरे से छूटकर मुक्त गगन में पंख फैलाने के लिए व्याकुल हो उठा है। इस मौसम में हर घर में आनेवाली छमासी जमा देनेवाली ठंड के लिए राशन आदि के इन्तजाम तो किए ही जाते हैं, हर जन मानो सूर्य के ताप और प्रकाश में जी भरके नहा लेना चाहता है, ताकि आनेवाले अँधेरे दिनों का मुकाबला कर सके, जबकि शाम 4 बजे सूर्यास्त हो जाता है और तापमान शून्य से 30-40 डिग्री तक नीचे चला जाता है। भारत में इस तरह का उल्लास बंगाल में पूजा अवकाश के ही समय देखने को मिलता है।

कोई मधुर गीत सुनते हुए जैसे बरबस ही गुनगुनाने का मन हो आता है, वैसे ही चारों तरफ फैला यह उल्लास हमें अनायास ही अपनी ओर खींच रहा था। लेकिन जब

रात के ग्यारह बजे भी अनजाने शहर में निर्भय अकेले घूमते या जनसंकुल पथ पर मुक्ताकाशी कैफे में बैठकर कॉफी पीते या रेल में निर्द्वन्द्व यात्रा करते तब मन अपने आपमें प्रश्न करने लगता कि तुम्हारे देश में ऐसी स्वच्छता, ऐसी कार्यदक्षता, ऐसी निश्चिन्तता, ऐसी उन्मुक्तता क्यों नहीं है ?

तीस दिन का सफर समाप्त हुआ। एक सुहाना सफर। इतनी लम्बी यात्रा वह भी समूह के साथ न होकर अकेले हो तो प्रबन्ध करने के लिए भागदौड़ होना स्वाभाविक ही थी। लेकिन न किसी कड़वे अनुभव से गुजरना पड़ा और न कोई ऐसी मुश्किल पेश आई जिसका समाधान न हो पाया हो। इन तीस दिनों में बहुत नए अनुभव हुए। जिन देशों में हमारा सम्पर्क घना नहीं है, उन्हें कुछ निकट से जानने का अवसर मिला। हमारी दिलचस्पी किलों और संग्रहालयों में ज्यादा नहीं थी। एक तो उन्हें ठीक से देखने के लिए बहुत समय चाहिए और फिर विषय का ज्ञान भी आवश्यक है। हर शहर में सौ-सौ म्यूजियम और अनोखे विषय। पुलिस म्यूजियम, डाक म्यूजियम, पुराने गाँव की प्रतिकृति म्यूजियम और न जाने क्या-क्या। जितना देखा उससे समझ में आया कि इस समाज में अपने अतीत का रिकॉर्ड सुव्यवस्थित तौर पर रखा जाता है। उस रिकॉर्ड के साथ छेड़छाड़ नहीं की जाती।

इतिहास के विभिन्न मोड़ों पर इन पाँचों देशों के बीच सम्बन्ध नए-नए रूप लेते रहे हैं। इनके बीच हमारे पुराने राज्यों की तरह युद्ध भी होते रहे हैं लेकिन आज के सम्बन्ध व्यवहारिकता के धरातल पर हैं। अतीत की कड़वाहट उनकी स्मृति में कहीं बाकी है, ऐसा नहीं लगता। इस समाज का ध्यान अपनी आज की प्रगति पर है। स्कैंडिनेविया के हर देश में एक सम्पन्न समुदाय है लेकिन उसे लेकर बहुसंख्यक वर्ग में बहुत ज्यादा बेचैनी नहीं है। न धर्म के प्रति अतिरिक्त आग्रह है, न धन के प्रति अतिरिक्त विनय और न राजसत्ता का आतंक।

हाँ, सामाजिक सुरक्षा के कवच के भीतर साँस लेती नई पीढ़ी के सामने कोई वृहत्तर लक्ष्य नहीं है और वह ऐसा कैरियर अपनाना चाहती है जिसमें ज्यादा-से-ज्यादा धनोपार्जान हो सके। लेकिन इस नई पीढ़ी में अद्‌भुत आत्मविश्वास भी है। किशोर-किशोरियाँ पीठ पर एक झोला टाँगकर देश-विदेश की यात्रा पर निकल पड़ते हैं। इन गर्मी की छुट्टियों में वे पेट्रोल पम्प, दूकान और कैफे में नौकरी कर रहे हैं, ताकि अगली छुट्टी में घूमने के लिए पैसा जोड़ सकें। यूरोप के रेलवे स्टेशनों पर सिगरेट के टोंटे और बीयर की कैन साफ करने के लिए तो किसी सफाई अभियान की जरूरत पड़ सकती है लेकिन इस नई पीढ़ी के युवकों के लिए 'ऑपरेशन मजनूँ' की जरूरत नहीं है। स्त्री के प्रति इतना सम्मान इस समाज में है। मानसिक रोगियों की बात मैं नहीं कर रहा हूँ।

इस समाज की अपनी कमजोरियों और विसंगतियाँ भी होंगी। समाजशास्त्र के अध्येता उनके बारे में जानते होंगे लेकिन एक सैलानी के अनुभव तो सीमित ही हो सकते हैं। भारत आनेवाले विदेशी पर्यटकों को यहाँ का पानी पीने से डर न लगे, रास्ता

चलते गन्दगी पर पैर पड़ने की नौबत न आए, ट्रेन के लिए अनन्त काल तक प्रतीक्षा न करनी पड़े और वे श्रीनगर हो या कन्याकुमारी, सानन्द यात्रा करके लौट सके इससे ज्यादा उन्हें क्या चाहिए ?

ज्यादा ? यह तो आकाशकुसुम तोड़नेवाली बात है। हवाई यात्रा में ही ऐसे विचार मन में आ सकते हैं। लौटने के बाद फिर वही अपनी धरती है और है अपना अवसाद। परमाणु शक्तिसम्पन्न देश का नागरिक मैं अपने भारतीय होने पर गर्व नहीं कर पाया इसका अवसाद।

(5 सितम्बर, 1998)

परदेश में भाई-भाई

किसी ज्योतिषी को अपनी कुंडली या हाथ दिखाते हुए सामान्य भारतीय व्यक्ति जो सवाल पूछता है, या जजमान के भाग्योदय की घोषणा करते हुए ज्योतिषी जो शुभ सूचनाएँ देते हैं उनमें सातवें-आठवें क्रम पर विदेश यात्रा के योग की बात जरूर होती है। नौकरी, शादी, मकान, बच्चे, स्वास्थ्य, प्रमोशन और विदेश यात्रा। जिस देश में पंडितों ने समुद्री यात्रा को वर्जित माना हो और जहाँ कुछ साल पहले तक सरकारी नियम-कायदों ने विदेश प्रवास को दुःसाध्य बना दिया हो, वहाँ कुंडली में यदि विदेश यात्रा का योग निकल आए तो इससे बढ़िया बात और क्या हो सकती है ?

हाल के बरसों में आर्थिक उदारीकरण की नीति के चलते विदेश यात्रा करना सरल हो गया है, लेकिन इस स्थिति को खत्म हुए ज्यादा समय नहीं बीता है, जब फिल्मों में ही विदेश देखा जा सकता था। 'लव इन टोक्यो', 'संगम' 'अराउंड द वर्ल्ड' जैसी फिल्में देखकर ही हम लोग विश्व देख पाते थे। 'सिलसिला' में हॉलैंड के ट्यूलिप के फूलों से भरे खेत देखकर मन जैसे उड़ने लगता था।

अपने आसपास का कोई व्यक्ति अगर भारत से बाहर की दुनिया थोड़ी भी देख आता था तो वह गर्व, प्रशंसा और ईर्ष्या का पात्र बन जाता था। इंग्लैंड या अमरीका अगर कोई चला गया हो तो कहना ही क्या ?

ऐसे में जब 1976 में अगस्त-सितम्बर में मॉरीशस जाने का मौका मिला तो अपनी खुशी का पारावार नहीं था। मॉरीशस में द्वितीय विश्व हिन्दी सम्मेलन का आयोजन हो रहा था और मुझे मध्यप्रदेश हिन्दी साहित्य सम्मेलन के प्रतिनिधि मंडल में शामिल कर लिया गया था। अपनों के साथ, अपनों के बीच बीती, नौ दिन की यह यात्रा जीवन की नायाब स्मृति है।

इस यात्रा के संस्मरण मैंने लौटने के तुरन्त बाद लिखे थे लेकिन कुछ अनछुए प्रसंगों का ख्याल अभी आ रहा है। मॉरीशस सरकार ने तो सम्मेलन के लिए भारत के हिन्दी प्रेमियों को खुला निमन्त्रण दिया था लेकिन मॉरीशस जाना सरल तो नहीं था। हवाई यात्रा का तीन हजार रुपए का टिकिट और अन्य खर्चों का भार 1976 में कितने लोग उठा सकते थे। फिर आपात्‌काल के दिन थे और शासकीय स्तर पर ही सम्मेलन में भाग लेनेवाले प्रतिनिधियों की सूचियाँ तैयार हो रही थीं। दिल्ली में सत्ता प्रतिष्ठान के करीब उन दिनों जो लोग पहुँच सकते थे, वही विश्व मंच पर हिन्दी की पताका लेकर जाने

के काबिल समझे जा रहे थे। इनमें से बाद में कितने लोगों ने इन्दिरा गांधी को तानाशाह घोषित किया और खुद को आपात्काल का शहीद–ये खोज का विषय है।

मध्यप्रदेश का प्रतिनिधिमंडल यदि जा सका तो इसका श्रेय तत्कालीन मुख्यमन्त्री श्री श्यामाचरण शुक्ल और मध्यप्रदेश हिन्दी साहित्य सम्मेलन के अध्यक्ष श्री मायाराम सुरजन याने बाबूजी को है। बाबूजी ने शुक्लजी को बताया कि पाँच करोड़ हिन्दीभाषियों के प्रान्त मध्यप्रदेश से एक भी हिन्दी लेखक को दिल्ली की सूचियों में स्थान नहीं मिला है तब मध्यप्रदेश सम्मेलन का प्रतिनिधिमंडल बना और उसके मार्ग व्यय का जिम्मा राज्य शासन ने उठाया। इस प्रतिनिधि मंडल में श्रीमती कुसुम कुमारी जैन और मैं ऐसे दो सदस्य थे, जिन्होंने अपना खर्च स्वयं वहन किया। अन्य सदस्य थे सर्वश्री अक्षय कुमार जैन, कोमल सिंह सोलंकी, कमला प्रसाद, बच्चू जाँजगीरी और मध्यप्रदेश के भाषा-संचालक श्री राजाराम दुबे।

रायपुर से भाई बच्चू जाँजगीरी और मैं मित्रों-परिजनों की भावभीनी विदाई और फूलमालाएँ लेकर रेल में बैठ गए थे, लेकिन बम्बई पहुँचने तक मन में खुटका बना हुआ था कि कहीं उल्टे पैर वापस न लौटना पड़े। हमारे प्रतिनिधिमंडल में एक के भी पास पासपोर्ट नहीं था। किसने सोचा था कि ऐसा मौका भी मिलेगा ? मध्यप्रदेश के लिए पासपोर्ट तब लखनऊ में बनते थे और इतनी जल्दबाजी में तैयार हुए कार्यक्रम के कारण हाथ में समय ही नहीं था। बाबूजी खुद दिल्ली गए। गृह मन्त्रालय के राजभाषा विभाग के सचिव से मिले। उनका सहयोग मिला और हमारे बम्बई पहुँचने के बाद जब दिल्ली से सबके पासपोर्ट लेकर राजाराम दुबे विजय की मुस्कान के साथ पहुँचे तब हम लोगों को चैन पड़ी। बड़ी देर तक तो पासपोर्ट को यूँ देखते रहे जैसे कोई प्रेमपत्र हो, जैसे मार्कशीट हो, जैसे अपना नहीं, स्वप्नसुन्दरी का फोटो हो।

मॉरीशस में जिन भारतीय लेखकों के दिशा-निर्देश में विश्व सम्मेलन की तैयारियाँ हो रहीं थीं, उन्हें हमारी नुमाइन्दगी से कोई खास खुशी हुई हो, ऐसा नहीं लगा। हमें राजधानी पोर्ट लुई से दूर एक ऐसे होटल में ठहराया गया, जिसमें पूर्वी यूरोपीय देशों के हिन्दी विद्वानों को भी ठहराया गया था। हम लोगों पर 'प्रगतिशील' होने की मुहर थी तो साम्यवादी देशों से आए मित्रों के साथ रुकना उचित ही था।

'देशबन्धु' में द्वितीय विश्व हिन्दी सम्मेलन के अवसर पर एक विशेष परिशिष्ट प्रकाशित किया था। इसकी चार-पाँच सौ प्रतियाँ लेकर मैं गया था। सम्मेलन में वितरित होनेवाले अन्य पर्चों के साथ इस परिशिष्ट का भी वितरण हो गया। एक दिन बाद नामवर सिंह बहुत चिन्तित मुद्रा में आए। मुझे एक किनारे ले गए। तुमने क्या कर दिया ? मेरी कुछ समझ में नहीं आया। नामवर जी ने बताया कि परिशिष्टवाले अखबार में बम्बई में मिट्टी तेल के लिए लम्बी कतार की फोटो छपी है। उससे भारतीय अधिकारी बहुत नाराज हैं। देश की बदनामी हो रही है। तुम्हें तुरन्त भारत वापस भेजने की बात चल रही है। कहीं गिरफ्तार न कर लिए जाओ। दसवें दिन भारत लौटते तक मैं सोचता रहा कि बम्बई विमानतल पर पुलिस मेरे स्वागत में खड़ी होगी। लेकिन ऐसा

कुछ नहीं हुआ।

इस पहले विदेश प्रवास का सबसे अविस्मरणीय और सबसे कीमती अनुभव था मॉरीशस के प्रधानमन्त्री सर शिवसागर रामगुलाम से आधे घंटे की भेंट। राजधानी पोर्ट लुई के भीड़ भरे बाज़ार में एक सामान्य-सी इमारत की पहली मंज़िल पर उनके निवास पर मध्यप्रदेश के प्रतिनिधिमंडल ने उनसे भेंट की। अक्षयजी की वाक्-चातुरी से हम लोगों को यह ऐसा अवसर मिला, जिससे बाकी प्रतिनिधियों को कुछ तो जलन हुई ही होगी।

मॉरीशस से लौटे हफ्ता-दस दिन भी नहीं बीते थे कि एक दिन विदेश यात्रा की सम्भावनाएँ खुलती नज़र आईं। प्रेस इंस्टीट्यूट ऑफ इंडिया ने मेरा चयन इंग्लैंड में तीन माह की एक अध्ययनवृत्ति के लिए कर लिया। 1976 की गर्मियों में मैंने थॉमसन फाउंडेशन, इंग्लैंड द्वारा प्रायोजित 'वरिष्ठ पत्रकारिता फैलोशिप' के लिए आवेदन किया था। अक्टूबर में उनकी ओर से प्रेस इंस्टीट्यूट ने साक्षात्कार हेतु आमन्त्रित किया। जनवरी 1977 से प्रारम्भ होनेवाले कोर्स के लिए विश्व से बारह पत्रकारों का चयन होना था। भारत से दो का। संयोग ऐसा बना कि मध्यप्रदेश से और हिन्दी के ही दोनों पत्रकार चुने गए। 'नई दुनिया' इन्दौर के विट्ठल नागर और मैं।

अब हमें लंदन जाने की तैयारी करनी थी और वहाँ से वेल्स की राजधानी कार्डिफ। चयन तो हो गया था लेकिन आगे रास्ता आसान नहीं था। इंग्लैंड पहुँचने के बाद आगे का सारा खर्च मिल जाना था लेकिन फिलहाल छह हजार रुपए के वापसी हवाई टिकिट की व्यवस्था करनी थी और इंग्लैंड की कड़कड़ाती ठंड के अनुरूप सामान की। दिल्ली की जुपिटर एडवरटाइजिंग एजेंसी के श्री चन्द्रमोहन शर्मा से हमारे प्रतिनिधि श्री ज्ञानचन्द ज़ाहिद ने बात की तो टिकिट हेतु उन्होंने विज्ञापन मद में अग्रिम राशि दे दी। बाकी इन्तज़ाम भी किसी-न-किसी तरह होते चले गए। 5 जनवरी, 1977 को जब मैं हीथ्रो हवाई अड्डे पर उतरा तो मेरी जेब में मात्र 20 स्टर्लिंग पौंड थे। थॉमसन फाउंडेशन से जो सुस्पष्ट निर्देश आए थे, उनके कारण पता था कि लंदन पहुँचने के बाद ज़्यादा चिन्ता नहीं करनी पड़ेगी।

हीथ्रो से लंदन शहर जाते हुए बस में देखा—विमानतल के नजदीक ही बड़े-बड़े वेयरहाउस थे—जिन पर लगे साइनबोर्ड देखकर मैं हँसे बिना नहीं रह सका। मेरे सामान में सभी भारत निर्मित वस्तुएँ थीं—बाटा के जूते, चैरी ब्लॉसम का बूट पॉलिश, फोरहंस का टूथपेस्ट, बिनाका का टूथब्रश और सेवन ओ क्लॉक की ब्लेड। इन्हीं सब कम्पनियों के बोर्ड एक के बाद एक नजर आ रहे थे। इसके पहले तक तो पढ़ते ही थे कि आर्थिक महाशक्ति राष्ट्र की सीमाओं का अतिक्रमण करती हैं, अब उसकी एक झलक प्रत्यक्ष भी देख ली।

हवाई अड्डे की बस ने शहर के बीच विक्टोरिया टर्मिनल पर उतार दिया। बाद में पता चला कि लंदन में इस तरह के कई स्टेशन हैं, जहाँ से अलग-अलग स्थानों के लिए ट्रेनें छूटती हैं। सामान लेकर भीतर स्वागत कक्ष में पहुँचा तो एक हमउम्र युवक

आगे आया। ब्रिटिश कौंसिल का प्रतिनिधि एम. पेज। वह मेरी ही प्रतीक्षा कर रहा था। उसने टैक्सी ली और थोड़ी ही देर में ब्लूम्सबरी पार्क होटल में मुझे अपने कमरे तक छोड़ दिया। अब मुझे थॉमसन फाउंडेशन के प्रतिनिधि की प्रतीक्षा करनी थी।

बम्बई से रात दो बजे उड़ान भरी थी। रोम और पेरिस में एक-एक घंटा रुकते हुए बारह घंटे में लंदन पहुँचे थे। भारतीय समय से होटल पहुँचते चार बज गए थे, जबकि लंदन समय से सुबह के ग्यारह ही हुए थे। इतनी लम्बी हवाई यात्रा पहली बार की थी। थकान तो थी ही। होटल के ही रेस्तराँ में खाना खाने गया। मेनूकार्ड में कीमतें देखीं तो बड़ी बहादुरी के साथ सैंडविच, फिंगर चिप्स और चाय का ही ऑर्डर दे सका। कमरे में लौटा तो बिस्तर पर पड़ते साथ नींद आ गई। पता नहीं कब कमरे के फोन की घंटी बजी। नींद में ही फोन उठाया। अपने कानों के लिए अटपटी अंग्रेजी में सुना—मैं शोन ब्राउन हूँ। फाउंडेशन से आया हूँ। कल सुबह कार्डिफ जाएँगे। 9 बजे होटल की लॉबी में मिलें। और यात्रा कैसी रही आदि औपचारिक बातें। मैंने नींद में क्या कहा कुछ याद नहीं।

लंदन में पहली शाम रायपुर के मित्रों के साथ बीती। पड़ोसी मित्र कपिल घई की डॉक्टर बहन कामिनी जो विवाह के बाद लंदन चली गई थी और कॉलेज के दिनों के मित्र डॉक्टर प्रदीप बख्शी जो लंदन में ही नेत्र चिकित्सा में उच्च अध्ययन कर रहे थे। उस शाम मैंने पहली बार डिपार्टमेंटल स्टोर देखा, इमारतों और घरों में सेन्ट्रल हीटिंग देखी, गगनचुम्बी भवन और भूमिगत रेल सेवा देखी, व्यवस्थित यातायात देखा तथा पहली बार घर से बाहर घर का बना हिन्दुस्तानी खाना खाया। देर रात कामिनी के पति डॉ. प्रेम सब्बरवाल अपनी कार से मुझे होटल छोड़ गए।

अगली सुबह होटल के विशाल भोजन कक्ष में नाश्ता कर नौ बजे मैं लॉबी में आ गया। एक छह फुट ऊँचा हिन्दुस्तानी दिखनेवाला युवक पास आया। पूछा—कार्डिफ चल रहे हो ? बातचीत शुरू हुई। वह लाहौर के 'पाकिस्तान टाइम्स' का उप-सम्पादक माजिद शेख था। थोड़ी देर बाद विट्ठल नागर प्रगट हुए और फिर एक अपरिचित अपना-सा लगनेवाला चेहरा। ढाका के 'बंगलादेश टाइम्स' का चीफ रिपोर्टर महफ़ूजुल्ला। वे लोग पहली बार किसी भारतीय से मिल रहे थे, हम लोग पहली बार किसी पाकिस्तानी या बंगलादेशी से मिल रहे थे। हम चारों आपस में दूध में बताशे की तरह घुल गए।

इस बीच अन्य सहपाठी भी अपना-अपना सामान लेकर लॉबी में आ गए और साथ ही श्री शोन ब्राउन भी जिनसे पिछली दोपहर फोन पर बात हुई थी। श्री ब्राउन थॉमसन फाउंडेशन में पत्रकारिता के अध्यापक थे और अगले तीन माह के लिए हम बाहर लोगों के स्थानीय अभिभावक और समन्वयक थे। कुछ ही मिनटों में सब लोगों ने एक-दूसरे से परिचय हासिल कर लिया। इनमें दक्षिण कोरिया से आए मेरे हमउम्र प्युन सुप ब्युन थे तो तंजानिया से आया मस्तमौला युवक डेनियल मवारीरे भी। दो महिला पत्रकार भी थीं जो मलेशिया और सिंगापुर से आई थीं। इनके अलावा नाईजीरिया, केन्या और जाम्बिया के पत्रकार भी थे। हमें कार्डिफ ले जानेवाली बस होटल के दरवाजे पर लग

चुकी थी। अच्छी खासी आरामदेह बस। लंदन शहर छोड़ा। राष्ट्रीय राजमार्ग पर आए। कोई डेढ़ घंटे बाद मार्लबरो में भोजन करने रुके और ब्रिस्टल की खाड़ी पर बने विशाल पुल को पार करते हुए दोपहर लगभग डेढ़ बजे कार्डिफ से लगे पैनार्थ गाँव पहुँच गए।

लंदन से कार्डिफ की दूरी लगभग 265 कि.मी. है। जैसे रायपुर से नागपुर। सीधे सपाट राजमार्ग पर तीन घंटे में बस ने सफर तय कर लिया। रास्ते में कहीं कोई व्यवधान नहीं। रास्ते में जहाँ-जहाँ आबादीवाले क्षेत्र थे, राजमार्ग के ऊपर फ्लाई ओवर बने थे ताकि कहीं भी रुकना न पड़े। ढाबे पर पेट्रोल पम्प आदि सड़क से कम-से-कम आधा किलोमीटर हटकर बनाए गए थे। गाँवों की बसाहट कुछ और पीछे। गाँवों के पास ढोर-डंगर बाड़ों के भीतर थे। सड़क पर आने की मनाही थी। हर 2-3 कि.मी. की दूरी पर ऑटोमोबाइल्स एसोसिएशन और पुलिस के फोन लगे थे ताकि किसी आकस्मिक स्थिति में तुरन्त खबर दी जा सके। ब्रिस्टल पुल के टोल टैक्स नाके पर बस ड्राइवर ने हाथ बढ़ाकर पेटी में सिक्के डाले और नाके का बैरियर अपने आप उठ गया।

यह जमा देनेवाली ठंड का मौसम था। डैड विंटर। लंदन से लेकर कार्डिफ तक हरियाली बर्फ के आवरण में ढँकी थी लेकिन महानगर में उद्यान और राजमार्ग के दोनों तरफ खेत साफ समझ आ रहे थे। हमारी बस ताप नियन्त्रित थी। पैनार्थ के इंटरनेशनल हाउस के सामने बस रुकी और नीचे उतरे तो ठंड महसूस हुई। तुरन्त कोट, मफलर, दस्ताने पहनने पड़े। सामान लेकर कुछ ही समय बाद भीतर दाखिल हुए तब फिर राहत मिली।

पैनार्थ कार्डिफ से लगभग 10 कि.मी. दूर स्थित छोटा-सा गाँव है। कार्डिफ का उपनगर ही है। ब्रिस्टल की खाड़ी के किनारे 'इंटरनेशनल हाउस' अवस्थित है। मैथाडिस्ट चर्च द्वारा चलाए जा रहे इस छात्रावास में कार्डिफ में पढ़ने आए विदेशी छात्र-छात्राएँ ही रहते हैं। हम लोग कामकाजी पत्रकार थे, इसलिए हाउस की सबसे ऊपरी छठवीं मंजिल पर सबको अलग-अलग कमरे देशों के अकारादि क्रम से दिए गए थे। पहला कमरा बंगलादेश का, दसवाँ कमरा जांबिया का। दोनों लड़कियों को दूसरी मंजिल पर जगह मिली। यह मंजिल छात्राओं के लिए ही आरक्षित थी। हम लोगों के कमरे में पलंग-बिस्तर, पढ़ने की टेबल-कुर्सी और अलमारी के साथ वॉश बेसिन भी थी। फ्लोर पर एक रसोईघर था जिसमें फ्रिज, बिजली का चूल्हा और बर्तन थे। स्नानघरों के साथ ही वाशिंग मशीन और आयरन का प्रबन्ध भी था।

बाकी व्यवस्थाएँ भूतल पर थीं। रसोई और भोजन-कक्ष, सार्वजनिक टेलीफोन, चाय-कॉफी की मशीन, कॉमन रूम और टी.वी. कक्ष। इंग्लैंड और वेल्स की खून जमा देनेवाली ठंड में रात्रि भोजन के बाद का समय ज्यादातर कॉमन रूम में ही बीतता था। या फिर टी.वी. कक्ष में इकलौते टी.वी. के सामने, जहाँ सामने की पंक्तिवालों को लगभग लेटकर कार्यक्रम देखने होते थे और पीछेवालों को उचक-उचकर। किसी सीरियल के बीच जब कमर्शियल ब्रेक होते थे और विज्ञापन आने लगते थे तो बहुत गुस्सा आता था। तब रायपुर में टी.वी. शुरू नहीं हुआ था। हॉस्टल में रात के भोजन और सुबह

के नाश्ते की ही व्यवस्था थी। दिन का भोजन अपनी-अपनी अध्ययनशाला और कैंटीन में। नागरजी और मैं शाकाहारी था। पहली रात हम दोनों, मजीद और महफूज एक टेबल पर साथ खाना खाने बैठे तो उन दोनों ने स्वाभाविक ही सामिष भोजन किया लेकिन अगले दिन से इन दोनों दोस्तों ने अपने मन से शाकाहारी भोजन करना शुरू कर दिया। कभी-कभार बाहर पार्टी में गए तो बात अलग। जबकि हमने न तो उनके मांस खानें पर आपत्ति की थी, न नाक-भौं सिकोड़ी थी। परदेस में भाईचारा निभाने की यह अनूठी मिसाल थी।

शाकाहारी भोजन में विविधता और पसन्दगी का सवाल ही नहीं था। गरमागरम चावल में मक्खन और शक्कर मिलाकर और ब्रेड-चीज़ या उबली सब्जियों पर कब तक गुजारा किया जा सकता था। दोपहर में तो यही भोजन करना होता था लेकिन जल्दी ही रात का खाना हम लोगों ने स्वयं पकाना शुरू कर दिया। बाज़ार में पैकेटबन्द पिट्टा मिल जाता था। नान के आकार की मैदे की रोटी। उसे सेंक लेते थे। चावल नीचे से ले आते थे। सब्जियाँ और दाल भी बाज़ार में उपलब्ध थे। सब लोग मिल-जुलकर काम करते। महफ़ूज़ को खाना बनाना नहीं आता था तो वह बर्तन माँजता। सब्जियाँ काटने का काम नागरजी का।

इस बीच हमारे बैच में एक और सदस्य शामिल हो गया। हिन्दुस्तान टाइम्स का दीपक राजदान। वह छुट्टियाँ बिताने इंग्लैंड आया था और विशेष प्रकरण के तौर पर उसे भी हमारे कोर्स में प्रवेश मिल गया। इस तरह तेरह में हम पाँच उपमहाद्वीपीय साथी हो गए।

पैनार्थ पहुँचने के अगले ही दिन सुबह नाश्ता कर आठ बजे की सिटी बस से श्री ब्राउन के साथ हम लोग कार्डिफ पहुँचे। तब स्टेशन और सिटी बस स्टैंड के ही सामने एक बहुमंजिली इमारत में थॉमसन फाउंडेशन की अध्ययनशाला थी। इसी जगह हमें अगले ग्यारह सप्ताह, हफ्ते में पाँच दिन आना था। फाउंडेशन के डॉयरेक्टर प्रतिष्ठित ब्रिटिश पत्रकार श्री डॉन रोलैंड थे। उनके और ब्राउन के अलावा दो अन्य अध्यापक थे। पहला दिन तो परिचय और पाठ्यक्रम की रूपरेखा समझने में ही बीता। दोपहर हम थोड़ी दूर स्थित 'वेस्टर्न मेल' अखबार की भोजनशाला में भोजन करने गए। यह लॉर्ड थॉमसन का ही अखबार था। वेल्स राज्य का सबसे प्रमुख समाचारपत्र ! यहीं से 'साउथ वेल्स इको' नामक सांध्य दैनिक भी प्रकाशित होता था। यहाँ हमें 'लंच' के लिए रोज़ आना ही होता था। व्यावहारिक प्रशिक्षण के लिए भी यदा-कदा यहीं आते। शाम को पैनार्थ लौटने के पहले सबको यात्रा व्यय की राशि और अगले एक सप्ताह के लिए जेब खर्च मिल गया और एक माह का सिटी बस का पास।

सोमवार से शुक्रवार तक तो समय ही नहीं मिलता। जल्दी-जल्दी नाश्ता करो। बस पकड़ो। समय पर कार्डिफ पहुँचो। शाम को निकलते तो अँधेरा घिरा होता था। थोड़ा समय लंच के दौरान मिलता था लेकिन शनिवार-रविवार अपने होते थे। इसमें कभी कार्डिफ घूमने निकल जाते तो कभी फील्ड-ट्रिप पर। वेल्स प्रान्त के ग्राम्यांचल को देखने

का मौका भी सप्ताहान्त में ही मिला।

जिस दिन धूप निकलती थी, उस दिन जैसे सबके मन-प्राण जाग उठते थे। ब्रिस्टल खाड़ी के तट पर तफरीह करने सैकड़ों लोग उमड़ पड़ते। हम लोगों को यह सुविधा थी कि यदि बारिश अचानक होने लगे तो दो मिनट में हॉस्टल वापस आ जाओ। वैसे पैनार्थ का मौसम लंदन के मुकाबले कुछ कम ठंडा था।

एक गुनगुनी धूप भरे दिन हम लोग पास के एक गाँव इतवारी बाज़ार देखने गए। रेल से एक घंटे का सफर। बाज़ार वैसे ही भरा था, जैसे हमारे गाँवों में साप्ताहिक बाज़ार भरते हैं। दूर-दूर से मिनी ट्रक में सामान लेकर सौदागर आए थे और एक खाली मैदान में बाज़ार सज गया था। घूमते-घूमते कुछ हिन्दुस्तानी दूकानदार भी मिले, जिन्होंने हम लोगों को ज्यादा भाव नहीं दिया। एक पाकिस्तानी दूकानदार मिला तो बड़ी देर तक मजीद से बातें करता रहा फिर उसने बुधवार को अपने घर रात्रिभोज का न्यौता दिया। बुधवार की शाम वह अपनी बड़ी-सी कार लेकर हॉस्टल आया और हम पाँचों को चालीस कि.मी. दूर अपने घर ले गया। उसकी पत्नी ने उम्दा खाना बनाया था। दो वैष्णवों के लिए अलग से शाकाहारी भोजन।

पिछले 20 सालों में मैंने पाया कि मजीद या वह पाकिस्तानी दूकानदार कोई अपवाद नहीं थे। इस दौरान विदेश यात्राओं में बार-बार देखा कि पाकिस्तानी भाई सबसे ज्यादा गर्मजोशी से मिलते हैं और भारतीयों का बर्ताव उतना ही ठंडा होता है। तथाकथित आज़ाद कश्मीर के आप्रवासी, भारतीयों से चिढ़कर बात करते हैं, बंगलादेशी ज्यादातर औपचारिकता की दीवार को नहीं तोड़ते और अफ्रीका से जाकर इंग्लैंड-अमेरीका में बसे धनाढ्य भारतीय तो हद से ज्यादा रूखेपन से पेश आते हैं। इन सबके अपवाद हो सकते हैं लेकिन ये लेखक के अनुभव की बात है। इंग्लैंड में कोई 'इंडियन शॉप' देखकर अगर कभी हिन्दी में बात करने की इच्छा हो जाती तो कभी हिन्दी में उत्तर नहीं मिलता।

हमारा पाठ्यक्रम अन्तिम चरण में था। ग्यारहवें सप्ताह एक दिन सबको अपने-अपने अनुभव सुनाने थे। डॉयरेक्टर डॉन रोलैंड और तीनों अध्यापक मौजूद थे। सिंगापुर की क्रिस्टीना रोड्रिग्स ने शिकायत की कि आपने एक ही देश के पाँच पत्रकारों को बुला लिया है। रोलैंड इस पर अचकचा गए। वे कुछ सफाई देना चाहते थे कि मैंने बीच में कहा—क्रिस्टीना को गलतफ़हमी हो गई है। वह नहीं समझ पाई कि हभ पाँच, तीन अलग देशों से आए हैं। लेकिन इस उत्तर के बाद हम लोग बड़ी देर तक उदास रहे। आखिर 1947 तक तो हम एक ही देश के नागरिक कहलाते थे।

कार्डिफ में यद्यपि हम अन्य देशों के साथियों से भी घुल-मिलकर रहते थे, लेकिन यह बहुत स्वाभाविक था कि एक भू-भाग के हम पाँच कुछ ज़्यादा ही साथ-साथ रहते और आपस में एक जुबान में बात भी करते। महफ़ूज की हिन्दी टूटी-फूटी थी लेकिन मजीद से तो हिन्दुस्तानी में ही बात होती थी।

महफ़ूज अपने साथ कैसेट रिकॉर्डर लेकर आया था। सुबह-शाम उसके कमरे से

उठती बंगला गीतों की सुमधुर स्वरलहरियाँ हम तक पहुँचती थीं। एक कैसेट संध्या मुखर्जी का था। एक सागर सेन के गाए गीतों का। संध्या मुखर्जी का कैसेट रवीन्द्र संगीत का था। मेरी प्रिय कविता 'मरण रे तुहूँ मम श्याम समान' भी उसमें थी। बीच में कभी महफूज़ ने अपनी पत्नी को पत्र में सामूहिक रसोई की बात लिखी होगी। उसने ढाका से मुझे भी चार-छह लाइन का पत्र भेजा-'दादा ! आपने बहुत अच्छा किया। ये घर में तो कोई काम करते नहीं थे। इनको ऐसे ही काम सीखा दीजिए।'

ये आपात्काल के दिन थे। इंग्लैंड के अखबारों में भारत से सम्बन्धित समाचार वैसे ही कभी-कभार छपते थे, और जब छपते थे तो ज्यादातर का स्वर भारत विरोधी हुआ करता था। अंग्रेजों का व्यवहार भारतीयों के साथ सामान्य तौर पर सौहार्द्रपूर्ण नहीं होता था। अगर अवमानना का नहीं, तो उपेक्षा का भाव तो झलकता ही था। हमें कोर्स के पहले दिन ही यह बता दिया गया था कि छुट्टी के दिन खासकर जब रग्बी मैच हो रहे हों, अकेले सड़क पर न निकला करें। उद्धत अंग्रेज युवाओं द्वारा इक्के-दुक्के भारतीयों (पाकिस्तानी और बंगालदेशी भी) की बैल्ट या साइकिल की चेन से पिटाई कर देने के प्रसंग पढ़ने-सुनने को मिलते रहते थे। इंग्लैंड की शब्दावली में इसे 'पाकी बाशिंग' कहा जाता था। हम पाँच लोग अक्सर साथ ही घूमा करते थे, इसलिए मार खाने की नौबत तो नहीं आई लेकिन मोटरसाइकिल सवार युवकों की अशोभन टिप्पणियाँ सुनने के मौके जरूर एक-दो बार आए। हाँ, इंग्लिश के बरक्स वेल्स नागरिकों का बर्ताव सद्भावनापूर्ण होता था।

एक दिन स्कॉटलैंड स्थित हल यूनिवर्सिटी के एक प्रोफेसर अन्तरराष्ट्रीय सम्बन्धों पर व्याख्यान देने हमारी कक्षा में आए। वे कभी चीन में रायटर के संवाददाता रह चुके थे। भारत के बारे में उन्होंने कुछ ऐसे लहजे में और ऐसी अप्रिय टिप्पणियाँ कीं कि मैं उनको टोके बिना नहीं रह सका। वे कुछ उत्तर दे पाते इसके पहले मजीद ने अपनी जगह पर बैठे-बैठे मुझे आवाज दी—'ललित ! बैठ जा यार ! ये सी.आई.ए. का एजेंट लगता है।' प्रोफेसर साहब इस व्यवधान के बाद क्लास छोड़कर चले गए। कुछ ही क्षणों बाद डॉयरेक्टर रोलैंड घबराए हुए से आए। उन्होंने हमें समझाने की कोशिश की कि प्रोफेसर बहुत ही प्रतिष्ठित विद्वान हैं। सचमुच भारत के दोस्त हैं आदि-आदि। बहरहाल, तीर तो चल ही चुका था।

इस घटना से रोलैंड तो मुझसे नाखुश हुए ही, कुछ सहपाठियों को भी मेरा विरोध दर्ज कराना ठीक नहीं लगा और उन्होंने मेरी आलोचना भी की। ये सहपाठी उन देशों से आए हुए थे, जहाँ या तो एकदलीय शासन प्रणाली थी या तानाशाही और जहाँ अखबारों में राष्ट्रप्रमुख के भाषण का एक-एक शब्द अखबार में छापना पड़ता था। उनकी तुलना में आपात्काल के उन महीनों में भी भारत के अखबार काफी हद तक सरकारी हस्तक्षेप से मुक्त थे। तीसरी दुनिया के मुल्कों से आए, व्यावसायिक घरानों द्वारा संचालित अखबारों के इन पत्रकारों को ब्रिटेन में सब कुछ भला-भला मालूम होता था लेकिन हम कुछ लोग इसे मानने को तैयार नहीं थे।

'इंटरनैशनल हाउस' में भी कुछ भारतीय विद्यार्थी थे जो कार्डिफ विश्वविद्यालय आदि में पढ़ रहे थे। उन पर भी विलायत का जादू इस कदर छाया था कि भारत की निन्दा करने में उन्हें कोई संकोच नहीं होता था। अपने इन छात्रावासी साथियों से भी यदा-कदा मेरी गरमागरम बहसें हो जाती थीं कि भारत में तकलीफें बहुत हैं लेकिन स्वतन्त्रता के बाद हमने बहुत कुछ प्रगति की है, उसे अनदेखा नहीं करना चाहिए। हम लोगों के कार्डिफ में रहते हुए ही इन्दिरा गांधी ने आम चुनाव करवाने की घोषणा कर दी तो मेरे तर्कों को कुछ और बल मिल गया। मैं अब ज़्यादा जोर से कह सकता था कि भारत में जनतन्त्र कायम रहेगा। आज इक्कीस साल बाद यह मेरे लिए आश्वस्तिकारक है कि जनतन्त्र तो सचमुच कायम है लेकिन जिस उज्ज्वल भविष्य के प्रति मुझे इतना विश्वास था, वह क्षीण नहीं हुआ है, ऐसा कहना खुद को धोखा देना होगा।

26 जनवरी को भारतीय गणतन्त्र दिवस के उपलक्ष्य में 'ब्रिटिश कौंसिल' (ब्रिटिश सरकार का विदेशी सांस्कृतिक सम्बन्ध विभाग) ने एक पार्टी का आयोजन किया। हम सभी उसमें आमन्त्रित थे। ये तो अच्छा लगा कि परदेस में अपना राष्ट्रीय पर्व मनाया जा रहा है लेकिन वह एक औपचारिक पार्टी ही थी, जिसमें गिने-चुने लोग शामिल थे। ब्रिटेन के अखबारों में एक दिन भारत पर विशेष रूप से आलोचनात्मक लेख दिए गए थे। इसके ठीक विपरीत अनुभव 1978 की 26 जनवरी पर सोवियत संघ में हुआ जब 'प्रावदा' आदि अखबारों में भारत की प्रशंसा में लेख छपे, रेडियो पर विशेष रूपक प्रसारित हुए और लेनिनग्राद में कोई एक हजार रूसी नागरिकों की उपस्थिति में गणतन्त्र दिवस का कार्यक्रम हुआ, जिसमें लेनिनग्राद के मेयर जैसे प्रमुख लोगों के साथ मुझे व्याख्यान देने का अवसर मिला।

सारा वेल्स प्रान्त बहुत खूबसूरत है। राजधानी कार्डिफ की आबादी उस वक्त लगभग साढ़े तीन लाख थी। रायपुर के ही बराबर। लेकिन शहर सुव्यवस्थित और साफ-सुथरा। नगर के एक छोर पर 'कार्डिफ कैसल' है। ग्रेट ब्रिटेन में ऐसे बहुत से कैसल या गढ़ियाँ हैं। जिन्होंने भारत के किले देखे हैं, उनके लिए इन गढ़ियों में बहुत ज्यादा आकर्षण नहीं है। इतना जरूर है कि जगह का रखरखाव बहुत अच्छे से किया जाता है। किसी खुशनुमा दिन कैसल में ही पिकनिक मनाई जा सकती है। इरादा हो तो फिल्म की शूटिंग करने के लिए भी जगह ठीक ही है। एक हजार साल पुराने कैसल ध्वस्त दीवार और उसके सामने फैला हुआ प्रशस्त लॉन, एक दिलचस्प एहसास पैदा करते हैं।

कार्डिफ के नज़दीक ही किसी गाँव में वेल्स नैशनल म्यूजियम है। यह भी एक कैसल के प्रांगण में ही अवस्थित है। कैसल के स्वामी जो भी लॉर्ड या सामन्त हों, स्वयं गढ़ी के एक हिस्से में रहते हैं। बाकी हिस्सा दर्शनार्थ खुला हुआ। वेल्स की एक रूमानी परम्परा का परिचय म्यूजियम में घूमते हुए मिला। एक खंड में काष्ठ से बने सैकड़ों चम्मच रखे थे। कभी वेल्स में परम्परा थी कि प्रेमिका के सामने विवाह का निवेदन करते

समय प्रेमी को अपने हाथ से लकड़ी की चम्मच बनाकर पेश करनी होती थी। जितनी आकर्षक नक्काशी हो याने जितना समय, श्रम और कल्पनाशक्ति का प्रयोग हो, प्रेम निवेदन उतना ही गाढ़ा, उतना ही सच्चा, उतना ही उत्कट। प्रणय का यह अनूठा रूप देखकर अच्छा तो बहुत लगा लेकिन यह ख्याल भी आया कि मुझ जैसे लोग तो वेल्स में कुँआरे ही रह जाते होंगे।

हे-ऑन-वाय (Hay-on-Wye) छोटा-सा गाँव है। आबादी कोई दो हजार। वेल्स का यह गाँव पूरी दुनिया में प्रसिद्ध है। वहाँ जाने के पूर्व मैंने भी नाम सुन रखा था। इस गाँव में अब भी डेढ़-दो सौ साल पुरानी 'सैकंड हैंड बुक शॉप' (पुरानी पुस्तकों की सबसे बड़ी दूकान) है। आप पुरानी-से पुरानी किताब के बारे में पता कीजिए। 100 में से 90 बार आपकी मनचाही किताब आपको मिल सकती है। दूकान तीन मंजिली इमारत में अवस्थित है। दुनिया भर के पुस्तक प्रेमी इस गाँव में तीर्थ-यात्री की तरह आते हैं। अंग्रेजी के अलावा अन्य भाषाओं की भी किताबें मिलने की उम्मीद की जा सकती है। वाय नदी के किनारे बसे गाँव का प्रमुख उद्यम पुरानी पुस्तकों की खरीद-बिक्री ही है। एक दूकान की देखा-देखी दर्जनों वैसी ही दूकानें खुल गई हैं। सबके साइनबोर्ड पर दावा कि असली पुरानी दूकान यही है। जैसे मथुरा के विश्राम घाट पर बृजवासी की असली प्राचीन पेड़ा की दूकान कौन-सी है, जानना मुश्किल है वैसे ही 'वाय' की असली पुरानी पुस्तक की दूकान का पता जानकारों से ही मिल सकता है।

हम लोग सामान्यतः जिसे इंग्लैंड के नाम से जानते हैं, उसका सही नाम ग्रेट ब्रिटेन या यू.के. है और इंग्लैंड देश के चार राज्यों में से एक है, यह बात वहाँ पहुँचकर ही समझी जा सकती है। नॉर्थ आयरलैंड, स्कॉटलैंड और वेल्स के लोग अपने आपको न सिर्फ इंग्लैंड से अलग समझते हैं, बल्कि इंग्लैंड ने उनका शोषण किया है, यह आरोप भी लगाते हैं। मेरे प्रवास के समय स्कॉटलैंड और वेल्स दोनों ही राज्यों में राष्ट्रीय अस्मिता के आन्दोलन चल रहे थे। दोनों की माँग थी कि उनकी अपनी विंधानसभा या संसद होनी चाहिए, जिसमें वे अपने निर्णय खुद ले सकें। प्राचीन वेल्स भाषा की पुनर्प्रतिष्ठा करने के प्रयत्न भी हो रहे थे और बी.बी.सी. के कार्डिफ स्टेशन से 'रेडियो कमरी' के नाम से अलग से वेल्स भाषा में कार्यक्रम प्रसारित होते थे। कभी किसी वेल्स नागरिक से भेंट हो तो वह यह ज़रूर कहता था कि भारत ने अंग्रेजों से लड़कर आज़ादी ले ली लेकिन वेल्स को अभी तक स्वाधीनता नहीं मिली है। फुटबॉल और रग्बी के अन्तरराष्ट्रीय मैचों में वेल्स और स्कॉटलैंड की टीमें अलग उतरती थीं। ये सब देख-सुन कर आश्चर्य होता था कि एक छोटे से देश में भी कैसे अलग-अलग राष्ट्रीयता की बात हो सकती है। पाठकों को पता ही होगा कि 1997 में पृथक् स्कॉटिश पार्लियामेंट और वेल्स नेशनल असेम्बली गठित करने का निर्णय जनमत संग्रह के बाद लिया जा चुका है।

ग्रेट ब्रिटेन में लंदन से निकलनेवाले अखबारों को 'राष्ट्रीय समाचारपत्र' या 'नेशनल प्रेस' का दर्ज़ा हासिल है। लंदन से चारों दिशाओं में अखबारों की भारी-भरकम पार्सलें लेकर आधी रात के आसपास 'नाइट पुलमैन' नाम से विशेष ट्रेनें चलती हैं ताकि देश

के कोने-कोने में अगली सुबह अखबार पहुँच जाएँ। उन दिनों 'लंदन टाइम्स' सबसे प्रभावशाली अखबार माना जाता था और उसकी प्रसार संख्या कोई पाँच लाख थी। 'टाइम्स' कंजरवेटिव पार्टी के नज़दीक था। इंग्लैंड के अभिजात वर्ग का प्रिय पत्र 'टेलीग्राफ' था, जिसकी दस लाख कॉपियाँ बिकती थीं। लेबर पार्टी के करीब और उदारवादी लोगों की पसन्द 'गार्जियन' था और उसकी बिक्री कोई साढ़े तीन लाख थी। लेकिन सबसे ज्यादा बिकते थे 'सन', 'मिरर', 'न्यूज ऑफ द वर्ल्ड' और 'एक्सप्रेस' जैसे दैनिक व साप्ताहिक। इनमें से हरेक की प्रसार संख्या चालीस लाख प्रतियों तक थी। इन पत्रों में अपराध कथाएँ और स्कैंडल ही प्रमुखता से छपते थे। गरज ये कि अखबार की गुणवत्ता और प्रसार संख्या में कोई सम्बन्ध नहीं।

दूसरे स्तर पर प्रादेशिक समाचारपत्र हैं, 'वैस्टर्न मेल' और 'साउथ वेल्स ईको' जैसे। इन पत्रों में अपने प्रान्त और क्षेत्र की खबरों की बहुतायत होती है। क्षेत्रीय स्तर पर जनमत बनाने में ये अखबार महत्त्वपूर्ण भूमिका निभाते हैं। ब्रिटेन में अखबारों की एक तीसरी श्रेणी भी है—ग्रामीण समाचारपत्रों की। जैसे पैनार्थ गाँव में ही एक साप्ताहिक पत्र प्रकाशित होता था। परिवार के चार सदस्य मिलकर ही अखबार निकाल लेते थे। समाचार एकत्र करने से लेकर छपाई और वितरण तक। इन पत्रों में गाँव के सुख-दुख की खबरें छपती हैं।

भारत में जैसे अखबार अन्तरराष्ट्रीय खबरों से भरे रहते हैं, ब्रिटेन में वैसा नहीं होता। वहाँ का पाठक अपने आसपास की खबरों में ही सन्तुष्ट रहता है। हर घर में एक राष्ट्रीय और प्रान्तीय अखबार तो खरीदा ही जाता है और साथ में गाँव का साप्ताहिक पत्र भी। अमरिका या यूरोप की खबरें इन पत्रों में पढ़ने को मिल जाती थीं लेकिन भारत या किसी और दूर देश के बारे में उनकी दिलचस्पी सीमित है। राष्ट्रीय अखबारों में अवश्य भारत के आम चुनाव के समय लेख, टिप्पणियाँ और खबरें छपीं और इन्दिरा गांधी को बार-बार 'एम्प्रैस ऑफ इंडिया' कहकर पुकारा गया। इन्दिरा गांधी ने चुनाव करवाने का निर्णय लिया, इसकी प्रशंसा तो नहीं की गई लेकिन उनके चुनाव हारने पर ब्रिटिश मीडिया ने काफी खुशी ज़ाहिर की। 'गार्जियन' इन सब पत्रों में सम्भवतः सबसे ज्यादा सन्तुलित समाचार पत्र था।

बी.बी.सी. के टेलीविजन पर 3 या 4 चैनल थे। इसके अलावा आई.टी.वी. नाम का एक निजी चैनल भी था। बी.बी.सी. के कार्यक्रम देखते हुए मुझे हैरत होती थी कि बाहरी दुनिया में कैसे उसे निष्पक्ष और स्वतन्त्र माना जाता है। घरेलू चैनल पर जब भी भारत या तीसरी दुनिया के बारे में कार्यक्रम आते थे तो निन्दा, आलोचना और दया का भाव ही उनमें प्रदर्शित होता था। ऐसा लगता है मानो भारत की स्वतन्त्रता ब्रिटेशन को रास नहीं आ रही है या विश्व को सभ्य बनाने की जिम्मेदारी गौरांग प्रभुओं पर ही है। 1977 के ब्रिटेन और 1998 के अमरीका की तुलना करके बात स्पष्ट हो सकती है।

हमने बहुत सुन रखा था कि ब्रिटेन में लोग कितने ईमानदार होते हैं कि वहाँ घर

के दरवाजे के बाहर दूध की बोतल रखी रहती है और चोरी नहीं होती। वहाँ जाकर समझ आया कि दूध इतना ज्यादा उपलब्ध है कि चोरी करने की जरूरत नहीं है। छोटी-मोटी चोरियाँ नहीं होतीं लेकिन लूटपाट और डकैती की बड़ी-बड़ी घटनाएँ प्रतिदिन घटती हैं। पोस्ट ऑफिस में डाका, बैंक में लूट, बलात्कार, हत्या के समाचारों से क्षेत्रीय अखबार भरे रहते थे। कहना होगा कि पिछले दो दशकों में भारत के अपराधियों ने अपने भूतपूर्व शासकों से काफी कुछ नई बातें सीख ली हैं।

अखबारों में फुटपाथ पर और बन्दरगाहों पर ठंड से ठिठुरकर मरनेवालों की खबरें भी करीब-करीब प्रतिदिन और चारों तरफ से छपती थीं। मैं उन खबरों को पढ़ता था और सोच-सोचकर हैरान होता था कि भारत जैसे पिछड़े देश में तो कभी लू और कभी शीत लहर से मरने के लिए लोग अभिशप्त हैं लेकिन दुनिया के सबसे सम्पन्न देशों में से एक में ये दुर्दशा क्यों है ?

पैनार्थ व कार्डिफ के बाज़ार में घूमते हुए एक अनोखी बात देखी। जगह-जगह दूकानों पर 'सेल' के बोर्ड। अखबारों में भी विज्ञापन। जिस दूकान पर 'सेल' हो, वहाँ दो रुपए की चीज एक या डेढ़ रुपए में मिल जाती थी लेकिन बाजू की दूकान पर ठीक उसी वस्तु की कीमत दो रुपए ही है और कोई रियायत नहीं। अगले सप्ताह देखा कि बाजू की दूकान पर भाव फिर चढ़ गए हैं। बाज़ार का यह गणित अपनी बुद्धि से परे था। शायद बिक्री बढ़ाने की यह कोई मिली-जुली कोशिश होती हो !

मैं डाक सामग्री खरीदने और चिट्ठियाँ पोस्ट करने अकसर पोस्ट ऑफिस जाया करता था। तीन माहों में तीन सौ पत्र तो परिजनों और मित्रों को लिखे ही होंगे। एकाध बार बैंक जाने का भी मौका मिला। ये नया और अच्छा अनुभव था कि डाक घर, बैंक या रेलवे स्टेशन पर जिस काउंटर के सामने छोटी कतार हो, वहीं लग जाओ। काउंटर क्लर्क को सारे काम करना है, कोई एक विशेष काम नहीं। डाकघर में वही क्लर्क टिकिट दे देगा, मनीऑर्डर ले लेगा, रजिस्ट्री कर देगा, रेडियो की लायसेंस फीस जमा कर लेगा और बचत-बैंक का काम भी निबटा देगा। ऐसा नहीं कि मनीऑर्डर काउंटर पर भीड़ लगी है और रजिस्ट्री क्लर्क मक्खियाँ मार रहा है।

21 जनवरी 77 की रात यानी भारत में 22 जनवरी की सुबह। मैं रायपुर फोन करना चाहता था। हॉस्टल से अन्तरराष्ट्रीय कॉल बुक किया। कॉल नहीं लग पाया। पोस्ट ऑफिस जाकर रात बारह बजे तक बैठा रहा, तब भी लाइन नहीं मिली। बम्बई के आगे की लाइन मिल ही नहीं रही थी। विवाह की वर्षगाँठ पर पत्नी से बात तो नहीं कर पाया लेकिन यार लोगों को पता चल ही जाना था सो सबको मिठाई खिलानी ही पड़ी। आज जब एक मिनट में दुनिया में कहीं भी फोन लग जाता है तो वह रात बरबस याद आ जाती है।

फरवरी में हम लोगों को चार दिन का मध्यावधि अवकाश मिला। लंदन आने-जाने के रेल टिकिट फाउंडेशन से मिल गए थे। एक सुबह सभी बारह लोग ट्रेन से लंदन आ गए। सिर्फ दो घंटे में डेढ़ सौ मील का सफर। पाँच डिब्बे की आरामदायक रेलगाड़ी

और डीजल एंजिन। ट्रेन के बीच में पेंट्री कार। लंदन के पैडिंगटन रेलवे स्टेशन पर सबने एक दूसरे से दिन के लिए विदा ली। सबका कोई न कोई निकट मित्र या सम्बन्धी इंग्लैंड में था। कोई लिवरपूल गया तो कोई एडिनबरा। कोई लंदन में ही किसी के घर। मैं एक अकेला बचा तो स्टेशन के पास ही एक 'बैड एंड ब्रेकफास्ट' होटल तलाशा। मात्र दो पौंड (तब छब्बीस रुपए) में साफ सुथरा कमरा सुबह के नाश्ते सहित। लगभग साढ़े तीन दिन उस विराट महानगर में मैंने अकेले घूमते हुए बिताए। कुछ घंटे डॉ. प्रदीप बख्शी के साथ। ब्रिटिश म्यूजियम, टॉवर ऑफ लंदन, बिगबैन, ब्रिटिश पार्लियामेंट, पिकाडिली स्क्वेयर, ऑक्सफोर्ड स्ट्रीट, सेवाइल रो की जगप्रसिद्ध दर्जी लाइन और साउथ हॉल। गरज ये कि लंदन जिन-जिन बातों के लिए प्रसिद्ध है, उन सबको देखा।

ब्रिटिश म्यूजियम के एक विशाल खंड में जब भारत से लाई गई प्रतिमाएँ और अन्य प्रादर्श देखे तो मन को एक धक्का लगा। ये हमारी सांस्कृतिक विरासत है जिसे हम अपने घर में सँभालकर नहीं रख पाए।

ऑक्सफोर्ड स्ट्रीट पर उन दिनों भारतीय चाय बोर्ड का 'इंडिया टी हाउस' हुआ करता था। घूमते हुए वहाँ दोपहर का खाना खाने गया। छह-सात सप्ताह बाद अपने स्वाद का, ढंग से बना हुआ भोजन मिला तो एकदम से घर की याद आने लगी। अब 'टी हाउस' तो नहीं है लेकिन इंग्लैंड में कई हजार भारतीय रेस्त्राँ खुल गए हैं। उस वक्त भी लंदन में सौ-दो सौ तो रहे ही होंगे। तीन दिन उन्हीं रेस्त्राओं में भोजन प्राप्त किया। एक दिन बाजू की टेबल पर एक अंग्रेज आकर बैठा। उसने रोटी पर चावल-दाल-सब्जी उड़ेली और काँटे-छुरी से काट-काटकर मजे में स्वाद लिया। उसे रोटी काटते देख मैं बड़ी देर तक मन ही मन मुस्कुराता रहा।

साउथ हॉल पहुँचकर लगा जैसे हिन्दुस्तान में आ गए हों। सलवार-कमीज़ में महिलाएँ और भारतीय सामग्रियों से सजी दूकानें। होटलों में समोसे और पकौड़े और बाहर पान की दूकान भी।

लंदन के 'लिवरपूल' रेलवे स्टेशन के सामने रविवार को एक बाज़ार भरता है। 'पेटीकोट मार्केट' के नाम से विख्यात गाँवों की साप्ताहिक हाट से यह बाज़ार बहुत अलग नहीं था। दूकानें ज्यादा थीं और सामान में विविधता भी। सामानों की कीमत सस्ती ही थी फिर भी मोल-भाव वैसा ही चल रहा था, जैसे गोलबाज़ार या गुरन्दी में होता है।

महानगर का सबसे व्यस्त इलाका और प्रसिद्ध बाज़ार, आक्सफोर्ड स्ट्रीट ही है। दूकानों को देखकर आँखें चौंधिया गईं। खिलौने की दूकान सात मंजिली। एक मंजिल पर सिर्फ यन्त्रचालित खिलौने तो एक पर सिर्फ गुड़िया घर। इसी तरह के बड़े-बड़े अन्य प्रतिष्ठान। सेल्फ्रिज़ और हैरॉड्स जैसी नामी दूकानों में तो जैसे मायानगरी ही बसी हुई थी। इस भव्यता के बीच छोटी-छोटी दूकानों की भी संख्या कम नहीं थी।

पिकाडिली सर्कस के ही पास सोहो का इलाका है। दूकानों में कामोद्दीपन के लिए चित्र-विचित्र चीज़ें बिक रही हैं। स्त्रियाँ ग्राहक ढूँढ़ रही हैं। जगह-जगह पर बूथ बने हैं,

जिनके भीतर सिक्का चालित बाइस्कोप मशीनें लगी हैं। सिक्का डालिए और कल्पना सम्भव व कल्पनातीत यौन व्यापार की छवियाँ देखिए। लंदन तथा कार्डिफ के सिनेमाघरों में एक्स प्रमाणपत्रवाली फिल्मों के पोस्टर देखे। लंदन में फिल्म देखने का साहस जुटाया। पन्द्रह मिनट भी भीतर नहीं ठहर सका। सिनेमाघर में सिर्फ पच्चीस-तीस वृद्ध दर्शक थे। तीन चौथाई सीटें खाली। परदे पर चल रही फिल्म से जुगुप्सा ही पैदा हुई।

फिल्म देख रहे ये वृद्ध सम्भवतः निपट एकाकी थे। पश्चिमी समाज में उनके लिए शासकीय स्तर पर चाहे जितने उपक्रम हों, अकेलपन भला कौन बाँट सकता है ? अखबारों में दो-दो पेज लघु विज्ञापन भरे रहते थे कि सत्तर वर्षीय वृद्ध को समय बिताने के लिए संगिनी की या पैंसठ वर्षीय वृद्धा को सहचर की आवश्यकता है। कार्डिफ में हमारी अध्ययनशाला में साफ-सफाई और चाय बनाने का काम एक सत्तर वर्षीय वृद्धा ही करती थी। वह इसी तरह अकेली रहती थी। बीच में छुट्‌टी पर जा रही उसकी बेटी ने अपने बच्चों की देखभाल के लिए उसे दो दिन के लिए घर आने का निमन्त्रण दिया तो वृद्धा के चेहरे की चमक देखने लायक थी। बच्चों के साथ दो दिन बीतेंगे तो सूनापन कुछ कम होगा।

लंदन में ठंड बहुत थी। बर्फ गिर रही थी। कारखानों और वाहनों के धुएँ से बर्फ भी नीचे गिरते तक जैसे काली हो जाती थी। सड़कों पर बर्फ के कारण कीचड़ मच जाता था और थैम्स नदी का पानी मटमैला ही था। इस उदास मौसम के अनुभव की ज्यादातर उदास करनेवाले ही थे। शायद मेरा अपना अकेलापन भी इसके लिए किसी हद तक जिम्मेवार था। इस बीच में एक मज़ेदार जानकारी मिली ब्रिटिश पार्लियामेंट में। जैट युग में भी पार्लियामेंट के बाहर घोड़े बाँधने के लिए लोहे के हुक लगे हैं जो उस समय से हैं, जब जनप्रतिनिधि घोड़ों पर आया करते थे। प्राचीन परम्पराओं के इस तरह के बहुत से स्मृति चिन्ह ब्रिटेन ने बचाकर रखे हैं।

ब्रिटेन के प्रधानमन्त्री का 10, डाउनिंग स्ट्रीट स्थित पारम्परिक निवास देखकर अच्छा लगा। सामान्य मार्ग पर सामान्य घरों जैसा एक घर। कम से कम जाहिरा तौर पर। साधारण से दरवाजे के बाहर एक सन्तरी खड़ा है। लोग बेहिचक सामने से आना-जाना कर रहे हैं। कहीं कोई रोकटोक नहीं। इंसी तरह 'स्कॉटलैंड यार्ड' का भवन देखा तो लगा ही नहीं कि इस साधारण से दिखनेवाले भवन में विश्व विश्रुत गुप्तचर संगठन का मुख्यालय हो सकता है।

1977 में जेम्स कलाहन ब्रिटेन के प्रधानमन्त्री थे। वे साउथ कार्डिफ संसदीय क्षेत्र के निर्वाचित सांसद थे। तीन माह के प्रवास के दौरान प्रधानमन्त्री तीन बार कार्डिफ आए। जब भी आते 'वैस्टर्न मेल' के प्रथम पृष्ठ पर सिंगल कॉलम में खबर छपती, 'साउथ कार्डिफ के संसद सदस्य जेम्स कलाहन आज से तीन दिन तक नगर में रहेंगे।' कार्डिफ के लोगों के लिए यह महत्त्वपूर्ण नहीं था कि वे प्रधानमन्त्री हैं। लौटने के बाद जब मैंने 'देशबन्धु' में लिखना प्रारम्भ किया—'रायपुर के लोकसभा सदस्य पुरुषोत्तम कौशिक' तो कौशिकजी और उनके समर्थक नाराज़ हो गए। केन्द्रीय मन्त्री लिखना

चाहिए था। जब पहली बार के चुने राजनेता का यह रुख हो सकता था तो कई बार के चुने गए नेताओं के रुख की कल्पना की जा सकती है। मेरे अखबार ने यह हिमाकत फिर नहीं की। जाने कब कौन नाराज़ हो जाए !

कार्डिफ वापस लौटना था। पैडिंग्टन रेलवे स्टेशन से ट्रेन पकड़ी और दो घंटे में कार्डिफ। रविवार की शाम थी। शनिवार-इतवार को लोकल बसें आदि कम चलती हैं। हॉस्टल के लिए तुरन्त बस उपलब्ध नहीं थी। सोचा पैदल ही चले चलेंगे। इतने में पीछे से किसी ने पुकारा। कार में बैठी एक सुन्दर युवती ने कहा, चलो मैं हॉस्टल तक छोड़ देती हूँ। उसका निमन्त्रण तो सहर्ष स्वीकार कर लिया लेकिन दो-तीन मिनट तक समझ ही नहीं आया कि ये मुझे पहचानती कैसे है ! फिर ख्याल आया—अरे ! यह लड़की तो हॉस्टल के भोजनालय में काम करती है। हर रोज उसे किचन की सफेद यूनीफॉर्म में, सिर पर कैप लगाए देखते थे। अभी वह कार चला रही थी और परिधान से उसके पार्ट टाइम काम का अनुमान नहीं लगाया जा सकता था। इसीलिए पहचानने में देर हो गई।

पश्चिमी समाज में युवजन इसी तरह काम कर न सिर्फ पढ़ाई का खर्च निकाल लेते हैं, बल्कि शौक पूरे करनें के लायक कमाई भी कर लेते हैं। वे न माँ-बाप पर बोझ बनते हैं और न बूढ़े माँ-बाप का बोझ उठाना पसन्द करते हैं। लंदन में सुबह पाँच बजे और रात को दस बजे भी अंडरग्राउंड स्टेशन के बाहर पत्र-पत्रिकाएँ बेचते छात्र-छात्राओं से मुलाकात हुई।

कोर्स के दौरान हर प्रतिभागी को एक-एक बार अपने बारे में और पत्रकारिता के बारे में बोलना था। मुझे बोलने का मौका आया तो मैंने 'मिस्टर ब्राउन एंड फ्रेंड्स' कहकर सम्बोधित किया। ब्राउन ने मुझे तुरन्त टोक दिया—क्या मैं तुम्हारा मित्र नहीं हूँ। मैं एक क्षण के लिए हतप्रभ रह गया। सँभलकर उत्तर दिया—हमारी परम्परा में शिक्षक को मित्र नहीं, आदरणीय माना जाता है। यह बाद में देखा कि शिक्षक तो ठीक, माता-पिता को भी नाम से पुकारने को पश्चिमी समाज में बुरा नहीं समझा जाता। अपने इन मित्र-शिक्षकों के घर भोजन करने के न्यौते हम लोगों को मिले। मध्यवित्त घरों में सामान्यतः घरेलू नौकर नहीं होते। रोजमर्रा का काम खुद ही करना होता है। सप्ताह में एकाध दिन साफ-सफाई करने के लिए कोई सहायक आ जाता है। शिक्षकों के घर भोजन करने के बाद जब प्लेटें धोने की पेशकश मैंने की तो उससे वे लोग प्रसन्न हुए। नॉन-वेज न खाने और मदिरापान न करने की बात न अंग्रेज समझ पाते थे और न दूसरे सहपाठी। हमारे लिए भी उन्हें समझाना कठिन था। यही कहते थे कि जिस माहौल में हम बड़े हुए हैं, उसमें इनका स्थान नहीं रहा है। लेकिन साथ न दे पाने की विवशता को हमारे मेजबान अच्छा नहीं समझते थे। शायद उन्हें बुरा ही लगता था।

लौटने का समय आया। 30 मार्च को शोन ब्राउन के साथ हमारी मंडली ट्रेन से लंदन आई। यहाँ थॉमसन फाउंडेशन के प्रभारी न्यासी के हाथों हमें प्रमाणपत्र मिलने थे। अगले दिन हम सब बी.बी.सी. के मुख्यालय गए। हमें बतलाया गया था कि सबकी वार्ताओं की रिकॉर्डिंग होगी और उसका पारिश्रमिक भी दिया जाएगा। खुश थे कि पैसा

मिलेगा तो थोड़ी शॉपिंग कर लेंगे।

बी.बी.सी. के दक्षिण एशिया के प्रभारी अधिकारी के साथ हम पाँच लोगों का भोजन हुआ। इसी तरह क्षेत्रवार अन्य लोगों का भी। भोजन के बाद रिकॉर्डिंग होना तय था। हमारे मेजबान 'स्टेट्समैन' कलकत्ता के सम्पादक रह चुके थे। नाम अब मुझे याद नहीं। भोजन पर बातचीत के दौरान मैंने बी.बी.सी. की नीति की आलोचना की। पाक अधिकृत कश्मीर को आज़ाद कश्मीर और जम्मू-कश्मीर को भारत अधिकृत कश्मीर कहकर क्यों पुकारा जाता है। भारत और तीसरी दुनिया को नीचा दिखानेवाले कार्यक्रम क्यों दिखाए जाते हैं, आदि। उन्होंने अपना पक्ष रखा, तर्क दिए लेकिन मैं सन्तुष्ट नहीं हुआ। लंच के बाद प्रतीक्षा कक्ष में सबको बैठा दिया गया। सारे साथियों की वार्ताएँ रिकॉर्ड कर ली गईं। सबको 40-50 पौंड मिल गए। मैं प्रतीक्षा ही करता रह गया। मेरी बारी नहीं आनी थी, सो नहीं आई। मैं ब्रिटेन पत्रकारिता का उच्च अध्ययन करने गया था। बारह सप्ताह में बहुत-सी बातें सीखीं। वे आज भी काम आ रही हैं। बी.बी.सी. ने मुझे यह सिखाया कि उदार जनतान्त्रिक परिवेश में भी आलोचना असह्य हो सकती है। इस एक पाठ ने पिछले तीन माह के सारे पाठों को एकबारगी तो भुला ही दिया।

2 अप्रैल की सुबह दिल्ली की फ्लाइट थी। 1 अप्रैल को सुबह का नाश्ता करने के बाद सहपाठियों ने एक-दूसरे से भारी मन से विदा ली। शोन ब्राउन को अलविदा कहा और होटल छोड़ा। मजीद की भी फ्लाइट 2 अप्रैल को ही थी। हम लोगों ने विक्टोरिया स्टेशन के पास एक बेड एंड ब्रेकफास्ट में एक दिन के लिए कमरा लिया और सामान रखा और अपने-अपने हिसाब से घूमने निकल गए। जाड़े के दिन बीत रहे थे और बसन्त की आहट सुनाई दे रही थी। प्रशस्त लंदन शहर में जगह-जगह विकसित उद्यानों में पेड़ों पर नई चमक आ रही थी। बसन्त के सन्देशवाहक डैफोडिल के पीले फूल बागीचों की क्यारियों से कहीं-कहीं झाँकने लगे थे। तीन माह तक कन्धों पर पड़ा रहा मोटा डफैल कोट उतर गया था और घर लौटने के लिए उतावले मन को वैसे ही खिला-खिला एहसास हो रहा था।

उस रात लंदन में शायद वैसे भी नींद नहीं आती लेकिन मजीद के विकट खर्राटों ने तो बिल्कुल ही नहीं सोने दिया। सुबह जल्दी-जल्दी तैयार होकर एयरपोर्ट की बस पकड़ने के लिए निकला। घड़ी देखी तो लगा कि देर हो गई है। समय पर एयरपोर्ट पहुँच पाऊँगा या नहीं, ऐसी शंका भी हुई। हीथ्रो पहुँचने के बाद विमानतल की घड़ी में देखा तो वह एक घंटे पीछे चल रही थी। ऐसा कैसे ? पूछताछ की तो अपनी मूर्खता का पता चला। 1 अप्रैल से यूरोप की घड़ियाँ एक घंटे पीछे कर दी जाती हैं। भारत और इंग्लैंड के समय में 31 मार्च तक साढ़े पाँच घंटे का समयान्तर था, वह 1 अप्रैल से साढ़े चार घंटे का रह गया था। ग्रीष्मकाल में बिजली की खपत बचाने के लिए यह उपाय किया जाता है।

तीन माह भीड़-भाड़, धक्का-मुक्की और शोर-शराबे से दूर बीते थे। सड़क पर

शायद ही कभी हॉर्न की आवाज़ सुनी हो। ट्रेन में, बस में कोई आपस में बात नहीं करता था। कतार में लोग शान्तिपूर्वक अपनी बारी आने का इन्तज़ार करते थे। दफ्तरों में, दूकानों में कभी किसी को चिल्लाते नहीं सुना था। कभी-कभी अपनी ही आवाज़ जरूरत से ज़्यादा तेज मालूम होने लगती थी। हीथ्रो विमानतल पर एयर इंडिया के काउंटर पर पहुँचने के साथ मैं एक क्षण में इंग्लैंड से हिन्दुस्तान में पहुँच गया। ढेर-ढेर सामान लिए वतन लौट रहे यात्री कतार में थे। कतार में कहाँ, किसकी बारी है पता ही नहीं चल रहा था। सब तरफ से बेखबर हमवतन अपनी बातों में मशगूल थे। मैं चुपचाप अपना नम्बर आने का इन्तज़ार करता खड़ा रहा। नम्बर लगा। चैक इन हुआ। भीतर ड्यूटी फ्री शॉप की चकाचौंध में काफी देर अपनी खाली जेब के साथ भटकता रहा। भारतीय समय से उसी रात लगभग 12 बजे दिल्ली। वापस अपनी सरजमीं पर। कस्टम के 'ग्रीन चैनल' पर लम्बी कतार थी। मैं अपना सामान लेकर 'रेड चैनल' पर चला गया। कस्टम अधिकार ने पूछा—कैमरा-शैमरा ! नहीं। दारू-शारू ? नहीं। सिगरेट-विगरेट ? वह भी नहीं। फिर क्यों मेरा समय बर्बाद कर रहे हैं। चलिए। आगे बढ़िए। आगे बढ़ा। मैंने झटपट अपना सामान उठाया और बाहर आ गया। सामने माया खड़ी थीं। भरे भवन में नयनों से बात करती हुईं। स्वागत करती हुईं। साथ में दिल्ली प्रतिनिधि ज़ाहिदजी थे और छोटे भाई भी। दो-तीन घंटे बाद ही रायपुर की ट्रेन पकड़नी थी। एकाएक अपनों से दूर बिताए तीन माहों का अकेलापन मुझ पर तारी होने लगा। मैं अब तुरन्त घर पहुँच जाना चाहता था।

(नवम्बर, 2000)

ब्रिटेन : नाज़ुक तलुवे में पड़ी बिवाई

प्रधानमन्त्री पी.वी. नरसिंहराव की ताज़ा ब्रिटेन यात्रा के बारे में अब तक काफी कुछ लिखा जा चुका है। पाठकों को यह जानकारी भी हो गई है कि प्रधानमन्त्री का विमान लंदन के हीथ्रो विमानतल पर न उतरकर 45 कि.मी. दूर गैटविक़ विमानतल पर उतारना पड़ा। 4 दिन बाद लंदन से एडिनबरा की उड़ान भी श्री राव हीथ्रो और गैटविक दोनों ही स्थानों से नहीं भर सके, बल्कि 75 कि.मी. दूर ब्रिज नॉर्टन स्थित सैनिक हवाई अड्डे से उनका विमान उड़ा। लंदन के दोनों हवाई अड्डों पर आई.आर.ए. (आयरिश रिपब्लिकन आर्मी) ने बम विस्फोट किए थे और एक विशिष्ट राजकीय अतिथि के लिए इन दोनों स्थानों को निरापद नहीं समझा गया।

ब्रिटिश प्रधानमन्त्री जॉन मेजर जब उत्तरी आयरलैंड की समस्या के राजनीतिक समाधान की खोज में जुटे हैं, तब आयरिश आतंकवादी ब्रिटिश सरकार का मनोबल तोड़ने और शान्तिपूर्ण पहल को विफल करने के लिए लंदन तक विस्फोट कर रहे हैं। यह शायद एक ऐसा कारण है कि जॉन मेजर की सरकार आतंकवाद से निपटने के मामले में भारत सरकार के साथ सहयोग कर रही है और भारत की परेशानियों को समझने की कोशिश भी। लंदन से एडिनबरा के बीच विमान में पत्रकारों से बात करते हुए प्रधानमन्त्री ने इस मुद्दे को रेखांकित किया। शायद श्री राव का आशय यही था कि ब्रिटेन के नाजुक तलुवे में आतंकवाद की बिवाई पड़ने के बाद वह हमारी पीड़ा को समझ पा रहा है।

लेकिन मेरी समझ में बात सिर्फ इतनी ही नहीं है। आतंकवाद के अलावा औद्योगिक उत्पादन में आई गिरावट, बढ़ती बेरोजगारी, यूरोपीय समुदाय में वांछित महत्त्व न मिल पाना जैसे और भी बहुत से कारण हैं, जिनसे ब्रिटेन परेशान है और बाहर निकलने का रास्ता खोज रहा है। इस दौर में ब्रिटेन यदि भारत के प्रति दोस्ती का हाथ बढ़ा रहा है और जॉन मेजर के नेतृत्व में भारत-ब्रिटिश सम्बन्धों में सुधार हो रहा है तो यह स्वाभाविक ही है। क्योंकि जहाँ तक भारत का सवाल है, उसने 'ब्रिटिश राज' को एक दुस्वप्न की तरह बहुत जल्दी ही भुला दिया था और अच्छे सम्बन्ध बनाए रखने की उसकी इच्छा कभी भी अव्यक्त नहीं रही। अन्तरराष्ट्रीय रंगमंच पर ब्रिटेन का महत्त्व अपेक्षाकृत कम हो जाने के बावजूद हमने यह याद रखा है कि ब्रिटेन संयुक्त राष्ट्र सुरक्षा परिषद का स्थायी सदस्य है, वह यूरोपीय समुदाय का एक महत्त्वपूर्ण सदस्य राष्ट्र है

तथा भारत व ब्रिटेन के बीच ऐतिहासिक तथा गहरे ताल्लुकात रहे हैं। ब्रिटेन में ऐसे कम-से-कम 40 संसदीय क्षेत्र हैं, जहाँ भारतीय मूल के ब्रिटिश मतदाता नतीजों में उलटफेर कर सकते हैं। ब्रिटेन के दृष्टिकोण से सोचें तो इन सबके अलावा भारत में उसके उत्पादकों के लिए एक बड़ा बाज़ार उपलब्ध है, जो अन्यत्र नहीं मिल सकता। हांगकांग के भविष्य को लेकर चीन से उसके सम्बन्धों में तनाव चल रहा है। यूरोपीय समुदाय के बीच भी जर्मनी व फ्रांस के साथ नाटो के मुद्दे पर उसके मतभेद हैं। गरज ये कि अगर दोनों देश चाहें तो बदलती हुई वैश्विक परिस्थितियों में एक लम्बी दूरी तक साथ चल सकते हैं।

प्रधानमन्त्री की 4 दिन की यात्रा के दौरान आपसी सहयोग के बहुत से आयामों पर चर्चा हुई, जिनके आधार पर कहा जा सकता है कि यह यात्रा प्रधानमन्त्री की सफलतम विदेश यात्राओं में से एक थी। आगे हम इन पर चर्चा करेंगे लेकिन यहाँ ब्रिटिश मीडिया के बारे में कुछ कहना मैं जरूरी समझता हूँ। यह पाठकों को पता है कि बी.बी.सी. के सुप्रसिद्ध वार्ताकार डेविड फ्रॉस्ट प्रधानमन्त्री का साक्षात्कार लेने नई दिल्ली नहीं आए। यात्रा पर रवाना होने के पूर्व यह पहला अपशकुन था। लंदन में 4 दिन के प्रवास के दौरान ब्रिटिश प्रेस ने जो रवैया अपनाया, उससे उसका पूर्वाग्रह ही परिलक्षित हुआ। यद्यपि दो ब्रिटिश अखबारों के सम्पादक एक सप्ताह पूर्व ही श्री राव का इंटरव्यू लेने दिल्ली आए थे और ये इंटरव्यू वहाँ यात्रा के पूर्व छपे भी। लेकिन कुल मिलाकर ब्रिटिश प्रेस ने भारतीय प्रधानमन्त्री को उचित व वांछित महत्त्व नहीं दिया। एक मिनी बस में बैठकर हर जगह पहुँच जानेवाले मुट्ठी भर प्रदर्शनकारियों की तस्वीरें तो ब्रिटिश अखबारों ने बड़े आत्मसन्तोष के साथ छापीं, लेकिन श्री राव के आगमन या उनके कार्यक्रमों की खबरें ब्रिटिश अखबारों से नदारद ही रहीं। एक-दो पत्रों ने जो सम्पादकीय लिखे, उनमें भी भारत के प्रति पूर्वाग्रह ही झलकता रहा।

कहना होगा कि भारतीय उच्चायोग को इस बात का पूर्वाभास था। इसलिए उसने 'ब्रिटिश मीडिया में भारत का कवरेज' विषय पर एक बृहद नोट हम लोगों की जानकारी के लिए पहले से तैयार कर रखा था। ब्रिटिश मीडिया यह तो जानता है कि भारत का नया आर्थिक वातावरण उसके अपने लिए लाभकारी है। इस बात की वह प्रशंसा कर रहा है। लेकिन भारत की आलोचना करने का कोई भी मौका वह हाथ से नहीं जाने देना चाहता। फिर चाहे बात पंचवर्षीय योजनाओं की हो, धर्मनिरपेक्षता की हो, कश्मीर की हो या मानवाधिकार की हो। हमारे लिए यह सोचने की बात है कि जिस देश में लाखों भारतीय निवास करते हों, जिसकी भाषा व साहित्य के साथ हमारा गहरा सम्पर्क रहा हो, उस देश में प्रचार माध्यमों के द्वारा हम अपनी सही तस्वीर पेश कर पाने में विफल हो गए हैं। यह विषयान्तर हो सकता है। लेकिन दुनिया की नजरों में भारत की एक अनुकूल छवि, कैसे सामने आए, इस पर हमारी सरकार को पृथक् से विचार करना चाहिए।

प्रधानमन्त्री श्री राव ब्रिटेन यात्रा के दौरान लंदन के अलावा स्कॉटलैंड की राजधानी

एडिनबरा भी गए। अपनी यात्रा में वे प्रधानमन्त्री जॉन मेजर, रानी एलिजाबेथ, विपक्षी लेबर पार्टी के नेता जॉन स्मिथ, छाया विदेश मन्त्री कनिंगहम, दूसरे विपक्षी दल लिबरल डेमोक्रेटिक पार्टी के नेता पैडी एशडन, डेविड स्टील तथा ब्रिटेन के अनेक मन्त्रियों, उद्योगपतियों, सांसदों व बुद्धिजीवियों से मिले। राष्ट्रकुल के महासचिव चीफ अनयाकू से भी उनकी भेंट हुई। इन औपचारिक-व्यावसायिक कार्यक्रमों के अलावा उन्होंने वहाँ सांकेतिक समारोहों में भी भाग लिया।

लंदन पहुँचने के साथ श्री राव का पहला कार्यक्रम था टैवीस्टॉक स्कवेयर पर महात्मा गांधी की प्रतिमा पर श्रद्धांजलि अर्पित करना। बापू की जन्म शताब्दी पर 1968 में यह प्रतिमा स्थापित की गई थी। ब्रिटिश शिल्पी फ्रैडा ब्रिलियेंट द्वारा तराशी गई इस प्रतिमा का अनावरण तत्कालीन प्रधानमन्त्री हैरॉल्ड विल्सन ने किया था। लंदन का कामडेन इलाका, जहाँ कि प्रतिमा स्थापित है, वी.के. कृष्णमेनन की स्मृतियों को सँजोए हुए है। एक लम्बे समय बाद कृष्णमेनन का नाम सुनने को मिला और यह जानने का अवसर भी कि इंडिया लीग के संस्थापक सदस्य, सचिव, कामडेन के पार्षद और भारतीय उच्चायुक्त जैसे विभिन्न पदों पर काम करते हुए उन्होंने भारत की आजादी व भारत-ब्रिटिश सम्बन्धों की बेहतरी के लिए कितना काम किया था। गांधी प्रतिमा के बाद श्री राव एल्डविच में भारतीय उच्चायोग से लगे हुए मांट्रियल प्लेस में पंडित नेहरू की प्रतिमा पर श्रद्धांजलि अर्पित करने पहुँचे। इंडिया लीग के आर्थिक सहयोग से स्थापित इस प्रतिमा का अनावरण 14 नवम्बर, 1990 को प्रधानमन्त्री जॉन मेजर ने किया था। लंदन से रवानगी के दिन यानी 16 मार्च को प्रधानमन्त्री ने भारतीय उच्चायोग 'इंडिया हाउस' में राजीव गांधी के तैलचित्र का अनावरण किया और इसके बाद 'रनीमेड' नामक स्थान पर वे 'मैग्नाकार्टा' मेमोरियल भी गए। कहना न होगा कि सन् 1215 में हस्ताक्षरित 'मैग्नाकार्टा' एक जनतान्त्रिक व्यवस्था के अन्तर्गत मनुष्य के मौलिक अधिकारों की गारन्टी देनेवाला दस्तावेज है और इस नाते सारे विश्व में उसे एक ऐतिहासिक महत्त्व व सम्मान हासिल है। श्री राव ने 'मैग्नाकार्टा' मेमोरियल जाकर जैसे भारत में मानवाधिकारों की रक्षा के प्रति ही अपनी प्रतिबद्धता दर्शाई हो। यद्यपि विंस्टन चर्चिल ने मैग्नाकार्टा को ब्रिटिश सामन्तों के अधिकारों को सुरक्षा देनेवाला दस्तावेज निरूपित किया था, लेकिन श्री राव ने उसकी तुलना भारतीय संविधान के मौलिक अधिकारोंवाले अध्याय तीन से करना बेहतर समझा। 1215 में लिखे गए शब्दों की भावना 1994 में आकर बदल गई हो तो इसमें क्या आश्चर्य होना चाहिए ?

(22 मार्च, 1994)

नेहरू और भिलाई की याद

यदि मैग्नाकार्टा मेमोरियल जाने का कोई सांकेतिक अर्थ था तो गांधी और नेहरू की प्रतिमा पर श्रद्धांजलि अर्पित करना भी एक अनिवार्य औपचारिकता से अधिक गूढ़ अर्थ रखता है। अगर यह गूढ़ार्थ यात्रा के पहले दिन स्पष्ट नहीं हो सका तो 14 और 15 तारीख को दो विभिन्न मौकों पर वह स्पष्ट हुआ। प्रधानमन्त्री की इस यात्रा का सबसे महत्त्वपूर्ण मुकाम 'गिल्ड हॉल' में उनके द्वारा दिए गए उद्‌बोधन को माना जाना चाहिए। पाँच सौ साल पुराना गिल्ड हॉल जो लंदन की नगर निगम का सभागार है। वास्तुकला का यह उत्कृष्ट नमूना दो बार पूरी तरह नष्ट हुआ। पहले 1666 के लंदन अग्निकांड में और दूसरी बार द्वितीय विश्वयुद्ध के दौरान बम-वर्षा में। यह गिल्ड हॉल ब्रिटिश प्रधानमन्त्रियों और विदेशी शासन प्रमुखों के ऐतिहासिक स्वागत और भाषण का अनेक बार साक्षी रहा है और प्रधानमन्त्री नरसिंह राव ने 14 मार्च की शाम भारतीय समुदाय का तथा ब्रिटिश मित्रों के सामने जो भाषण दिया वह अपनी शब्द-रचना में सपाट होते हुए भी एक ऐतिहासिक भाषण ही था। एक बहुभाषाविद, साहित्यसर्जक प्रधानमन्त्री से एक कल्पनाशील भाषण की अपेक्षा की जा सकती थी लेकिन अवसर का महत्त्व शब्दों से नहीं, देश से रेखांकित किया गया।

श्री राव ने हिन्दी में या कहें हिन्दुस्तानी में ईद के मुबारक मौके पर देश-विदेश में बसे भारतीय मुस्लिम बन्धुओं को शुभकामनाएँ दीं और गिल्ड हॉल के मंच का उपयोग यह बताने के लिए किया कि अयोध्या के बावजूद भारत में धर्मनिरपेक्षता जीवित है और वह हमारे राष्ट्रीय जीवन का एक अविच्छिन्न सूत्र है। इस अवसर पर उन्होंने अपनी सरकार की सामाजिक आर्थिक नीति की व्याख्या की; और नेहरू का नाम लिए बिना उन्हें अपने अन्तर्मन से स्मरण करते हुए आर्थिक उदारवाद के मसीहाओं को बहुत खुले शब्दों में यह सन्देश दिया कि भारत जैसे देश में विकास की अभी बहुत-सी मंज़िलें पार करना बाकी हैं, ऊपरी परत पर छाए हुए सम्पन्न वर्ग की इच्छा से नीतियाँ नहीं बनाई जा सकतीं और यह आर्थिक उदारता वहीं तक दी जा सकती है जहाँ तक शिक्षा, स्वास्थ्य तथा अन्य कल्याणकारी योजनाओं से उसकी कोई टकराहट न हो। वैसे तो प्रधानमन्त्री अपना व्याख्यान लिखकर लाए थे लेकिन मौके को समझते हुए उसे छोड़कर उन्होंने तात्कालिक भाषण देना पसन्द किया। उनके भाषण के दौरान बार-बार तालियाँ बजती रहीं तथा अगले तीन दिनों तक यह भाषण चर्चा का विषय बना रहा।

अपनी बातें रखने का एक और नायाब मौका प्रधानमन्त्री को 15 तारीख को मिला जब वे नेहरू सेन्टर में बुद्धिजीवियों तथा भारतविदों की एक गोष्ठी में आमन्त्रित किए गए। दादा भाई नौरोजी के ब्रिटिश संसद में निर्वाचित होने के शताब्दी वर्ष 1992 में भारतीय उच्चायोग ने नेहरू केन्द्र की स्थापना की थी। महात्मा गांधी के पौत्र तथा भारतीय उच्चायोग में मिनिस्टर (संस्कृति) के पद पर कार्यरत गोपाल गांधी इस केन्द्र के निदेशक हैं। भारत के मित्र तथा भारत में दिलचस्पी रखनेवाले लोगों के लिए नेहरू केन्द्र विचार-विनिमय के लिए एक सहज वातावरण की उपलब्धि कराता है। 15 मार्च को भी ऐसे अनेक गणमान्य व्यक्ति नेहरू केन्द्र की सभा में उपस्थित थे। उसमें लार्ड मेघनाथ देसाई और प्रोफेसर भीखू पारख जैसे लोग थे तो माउंटबेटन की दोनों बेटियाँ भी थीं। उसमें अगर अंग्रेजी उपन्यासकार कमला मार्कंडेय थीं तो ऑक्सफोर्ड में संस्कृत के प्रोफेसर रिचर्ड गॉमब्रिच भी थे। भारतीय पुरातत्व, कला, भाषा, इतिहास, दर्शन, सिनेमा जैसे विभिन्न विषयों के विद्वानों का यह ऐसा संगम था जो सदैव उपलब्ध नहीं हो सकता। प्रधानमन्त्री के लिए यह एक सुनहरा अवसर था जब वे न सिर्फ प्रखर बौद्धिक क्षमता से सम्पन्न नेता की अपनी छवि को उभार सकते थे बल्कि भारत में मित्रों के माध्यम से ऐसे बहुत से प्रश्नों के उत्तर ब्रिटिश नागरिकों तक भेज सकते थे जो भारत के बारे में समय-समय पर उठाए जाते रहे हैं। जिस अवसर का उपयोग एक बौद्धिक खुलेपन के वातावरण में पारस्परिक संवाद के लिए हो सकता था वह सिर्फ एकपक्षीय भाषण तक सिमटकर रह गया। लॉर्ड देसाई ने अयोध्या के साथ अपनी बात शुरू की लेकिन प्रधानमन्त्री ने बात को टाल दिया और अगले 25 मिनट तक वे अपना लिखित वक्तव्य ही पढ़ते रहे। इस वक्तव्य में स्वाभाविक तौर पर नेहरू का बार-बार जिक्र आया। लेकिन ज्यादा समय तक प्रधानमन्त्री नई अर्थव्यवस्था की ही बात करते रहे। तथापि उसमें उन्होंने 1959 के नागपुर कांग्रेस अधिवेशन का जिक्र किया और साथ में भिलाई के इस्पात संयन्त्र का भी। वे सम्भवतः सभा को आश्वस्त करना चाहते थे कि भारत आज भी नेहरू के मध्य मार्ग पर ही चल रहा है। इस बारे में व्याख्यान खत्म होने के बाद उनसे सवाल पूछे जा सकते थे लेकिन उन्हें वाणिज्य मंडल के अध्यक्ष व कैबिनेट मन्त्री माइकल हेजल्टाइन द्वारा किए गए स्वागत भोज में शामिल होना था जहाँ बहुत से संसद सदस्य तथा अन्य महत्त्वपूर्ण व्यक्ति उनकी प्रतीक्षा कर रहे थे।

सच बात यह है कि जिन दो महत्त्वपूर्ण बिन्दुओं पर श्री राव की यात्रा केन्द्रित रही उनमें से पहला बिन्दु था भारत-ब्रिटिश व्यापार सम्बन्ध और दूसरा था कश्मीर का मामला। यह हमारे पाठक समझ सकते हैं कि जहाँ व्यापारिक सम्बन्धों की बात है, दोनों पक्षों की तरफ से एक जैसे उत्साह और पारस्परिक समझ के साथ बात की गई वहीं दूसरी तरफ कश्मीर और मानवाधिकार का मामला ब्रिटिश पक्ष की तरफ से उठाया जाता रहा। दोनों देशों के बीच व्यापारिक सम्बन्धों ने इस यात्रा के साथ एक नया मोड़ लिया। प्रधानमन्त्री के इस दौरे में उनके साथ भारत के अनेक नामी उद्योगपति जैसे टिस्को के चैयरमेन जे.जे. ईरानी, राहुल बजाज, आर.पी. गोयनका आदि शामिल थे वहीं अजिताभ

बच्चन तथा स्वराज पाल जैसे एन.आर.आई. लंदन में उनके कार्यक्रमों में शामिल हुए। पिछले साल जॉन मेजर की भारत यात्रा के अवसर पर जिस आई.बी.पी.आई. (इंडो-ब्रिटिश पार्टनरशिप इनिशिएटिव) की स्थापना एक साल के लिए की गई थी उसकी रिपार्ट दोनों प्रधामन्त्रियों के सामने रखी गई तथा इस दल की कार्यावधि एक साल और बढ़ाने का भी फैसला किया गया। इसी के साथ 'इंडो ब्रिटिश इकॉनामिक कमेटी' नामक कार्यदल जिसके बैठक 1989 के बाद हुई ही नहीं थी उसे पुनर्जीवित करने की बात सामने आई। इस अवसर पर जहाँ भारतीय और ब्रिटिश उद्योगपतियों के बीच कुछ महत्त्वपूर्ण व्यापारिक समझौते हुए, वहीं शासकीय तौर पर दोनों देशों के बीच पूँजी निवेश की सुरक्षा से सम्बन्धित एक समझौते पर हस्ताक्षर भी किए गए। भारत के इतिहास में पहली बार विदेशी पूँजी निवेश को सुरक्षा की लगभग वैसी ही गारंटी दी गई जैसी कि भारतीय उद्योगों को हासिल है। अगर मैं सही समझ सका हूँ तो इन व्यापारिक अनुबन्धों का लाभ भारत से ज्यादा ब्रिटेन को होगा, जिसके मध्यम व लघु उद्योग को बाजार की तलाश है।

हमारे पाठकों की दिलचस्पी यह जानने में हो सकती है कि व्यापार के अलावा पर्यावरण की रक्षा तथा विज्ञान और टेक्नालॉजी के क्षेत्र में भी दोनों देश सहयोग के एक नए दौर से गुजर रहे हैं। भारत ऐसा महसूस करता है कि विश्व पर्यावरण की सुरक्षा की दिशा में भारत और ब्रिटेन के बीच कोई मतभेद नहीं है। भारत के पश्चिमी घाट, हिमाचल प्रदेश तथा उ.प्र. के कुछ भागों में ग्रामीणजनों के सहयोग से वनों के विकास हेतु 20 अरब रुपए की एक संयुक्त भारत-ब्रिटिश परियोजना पर काम चल रहा है। इसके लिए ब्रिटेन के समुद्रपारीय विकास विभाग ने आर्थिक और तकनीकी व्यवस्था उपलब्ध कराई है। भारत के बहुत से वैज्ञानिक एडिनबरा विश्वविद्यालय तथा एडिनबरा ट्रॉपिकल फ़ारेस्ट ट्रेनिंग सेन्टर में आवश्यक प्रशिक्षण भी प्राप्त कर रहे हैं। सामुदायिक विकास की कुछ अन्य योजनाओं में भी ब्रिटेन का सहयोग भारत को मिल रहा है।

प्रधानमन्त्री श्री राव ने ब्रिटेन में जिस भी महत्त्वपूर्ण व्यक्ति से चर्चा की उसमें कश्मीर का मुद्दा बार-बार सामने आया। भारतीय प्रधानमन्त्री ने हर जगह यह बात स्पष्ट की कि भारत कश्मीर में राजनैतिक प्रक्रिया की बहाली हेतु इच्छुक है। पंजाब से प्राप्त सफलता को उन्होंने उदाहरण के रूप में सामने भी रखा। उन्होंने ब्रिटिश सरकार को यह साफ शब्दों में कहा कि अगर सीमा पार अर्थात पाकिस्तान से उग्रवादियों को शह न मिले तो कश्मीर समस्या का हल किया जाना मुश्किल नहीं होगा। उल्लेखनीय है कि फारूख अब्दुल्ला भी प्रधानमन्त्री की यात्रा में उनके साथ थे। श्री राव ने जॉन मेजर से चर्चा के दौरान सवाल उठने पर पाकिस्तान के साथ सामान्य सम्बन्ध बनाने की इच्छा भी व्यक्त की। उन्होंने बताया कि भारत के द्वारा एक छह सूत्रीय कार्यक्रम पाकिस्तान को दिया जा चुका है। अब यह पाक के ऊपर है कि वह इसे सही भावना के साथ स्वीकार करे। आणविक अप्रसार सन्धि के बारे में ब्रिटिश नेताओं द्वारा श्री राव से बात की गई जिसके उत्तर में श्री राव ने स्पष्ट कहा कि क्षेत्रीय अप्रसार सन्धि जैसी

बात से भारत सहमत नहीं है।

श्री राव ने इस यात्रा का उपयोग राष्ट्रकुल के साथ अपनी प्रतिबद्धता दोहराने के लिए भी किया। लंदन में राष्ट्रकुल के महासचिव चीफ अनुयाकू ने उनसे भेंट की और दक्षिण अफ्रीका में आसन्न पहले लोकतान्त्रिक चुनावों के शान्तिपूर्ण सम्पन्न करवाने की दिशा में भारत के सहयोग के लिए उन्हें धन्यवाद दिया। उल्लेखनीय है कि इन चुनावों के लिए जा रहे राष्ट्रकुल पर्यवेक्षक दल में भारत से एम.एम. जेकब, आनन्द शर्मा, अजिम हुसैन और अम्बिका सोनी को शामिल किया गया है।

प्रधानमन्त्री ने यात्रा का आखिरी और चौथा दिन एडिनबरा में बिताया। यद्यपि एडिनबरा का मौसम लंदन के मुकाबले बहुत ठंडा था। जब हम विमानतल पर उतरे तो पारा 2 डिग्री त्क उतर चुका था और शाम का तापमान शून्य था। लेकिन लन्दन के वातावरण में जो ठंडक थी उसके विपरीत एडिनबरा या कि स्कॉटलैंड में एक गर्मदिली का अनुभव हमने किया। हम लोगों के एडिनबरा घूमने के लिए भारतीय उच्चायोग ने प्रबन्ध कर रखा था और यह सुखद आश्चर्य था कि हमारी स्कॉटिश टूर गाइड हिन्दी बोल और समझ लेती थीं। एडिनबरा शहर का भूगोल भोपाल की तरह है तो उसकी टाउन प्लानिंग जयपुर की याद दिलाती है। एडिनबरा किले की बाहरी दीवारें देखकर बार-बार ग्वालियर किले की याद आ रही थी तो उसके भीतरी सात दरवाजे और घुमाव चित्तौड़ पहुँचा रहे थे। हमारी गाइड ने बताया कि जयपुर और एडिनबरा के इतिहास में बहुत-सी समानताएँ हैं। प्रधानमन्त्री ने वहाँ 'रॉयल बॉटनिकल गार्डन' का अवलोकन किया तथा भारत-ब्रिटिश वनारोपण के बारे में विस्तृत जानकारी हासिल की। उनका रात्रिभोज एडिनबरा दुर्ग के ग्रेंड हॉल या दरबारे खास में था लेकिन इस यात्रा की अन्तिम और सबसे अनमोल स्मृति थी एडिनबरा के किले में रखी हुई टीपू सुल्तान की तलवार जो उनकी मृत्यु के बाद ब्रिटिश सेनानायक उठाकर ले गया था। इस तलवार का परिचय देती हुई इबारत यह कहती है 'ब्रिटिश फौजों से लड़ते हुए टीपू सुल्तान साहब ने अदम्य शौर्य और साहस का परिचय दिया।' अगर प्रधानमन्त्री ने यह तलवार वापस लाने के सम्बन्ध में कोई कार्रवाई की हो तो हमें इसकी जानकारी नहीं है।

इस संक्षिप्त प्रवास में इन पंक्तियों के लेखक ने ब्रिटेन में निवास कर रहे अपने बहुत से मित्रों, परिजनों से फोन पर ही चर्चा की और यह जानना चाहा कि ब्रिटेन निवासी भारतीय प्रधानमन्त्री की इस यात्रा को किस नजरिए से देखते हैं। प्रो. के.आर. चन्द्राकर से लेकर डॉ. सुरेश पाटनी, श्री विनोद गुरनानी, श्रीमती लीलावती कोचर, डॉ. अर्पणा रवि तक और सुप्रसिद्ध कवि ओंकारनाथ श्रीवास्तव, भारतीय दूतावास के अनेक मित्रों तक, सबका यह मानना था कि श्री राव द्वारा किए गए आर्थिक सुधारों से ब्रिटेन में बसे भारतीय आम तौर पर प्रसन्न हैं। श्री राव की प्रतिष्ठा में पिछले कुछ समय में इजाफा हुआ है और यद्यपि वे कोई चमत्कारिक नेता नहीं हैं लेकिन उनके राजनैतिक कौशल को कम आँकना गलत होगा।

प्रधानमन्त्री के साथ की गई इस यात्रा वृत्तान्त का समापन मैं एक रोचक तथ्य

के साथ करना चाहूँगा। इस यात्रा से सम्बन्ध रखनेवाले 4 प्रमुख व्यक्तियों का मध्यप्रदेश के साथ गहरा सम्बन्ध रहा है। प्रधानमन्त्री के प्रमुख सचिव अमरनाथ वर्मा मध्य प्रदेश कैडर के अधिकारी हैं। उनके प्रेस सलाहकार पी.वी.आर.के. प्रसाद 60 के दशक में साइंस कॉलेज रायपुर में प्राध्यापक रहे, प्रधानमन्त्री कार्यालय के संयुक्त सचिव प्रभाकर मेनन ने स्कूली शिक्षा रायपुर में पाई और लंदन स्थित भारतीय उच्चायोग में मिनिस्टर (इकॉनामिक) के पद पर कार्यरत अरुण भटनागर 70-72 में रायपुर में अतिरिक्त जिलाधीश थे।

(23 मार्च, 1994)

आगे देखना शुरू किया

मास्को से लौटते समय विमान में पत्रकारों से बातचीत के दौरान प्रधानमन्त्री विश्वनाथ प्रताप सिंह ने अपने प्रारम्भिक वक्तव्य में कहा कि उनकी सोवियत संघ की यात्रा 'अत्यन्त सन्तोषजनक' रही। बाद में एक पत्रकार द्वारा पूछे जाने पर कि वे अपनी यात्रा को 'सफल' मानते हैं या 'अति सफल' तो उन्होंने सहज उत्तर दिया 'अति सफल'। उनके साथ गए तीन वरिष्ठ मन्त्री एवं वरिष्ठ प्रशासक भी यात्रा के परिणामों से प्रसन्न एवं सन्तुष्ट नजर आए, जिसकी झलक उनसे हुई बातचीत से लगातार मिलती रही।

इस सन्तोष एवं सफलता को दो कोणों से देखा जा सकता है। एक तो यह कि भारत और सोवियत संघ के बीच में परम्परागत पारस्परिक सम्बन्धों में यात्रा के बाद और मजबूती आई है और दूसरा यह कि दोनों देश विश्व के रंगमंच पर तेजी से बदलती हुई परिस्थितियों में बिना किसी भ्रम या असमंजस के अपनी भूमिका ठीक तरह निभाने को तैयार हैं, जिस तरह कि अब तक वे निभाते आए हैं। इस दूसरे सन्दर्भ में विदेश मन्त्री और प्रखर राजनीतिक चिन्तक इन्द्रकुमार गुजराल का वक्तव्य काबिले गौर है कि "शीत युद्ध की समाप्ति के बाद भारतीय नेतृत्व की यह पहली सोवियत संघ की यात्रा है।" मास्को जाते हुए विमान में श्री गुजराल ने हम लोगों के सामने जब यह बात रखी तो यह संकेत मिल गया था कि चार दिन की यात्रा का महत्त्व सिर्फ इस बात में नहीं है कि पिछले आम चुनाव में सरकार बदलने के बाद यह यात्रा की जा रही है, बल्कि यह भी कि तीसरे विश्व व गुटनिरपेक्ष आन्दोलन के एक अत्यन्त जिम्मेदार सदस्य देश के नाते भी अपने रोल के प्रति भारत सतर्क व सचेष्ट है।

यह हम सब अच्छी तरह जानते हैं कि भारत और सोवियत संघ के बीच शताब्दियों से घनिष्ट सम्पर्क रहे हैं और भारत की आजादी के बाद से सोवियत संघ ने भारत को जिस तरह मदद की है, वह बेमिसाल है। मामला चाहे कश्मीर का हो या भिलाई इस्पात कारखाने का, सोवियत संघ हर नाजुक मौके पर हमारा एक बेहतर दोस्त साबित हुआ है। लेकिन पिछले चुनाव के बाद इस देश में भी एक ऐसा वर्ग तैयार हो गया था जो भारत-सोवियत सम्बन्धों के सन्दर्भ में वी.पी. सिंह सरकार को शंका की नजर से देखने लगा था। इस वर्ग का यह ख्याल बन गया था कि राष्ट्रीय मोर्चा सरकार अमरीका-परस्त हो गई है। इसके विपरीत एक दूसरा वर्ग ऐसे लोगों का है, जिनका ख्याल है कि भारत सोवियत संघ के दबाव में आकर काम करता है तथा कुछ काल्पनिक आदर्शों के लिए

अपने राष्ट्रीय हितों की बलि चढ़ा रहा है। इन वैचारिक पृष्ठभूमियों के अलावा पिछले 5 साल में खासकर पिछले 2 साल में सोवियत संघ में आए परिवर्तन और विश्व की राजनीति पर पड़ रहे उनके प्रभाव, सोवियत संघ की आन्तरिक उथल-पुथल एवं इन सबके साथ-साथ भारत व सोवियत संघ की अपनी नई जरूरतें जैसे विभिन्न कारण थे, जो प्रधानमन्त्री विश्वनाथ प्रताप सिंह की यात्रा से जोड़े जा सकते हैं। मास्को में विभिन्न स्तरों पर जो सामूहिक चर्चाएँ हुईं, प्रधानमन्त्री के जो अन्य कार्यक्रम हुए, वी.पी. सिंह व मिखाइल गोर्वाच्योव के जो भाषण हुए उन सबमें उपरोक्त मुद्दे बार-बार उभरकर आए हैं। उनकी स्पष्ट झलक मास्को से जारी संयुक्त विज्ञप्ति व द्विपक्षीय समझौतों में देखी जा सकती है।

इस यात्रा के द्वारा जो सबसे महत्त्वपूर्ण मुद्दा रेखांकित हुआ है, वह ये कि दोनों देशों में चाहे सरकारें बदल जाएँ, चाहे नेतृत्व वर्ग, आपसी सम्बन्ध कभी न टूटेंगे, न क्षीण होंगे। 1977 में जनता सरकार के समय यह अपेक्षा की गई थी कि भारत-सोवियत सम्बन्ध शिथिल हो जाएँगे, लेकिन दक्षिणपंथी विदेश मन्त्री अटल बिहारी वाजपेयी ने 'वास्तविक गुटनिरपेक्षता' की सिर्फ बात ही की, भारत की विदेश नीति में कोई परिवर्तन लाने की कोशिश उन्होंने नहीं की। 1990 में जबकि एक मध्यमार्गी सरकार देश में है और वामपंथी रुझान के इन्द्रकुमार गुजराल विदेश मन्त्री हैं, तब तो किसी परिवर्तन का प्रश्न ही नहीं उठता। भविष्य में भी कोई दैवी चमत्कार ही इस समीकरण को बदल सकता है। प्रधानमन्त्री ने तथा अन्य भारतीय प्रवक्ताओं ने मास्को में बार-बार ये बात कही कि भारत-सोवियत सम्बन्ध आपसी हितों की बुनियाद पर खड़े हुए हैं तथा 1971 की भारत-सोवियत सन्धि व 1986 का दिल्ली घोषणापत्र दो मजबूत खम्भे हैं, जिन पर सम्बन्ध की यह शिला टिकी हुई है। वी.पी. सिंह ने अपने वक्तव्यों में पंडित नेहरू व इन्दिरा गांधी का एकाधिक बार उल्लेख किया और पूर्वाग्रह से मुक्त लोगों को आश्चर्य नहीं हुआ, जब वी.पी. ने इस सिलसिले में राजीव गांधी का भी उल्लेख सहज भाव से किया। सोवियत राष्ट्रपति मिखाइल गोर्वाच्योव ने भी नेहरूजी का स्मरण किया और बड़ी बेबाकी के साथ घोषणा की कि भारत-सोवियत मैत्री की जरूरत सिर्फ हम दोनों देशों को ही नहीं है, वरन् विश्व को भी इसकी जरूरत है तथा इसका एक अहम् कारण दोनों देशों का आकार है।

इस सिलसिले में भारत-सोवियत सन्धि के नवीनीकरण का सवाल भी उठाया गया। मास्को रवानगी से पहले ही विदेश मन्त्रालय के प्रवक्ता ने हमारा ध्यान इस ओर आकर्षित किया कि सन्धि समाप्त होने के एक साल पहले यदि उसे समाप्त करने का नोटिस कोई भी एक पक्ष न दे तो सन्धि का नवीनीकरण अगले पाँच साल के लिए स्वाभाविकतः हो जाएगा और यही प्रक्रिया निरन्तर चलती रहेगी। बाद में विदेश मन्त्री व प्रधानमन्त्री ने स्पष्ट कहा कि अगस्त 90 में जब सन्धि की अवधि एक साल ही शेष रहेगी, हमारी या सोवियत संघ की ओर से नोटिस देने की कोई पहल नहीं की जा रही है। सन्धि की शर्तों के ही मुताबिक सोवियत संघ ने कश्मीर के मामलों पर पुनः भारत

को अपना समर्थन इस यात्रा के दौरान व्यक्त किया एवं भारत-पाक सम्बन्धों को द्विपक्षीय वार्ता के द्वारा ही हल किए जाने की अपनी नीति की पुष्टि की। भारत की ओर से भी सोवियत संघ की एकता व अखंडता बनाए रखने के प्रति अपनी प्रतिबद्धता को दोहराया गया। प्रधानमन्त्री ने यह भी कहा कि 'पेरेस्त्रोइका' की सफलता में भारत की गहरी दिलचस्पी है।

प्रधानमन्त्री ने सोवियत राष्ट्रपति को भारत-यात्रा का निमन्त्रण देते हुए इसी जरूरत पर बल दिया कि "विश्व की बदलती हुई परिस्थितियों में हमें एक-दूसरे के निकट सम्पर्क बनाए रखना चाहिए" और गोर्बाच्योव ने साल के अन्त या अगले साल की शुरुआत में भारत आने का निमन्त्रण स्वीकार करते हुए इच्छा व्यक्त की कि "भारत-सोवियत सन्धि की बीसवीं सालगिरह हमें कुछ और नए पारस्परिक हितों के समझौते करके मनाना चाहिए।" दोनों नेताओं ने यह भी कहा कि हमारी मित्रता सिर्फ आपसी हितों तक सीमित नहीं है, बल्कि दुनिया को देखने-समझने के हमारे दृष्टिकोण में भी समानता है।

दृष्टिकोण की यह समानता एशिया की स्थिति, परमाणु निशस्त्रीकरण व विश्वशान्ति जैसे पुराने मुद्दों पर तो है ही, इस यात्रा के दौरान आम राय व संयुक्त कार्यक्रम के कुछ नए मुद्दे भी सामने आए जैसे विश्व में तेजी से विनष्ट हो रहा पर्यावरण, मादक दवाओं का व्यापार, अन्तरराष्ट्रीय आतंकवाद, बढ़ता हुआ धार्मिक उन्माद व उग्रवाद। वी.पी. सिंह व मिखाइल गोर्बाच्योव द्वारा संयुक्त रूप से जारी मास्को वक्तव्य में बहुत साफ कहा गया कि "अब युद्ध राजनीति का उपकरण नहीं बन सकता, सैनिक शक्ति का अब कोई भविष्य नहीं है और विवेक का इस्तेमाल कर शान्ति स्थापना यही आज दुनिया की आवाज है।" इसी वक्तव्य में आगे पर्यावरण, उग्रवाद, आतंकवाद की चर्चा करते हुए बल दिया गया कि कोई एक देश अकेले इन समस्याओं पर विजय नहीं पा सकता, बल्कि अन्तरराष्ट्रीय समुदाय को एकजुट होकर इनसे जूझना होगा, ताकि इक्कीसवीं शताब्दी और उसके भी आगे की चुनौतियों का सफलतापूर्वक सामना किया जा सके।" यह वक्तव्य दिल्ली घोषणापत्र से किसी भी मायने में कम महत्त्वपूर्ण नहीं है। यदि 1986 के घोषणापत्र ने विश्व की समस्याओं व जरूरतों को सही परिप्रेक्ष्य में सामने रखा तो 1990 के वक्तव्य ने दुनिया की ताजा स्थितियों व आवश्यकताओं को रेखांकित करते हुए कार्यक्रम तैयार करने की जमीन तैयार कर दी है। मैं समझता हूँ कि मास्को वक्तव्य को सारी दुनिया को विचारशील जनता का समर्थन मिलेगा व चारों दिशाओं में इसके आधार पर संयुक्त कार्यक्रम हाथ में लिए जाएँगे। चर्चाओं के दौरान अनेक अन्तरराष्ट्रीय मुद्दों पर भी विचार किया गया। सोवियत संघ की ओर से भारत-सोवियत संघ व चीन के बीच परस्पर सहयोग की बात उठाई गई, वहीं एशिया के सन्दर्भ में पश्चिम समर्थक, 'एसियान' देशों से बेहतर संवाद स्थापित करने का भी निश्चय किया गया।

इस यात्रा के दौरान दोनों देशों के राजनैतिक सम्बन्धों के अलावा आर्थिक,

तकनीकी, संचार, सूचना व सांस्कृतिक आदि अनेक मुद्दों पर बाद में जो निर्णय और समझौते हुए, उनमें दोनों देशों की बदली और बदलती हुई परिस्थितियों को ध्यान में रखकर एक व्यावहारिक रुख अपनाया गया है। सूचना सम्बन्ध समझौता वैसे तो पत्रकारों से सम्बन्ध रखता है, क्योंकि उसमें पत्रकारों के दल की विनिमय यात्राएँ, तथा ऐसे ही कुछ अन्य फैसले लिए गए हैं, लेकिन बुनियादी तौर पर इसका सम्बन्ध दोनों देशों की जनता से है। यह बात छुपी नहीं है कि यद्यपि हमारी मित्रता बहुत प्रगाढ़ है तथापि दोनों देशों की आम जनता के बीच एक निकट सम्पर्क स्थापित नहीं हो सका है। भाषा का व्यवधान, पश्चिम विशेषकर अमरीका के प्रति हमारा रुझान और ऐसे कई अवरोध हमारे बीच रहे हैं। यह एक कटु सत्य है कि सिर्फ कश्मीर के मसले पर हम सोवियत संघ को याद करते हैं और बाकी समय अमरीका की भौतिक समृद्धि को निहारते रहते हैं। दूसरी तरफ सोवियत संघ में 'ग्लॉसनास्त' के बाद जो परिवर्तन हुआ है, उसके कारण वहाँ भी बहुत सावधानी और संयम के साथ जनतान्त्रिक प्रणाली के अनुरूप प्रेस व संचार माध्यमों के विकसित किए जाने की जरूरत है। उक्त समझौता इन दोनों आवश्यकताओं को काफी हद तक पूरा कर सकेगा, यह आशा की जानी चाहिए।

आर्थिक क्षेत्र में स्वाभाविकतः व्यापार बढ़ाने की बात की गई है। लेकिन जो नया आयाम आर्थिक सम्बन्धों में जुड़ा, वह ये कि दोनों देश न सिर्फ आयात-निर्यात तक सीमित रहना चाहते हैं और न सिर्फ भारी मशीन आदि के परम्परागत सहयोग तक, बल्कि इस बार कुछ नए क्षेत्रों की तलाश की गई है, जिसमें दोनों देश परस्पर व्यापार कर सकते हैं तथा दोनों के कुछ संयुक्त उद्यम लगाए जाने पर काफी बल दिया गया है। ताशकन्द, समरकन्द व बुखारा में पहले से ही संयुक्त उद्यम के रूप में तीन होटलों का निर्माण चल रहा है, अब विभिन्न अन्य क्षेत्रों में संयुक्त उपक्रम लगाए जाने की पृष्ठभूमि तैयार कर दी गई है। भारत के विदेश मन्त्री के एक प्रस्ताव को भी उत्साह के साथ ग्रहण किया गया है कि भारत, सोवियत संघ और पश्चिमी जर्मनी के बीच त्रिपक्षीय व्यापारिक प्रबन्ध विकसित किया जाए। गोर्बाच्योव ने भारत-सोवियत संयुक्त आयोग के सामने भाषण देते हुए कहा कि "बाजार तो पूँजीवाद यहाँ तक कि सामन्तवाद के पहले से विद्यमान हैं तो समाजवाद में बाजार क्यों नहीं रह सकता।" उन्होंने भारत से अपेक्षा की कि वह मुक्त व्यापार और व्यापारिक पद्धति में अपने लाभ का अनुभव सोवियत संघ को दे ताकि दोनों मिलकर एक सुदृढ़ आर्थिक संरचना कर सकें।

संयुक्त आयोग में जहाँ 1990 तक के व्यापारिक अनुबन्धों को यथाशीघ्र पूरा करने की बात की गई, वहीं अगले 10 साल के लिए एक दीर्घकालीन व्यापारिक अनुबन्ध करने का प्रस्ताव स्वीकार किया गया। एक उच्चस्तरीय व्यापारिक प्रतिनिधिमंडल अगले माह ही नई दिल्ली इस बारे में व्यापक विचार-विमर्श करने के लिए आएगा। राष्ट्रपति गोर्बाच्योव ने यह सुझाव दिया कि भारत एक उद्योग-व्यापार की प्रदर्शनी मास्को में लगाए। चर्चा के दौरान भारत के पक्ष में एक बहुत महत्त्वपूर्ण फैसला हुआ कि अगले

5 साल तक भारत-सोवियत व्यापार रुपए में होता रहेगा। ऐसे समय जबकि सोवियत संघ अपने पूर्व यूरोपीय मित्र राष्ट्रों से डॉलर (हार्ड करेंसी) में व्यापार करने पर जोर दे रहा है, तब भारत विशेषकर वित्त मन्त्री प्रो. मधु दंडवते के लिए यह एक बड़ी राहत हे। क्योंकि भारत के सामने विदेशी मुद्रा का कठिन संकट है और वह अपनी जरूरत की सामग्री का आयात कैसे करे, यह एक समस्या है। प्रो. मधु दंडवते एक और मुद्दे पर भारत के लिए सफलता हासिल कर सके वह है रुपया और रूबल की विनिमय दर में संशोधन। यद्यपि अभी इस बारे में कोई औपचारिक घोषणा नहीं की गई है लेकिन उम्मीद की जाती है कि सोवियत संघ रूबल के मुकाबले रुपए की कीमत बढ़ाने के लिए तैयार हो जाएगा और अगस्त के अन्त तक इसकी औपचारिक घोषणा कर दी जाएगी। मास्को में इंडियन इन्वेस्टमेंट सेन्टर की भी स्थापना शीघ्र ही होगी। एक दिलचस्प बात और सामने आई है कि भारत जल्दी ही सोवियत संघ के विभिन्न गणतन्त्रों के साथ सीधे व्यापारिक समझौते करेगा। सार्वजनिक क्षेत्र 'भारत बिजनेस इंटर नेशनल' (बी.बी.आई.) ही उच्च केन्द्रीय एजेंसी के रूप में कार्य करेगा, जिसकी चर्चा प्रधानमन्त्री ने की है। इसकी भी औपचारिक घोषणा होनी बाकी है, लेकिन अगले एक-दो माह के भीतर ही बी.बी.आई. के शिष्टमंडल सोवियत गणतन्त्रों की यात्रा कर उनके साथ स्वतन्त्र व्यापार की सम्भावनाओं का पता करेंगे। हमारे पाठकों को यह बता देना जरूरी है कि सोवियत संघ में आए बदलावों के तहत 15 गणराज्यों को सीधे विदेश व्यापार करने की अनुमति पिछले दिनों दे दी गई है।

इस यात्रा के लाभालाभ को कुल मिलाकर, प्रधानमन्त्री के ही शब्दों में बेहतर व्यक्त किया जा सकता है कि "...एक झटके में सारे भ्रम दूर हो गए।...हम पीछे ही नहीं देखते रह गए। खूबी ये हुई कि आगे देखना शुरू किया...।"

(31 जुलाई, 1990)

बेखबर कहीं कुचल न जाए तू

मास्को के शेरभिंतेवो विमानतल मार्ग पर कई एकड़ क्षेत्र में फैला हुआ 'फ्रैंडशिप पार्क' है। पिछले कुछ सालों में इसके आसपास बहुमंजिली आवासीय बस्तियों का विकास हुआ है और पार्क सार्वजनिक हलचलों का एक प्रमुख केन्द्र बन गया है। इस पार्क में मुख्य मार्ग से ही दृष्टिगोचर दो विदेशी साहित्यकारों की प्रतिमाएँ स्थापित की गई हैं। पहली प्रतिमा है प्रसिद्ध स्पेनिश साहित्यकार 'डान क्विकजोट' के लेखक सर्वांतीस की और दूसरी प्रतिमा है कविगुरु रवीन्द्रनाथ ठाकुर की, जिसे 24 जुलाई, 1990 की शाम भारत के प्रधानमन्त्री विश्वनाथ प्रताप सिंह ने सोवियत जनता को समर्पित किया। मास्को की खुशनुमा गर्मी की शाम में रिमझिम फुहारों के बीच मैत्री पार्क में आयोजित समारोह प्रधानमन्त्री की मास्को यात्रा का सबसे रंगारंग, आकर्षक और भावभीना कार्यक्रम सम्भवत् था। श्री सिंह के साथ सोवियत प्रधानमन्त्री निकोलाई रिझकोव तो कार्यक्रम में शरीक हुए ही, अनेक प्रमुख सोवियत साहित्यकार, बुद्धिजीवी व सोवियत भारत मैत्री संघ के भी अनेक सदस्य वहाँ उपस्थित थे। संघ के अध्यक्ष 'हीरो ऑफ द सोवियत' यूनियन के पदक से विभूषित ब्लादीमीर कारपोव ने रवीन्द्रनाथ का स्मरण एक विश्व मानव, एक कवि, एक चित्रकार, एक संगीतज्ञ और एक शिक्षाशास्त्री के रूप में किया और कहा कि कवि-राजनीतिज्ञ वी.पी. सिंह की मुख्य अतिथि के रूप में उपस्थिति एक सुखद संयोग है। भारतवासियों के सुपरिचित लेखक अकादमीशियन चेलीशोव इन दिनों सोवियत-भारत मैत्री संघ के उपाध्यक्ष हैं। उन्होंने हिन्दी में भाषण करते हुए प्रधानमन्त्री को प्रतिमा का उपहार देने व अनावरण करने हेतु धन्यवाद दिया तो हम जैसे लोगों को बहुत खुशी हुई।

फ्रैंडशिप पार्क में स्थापित प्रतिमा सन् 1940 में कलिम्पोंग (प. बंगाल) में कवि के प्रवास के दौरान बनाए गए एक स्केच पर आधारित है। स्केच अंकन व प्रतिमा का निर्माण कृष्णनगर के सुख्यात शिल्पी कार्तिकचन्द्र पाल ने किया है। पचहत्तरवर्षीय शिल्पी इस कार्यक्रम हेतु विशेष रूप से आए थे। उनके जीवन का यह एक बड़ा महत्त्वपूर्ण क्षण था। यह एक सुखद संयोग है कि मास्को के यूनिवर्सिटी होटल के निकट स्थापित महात्मा गांधी की प्रतिमा का निर्माण शिल्पी कार्तिकचन्द्र पाल के सुयोग्य पुत्र गौतम पाल ने किया है।

प्रधानमन्त्री वी.पी. सिंह ने कार्यक्रम के दौरान विश्वकवि की सन् 1930 की

सोवियत यात्रा की याद दिलाई तो प्रधानमन्त्री रिझकोव ने अपने व्याख्यान में उत्तर दिया कि 1930 में तो वे कुछ दिनों के लिए आए थे, लेकिन प्रतिमा के रूप में वे अब हमेशा-हमेशा साथ रहेंगे।

इसके पहले सुबह प्रधानमन्त्री महात्मा गांधी व इन्दिरा गांधी की प्रतिमाओं पर पुष्पांजलि अर्पित करने गए जहाँ भारी संख्या में नागरिकों व विद्यार्थियों ने उनका स्वागत किया। दोनों प्रतिमाएँ विश्वविद्यालय के निकट प्रमुख मार्ग पर एक-दूसरे के सामने करीब 100 मीटर की दूरी पर स्थापित हैं। वहाँ से प्रधानमन्त्री मास्को के अतिव्यस्त जवाहरलाल नेहरू चौक पर आए, जहाँ मैट्रो रेलवे के स्टेशन पर नेहरू स्मृति फलक लगाया गया। मास्को में यद्यपि नेहरू की प्रतिमा अभी तक नहीं लग पाई है, लेकिन एक अतिव्यस्त चौक का नामकरण और स्मृति फलक लगाया जाना सोवियत जनता का नेहरू के प्रति आदर और प्यार का उपयुक्त प्रतीक है। श्री सिंह को देखने के लिए बेताब एक बड़ा जनसमूह वहाँ एकत्र हो गया था। यद्यपि श्री सिंह ने वहाँ उपस्थित लोगों से मिलने की पहल की, लेकिन जल्दी ही सोवियत सुरक्षा प्रहरी उन्हें वहाँ से ले गए।

मास्को प्रवास के दौरान प्रधानमन्त्री के जिस कार्यक्रम को विशेष रूप से रेखांकित किया जाना चाहिए, वह है मास्को स्टेट यूनिवर्सिटी द्वारा श्री सिंह को डी.लिट् की मानद उपाधि से सम्मानित किया जाना। एक गरिमापूर्ण किन्तु सादे समारोह में उन्हें यह उपाधि दी गई। मास्को स्टेट यूनिवर्सिटी विश्व के प्राचीनतम और अत्यन्त प्रतिष्ठापूर्ण विश्वविद्यालयों में से एक है और उनके द्वारा यह सम्मान दिए जाने को राजनैतिक औपचारिकता मानना भूल होगी। यहाँ भी हिन्दी में बोलते हुए अकादमीशियन चेलीशोव ने कहा कि सोवियत संघ के विद्वानों, लेखकों व साहित्यकारों की ओर से वे श्री सिंह का स्वागत करते हैं। उन्होंने कहा कि सोवियत संघ में भारतीय साहित्य के लिए बहुत सम्मान है क्योंकि भारतीय साहित्य नैतिक मूल्यों पर आधारित है और नवजीवन के निर्माण में उससे प्रेरणा मिलती है। विश्वविद्यालय के कुलाधिपति ने उपाधि प्रदान करने के पूर्व श्री सिंह से दो सवाल पूछे। पहला क्या वे भारत सोवियत संघ के पारस्परिक सम्बन्धों को मजबूत बनाने की दिशा में सतत् प्रयत्नशील रहेंगे और दूसरा क्या वे स्वयं विज्ञान के विद्यार्थी होने के नाते विश्व की शान्तिपूर्ण प्रगति हेतु विज्ञान का विकास करने के प्रयत्नों में शामिल रहेंगे। श्री सिंह द्वारा दोनों प्रश्नों का उत्तर हाँ में दिए जाने पर कुलाधिपति ने उन्हें पुरस्कृत किया। यहाँ श्री सिंह ने अपने आभार वक्तव्य में भारत-सोवियत सम्बन्ध पैरेस्त्रोइका, उन्नत तकनीकी, विकेन्द्रीकृत अर्थव्यवस्था, जनतान्त्रिक मूल्य की दुनिया के बदले हुए परिदृश्य जैसे मुद्दों पर व्यापक चर्चा की। अपने वक्तव्य के अन्त में उन्होंने एक सारगर्भित चेतावनी भी दी कि विश्वशान्ति के सर्वव्यापी उत्साह में हमें बेखबर नहीं होना है। भविष्य जहाँ अपूर्व अवसर प्रदान कर रहा है, वहीं अनपेक्षित खतरे भी हो सकते हैं। हम एक का लाभ और दूसरे से बचाव तभी कर सकते हैं, जब पारस्परिक सहयोग से कार्य किया जाए और पहले की अपेक्षा अधिक चौकस रहा जाए।

मास्को में दो दिन अत्यधिक गहमागहमी में बिताने के बाद प्रधानमन्त्री और उनका दल ताशकन्द के लिए रवाना हुआ। इन दो दिनों में विमानतल पर रिझकोव द्वारा स्वागत, क्रैमलिन के भव्य जॉर्जियन हॉल में मिखाइल गोर्बाच्योब व रईसा गोर्बाच्योव द्वारा सिंह दम्पती का औपचारिक स्वागत और उपरोक्त कार्यक्रमों के अलावा श्री सिंह व उनके वरिष्ठ सहयोगी लगातार अपने सोवियत प्रतिपूरक नेताओं व अधिकारियों से उन निजी व सामूहिक चर्चाओं में लगातार व्यस्त रहे, जिनका जिक्र मैं पहले कर चुका हूँ। प्रधानमन्त्री के पास ताशकन्द में सिर्फ एक शाम और एक रात का ही समय था। उनका विमान जब ताशकन्द पहुँचा तो मास्को समय से शाम के पौने चार बजे लेकिन ताशकन्द समय से शाम पौने छह का समय हो चुका था। विमानतल पर उनका स्वागत उज़्बेक गणराज्य के राष्ट्रपति इस्लाम अब्दुगनीयेविच करीमोव व प्रधानमन्त्री शुकरुल्ला मिरासिद्दोव ने किया। शाम को ही प्रधानमन्त्री लेनिन की प्रतिमा पर पुष्पांजलि अर्पित करने गए और वहाँ से लालबहादुर शास्त्री की प्रतिमा पर। ताशकन्द नगर के व्यस्त आवासीय इलाके में स्थापित शास्त्री प्रतिमा पर जब श्री सिंह पहुँचे तो एक विशाल जनसमूह स्वप्रेरणा से उनका स्वागत करने के लिए और उनकी एक झलक देख पाने के लिए वहाँ एकत्र हो गया था। प्रधानमन्त्री ताशकन्द में नवनिर्मित पैलेस ऑफ कल्चर भी देखने गए। लगभग दो हज़ार की क्षमतावाला यह भव्य प्रेक्षागृह उज़्बेकिस्तान की सांस्कृतिक गतिविधियों का केन्द्र है। इन कार्यक्रमों के बाद भारतीय और उज़्बेक नेताओं के बीच रात्रि भोज पर पारस्परिक हितों के और अन्य बहुत से विषयों पर चर्चाएँ हुईं।

प्रधानमन्त्री की चार दिन की सोवियत संघ की यात्रा का सबसे ज्यादा भागदौड़ का लेकिन सार्वजनिक रूप से भी सर्वाधिक महत्त्व का दिन 26 जुलाई का रहा, जो यात्रा का अन्तिम दिन भी था। अलस्सुबह ताशकन्द वापसी और विमानतल पहुँचते साथ ही दिल्ली के लिए उड़ान तथा इस बीच समरकन्द व बुखारा में दर्शनीय स्थानों का भ्रमण। उज़्बेकिस्तान के तीनों प्राचीन शहरों में भारत के प्रति प्यार का जो दृश्य देखने को मिला, वह अपूर्व व अनूठा था। वैसे तो मास्को में भी विमानतल के मार्ग पर मीलों तक भारत-सोवियत संघ के ध्वज हर खम्भे पर फहरा रहे थे, लेकिन उस पंक्तिबद्ध जनता का अभाव था, जिसे देखने के हम कई बरसों से अभ्यस्त हो चुके हैं। इसका एक बड़ा कारण मास्को में ग्रीष्मकालीन अवकाश होना भी था। लेकिन समरकन्द व बुखारा में तो प्रधानमन्त्री को देखने के लिए हजारों नागरिक अपने घरों से बाहर निकलकर सड़कों पर इकट्ठे हो गए थे और वे जिस भी दर्शनीय स्थल पर जाते, सैकड़ों लोग उन्हें घेरने के लिए बेताब हो जाते। हमें सोवियत सुरक्षाकर्मियों पर ऐसी जगहों पर लगातार गुस्सा आता रहा, जिन्होंने प्रधानमन्त्री की सुरक्षा की दृष्टि से कोई भी मौका देना उचित नहीं समझा। चूँकि हम लोगों के साथ तो चौकसी की बात थी नहीं, हम समरकन्द व बुखारा दोनों शहरों में बेफिक्री से सड़कों पर घूमते रहे और इशारों की जबान से बात करते रहे। आलूबुखारा, शहतूत, बकायन व मैपल वृक्षों से सजी हुई सड़कों पर घूमने का

अपना ही मजा था, यद्यपि समय की पाबन्दी के कारण हम मनमानी नहीं कर सके। बुखारा में लब-ए-हौज़ तालाब के किनारे विशाल वृक्षों की छाया तले बिछे तख्त और दस्तरख़ान पर उज़्बेक नागरिकों के साथ बैठकर बाजू में नानबाय की दूकान से आ रही रोटियाँ, और रेबड़ी व बर्फी जैसी मिठाइयाँ खाने व बड़े-बड़े प्यालों में चाय पीने का आनन्द अनोखा ही था। तालाब के पास ही उजबेक बल्कि मध्य एशिया के लोकनायक गधे पर बैठे ख्वाजा नसीरूद्दीन की मूर्ति और वहीं थोड़ी दूर पर स्थापित ताज़िक नेता फ्रुंजे की प्रतिमा को जब मैंने अपने सामान्य ज्ञान के सहारे पहचान लिया तो उज़्बेक नागरिकों ने मुझे बार-बार प्यार और गर्मजोशी के साथ गले लगा लिया।

समरकन्द में तैमूरलंग के पौत्र, तत्कालीन दुनिया के प्रसिद्ध विद्वान मिर्जा उलूग बेग द्वारा बनाया गया जन्तर-मन्तर, उलूग बेग का मँदरसा, उसकी समाधि, उजबेक शासकों की 36 समाधियों का स्थल शह-ए-जिन्दा जिसके साथ हजरत मोहम्मद के भतीजे हुसैन-इब्न-अब्बासी के चमत्कारों के किस्से जुड़े हैं और तैमूरलंग का मकबरा आदि पर्यटकों के लिए आकर्षण का केन्द्र है। लेकिन समरकन्द का सबसे बड़ा आकर्षण है रेगिस्तान चौक। उलूग बेग द्वारा 15वीं शताब्दी में बनाए गए तीन मदरसों के बीच फव्वारों और जलकुंडों से सज्जित रेगिस्तान चौक जैसे एक विराट् मुक्ताकाशी रंगमंच का आभास देता है। उज़्बेकिस्तान में यद्यपि 80 प्रतिशत जनता मुस्लिम है लेकिन रहन-सहन में और दैनंदिन चर्या में कहीं भी वह कट्टरपन नहीं देखने को मिलता जिसकी कल्पना हम भारत में बैठकर कर सकते हैं।

समरकन्द में अपने प्रवास के दौरान हम वह होटल भी देखने गए जिसका निर्माण भारतीय कम्पनी लार्सन एंड टुब्रो सोवियत पर्यटन एजेन्सी इनटूरिस्ट के साथ संयुक्त रूप से कर रही है। सन् 88 में प्रारम्भ हुए इस होटल का निर्माण जून 1991 तक पूरा हो जाने की उम्मीद है। 500 बिस्तरोंवाले होटल में कुल 278 कमरे होंगे और कुल निर्माण लागत 35 करोड़ रुपए होगी। निर्माण में 500 से भी ज्यादा भारतीय मजदूर अनथक जुटे हुए हैं। ये भारत के विभिन्न भागों से वहाँ गए हैं, यद्यपि तमिल श्रमिकों की संख्या उनमें ज्यादा है। ओलम्पिक संघ के चर्चित अध्यक्ष बी.एस. आदित्यन के पुत्र (तंथी) के सम्पादक एस.बी. आदित्यन हमारे साथ थे। उनका परिचय पाते ही तमिल भाइयों ने उन्हें घेर लिया। भारत में झोंपड़ी में रहकर निर्माण करनेवाले और निर्माण के बाद दूसरी झोंपड़ी की तलाश के लिए विवश श्रमिकों के ठीक विपरीत यहाँ सोवियत सरकार द्वारा मजदूरों को बहुमंजिले आवासगृहों में आवास उपलब्ध कराए गए हैं। हर श्रमिक औसतन साढ़े तीन हजार रुपए प्रतिमाह कमा लेता है। दो साल में एक बार इन्हें एक माह का अवकाश भी भारत आने के लिए मिलता है। एल एंड टी द्वारा समरकन्द के साथ बुखारा में भी लगभग इतना ही बड़ा एक और होटल बनाया जा रहा है। जबकि ताशकन्द में ताज समूह द्वारा एक होटल निर्माणाधीन है। तीनों होटल बन जाने के बाद इनका संचालन ताज समूह द्वारा किया जाएगा। उज़्बेक अधिकारी इस होटल योजना के प्रति काफी आशान्वित व उत्साहित नजर आए। उन्हें विश्वास है कि भारत के सहयोग से

एक बड़ी कमी दूर हो जाएगी और उनका पर्यटन होटल बनने के बाद और उन्नति कर सकेगा।

समरकन्द के होटल स्थल पर भारतीयकर्मी प्रधानमन्त्री से मिलने के लिए इतने बेचैन थे कि जैसे ही प्रधानमन्त्री की कार वहाँ पहुँची, उन्हें सबने इस तरह घेर लिया कि वे भीतर ही न आ सके। मुश्किल से सुरक्षाकर्मी श्री सिंह को भीड़ से हटाकर कार तक ले गए और वे वहीं से अगले कार्यक्रम के लिए रवाना हो गए। इस दौरान हम लोग जो कि 15 मिनट पहले पहुँच चुके थे, भीतर बैठे हुए गरमागरम समोसे व चाय का लुत्फ उठा रहे थे जो कि प्रधानमन्त्री और उनके प्रतिनिधिमंडल के सत्कार के लिए तैयार किए गए थे। उन समोसों पर दरअसल हमारा ही नाम लिखा था।

(1 अगस्त, 1990)

इक आग का दरिया है...

क्रैमलिन के जॉर्जियन हॉल में वी.पी. सिंह की अगवानी करते हुए मिखाइल गोर्बाच्योव पहली नजर में कुछ दुबले, कुछ थके हुए, कुछ तनाव में नजर आए। हो सकता है यह मेरी नजर का भ्रम रहा हो। हो सकता है कि लगभग 40 फीट की दूरी से देखने के कारण ऐसा लगा हो। और यह भी कि टेलीविजन के परदे पर कोई व्यक्ति अपेक्षया स्वस्थ ही दिखाई देता है। उनके चेहरे पर छाई गम्भीरता अवसर की गरिमा के अनुरूप अख्तियार मुद्रा भी हो सकती थी और जिन दुर्गम फूलों की घाटियों से इस विश्वनेता को गुजरना पड़ रहा है, उसका तनाव भी अनपेक्षित तो नहीं था। विमानतल से क्रैमलिन पहुँचते तक हमें काफी देर हो चुकी थी और भारतीय प्रधानमन्त्री की सुरक्षा के लिए चिन्तित-मुस्तैदी प्रहरी किसी भी तरह हम लोगों को अन्दर जाने देने के लिए तैयार नहीं थे। लेकिन हमारे लिए गोर्बाच्योव को देख पाने का यह पहला और अन्तिम अवसर था। इसलिए शिशु-सुलभ हठ करके हम भीतर पहुँच ही गए। यद्यपि सुरक्षा पंक्ति ने हमें उनसे लगभग 15 मीटर दूर रखा।

लगभग 12 साल के अन्तराल के बाद यह मेरी दूसरी सोवियत यात्रा थी। 1978 में भारत-सोवियत मैत्री संघ के शिष्टमंडल के सदस्य के रूप में की गई यात्रा के सन्दर्भ व दृष्टिकोण कुछ और थे, 1990 में एक पत्रकार की भूमिका में यात्रा करने के कुछ और। एक तुलनात्मक अध्ययन इसलिए लाजिमी हो गया था, और निश्चय ही इसलिए भी कि इन 12 सालों में खासकर पिछले 5 साल में सोवियत संघ में इतनी भारी उथल-पुथल हो चुकी है, जिसका प्रभाव समूची दुनिया पर पड़ रहा है। आम नागरिकों से मिलने पर परिवर्तन का पहला आभास तब मिलता है जब वे राजनीति पर खुलकर बात करना शुरू कर देते हैं। 1978 के सोवियत संघ में साहित्य, कृषि, तकनीकी और बैले पर बात होती थी, आज हर नागरिक राजनीति पर बात करने के लिए बेचैन नजर आता है। मेरी जिन लोगों से भी मुलाकातें हुईं, वे खुद पहल करके पूछते थे कि उनके देश में परिवर्तनों की बाहर क्या प्रतिक्रिया है। मुझे लगा कि सोवियत नागरिक अभी भी एक अनिश्चय की स्थिति से गुजर रहा है। हमारे देश जैसे पान-ठेलों व चाय की दूकानों पर रुककर राजनीति पर निर्णयात्मक राय देने जैसा आत्मविश्वास उनमें अभी नहीं आया है, तब भी रेस्तराँ में खाने की मेज पर, सड़क किनारे कैफे में, दफ्तरों में, होटल के कमरे में, मैट्रो रेल में आप कहीं भी बात छेड़ दीजिए और थोड़ी-बहुत अंग्रेजी

या हिन्दी जाननेवाला व्यक्ति तत्काल सामने आकर आपसे बात करने लगेगा।

ग्लॉसनॉस्त से वे प्रसन्न भी हैं, लेकिन उतने ही चिन्तित भी। यह आज की वास्तविकता है कि सोवियत संघ में अनुशासन काफी हद तक टूट चुका है। आपात्काल के बाद जैसा गैर-जिम्मेदाराना खुलापन भारतीय समाज में आया, वैसे ही कुछ माहौल आज वहाँ है। यद्यपि हम लोगों ने कोई जुलूस या प्रदर्शन नहीं देखा, लेकिन बताया गया कि यह एक अनहोनी बात नहीं रह गई है। पुलिस वगैरह से लगनेवाला स्वाभाविक भय एकदम कम हो गया है और रायपुर की तरह लालबत्ती रहते हुए भी गाड़ी पार ले जाने में कुछ ड्राइवर अपनी शान समझने लगे हैं। मॉस्को में पहले कभी कोई नागरिक सड़क चलते सिगरेट नहीं पीता था और न अधजले टोंटे सड़क किनारे फेंक देता था। अब उन्हें न कोई टोकनेवाला है और न कोई टोकने की परवाह करता है। जिस मॉस्को की सड़क पर पहले कागज का एक टुकड़ा भी पड़ा नहीं मिलता था, आज वहाँ बस स्थानकों के आसपास कोल्डड्रिंक के खाली पैकेट जैसी चीजों का ढेर देखने को मिल जाता है। निजी कारें पहले की अपेक्षा बहुत ज्यादा हो गई हैं, लेकिन रेशम की तरह चिकनी सड़कों पर अब गड्ढे देखे जा सकते हैं, जिनमें हल्की-सी बरसात होने पर पानी भर जाता है। मैट्रो रेल, और नगर बस व ट्राम सेवाएँ पहले की ही तरह समयबद्धता में चल रही हैं, लेकिन खस्ताहाल बस और टैक्सियों की संख्या काफी बढ़ गई है। नेहरू चौक के मैट्रो स्टेशन पर जब मैंने दो आवारा कुत्तों को लड़ते देखा तो मुझे बरबस रायपुर के जयस्तम्भ चौक की याद आ गई। एक दृश्य जिसने मुझे चौंकाया, वह था मॉस्को के बाहरी इलाकों में निर्माण स्थलों पर खड़ी हुई क्रेनें और अधबनी इमारतें। 2 दिन में किसी भी समय इन जगहों पर मुझे काम करते हुए मजदूर नहीं दिखे। सोवियत संघ में श्रमिकों की कमी पहले भी रही है, लेकिन ग्लॉसनॉस्त के दौर में काम करने की इच्छा ही समाप्त हो रही है, ऐसा इस बार मुझे लगा।

बुनियादी जरूरत के सामानों का अभाव खलने की सीमा तक पहुँच गया है। दूकानों पर सामान नहीं होता और जिस दिन सामान आता है, उस दिन लम्बी कतारें लग जाती हैं। कारखानों में उत्पादन का स्तर घटने के कारण सामानों की कमी हो रही है, दूसरी तरफ अनिश्चय के सर्वव्यापी वातावरण के कारण आम जनता में सामान जमा करने की प्रवृत्ति भी बढ़ रही है। इसका विरोधाभास एक दूसरी लम्बी कतार में देखने को मिला, जो मैकडानल्ड के फास्ट फूड रेस्तराँ के सामने लगी थी। मालूम हुआ कि रूसी नागरिकों में फास्ट फूड के प्रति इतनी रुचि बढ़ गई है कि एक अकेले रेस्तराँ में प्रतिदिन 60 हजार ग्राहक आते हैं, जो शायद अपने आपमें विश्व रिकॉर्ड है। पैप्सी का प्रवेश तो वहाँ पहले ही हो चुका था। वैसे सामानों की कमी का यह दृश्य हमें उज़्बेकिस्तान के तीनों शहरों में देखने को नहीं मिला। मॉस्को के मुकाबले वहाँ नागरिक आराम से और तनावमुक्त हैं, ऐसा महसूस हुआ। सोवियत संघ में इन दिनों ग्रीष्मकाल चल रहा है। बसन्त की फूलों की छटा में कमी आ गई है, लेकिन हरियाली चारों तरफ व्याप्त है। मॉस्को की सड़कों पर मीलों तक सेब के कच्चे फलों से लदे वृक्ष 3-4 की

कतार में खड़े हुए हैं और समरकन्द ताशकन्द में तो गुलाब की लदी क्यारियाँ मन मोह लेती हैं। मॉस्को में मौसम खुशनुमा है। जब-तब पानी बरस जाता है तो हवाएँ ठंडी हो जाती हैं और बाहर निकलने पर स्वेटर की जरूरत महसूस होती है। सोवियत संघ की जनता धूप-छाँह के रंगों और सर्द-गर्म हवाओं के मिले-जुले मौसम का राज़नीति के क्षेत्र में एहसास कर रही है। एक तरफ इगोर लिगोविच जैसे रूढ़िवादी हैं जो लगातार कोशिश कर रहे हैं कि गोर्बाच्योव उदारवाद का रास्ता छोड़कर वापस पुरानी प्रथाओं पर आ जाएँ। दूसरी तरफ बोरिस येल्तसिन जैसे अति-परिवर्तनकामी नेता हैं, जो इस बात से नाराज हैं कि गोर्बाच्योव भी उनकी ही तरह उदारवाद की अति क्यों स्वीकार नहीं कर लेते। बोरिस येल्तसिन और उनके साथियों को देखकर मुझे 1946 के भारतीय समाजवादियों का स्मरण हो आता है, जिन्होंने जवाहरलाल नेहरू के मध्यमार्ग से क्षुब्ध होकर उनसे नाता तोड़ लिया था। सोवियत संघ में कम्यूनिस्ट पार्टी आज भी एकमात्र प्रमुख राजनीतिक दल है, लेकिन डेमोक्रेटिक प्लेटफॉर्म और वर्कर्स पार्टी जैसे राजनैतिक संगठन तैयार होने लगे हैं और गोर्बाच्योव को इन सबको सँभालते हुए आगे बढ़ना है।

बहुत लोगों का ख्याल है कि गोर्बाच्योव ने पेरेस्त्रोइका और ग्लॉसनॉस्त दोनों का नारा एक साथ देकर गलती कर दी। उनकी राय में देश की पुनर्रचना जरूरी थी और पेरेस्त्रोइका का आह्वान समीचीन लेकिन ग्लॉसनॉस्त ने जिस अराजकता को जन्म दिया, उसमें पुनर्निर्माण की कल्पना नहीं की जा सकती। एक दूसरा वर्ग ऐसा सोचनेवालों का भी है कि सतह के नीचे असन्तोष लम्बे समय से कुलबुला रहा था और यदि ग्लॉसनॉस्त के माध्यम से खुलापन न लाया गया होता तो किसी भी दिन भारी विस्फोट हो सकता था। ऐसे लोग उम्मीद करते हैं कि समस्याएँ तात्कालिक ही हैं और धीरे-धीरे जनता अपनी जिम्मेदारियों को समझने लगेगी। उपराष्ट्रवाद या क्षेत्रीयता का मामला भी पूरे जोरों पर है। इस सिलसिले में मेरी जिन लोगों से बातें हुईं, उनकी मान्यता है कि बाल्टिक गणतन्त्रों को ज्यादा दिन तक सोवियत संघ में नहीं रखा जा सकता। उनकी राय में इन गणतन्त्रों की परम्पराएँ पश्चिमोन्मुखी हैं और द्वितीय विश्वयुद्ध के समय नाजी जर्मनी से बचने के लिए ये विशाल सोवियत संघ में शामिल जरूर हो गए थे, पर सोवियत जीवन दर्शन को इन्होंने कभी भी मन से स्वीकार नहीं किया। याने एस्तोनिया, लिथुआनिया और लैटाविया कभी भी पृथक् राष्ट्र के रूप में पुनर्जन्म ले सकते हैं। लेकिन इन्हीं राजनैतिक अध्येताओं की राय में बाकी सारे गणतन्त्र सोवियत संघ के साथ ही बने रहेंगे। जातीय आन्दोलनों के बारे में एक बात यह भी सामने आई कि बहुत से असामाजिक तत्व और माफिया गिरोह जो पहले दबकर रहते थे, इन आन्दोलनों में सामने आकर सम्मान प्राप्त करने की कोशिश कर रहे हैं। एक तरह से इनकी तुलना हमारे देश के उग्रवादियों से की जा सकती है, जहाँ अपराधी तत्व धर्म और जातीय आन्दोलनों में घुस आए हैं।

जातीय अस्मिता के इस सवाल के साथ धार्मिक पुनरुत्थान का सवाल भी सोवियत संघ में उठा हुआ है। मास्को में जहाँ अधिकांश इमारतें बिना पुताई के दिखती हैं, अपनी

ताजा पुताई के कारण गिरजाघर अलग ही नज़र आ जाते हैं। उज़्बेकिस्तान में भी मस्जिदें और धार्मिक मदरसे अच्छी शक्ल-सूरत में दिखाई देते हैं। लेकिन सोवियत संघ में धार्मिक कट्टरता अगर है तो बहुत कम है। नई पीढ़ी को धार्मिक अनुष्ठानों और आचारों से कोई लगाव नहीं है। नवविवाहित जोड़े मॉस्को में लेनिन हिल पर जाने की रस्म पूरी करना अब भी बेहतर समझते हैं, बजाय चर्च में जाने के। मुस्लिमबहुल बुखारा की पुरानी बस्ती में एक भी लड़की बुरके में नज़र नहीं आई और प्रौढ़ाओं के सिर सिर्फ स्कार्फ से ढँके नज़र आते हैं। लब-ए-हौज़ के रेस्तराँ में अनेक परिवार याने पति-पत्नी-पुत्र-पुत्री-पुत्रवधू सब एक साथ बैठकर खाने का आनन्द उठाते दिखे। मदरसे के मौलवियों को सोवियत शासन से कोई शिकायत नहीं है।

मिखाइल गोर्बाच्योव इन सब स्थितियों को सम्हालने की अहर्निश कोशिश में लगे हुए हैं। उनके विरोधियों की दिक्कत यह है कि गोर्बाच्योव के अलावा देश में कोई और सर्वमान्य, सर्वसम्मानित नेता दूसरा नहीं है। येल्तसिन को रशियन गणतन्त्र में ही व्यापक सम्मान की दृष्टि से नहीं देखा जाता, बाकी गणतन्त्रों में तो उनकी कोई हैसियत है ही नहीं। सबकी निगाहें गोर्बाच्योव पर ही टिकी हुई हैं और वे एक सन्तुलित दृष्टिकोण अपनाकर जहाँ तक सम्भव हो सबको साथ लेकर चलने की कोशिश कर रहे हैं। ग्लॉसनॉस्त के कारण समाज के हर वर्ग को असीमित स्वतन्त्रता जरूर मिल गई हैं, जिसके कारण जातीय, क्षेत्रीय, धार्मिक, युवा सभी के अपने-अपने आन्दोलन चल रहे हैं, लेकिन सोवियत अर्थव्यवस्था और राजनैतिक व्यवस्था को पटरी पर बनाए रखने की कोशिशें भी साथ-साथ चल रही हैं। सोवियत गणराज्यों को यहाँ तक छूट दे दी गई हैं कि वे विदेशों के साथ सीधे-सीधे व्यापारिक सन्धियाँ कर सकते हैं। निजी व्यवसाय पहले के मुकाबले कई गुना बढ़ गया है। हर सड़क पर निजी स्वामित्ववाले ढेरों स्टाल लग गए हैं। रेडियो व टेलीविजन को पूर्ण स्वायत्तता दे दी गई है और समाचार पत्रों में सरकार की खुली आलोचना नई बात नहीं रह गई है। पहले जहाँ पाठकों के पत्रों में सड़क, पानी, बिजली, अस्पताल आदि से सम्बन्धित समस्याएँ उठाई जाती थीं, आज सम्पादकीय अग्रलेखों में शासकीय नीति और निर्णयों को आड़े हाथ लिया जाता है। शीतयुद्ध की दीवारें भरभराकर टूट चुकी हैं और गोर्बाच्योव एक अकेले आदमी की वजह से दुनिया विश्वशान्ति के एक नए युग की ओर आशा भरी निगाहों से देखने लगी है। मार्केट इकॉनॉमी याने मुक्त व्यापार की बात सोवियत संघ में बहुत दिनों से चल रही है और गोर्बाच्योव उसे उचित करार देते हैं। भारत सोवियत संयुक्त आयोग के सामने भाषण करते हुए उन्होंने इसकी पुरजोर वकालत की। उन्होंने कहा कि 1917 में क्रान्ति के बाद एक व्यापक आन्दोलन निरक्षरता दूर करने के लिए चलाया गया था, आज बाजार और विपणन के बारे में व्याप्त अज्ञान दूर करने के लिए एक दूसरा आन्दोलन चलाने की जरूरत हैं।

ब्लाडीवास्तोक, दिल्ली और मॉस्को घोषणाएँ, 5 साल में चार बार अमरीका से शिखर वार्ता, परमाणु निशस्त्रीकरण की पहल आदि ऐसे कदम हैं जो गोर्बाच्योव को

जवाहरलाल नेहरू के बाद विश्व के सबसे महान् अन्तरराष्ट्रीय राजनेता के रूप में स्थापित करते हैं और मेरा यह सोचना शायद गलत नहीं है कि आन्तरिक मामलों में भी उनके मध्यमार्ग व उदारता की तुलना पंडित नेहरू से की जा सकती है। आइजनहोवर और ख़ुश्चेव जैसे नेताओं को विश्व रंगमंच पर नेहरू की उपस्थिति से बल मिलता था। आज दुनिया का हर विवेकशील राजनेता गोर्बाच्योव के प्रयोगों की सफलता की कामना कर रहा है। उनके बारे में कहा जा सकता है कि—मैं अकेला ही चला था जानिबे-मंज़िल था मगर लोग मिलते गए, कारवाँ बनता गया। लेकिन जिस काँटों भरी राह पर वे चल रहे हैं, उसकी सबसे अच्छी अभिव्यक्ति 24 जुलाई की दोपहर भारत-सोवियत संयुक्त आयोग को दिए गए भाषण में मिलती है। अपने भाषण के अन्त में उन्होंने कहा—"...युद्ध क्षेत्र के आक्रमण के बीच सबसे खतरनाक बात ये होती है कि आप रुक जाएँ और खन्दक खोदकर छुपना शुरू कर दें।"

याने उन्हें रुकने की मोहलत नहीं है और अगर वे उर्दू जानते तो कह सकते थे कि "इक आग का दरिया है और डूब के जाना है।"

(2 अगस्त, 1990)

दोस्तों के देश में दस दिन

I

वह मास्को में हमारा आखिरी दिन था। लाल चौक पर लेनिन की समाधि पर हम 6 फर्लांग लम्बी कतार के आखिरी हिस्से में कहीं रुके हुए थे। उस दिन तापमान शून्य से 8 डिग्री नीचे था। हमारे पैरों के नीचे बर्फ थी और ऊपर से धीरे-धीरे बर्फ गिर रही थी। करीब 1 घंटे बाद जब हम लोग लेनिन की समाधि के दर्शन कर लौटे तब पैर जैसे अकड़ गए थे और शब्द जैसे मुँह में जमकर रह गए थे। लेकिन पिछले 11 दिनों में दोस्ती की जो गर्माहट और आँच हमारे दिलों में पैदा हुई थी उसे मौसम की यह ठंडक बर्फ नहीं बना सकी।

यों, बर्फीले देशों की यात्रा के लिए जाड़े का मौसम चुनना कोई बहुत समझदारी की बात नहीं थी। तेज धारदार हवाएँ, फूलों की सफेद पंखुड़ियों की तरह गिरती हुई सफेद बर्फ, बसन्त की प्रतीक्षा में रूखे खड़े हुए वृक्ष और ऊनी कपड़ों के तह-दर-तह के भीतर कैद शरीर। पेड़, सड़क, छत, नदी, झील, सब कुछ बर्फ के विशाल शामियाने के नीचे लापता। ये वो मौसम होता है जब साइबेरिया की बाकल झील से पक्षी भी उड़कर उड़ीसा की चिलका झील पर जाड़ा बिताने आ जाते हैं। तब भी यदि हम इस मौसम में सोवियत देश की यात्रा पर गए तो यह हमारी बात कम अवसर की बात अधिक थी। पिछले तीन माह से हम लगातार प्रतीक्षा में थे और यात्रा की पक्की खबर मिलने के बाद मौसम के बारे में सोचने की फुरसत किसे थी। लेकिन यह कैसे कहा जाए कि हम प्रतिकूल मौसम में इस यात्रा पर गए। यह ठीक है कि हमने बसन्त ऋतु में खिलते हुए चेरी के फूल नहीं देखे, पिघलती हुई बर्फ नहीं देखी, सेब और अंगूर के फलों से लदे हुए बगीचे नहीं देखे लेकिन हमने दोस्ती की आपसी समझ और पारस्परिक सम्मान का एक ऐसा पौधा खिलते-मुस्कुराते देखा जो बर्फ के नीचे दबकर भी जिन्दा रहता है, तेज धारदार हवाओं के थपेड़े खाकर भी मुस्कुराता रहता है। दो देशों के बीच दोस्ती की बातें हम अक्सर सुनते और करते रहते हैं। नारे, भाषण और लेख इसके माध्यम बनते हैं लेकिन मित्रता के इस ऊपरी प्रचार की जड़ें सचमुच हैं और ऊपर-ऊपर नहीं, बहुत भीतर तक हैं, यह अन्दाज तो हमें सोवियत देश में 11–12 दिन के बाद ही पूरी तरह से हो सका।

यात्रा के पहले दिन ही ताशकन्द में मेट्रो स्टेशन पर हमारी भेंट अनायास बंगलादेश के तीन छात्रों से हो गई थी। हमने चुपके से उनसे पूछा कि यहाँ घूमने-फिरने पर कितनी आजादी और कितनी पाबन्दी है। जवाब में ये मुस्कुरा दिए थे और फिर उनसे से एक ने गम्भीरता से कहा—आप तो भारत से आए हैं।

वे भारत का बहुत सम्मान करते हैं। यह बात एक तीसरे देश के नागरिक ने कही थी और उस पर अविश्वास करने का कोई कारण नहीं था। यात्रा के हर अगले दिन मैं सोचता था कि उस छात्र ने सच ही कहा था।

किसी देश की यात्रा के लिए 11-12 दिन का समय बहुत ज्यादा नहीं होता फिर भी जिन बातों में हमारी रुचि थी उन्हें ज्यादा से ज्यादा देखने-समझने की कोशिश हमने की। हमारे लिए आज जिस बात का सबसे ज्यादा महत्त्व हो सकता है, वह है, भारत के प्रति सोवियत जनता का रुख। और मुझे यह लिखने में संकोच नहीं है कि उनके मन में भारत के प्रति स्नेह और आत्मीयता के भाव हैं।

हमारे लिए यह कोई छुपी हुई बात नहीं है कि भिलाई, कोरबा या बोकारो के लिए रूस ने हमारी क्या आर्थिक या तकनीकी मदद की। 1948 से लेकर आज तक युद्ध हो या अन्य कोई मसला, सोवियत संघ ने किस तरह मित्रता निभाई, यह भी हम जानते हैं। लेकिन यह सचमुच आश्चर्य की बात है कि किसी भी सोवियत नागरिक ने मैत्री की चर्चा होने पर कभी भी सोवियत सहायता का जिक्र नहीं किया, शायद वे इस बात के प्रति सजग रहते हैं कि ऐसा करने से हमारी भावनाओं को ठेस पहुँचे। हमारी जब-जब भी सोवियत नागरिकों से बात हुई तो उन्होंने गांधी और जवाहरलाल की बात की, सिनेमा, संगीत और किताबों के बारे में पूछताछ की, लेकिन कभी एक क्षण को भी उनके व्यवहार में बड़प्पन का अहंकार या एक विकासशील देश की सलाह देने का मिजाज देखने को नहीं मिला।

26 जनवरी को हमारे गणतन्त्र की 28 वीं वर्षगाँठ पर पूरे सोवियत संघ में व्यापक पैमाने पर कार्यक्रम आयोजित किए गए। सुबह रेडियो और टेलीविजन पर विस्तार से समाचार आए। अखबारों में विस्तारपूर्वक लेख छपे और उन सबमें भारत की प्रगति का ही जिक्र हुआ, दोनों देशों की पारस्परिक मैत्री का जिक्र हुआ। यह अनुभव मेरे लिए नया, अनोखा और आनन्ददायक था।

एक दूर देश में भारत का एक राष्ट्रीय पर्व इतने उत्साह से मनाया जा सकता है इसकी मैंने कल्पना भी नहीं की थी। अभी पिछले साल ही तो ब्रिटेन में 26 जनवरी बिताने का मौका मुझे मिला था। वहाँ जिस तरह कदम-कदम पर सामान्य जन-जीवन में भारत या पाकिस्तान के प्रति तिरस्कार का भाव, अखबारों में ब्रिटिश राज की याद के साथ भारत को बिनमाँगी सलाह और बी.बी.सी. पर प्रायः प्रतिदिन हमारी गरीबी और पिछड़ेपन के एकांगी चित्र देखने को मिलते थे, उसकी कड़वाहट आज तक मन से मिटाई नहीं जा सकती।

कलकत्ते की सड़कों पर अधनंगे घूमते हुए बच्चों के चित्रोंवाले पोस्टर जिस तरह लंदन

की सड़कों पर चिपके रहते हैं और उनके लिए मुक्त हस्त से दान की अपील की जाती है, वैसे दृश्य मास्को में देखने को नहीं मिले और यह अन्तर इतना स्पष्ट करने के लिए काफी था कि मित्रता की बात करना और मित्रता निभाने में कितना फर्क होता है।

26 जनवरी को लेनिनग्राद में गणतन्त्र दिवस के जिस कार्यक्रम में हम शरीक हुए उसकी कल्पना यहाँ बैठकर तो कभी नहीं की जा सकती थी। सोवियत संघ के इस दूसरे सबसे बड़े नगर के हाउस आफ फ्रेंडशिप में जो आयोजन हुआ उसमें लगभग एक हजार स्त्री-पुरुष शामिल हुए ही होंगे। हॉल पूरी तरह भर चुका था और न जाने कितने लोग तीन घंटे तक खड़े-खड़े आयोजन देखते रहे। मेरे साथी डॉ. सलिल ने हिन्दी में जो भाषण दिया और सुपरिचित हिन्दीविद् प्रो. वारान्निकोव ने जिसका अनुवाद किया तो एक-एक मिनट बाद सभागार तालियों की गड़बड़ाहट से गूँज उठा था। इसी कार्यक्रम के दौरान हमें बहुत से भारतीय नागरिकों से भी मिलने का अवसर मिला जो लेनिनग्राद में उच्च अध्ययन के लिए आए हुए थे। एक ओर तो सोवियत कलाकारों ने रूसी व हिन्दी में कार्यक्रम पेश किए तो दूसरी ओर हमारे मित्रों ने रूसी भाषा में प्रहसन और एक-दो छुटपुट कार्यक्रम। इसी बीच अतिरिक्त प्रसन्नता का मौका तब आया जब पाकिस्तान और नेपाल की दो छात्राओं ने भारतीय नृत्य प्रस्तुत किया।

यह सच है कि सामान्य सोवियत नागरिक को भारतीय संस्कृति के बारे में गहरी जानकारी नहीं लेकिन यही स्थिति हमारी भी तो है। एक औसत भारतीय नागरिक यदि टॉल्सटाय या गोर्की के बदलते रूसी साहित्य से ज्यादा परिचित नहीं है तो औसत सोवियत नागरिक भी रवीन्द्रनाथ या प्रेमचन्द के आगे भारतीय साहित्य के बारे में विशेष जानकारी नहीं रखता किन्तु साहित्य, संगीत या नृत्य जिनका मुख्य कर्तव्य है वे लोग निश्चित ही भारतीय साहित्य, संगीत या नृत्य के बारे में प्रामाणिक जानकारी रखते हैं। हमारी आधुनिक पीढ़ी में जिन रचनाकारों ने सुयश अर्जित किया है उनमें से म.प्र. के ही विनोद कुमार शुक्ल और अशोक बाजपेयी की रचनाएँ रूसी में अनूदित हो चुकी हैं। यह याद रखना जरूरी है कि रूस में किसी भी काव्य संकलन या अन्य किताब का पहला संस्करण औसतन 50,000 प्रतियों का छपता है। यही नहीं, सोवियत देश के छोटे-छोटे नगर के पुस्तकालयों में न सिर्फ भारतीय रचनाकारों की किताबें उपलब्ध हैं वरन्, हमारे संगीत, नृत्य, नाटक, स्थापत्य और पुरातत्व पर भी रूसी भाषा में किताबें वहाँ उपलब्ध हो जाती हैं।

विश्वविद्यालयों या अन्य उच्च शिक्षण संस्थाओं में जहाँ शोध और अनुसन्धान होते हैं वहाँ तो भारत के अतीत से लेकर वर्तमान तक प्रामाणिक अध्ययन करनेवाले विद्वानों से भेंट हो सकती है। भारत की आदिम जातियों, ब्राह्मणवाद, अछूत समस्या, सामन्तशाही और ऐसे ही अन्य सामाजिक-आर्थिक मुद्दों पर गम्भीर अध्ययन करनेवाले लोगों से हमारी मुलाकातें व चर्चाएँ होने के अनेक मौके आए। प्रो. वारान्निकोव ने अभी हाल में ही भारत पर अपनी तीसरी किताब प्रकाशित की है जिसका शीर्षक है 'भारत-इंडिया'। इस पुस्तक में उन्होंने यह विश्लेषण किया है कि किन परिस्थितियों के अन्तर्गत हमारा देश 'भारत' से 'इंडिया' बन गया। वारान्निकोव से जब हमारी भेंट हुई

तो उन्हें स्व. कामताप्रसाद गुरु पर डाक टिकट निकाले जाने की सूचना थी और न सिर्फ सुमित्रानन्दन पन्त वरन् भवानीप्रसाद मिश्र के निधन की भी जानकारी थी। लेनिनग्राद से हमारे विदा होते वक्त उन्होंने वे डाक टिकट भेंट किए जो सोवियत संघ ने भारत की आजादी की तीसवीं सालगिरह पर जारी किए हैं।

छात्रों के बीच भी भारत की लोकप्रियता कितनी है ? इसका अनुमान हमें मोल्दाविया के बेलत्शी नामक छोटे से नगर में हुआ। इस नगर में स्थित इन्स्टीट्यूट ऑफ पेडागाजी (शिक्षक प्रशिक्षण संस्थान) में एक अन्तरराष्ट्रीय मैत्री क्लब कार्यरत है और उस क्लब के सदस्यों ने हमें भारत के अपने पत्र-मित्रों के न सिर्फ पत्र दिखाए वरन् उत्साहपूर्वक अनेक चर्चाएँ हमसे कीं।

इस समय सोवियत संघ के तीन विश्वविद्यालयों में भारतीय भाषाएँ पढ़ाई जाती हैं। ताशकन्द, मास्को और लेनिनग्राद विश्वविद्यालयों में हिन्दी व उर्दू के अलावा मराठी, बंगाली, तमिल, पंजाबी, कन्नड़, मलयालम आदि अन्य सभी भाषाओं के पाठ्यक्रम चलते रहते हैं। ताशकन्द की कुछ प्राथमिक शालाओं में विदेशी भाषा के रूप में हिन्दी पढ़ाई जाती है तो कुछ में उर्दू। यह बात अलग है कि भारतीय प्रवासियों से वे ज्यादातर अंग्रेजी में ही बात करते हैं क्योंकि हम लोग खुद अपने भाषा में बात करने पर जोर नहीं देते। ताशकन्द, लेनिनग्राद और मास्को, इन तीनों ही स्थानों में हिन्दी में बात करने में असुविधा नहीं होती, यह हमारा निजी अनुभव है।

(12 फरवरी, 1978)

II

द्वितीय विश्वयुद्ध के समय जब हिटलर की फौज लेनिनग्राद की ओर बढ़ने लगी तो शहर की सारी पुरानी इमारतों व स्मारकों पर चारों तरफ से तख्ते जड़कर उन्हें ढाँक दिया गया और जगह-जगह पर लगी हुई मूर्तियाँ उखाड़कर जमीन में गहरे गाड़ दी गई ताकि कला एवं इतिहास के इन प्रतीकों की कम-से-कम क्षति हो। दूसरी तरफ नीवा नदी के तट पर खड़ी जनरल सूआरोफ की मूर्ति जैसी की तैसी रहने दी गई, इसलिए कि जर्मन फौजों से लड़ने के लिए जाते हुए सोवियत सैनिक अपने उस महान योद्धा को सलाम करते और प्रेरणा ग्रहण करते हुए आगे बढ़ें। लेनिनग्राद में हमारी मार्गदर्शिका ने यह जानकारी हमें दी थी और सोवियत नागरिकों के जीवन दर्शन को व्यक्त करनेवाली यह एक बहुत अच्छी मिसाल हे।

एक ओर तो जीवन में जो कुछ भी सुन्दर, मनमोहक और आकर्षक है उसके प्रति उनका बहुत आग्रह और मोह है, दूसरी ओर जीवन की कठोरताओं से जूझने के लिए अविचल धैर्य और संकल्प। लेनिनग्राद शहर में तो गली-कूचे और पत्थर भी जैसे सोवियत जनता के इस जीवन दर्शन को पुकार-पुकारकर सुनाते हैं। चाहे स्मोलनी कान्वेंट में अक्टूबर क्रान्ति का मुख्यालय हो, चाहे जर्मन फौजों द्वारा 900 दिन के घेरे

का स्मारक। चाहे 'हरमितेज' का अनन्य कला संग्रहालय हो और चाहे अपने मृत बेटे का शव बाँहों में उठाए मातृभूमि की वह प्रतिमा हो जो यहाँ के युद्धकालीन कब्रिस्तान में खड़ी हो।

लेनिनग्राद वह शहर है जहाँ 900 दिन के लगातार घेरे में 10 लाख सोवियत जनता ने बलिदान किया। राशन खत्म हो जाने पर चमड़े का बेल्ट उबालकर उसके सूप से पेट की ज्वाला शान्त की लेकिन युद्ध की उस काली परछाईं के नीचे में शहर में संगीत बन्द नहीं हुआ, सिनेमा बन्द नहीं हुए और थियेटरों में बैले व आपेरा होते रहे। युद्ध के चार वर्षों में कोई दिन ऐसा नहीं था जब 4-5 हजार शव न दफनाए जाते हों और आज यह सोचकर ही रोमांच होता है कि एक दिन तो उस कब्रगाह में 12 हजार शव लाए गए।

उसी कब्रगाह में आज एक स्मारक है जिसमें तान्या नाम की एक 8 वर्षीया बालिका का फोटो है और उसके नन्हें-नन्हें हाथों से लिखी हुई डायरी के कुछ पन्ने। उस बच्ची ने अपनी आँखों के सामने एक-एक करके दादा-दादी, माता-पिता, भाई-बहन सबको मरते हुए देखा था और हर मौत के साथ उसकी डायरी में एक पन्ना बढ़ता चला गया। आतंक की उस विभीषिका को झेलते हुए तान्या अपने स्वजनों की मौत की गवाह बनी और अन्त में भूख से विकल उसके भी प्राण छूट गए। बहुत देर हो चुकी थीं, डॉक्टर उसे बचा नहीं सके।

धर्म, नस्ल, रंगभेद और साम्राज्य की लिप्सा कितनी खतरनाक होती है और उसका मुकाबला करने के लिए कितना बलिदान करना होता है, लेनिनग्राद उसका सबसे बड़ा गवाह है। लेकिन दूसरी ओर यही शहर सोवियत संघ का सबसे बड़ा सांस्कृतिक केन्द्र भी है। साहित्य, संगीत और अन्य कलाओं में दिलचस्पी रखनेवाले लोग सारी दुनिया से यहाँ आते हैं, पश्चिमी यूरोप में जो स्थान पेरिस को प्राप्त है वही दर्जा सोवियत संघ में लेनिनग्राद का है।

किसी समय जो रूसी जार का विंटर पैलेस था, 1050 कमरेवाले उस भव्य प्रासाद में आज 'हरमितेज' नाम का विशाल संग्रहालय, लियोनार्दा द विंची, माइकल एंजिलो और वॉन गॉग से लेकर आज तक के प्रसिद्ध कलाकारों की कलाकृतियाँ वहाँ पर हैं। कुल 450 कमरे जनता के लिए खुले हुए हैं जिनमें 27 लाख से अधिक कलाकृतियाँ प्रदर्शित हैं। एक कलाकृति पर यदि एक मिनट भी खर्च किया जाए तो संग्रहालय में भीतर घुसने के बाद बाहर निकलने के लिए लगभग 12 साल का समय चाहिए। जारशाही का प्रतीक यह महल और इससे जुड़े हुए चार अन्य महल बाहर से भव्य और भीतर से आकर्षक भी हैं और सोवियत जनता को इस बात का गर्व है कि जिन शिल्पियों के हाथों से महल बने वे उनके देशवासी थे।

जारों के शताब्दियों तक चलनेवाले क्रूर साम्राज्य के बाद भी जीवन के सुन्दर मूल्यों के प्रति उनकी आस्था खत्म नहीं हुई और आज वह कहीं ज्यादा गति व उत्साह के साथ विकसित की जा रही है। छोटे-बड़े नगरों में कार्यरत पैलस ऑफ कल्चर में या मास्को,

लेनिनग्राद के बड़े-बड़े थियेटर, राइटर्स यूनियन की बैठकें हों या फैक्टरियों में कार्यरत शौकिया कलाकारों के दल सब तरफ एक अजीब-सी लगन, अजीब-सा उत्साह और दमकती हुई खुशी देखने को मिलती है।

मास्को के क्रेमलिन पैलेस थियेटर में संगीत या नाटक का कोई प्रदर्शन देखने के लिए 1-1 महीने पहले टिकट बिक जाती है और उल्लेखनीय है कि इस थियेटर में 6,000 लोग बैठ सकते हैं। लेनिनग्राद के किरोफ थियेटर में ऐन मौके पर हमारे लिए प्रोग्राम बनाया गया और हाउसफुल होने के कारण हमारे लिए एक्स्ट्रा कुर्सी लगाई गई। कड़ाके की उस ठंड में थियेटर के बाहर दर्जनों लोग सिर्फ इसी उम्मीद में खड़े थे कि अगर कोई टिकट वापस हो तो वे खरीदकर भीतर घुस सकें।

सोवियत संघ में लेखकों व कलाकारों को बहुत सम्मान दिया जाता है और इस सिलसिले में एक बहुत महत्त्वपूर्ण तथ्य यह कि लोकभाषा व लोक संस्कृति के विकास हेतु वहाँ सुनियोजित तरीके से कार्य किया गया है। भारत से क्षेत्रफल में लगभग 8 गुने बड़े सोवियत रूस में 50 से अधिक भाषाएँ स्वाभाविक ही बोली जाती हैं और इन सभी आंचलिक भाषाओं में न सिर्फ स्कूलों में पढ़ाई होती है वरन अखबार, पत्र-पत्रिकाएँ व ग्रामोफोन रिकार्ड भी प्रकाशित होते हैं।

इससे यह निश्चित लाभ हुआ है कि क्षेत्रीयता, प्रान्तीयता और भाषागत संकीर्णता जैसी भावनाएँ वहाँ हैं ही नहीं। भारत के समान ही अनेकता में एकता का नारा उनके राष्ट्रीय जीवन का एक महत्त्वपूर्ण अंग है और इस नारे को उन्होंने व्यावहारिक अंजाम भी दिया है। केनेडा में फ्रेंच व अंग्रेजीभाषियों के बीच के झगड़े या ब्रिटेन में अंग्रेजी व वेल्स को लेकर उठनेवाले विवाद या हमारे ही देश में हिन्दी को लेकर होनेवाले अप्रिय प्रसंग, इन सबका परिचय सोवियत देश में नहीं मिलता। भाषा के सन्दर्भ में इस दूरदर्शी नीति का यह भी परिणाम है कि आंचलिक लेखकों व कलाकारों को न सिर्फ अपनी जमीन पर खड़े होने में सम्बल मिला है वरन् अनेक ऊँचे उठकर राष्ट्रीय व अन्तरराष्ट्रीय क्षितिज पर छा सके हैं।

मोल्दाविया की लोक गायिका मारिया विशु, दागिस्तान के कवि रसूल हमजातोव सोवियत व विदेशी जनता के दिलों के भीतर गहरी पैठ कर चुके हैं। रूसी भाषा वहाँ अनिवार्य रूप से पढ़ाई जाती है और सारे देश में संवाद की सहज भाषा वही है। तकनीकी विषयों की पढ़ाई में रूसी व प्रादेशिक भाषा के साथ-साथ लेटिन का यथा आवश्यक उपयोग किया जाता है।

इस तरह से क्षेत्रीय भावनाएँ सन्तुष्ट हुई है, सम्पूर्ण देश में एक स्थान से दूसरे स्थान तक बिना अजनबी हुए कहीं भी आया-जाया जा सकता है या रोजगार किया जा सकता है और इस तरह राष्ट्रीय एकता की पुष्टि होती है।

विचार और अभिव्यक्ति की स्वतन्त्रता या प्रेस की आजादी जैसे मुद्दों पर हमने बहुत भाषण सुने हैं, बहुत-सी बहसें सुनी हैं और यहाँ भी एक कल्पना हमारे मन में है कि सोवियत संघ में विचारों पर प्रतिबन्ध है। प्रतिबन्ध तो यहाँ अवश्य हैं लेकिन ये

प्रतिबन्ध सरकार के नहीं, संस्कार के हैं। राजशाही के एक अन्धकार भरे युग और निर्माण की सन्धिवेला में एक लम्बे युद्ध से गुजरने के बाद सोवियत जनता यह जानती है कि विकास की नई मंजिलें तय करने के लिए कला, साहित्य और अखबार का कैसा रोल होना चाहिए। लेखकों व कलाकारों की अपनी संस्थाएँ हैं (उनकी भाषा में ट्रेड यूनियन) जिनकी नियमित बैठकें होती हैं, खुले माहौल में आत्मविश्वास से भरपूर तर्कों से बहसें होती हैं, और नीतियों का निर्णय किया जाता है।

तो इसे आप प्रतिबन्ध समझें या उनका अपना सद्विवेक, सोवियत संघ में सड़कों पर अश्लील साहित्य नहीं दीखता, उत्तेजक चित्रोंवाले हत्या व बलात्कार की सच्ची कहानियोंवाली पत्रिकाएँ नहीं मिलतीं, सिने अभिनेताओं के रोमांस व स्कैंडल के चर्चे नहीं होते, न सड़क पर पत्रकारों के साथ अभिनेताओं द्वारा मारपीट की जाती। कला के प्रति उनका दृष्टिकोण सार्थकता और आशावाद का है, उद्देश्यहीनता व कला, कला के लिए जैसे मुहावरों पर उनका भरोसा नहीं है, और इस नीति का सुफल उन्हें अपने सामाजिक जीवन में मिला है। कैनेडा की तरह प्रधानमन्त्री की पत्नी रोलिंग स्टोन गायकों के ग्रुप के साथ नहीं भागती या अमेरिका के समान 15 साल पूर्व शहीद हुए राष्ट्रपति के स्कैंडल छापे जाते और न करोड़पति बाप की बेटी आतंकवादियों के गिरोह में जाकर शामिल होती। कुल मिलाकर साहित्य और कला वहाँ बेचने की वस्तु नहीं है यद्यपि पुस्तकों की दूकान पर भारी भीड़ रहती है और सोवियत संघ का अखबार 'प्रावदा' दुनिया का सबसे ज्यादा बिकनेवाला अखबार है।

सोवियत संघ के शायद सभी बड़े नगरों में राष्ट्रीय उपलब्धियों पर स्थायी प्रदर्शनियाँ लगी हुई हैं। मोल्दाविया की राजधानी किशिनेव व मास्को में ये प्रदर्शनियाँ हमने देखीं। कलाकारों व अन्य क्षेत्रों में प्रतिभाशाली व्यक्तियों का सम्मान सोवियत जनता किस तरह करती है उसका प्रत्यक्ष प्रमाण यहाँ मिलता है। विज्ञान, चिकित्सा, भौतिकी, संगीत, नाटक, शिक्षा या और भी कोई विषय, सभी में उपलब्धियों का जो ब्यौरा प्रदर्शनी के मंडपों में सँजोया जाता है उसमें सम्बन्धित व्यक्तियों के चित्र और परिचय भी प्रमुखता के साथ प्रदर्शित किए जाते हैं। यह इस बात का संकेत है कि प्रतिभाएँ वहाँ गुमनामी के अँधेरे में नहीं खोतीं। अस्पताल, स्कूल या अन्य संस्थाओं में भी इसी तरह से प्रदर्शित चित्र एकबारगी ही यह बतला जाते हैं कि उस संस्था के निर्माण व विकास के साथ कौन लोग जुड़े रहे हैं।

(19 फरवरी, 1978)

III

गाँव की ओर, जानेवाली सड़कें उबड़-खाबड़ तो नहीं थीं लेकिन बहुत अच्छी भी नहीं। गाँवों के मकान भी एकमंजिले थे। टीन या कवेलू की छतवाले-झाड़ियों की चारदीवारी से खड़े बड़े शहरों की बहुमंजिली इमारतों से कुल अलग। वैसे ही खुरदरे और खुले हुए

थे—ग्रामवासियों के बड़े शहरों से एकदम अलग थी। किसान छत्तीसगढ़ का हो या सोवियत संघ के मोल्दाविया का, हर जगह एक-सा होता है, मिट्टी-पानी और आकाश की तरह, हर उबलता हुआ, उन्मुक्त और निश्छल। यह एहसास मोल्दाविया के ग्राम्यांचलों में दौरा करने पर हमें हुआ।

मुझे किरोफ सामूहिक फार्म की वह किसान गृहिणी याद आती है जिसने मेरे संकोच को भाँपकर मेरी मुट्ठियों में जबरदस्ती अखरोट लाकर दिए थे। उसके पति की स्मृति भी मन में उतनी ही ताजा है जो अतिथियों के स्वागत के लिए कोनियाक की ट्रे लेकर आया तो उसके हाथ हल्के से काँप रहे थे। फार्म के दफ्तर में उनसे जब मैंने सवाल पर सवाल पूछने चालू किए तो उनमें से किसी ने जिज्ञासा की—मैं कौन हूँ और फिर उत्तर जानकर धीरे से रिमार्क आया—'पत्रकार है इसीलिए बहुत सवाल पूछता है।' किशिनेव रहा हो या अन्य कोई गाँव, कस्बा, हर जगह हमारा जैसा ख्याल रखा गया उसकी गहरी छाप हमारे मन पर थी।

लेकिन यह तस्वीर का एक पहलू है। दूसरा पहलू है, सोवियत किसान की शिक्षा, आधुनिक उपक़रणों में उसकी दिलचस्पी और भाग्य के बदले कर्म पर भरोसा। सोवियत संघ में अशिक्षा अब पिछली शताब्दी की बात हो चुकी है। गाँवों में जो स्कूल है उनमें पढ़ाई का बहुत अच्छा प्रबन्ध है, ऐसा कोई बच्चा नहीं है जो स्कूल न जाता हो और ऐसे बहुत से युवक हैं जो उच्च शिक्षा प्राप्त करने के बाद अपने ही गाँव में लौटकर काम कर रहे हैं। शिक्षा का प्रसार और उसके साथ-साथ निश्चित भविष्य का अहसास, इन दो बातों के चलते सामूहिक कृषि जैसे प्रयोग वहाँ सफल होकर अब राष्ट्रीय जीवन का स्थायी अंग बन चुके हैं। हज़ारों एकड़ के सामूहिक फार्म हैं जिन पर 500-500 हॉर्स पावर के ट्रैक्टर और अन्य आधुनिक उपकरणों से खेती होती है। हम जब पहुँचे थे तब खेती का मौसम नहीं था इसीलिए खेतों में किस तरह काम किया जाता है, यह हम नहीं देख सके लेकिन सामूहिक डेयरी की कार्य-पद्धति समझने का अवसर जरूर हमें मिला। डेयरी पर चारा देने से लेकर बोतलों में दूध पैक करने तक का काम मशीनों से किया जाता है। काम की सफाई के साथ-साथ समय की बचत उसमें बहुत होती है। चूँकि आबादी कम है इसलिए सोवियत देश में यान्त्रिक साधनों का प्रयोग करना एक तरह से आवश्यकता ही है।

अप्रैल-मई में बसन्त के आगमन से साथ ही इस ठंडे मुल्क में खेती पर बागवानी का मौसम चालू होता है जो अक्टूबर-नवम्बर तक चलता है। बाकी लगभग 6 महीने सागसब्जी की बागवानी कृत्रिम गर्मी पैदा कर काँच की छतवाले छोटे-छोटे बगीचे में की जाती है। अक्टूबर-नवम्बर में पतझड़ के आगमन के साथ गाँव में शादी-ब्याह का सिलसिला चालू हो जाता है।

हर गाँव में लग्न मंडप बने हुए हैं जिनमें दो-चार-पाँच सौ लोगों के बैठने की जगह होती है। इन मंडपों की दीवारों पर व छतों पर प्रेम व विवाह से ताल्लुक रखनेवाले कलात्मक व सुरुचिपूर्ण चित्र बने हुए हैं और साथ ही एक कोने में रखे हुए बीयर के

बड़े-बड़े ड्रम। गाँव की शादियाँ इस तरह बड़े उल्लास से होती हैं—जिसमें कभी एक-एक हज़ार बाराती तक शरीक होते हैं। मोल्दाविया के ग्राम्य अंचल में एक दिलचस्प प्रथा यह भी है कि जब दुल्हा-दुल्हन विवाह कर घर लौटते हैं तो उनके पैर पखारे जाते हैं। मेहमाननवाजी की उनकी परम्परा यह है कि गाँव की सीमा पर या घर के दरवाजे पर डबलरोटी व नमक के साथ अतिथि का स्वागत किया जाए और लौटते वक्त गाँव की सीमा तक जाकर उसे विदा दी जाए।

हम जब बेलत्शी पहुँचे तब नगर की सीमा पर हाथ में डबलरोटी व नमक लिए ग्राम्य नारी की प्रतिमा ने हमारा स्वागत किया था लेकिन विदाई हमारे मेजबानों ने जिले की सीमा तक आकर दी थी। इस तरह लोकजीवन में जो भली लगनेवाली प्रथाएँ हैं उन्हें कमोबेश सुरक्षित रखने की कोशिश की गई है।

सोवियत ग्रामों में एक जो और बात हमें जानने को मिली वह यह कि किसानों को अपना खुद का मकान बनाने और बागवानी तथा पशुपालन की पूरी इजाजत है। सामूहिक फार्मों पर जो बस्तियाँ बसी हुई हैं वहाँ हर किसान को अपना मकान बनाने के लिए न सिर्फ जमीन का टुकड़ा दिया जाता है बल्कि निर्माण सामग्री भी और फिर सब गाँववाले मिलजुलकर मकान तैयार कर देते हैं। किसान अपने इस प्लाट पर सेब या अंगूर की बागवानी भी कर सकता है या गाय, मुर्गी पाल सकता है। इनके उत्पादनों को बेचने की भी उसे छूट है और उससे प्राप्त आमदनी का अपने लिए उपयोग करने की। किसानों की आर्थिक स्थिति अच्छी है। रेडियो व टेलीविजन उनके लिए सामान्य वस्तु हैं। कुछ किसान मोटरसाइकल भी खरीद लेते हैं लेकिन ग्रामीण क्षेत्रों में यात्रा का एक जरिया बस है, कारों की संख्या पूरे सोवियत संघ में बस व ट्रक की अनुपात से काफी कम है।

सोवियत गाँव को देखने में कुल मिलाकर जो तसवीर है उसमें लगता है कि एशियाई रंग ज्यादा गहरे हैं और पश्चिमी प्रभाव कम। यह शायद हमें इसलिए लगा क्योंकि शिक्षा व तकनीकी विकास के बावजूद लोक जीवन व लोक संस्कृति की रक्षा के प्रति सोवियत नागरिक ज्यादा सचेष्ट हैं और मशीनों की आवाज में वे प्रकृति के संगीत को नहीं खोना चाहते।

उनके पारिवारिक वातावरण को समझने से यह बात थोड़ी और स्पष्ट हो जाती है। सोवियत नागरिकों के दाम्पत्य जीवन में तलाक बहुत अच्छा शब्द नहीं है। पति-पत्नी में मन-मुटाव होने पर उन्हें समझाने की कोशिश की जाती है। ग्रामीण क्षेत्रों में तो तलाक का प्रतिशत बहुत ही कम है। बड़े-बूढ़े की फिकर वहाँ काफी की जाती है। छोटे बच्चों का लालन-पालन अब दादा-दादी द्वारा ही होता है। इसी तरह स्कूली बच्चों की ड्यूटी बाँधीं जाती है कि वे 'पैंशनर्स होम' में जाकर वहाँ रहनेवाले वृद्ध लोगों की देखभाल व सेवा करें। इस तरह नई व पुरानी पीढ़ी के बीच एक निरन्तर रिश्ता कायम रहता है। कुछ मिलाकर 'परिवार का महत्त्व उनकी आवास पद्धति में।'

सोवियत संघ में जो बात सबसे आगे वह है नई पौध की ओर उनका ध्यान। लालन-पालन और शिक्षा-दीक्षा की ओर जितने गम्भीरतापूर्वक ख्याल सोवियत संघ में

किया जाता है वह दूसरे देशों के लिए सीखने की बात है।

पश्चिमी देशों की सड़कों पर मैंने देखा कि माताएँ अपने नन्हों को गोद में लेने से परहेज करती हैं। उसके बदले कन्धे तथा कमर से बेल्ट बाँधकर उसका सिरा हाथ में लेकर बच्चे को सड़क पर चलाती हैं। गोया वह पालतू जानवर हो। सोवियत संघ में इसके विपरीत मैंने बच्चों को माँ-बाप की गोद में ही हमेशा देखा।

बच्चों की शिक्षा अमूमन 8-9 माह की उम्र से प्रारम्भ हो जाती है। बालमन्दिरों की भाँति 'चिल्ड्रंस' पार्क बने हुए हैं जिनमें दिनभर के लिए बच्चे रखे जाते हैं और खेल के साथ पढ़ाई की पद्धति पर उनकी दिनचर्या चलती है। प्रत्येक बच्चे की व्यक्तिगत रुझान पर गौर किया जाता है ताकि बड़े होकर वह अपनी रुचि के मुताबिक पढ़ाई कर सकें। बच्चों का दिन में नाश्ता-भोजन सब बालमन्दिर में ही होता है। शिक्षकों के अलावा डॉक्टर और नर्स भी हैं। इस सबके लिए माँ-बाप को एक पैसा भी खर्च नहीं करना पड़ता। बच्चों के अस्पताल भी ऐसे ही सुव्यवस्थित हैं। चिकित्सा की आधुनिक सुविधाएँ तो हैं ही, वातावरण भी आशंकाप्रद होने के बदले आश्वासनपूर्ण होता है। साफ-सुथरे होने के अलावा बच्चों का मनोरंजन हो सके, ऐसी व्यवस्था भी अस्पतालों में जुटाई जाती है।

बच्चों के साथ-साथ गर्भवती स्त्रियों की देखभाल भी सोवियत संघ में बहुत लगन से की जाती है। प्रसव के पूर्व तीन माह से लेकर प्रसव के बाद एक माह तक की छुट्टी कामकाजी नारी को मिलती है। साथ ही उसके पति को भी सवैतनिक छुट्टी दी जाती है ताकि वह घर पर पत्नी की देखभाल कर सके। नवप्रसूता को तुरन्त अपने काम पर लौटने की जरूरत भी नहीं होती। दफ्तर या कारखानों में उसका पद एक साल तक सुरक्षित रखा जाता है और इस एक साल की छुट्टी में भी उसे कमोबेश आर्थिक सुविधाएँ प्रदान की जाती हैं।

परिवार सामान्यतः छोटे ही होते हैं किन्तु ज्यादा सन्तानोंवाली माँ का सम्मान किया जाता है, क्योंकि वह सन्तान बड़े होकर देश-सेवा करेगी। बच्चों के प्रति सोवियत जनता का अनुराग इस तथ्य से भी समझा जा सकता है कि फैशन की खातिर माँ अपने बच्चे को दूध पिलाना नहीं छोड़ती। लगभग 9 माह की आयु तक बच्चा माँ के दूध पर ही पलता है।

इतना ही नहीं, बच्चों के उपयोग में आनेवाली सामग्री याने खिलौने इत्यादि सोवियत संघ में अपेक्षाकृत बहुत सस्ते दामों पर मिलते हैं। उनकी पढ़ाई और चिकित्सा तो निःशुल्क है ही। स्कूल, शिशु-अस्पताल, प्रसूतिका गृह और परिवारों को देखने के बाद हम इस नतीजे पर पहुँचे कि सोवियत संघ सचमुच भविष्य का देश है।

यह सच है कि जिस तरह से शिशु मन्दिर व अस्पताल वहाँ हैं, वैसे अमेरिका और हिन्दुस्तान में भी हैं, किन्तु यह तथ्य तो स्मरण रखना ही होगा कि दूसरे देशों में गरीबों के बच्चों के लिए ये सारी सुविधाएँ कोई मायने नहीं रखतीं, जबकि सोवियत संघ में हर बच्चा इन सुविधाओं को पाने का हकदार है।

(26 फरवरी, 1978)

सतरंगे द्वीप में एक और रंग : संघर्ष

भारतीय संस्कृति के अनेक प्रतीक चिन्हों में गज का विशेष स्थान है। वह न सिर्फ देवराज इन्द्र की सवारी है वरन् दिक्पाल के रूप में हाथी ही अपनी सूँड पर दुनिया को सम्हाले हुए है। यही नहीं बहुत पुराने समय से वह मैत्री का प्रतीक भी बना हुआ है। हमारे इतिहास में औरंगजेब ने रूस के पीटर महान को भेंट में हाथी भेजे थे। और सन् '55 में जवाहरलाल नेहरू ने रूस के बच्चों को रवि और शशि नामक दो गज शावकों का अनोखा उपहार भेजा था। इसी परम्परा के अनुसरण में विश्व हिन्दी सम्मेलन में भारतीय प्रतिनिधिमंडल के नेता डॉ. कर्ण सिंह ने भी मॉरीशस के प्रधानमन्त्री डॉ. रामगुलाम को सम्मेलन के उद्घाटन के अवसर पर असली न सही काष्ठ की बनी हुई हाथी की सुन्दर कलाकृति भेंट की। भारत और मॉरीशस की जनता के पारस्परिक बन्धुत्व का इससे अच्छा और प्रतीक क्या हो सकता था।

भारत और मॉरीशस की मैत्री या किसी हद तक पारिवारिक सम्बन्ध सिर्फ इसलिए ही नहीं कि आज से डेढ़ सौ साल पहले भारतीय मजदूर समुन्दर के बीच में बसे इस अपरिचित टापू पर जबरन ले जाए गए और अपना खून-पसीना एक कर सारे अत्याचारों के बीच अपनी बेबसी के बावजूद उन्होंने अपने धर्म और भाषा को जीवित रखा। बल्कि इसलिए भी कि 1947 में आज़ादी मिलने के बाद भारत ने तीसरी दुनिया के नव-जाग्रत देशों को गुटनिरपेक्षता, आर्थिक स्वाधीनता तथा मानवीय अधिकारों जैसे प्रश्नों पर जो प्रभावशाली नेतृत्व दिया; उसी सिलसिले में मॉरीशस भी अपने बहुत छोटे क्षेत्रफल और जनसंख्या के बावज़ूद आज गुटनिरपेक्ष देशों के बीच एक महत्त्वपूर्ण स्थान पर है, तथा यह स्थान उसने आज़ाद होने के सात-आठ सालों के भीतर ही प्राप्त कर लिया। राजनीतिक और आर्थिक आदर्शों की यह पहचान ही भारत और मारीशस को एक-दूसरे के ज़्यादा करीब लाई है।

जब 'त्रिवेणी' के भवन उद्घाटन अवसर पर डॉ. कर्ण सिंह ने अपने भाषण के बीच राबर्ट फ्रॉस्ट की कविता 'द रोड आई डिड नॉट टेक' सुनाई तो उस नव-निर्मित सभागार और उसके बाहर फैले लॉन पर बैठे सैकड़ों लोग स्तब्ध रह गए। उसके पूर्व ही खरे जगत सिंह ने अपना भाषण दिया था और अन्य बातों के साथ दक्षिण अफ्रीका में हो रही ताजा घटनाओं का भी उसमें जिक्र था। डॉ. कर्ण सिंह भी जिन्हें मॉरीशसवासी पिछले तीन दिन से हिन्दी साहित्यकार, संस्कृतशास्त्री और डोगरी कवि के रूप में जान

रहे थे, उस क्षण भारतीय जनता के राजनैतिक विश्वासों के प्रतीक के रूप में उभरे। वे राजनैतिक विश्वास जिन्हें नेहरू जैसे इतिहासविद् राजपुरुषों ने पनपाया है। राबर्ट फ्रॉस्ट की उस कविता का सन्देश यही था कि दुनिया में सिर्फ दो रास्ते हैं—एक स्वार्थ, षड़यन्त्र और शोषण का और दूसरा मानवीय विश्वास और समानता का। श्री कर्ण सिंह ने कविता सुनाने के बाद जैसे एक सवाल उछाला कि दुनिया को दो में से एक रास्ता अपने लिए चुन लेना है। मॉरीशस की जनता इस सवाल का जवाब डॉ. रामगुलाम के नेतृत्व में बहुत पहले दे चुकी है।

हमारा प्रवास बहुत छोटा था। सिर्फ 9 दिन का। लेकिन हम जहाँ-जहाँ, जिन-जिन लोगों से मिले हमने पाया कि डॉ. रामगुलाम और उनकी नीतियों के प्रति मॉरीशसवासियों के मन में पूरा विश्वास है और वे लगभग उसी राह पर चल रहे है जिस पर भारत तथा एशिया-अफ्रीका और लैटिन अमेरिका के तमाम देश अपने कदम बढ़ा चुके हैं।

प्रतीक की बात छोड़ दी जाए तो मॉरीशस को हाथियों की जरूरत नहीं है। यों सारे समय हम लोगों को यह भी लगा कि मॉरीशस में किसी भी तरह के पशु की आवश्यकता महसूस नहीं की जाती क्योंकि न तो हमें घरों के पिछवाड़े जानवर बँधे दिखे और न सड़क के बीच बैठे हुए। और जब हमारा बस ड्राइवर गंगा तालाब से लौटते हुए हमें गाँवों के बीच से होता हुआ लाया तो सिर्फ एक जगह पाँच-छह गायों को खेत के बीच बैठे देखकर हमने जैसे मॉरीशस का सातवाँ आश्चर्य देख लिया हो।

मॉरीशस की जरूरत तो शायद उन आयातित मोटरकारों की भी उतनी बड़ी संख्या में नहीं है जो कि पोर्ट लुई की सड़कों का आधा हिस्सा स्थायी रूप से घेरे रहती हैं। सुबह 9-10 बजे से शाम के 5 बजे तक राजधानी की मुख्य सड़कों पर कार-पार्किंग के लिए जगह तलाश करना उतना ही असम्भव हो जाता है जितना भूसे के ढेर से सुई निकालना।

मॉरीशस का जीवन स्तर, वेतन इत्यादि भारत से ऊँचा है इसलिए हो सकता है कि कुछ मध्यम दर्जे के लोग भी कार रखने की हैसियत रखते हों लेकिन आमतौर पर कारों के मालिक वही हैं जिनके पास बड़े ओहदे अथवा बड़प्पन के दूसरे साधन हैं। सार्वजनिक बसें वहाँ बहुत चलती हैं और शाम को पाँच बजे के बाद बस स्टापेज पर एक-एक फर्लांग लम्बी वैसी ही कतारें देखी जा सकती हैं जो बम्बई में देखी जाती हैं। बस कम्पनियाँ निजी हाथों में हैं और उनके अपने बड़े-बड़े डिपो, वर्कशॉप इत्यादि हैं। इस छोटे से देश में यातायात का एकमात्र साधन ये सार्वजनिक बसें ही हैं। दूसरी तरफ हर सुबह-शाम सड़कों पर तेजी से गुजरती हुई कारों की कतारें जिनमें एक या दो सवारियाँ होती हैं, वहाँ का एक सामान्य दृश्य है। यद्यपि मेरे जैसे कस्बाई व्यक्ति के लिए बस की कतारों और खाली कारों का यह विरोधाभास एक नया अनुभव था।

इसकी वजह शायद यही हो कि पाश्चात्य प्रभाव मॉरीशस पर आज भी बहुत ज़्यादा है। सर्वविदित है देश की अर्थव्यवस्था गन्ना और शक्कर पर अवलम्बित है। गन्ना वहाँ

की प्रमुख और किसी हद तक एकमात्र पैदावार है, शक्कर का निर्यात कर एवज में उनकी अन्य आवश्यकताएँ विदेशों से पूरी होती हैं। पूरे देश में लगभग दो दर्जन शक्कर मिले हैं और उनमें से एक या दो को छोड़कर बाकी सब विदेशी हाथों में हैं। इतना ही नहीं, देश की गन्ना उत्पादक भूमि का लगभग 50 प्रतिशत रकबा इन शक्कर मिलों की मिल्कियत है। स्वाभाविक है कि इनके मालिक ही मॉरीशस का सम्पन्न वर्ग है और मुनाफे तथा पूँजी के उपयोग की वही धारणाएँ उनके दिमागों में हैं जो कि किसी भी पूँजीवादी समाज में होती हैं।

डॉ. रामगुलाम, जिन्हें वहाँ की जनता आदर से चाचा कहती है, ने स्थितियों को बदलने की कोशिश की है। हमें जानकारी मिली कि गन्ने के खेत में काम करनेवाले किसान या शक्कर मिल में काम करनेवाले मज़दूर को प्रति दिन सात घंटा काम करने पर औसतन 25 रुपया प्रतिदिन की आमदनी हो जाती है। 2 या 3 घंटे के अतिरिक्त कार्य करने पर वह 40 रुपया भी कमा सकता है। यह स्थिति आजादी मिलने के उपरान्त ही आ सकी है। और फ्रेंच इजारेदार डॉ. रामगुलाम अथवा उनके मजदूर दल से इस वजह से बहुत खुश नहीं हैं। प्रधानमन्त्री ने वेतनमान के अलावा मजदूर कृषकों के लिए पेंशन, फंड, वेलफेयर फंड तथा बीमा योजना भी लागू करवाई हैं। अभी थोड़ा अरसा पहले जो नए वेतनमान निर्धारित हुए हैं उनके तहत एक शिक्षक लगभग 1500 रुपए माह कमाता है और पुलिस का सिपाही सेवा काल के आधार पर 500 से 800 के बीच वेतन पाता है।

यह उल्लेख करना आवश्यक है कि किसानों, मजदूरी तथा नौकरी में ज़्यादातर भारतवंशी लोग ही हैं या फिर मूल अफ्रीकी जिनकी जनसंख्या बहुत ज़्यादा नहीं है। यद्यपि देश की लगभग 50 प्रतिशत खेती योग्य ज़मीन भी इन्हीं के हाथ में है, किन्तु जमीन अपेक्षाकृत अच्छी नहीं है और गोरों की ज़मीन के अनुपात में प्रति एकड़ पैदावार भी कम है। भारत सरकार द्वारा भेजे गए विशेषज्ञ वहाँ हैं जो कि इन कृषकों को आधुनिक कृषि तकनीकों तथा सहकारी कृषि आदि के बारे में जानकारी और प्रशिक्षण दे रहे हैं। प्रसिद्ध गीतकार महेश सन्तोषी जो काफी समय तक रायपुर बिलासपुर में सहकारिता विभाग में रहे वहाँ ऐसे ही विशेषज्ञ के रूप में कार्य कर रहे हैं और डॉ. सक्सेना के नाम से पहचाने जाते हैं।

जहाँ तक व्यापार का सम्बन्ध है, अधिकांशतः चीनी मूल के लोग काबिज हैं। इनके व्यापारिक सम्बन्ध ताईवान से हैं और लाल चीन के नाम से वे भड़कते हैं। व्यापार की उनकी नैतिकता ग्राहक को ज़्यादा से ज़्यादा लूटने में है—यह पर्यटक के नाते तो हमने समझा ही, वहाँ के नागरिकों से भी इस बात की पुष्टि हुई। एक सड़क पर दस दूकानें और दसों पर अलग भाव। जिससे जितना मोल-भाव करते बने कर ले। यद्यपि कुछ दूकानें ऐसी हैं जिन्होंने अपनी साख बनाकर रखी है। नम्बर दो का कारोबार वहाँ भी चलता है। पोर्टलुई में विदेशी मुद्रा विनिमय की दूकानें हैं जिन पर 'मनी चेंजर्स' के बोर्ड लगे हुए हैं। इन दूकानों पर दो नम्बर के डॉलर या कोई दूसरी विदेशी मुद्रा भाव-ताव

करके बदली जा सकती है।

मॉरीशस के श्रमिक वर्ग में आत्मसम्मान और आत्मविश्वास की गहरी भावना है। होटल के बैरे हों चाहे बस का ड्राइवर चाहे पुलिस का सिपाही या किसी दूकान की काउंटर गर्ल हों। उनमें अपने काम के प्रति न तो झिझक है और न हैं कोई हीन भावना। उठने-बैठने, बात करने में अहंकारहीन, बराबरी का परिचय वे दे देते हैं। एक नए आजाद मुल्क के सामान्य नागरिक की यह भावना मुझे तो बहुत अच्छी लगी।

शक्कर उद्योग के बाद मॉरीशस के लिए मुद्रा अर्जन का दूसरा बड़ा माध्यम पर्यटन है। प्रति वर्ष हज़ारों की संख्या में इंग्लैंड, फ्रांस और अफ्रीका से गोरे पर्यटक मॉरीशस ही नहीं, हिन्द महासागर में अवस्थित दूसरे देश सेशल्स तक छुट्टियाँ मनाते आते हैं। मॉरीशस को बहुत लोगों ने बहुत उपमाएँ दी हैं लेकिन हमें कभी-कभी लगा कि इसे फ्रेंच और अंग्रेजों ने अपने पिकनिक स्थल से ज़्यादा कुछ नहीं समझा। निःसन्देह मॉरीशस बहुत सुन्दर है और अगर हवाई जहाज का किराया ज़्यादा न होता तो कश्मीर या केरल के बदले 8-10 दिन का समय मॉरीशस में ही आमोद-प्रमोद के बीच बिताया जा सकता है।

मॉरीशस की खूबसूरती का पहला अहसास हमें वहाँ हवाई अड्डे पर उतरने के पहले ही हो चुका था। समुद्र में चारों तरफ फैली मूँगे की प्रहरी चट्टानें, किनारों पर लौटता हुआ हरा कच्चा सागर जल और दूध-सा उजला समुद्र फेन-इन सबके बीच विमान की खिड़की से देखा तो नीचे अथाह हरीतिमा बिखरी हुई थी जैसे मॉरीशस घास का एक बिछौना हो। लेकिन जब ऊपर से माचिस की डिबियाँ जैसी दिखनेवाली विमानतल की बिल्डिंग अपने पूर्ण आकार में प्रकट हुई तब यह भी समझ में आया कि घास का बिछौना नहीं वरन् गन्ने की खड़ी फसल थी।

इस द्वीप को किसी ने इन्द्रधनुष का द्वीप कहा है तो किसी ने हिन्द महासागर का मोती। लेकिन मुझे जो उपमा वहाँ पहुँचकर बार-बार याद आई वह यशपाल की दी हुई है—स्वर्गाद्यान बिना साँप। जिस देश में आदमी को छोड़कर दूसरे जानवर बहुत कम दिखते हों वहाँ साँप तो सचमुच ही नहीं हैं। और जैसा कि दिनेश नामक उस मॉरीशियन मित्र ने गंगा तालाब से लौटते हुए मजाक किया—"साँप होते तो भी तो आदमी से प्यार करते।"

भारत में प्रकृति की विविधता का जिक्र हम अक्सर किया करते हैं। लेकिन वह देश जिसका क्षेत्रफल रायपुर जिले से भी कम है, अपने आपमें प्रकृति की ऐसी विविध और मनोहारी छटा छुपाए होगा यह कल्पनातीत था। हाँ, एक बात जरूर है कि यह प्राकृतिक सौन्दर्य बिखेरने का सारा श्रेय स्वयं प्रकृति को नहीं दे सकते, इसलिए कि मनुष्य के हाथों ने उसे सँवारा है और खूब सँवारा है। मॉरीशस की जनता का सौन्दर्यबोध परिष्कृत है। मकानों में लगाई गई फुलवारियाँ, सार्वजनिक इमारतों के आहाते और सड़क के चौराहे तक इस बात की गवाही देते हैं। बेंत वहाँ काफी होता है और मकानों के आहाते ज़्यादातर बेंत से घेरे हुए हैं। वैसे ही जैसे कि हमारे यहाँ

बाड़ लगाई जाती है। शहरों में बने हुए मकान सिर्फ सीमेंट कांक्रीट के निर्जीव आकार नहीं हैं वरन् पेड़-पौधे लगाकर उन्हें खूबसूरती दी गई है। गाँवों में भी इस बात का ख्याल रखा गया है। पर्यटकों के लिहाज से देश में चारों तरफ सड़कों की बहुत अच्छी व्यवस्था है। और सड़कों के किनारे अथवा बीच में मँझोली ऊँचाईवाले पौधे लगाकर सुन्दर दृश्य उपस्थित किया गया है।

(23 सितम्बर, 1976)

अल्हड़ प्रकृति : जिसे नज़र बाँध न पाई

मॉरीशस के बारे में बहुत-सी बातें आसानी से लिखी जा सकती हैं। पिछले कुछ बरसों से लिखी भी जा रही हैं--मसलन मॉरीशस में भारतीयों का आव्रजन, हिन्दी की स्थिति, लघु भारत इत्यादि। जो बातें कही जाती है वे ऐतिहासिक तथ्य हैं और कई बार उनके जिक्र के बिना मॉरीशस की कथा अधूरी रहती है। लेकिन जहाँ तक मेरा सवाल है—मॉरीशस की यात्रा-कथा उस देश के प्राकृतिक वर्णन के बिना पूरी नहीं होती। यह अलग बात है कि पर्यटक की आँखें उस नैसर्गिक सुषमा को पूरी तरह नहीं बाँध सकतीं—ऐसी चंचलता उस विस्तार में है।

नक्शे कितने बेमानी होते हैं और सुनी-सुनाई पढ़ी-पढ़ाई बातों में कितना कुछ छूट जाता है-- यह वहीं जाकर मालूम पड़ता है। दुनिया के विशाल नक्शे पर मॉरीशस कहाँ है ? आँख गड़ा-गड़ाकर ढूँढ़ने पर मालूम पड़ता है—भारत के दक्षिण-पश्चिम में मालागासी (मैडागास्कर) द्वीप के पास एक छोटा सा बिन्दु है। शायद वही बिन्दु मॉरीशस है। लेकिन जब उस धरती पर हमने कदम रखे और जब हमारी आँखों से उस देश की आकाश नापना चाहा तो मालूम पड़ा कि एक छोटा-सा बिन्दु, कितना चंचल और शरारती हो सकता है। और इसलिए आज जब मैं यह प्रसंग लिखने बैठा हूँ कि तो मुझे बिल्कुल भी भरोसा नहीं है कि उस सतरंगे देश की सही झलक आपको दे पा रहा हूँ।

प्रकृति का लाड़ यदि उमड़ आए तो वह कितना क्या दे सकती है इसका साक्षात् प्रमाण मॉरीशस है। भारत में जहाँ हमें मीलों तक एक-सी हवा, एक-सा पानी, एक-सा मौसम और एक-सा दृश्य देखने को मिलते हैं लेकिन मॉरीशस की स्थिति बहुत भिन्न है। कहीं समुद्रतट देखकर पुरी की याद आ जाती है तो कहीं पर्वत श्रेणियाँ देखकर सतपुड़ा साकार हो उठता है। उस छोटे से द्वीप में नदी भी है, झील भी, चाय के बगीचे हैं तो चीड़ के जंगल भी। मेरा मन जिस जगह सबसे ज़्यादा खोया, अटका उसका नाम है—ब्लैक रिवर घाटी।

बहुत ऊँचाई से ब्लैक रिवर गिरती है और घाटी के विस्तारों में होकर न जाने किस तरफ बढ़ जाती है। चारों तरफ अनन्त हरियाली और सामने कोहरे में डूबी हुई घाटी—सारा दृश्य जैसे अमरकंटक में सोन के उद्गम—सोनमुड़ा की याद दिला देता है। मित्रों से सुना है कि न्याग्रा जलप्रपात पर पहुँचकर ऐसा लगता है कि पानी अपने पास बुला रहा है। हरियाली भी ऐसा घातक निमन्त्रण दे सकती है यह पहले वहीं जाना।

बस ऐसा लग रहा था कि इस हरियाली में अभी कोई सम्मोहक स्वर गूँजेगा और मैं घाटी के भीतर कूद पड़ूँगा। बहुत देर तक विस्मय-विमुग्ध होकर वनश्री को निहारते रहे और जब लौटे तो लौटने का मन बिल्कुल नहीं था। इस बीच हमारे पथ-प्रदर्शक राजसुमेर मिश्रा अपनी प्लास्टिक की थैली में ढेरों फल तोड़कर ले आए—लाल रंग के चेरी जैसे फल। उत्सुकता के साथ एक फल खाया तो बिही (अमरूद) जैसा स्वाद, भीतर का गूदा और बीज भी वैसा। फिर तो सुबह के नाश्ते की कसर उन्हीं फलों से निकाली और बाद में आपस में यह विवाद करते रहे कि यह फल भारत से लाया गया या यहीं की उत्पत्ति है। फल का नाम भी नहीं मालूम हो सका।

पर्यटन के अनेक स्थलों पर मुझे बार-बार मध्य प्रदेश अथवा सतपुड़ा की घाटियों की याद आई। लेकिन यह सोचना गलत न होगा कि हमारे बहुत से साथियों को अपने-अपने देश-प्रदेश की स्मृति वहाँ हो आई होगी। हमारे दलनेता प्रो. अक्षय कुमार इस यात्रा में सपत्नीक थे और उनकी समझदारी से हम सब लोगों को ईर्ष्या हो रही थी।

जिस दिन हम लोगों ने ब्लैक रिवर घाटी देखी वह दिन हमारी यात्रा का सबसे सार्थक और सबसे अच्छा बीता दिन था। उस दिन और भी कुछ स्थानों की सैर हम लोगों ने की और दिन भर में लगभग सौ मील की बस यात्रा हमने की। मॉरीशस की टेलीविज़न कलाकार तथा हिन्दी अध्यापिका श्रीमती सीता रामयाद एक संयोग से ही हमारी बस में आ गई थी और बस में बैठते ही भोजपुरी गीतों का जो सिलसिला उन्होंने प्रारम्भ किया तो हम सब झूम-झूम गए। मौसम बहुत अच्छा था और ऊँची-नीची घाटियों में से गुजरती बस के साथ उनके गीतों का स्वर एक दिलचस्प संगति पैदा कर रहा था।

इस यात्रा में हमारा एक पड़ाव था—प्लेन शेम्पैन। इस जगह का यह नाम क्यों पड़ा पता नहीं। यहाँ एक सुन्दर जलप्रपात है, घनी हरियाली के बीच न जाने कहाँ से नदी तैरती हुई आती है और विह्वल हो इस स्थल पर आकर लुढ़क जाती है। हम जहाँ खड़े थे वहाँ बाएँ हाथ पर हमसे थोड़ी दूर यह जलप्रपात था और दाहिनी तरफ मुश्किल से एक मील के फासले पर समुद्र में लहरें गिर-गिरकर उठ रही थीं।

लेकिन अपने प्राकृतिक स्थलों में जिस पर सबसे ज़्यादा गौरव मॉरीशसवासी करते हैं और जिसके लिए बार-बार हम लोगों को कहा गया वह है—शामारेल। शामारेल अपनी सतरंगी मिट्टी के लिए प्रसिद्ध है। इस जगह के बारे में सुनते-सुनते हम लोगों की उत्सुकता बहुत बढ़ गई थी और यह ज्ञान भी कि उस स्थान तक पहुँचने के लिए तीन मील चलना होगा, हमें अपने इरादे से नहीं डिगा पाया। मैं और कमला प्रसाद जब तक और लोग ना नुच करे तब तक उस कच्चे रास्ते तक पैर बढ़ा चुके थे और अपने उत्साह में शेष सहयात्रियों को हमने पीछे ही छोड़ दिया। गन्ने के खेतों के साथ चलते-चलते उस टीले तक पहुँचने तक हम थक गए थे लेकिन उत्साह कम नहीं हुआ था, तथा हम बड़ी ललक के साथ प्लास्टिक की थैलियों में दुनिया के इस आश्चर्य को कैद कर लेना चाहते थे। उस दिन बादल छा गए थे और धूप न होने की वजह से मिट्टी के रंग बहुत

चमकदार नहीं थे फिर भी आकाश में खिले हुए इन्द्रधनुष की तरह सतरंगी पट्टियाँ एक-दूसरे से जुड़ी हुई नज़र आ रही थीं। इतने में बारिश प्रारम्भ हो गई और हमें पास ही बनी कॉटेज में शरण लेनी पड़ी। वापस रवाना हुए तो बूँदाबाँदी हो रही थी और एक-दो फर्लांग के बाद ही वर्षा की रफ्तार सहसा तेज हो गई। भाई कमला प्रसाद ने केले के दो पत्ते तोड़े जिनसे सिर पर छाया कर हम लोग बस तक लौटे, लेकिन सारे कपड़े भींग चुके थे और पैर कीचड़ से लथपथ थे। इसके बाद ही हमें मन्त्री दयानन्द बसन्तरायजी द्वारा दिए गए लंच में पहुँचना था और अपने भींगे कपड़ों की वजह से हम चिन्तित थे। किन्तु इतने में ही धूप निकल आई और जब हम होटल तक पहुँचे तो कपड़े सूख चुके थे।

मॉरीशस के अन्य दर्शनीय स्थलों में रोज हिल के समीप अवस्थित उस क्रेटर का उल्लेख करना आवश्यक है जो शताब्दियों पहले ज्वालामुखी के विस्फोट से निर्मित हो गया था। मॉरीशस द्वीप पर कभी ज्वालामुखी का अस्तित्व था यह तथ्य वहाँ मिलनेवाले बासाल्ट से पुष्ट होता है। हमारी बस हमें लगभग 1500 फीट ऊँची एक चोटी पर ले गई। जहाँ से रोज़ हिल नगर और साथ ही आसपास की बस्तियाँ बहुत अच्छी तरह से दिख रही थीं। हमें लगा कि इस चोटी की यही उपयोगिता है। किन्तु तभी हमारे पथप्रदर्शक ने थोड़ा और आगे बढ़ने के लिए हमसे कहा और तब जो दृश्य देखने को मिला उसने सहसा रोमांचित कर दिया। हम पहाड़ी के ऊँचे शिखर पर खड़े थे और हमारे सामने लगभग एक फर्लांग के व्यास में फैला हुआ और करीब हजार फीट गहरा एक गह्वर था। उसकी तलहटी तक पहुँचने के लिए एक घुमावदार पगडंडी बनी थी, लेकिन नीचे पहुँचने में कम से कम एक घंटा लगेगा यह जानने पर अपनी इच्छा हमें छोड़नी पड़ी। ज्वालामुखी के विस्फोट से बना यह क्रेटर जैसे पाताललोक को जानेवाली कोई सुरंग लग रहा था।

किन्तु इन सबसे ज्यादा महत्त्वपूर्ण स्थान ग्राँ-यासा नामक वह तालाब है जिसे अब गंगा तालाब के नाम से जाना जाता है। यह स्थान अपनी मनोहर दृश्यावली की वजह से तो प्रसिद्ध है ही, उसका महत्त्व ज्यादा इसलिए हो जाता है कि मॉरीशस के भारतवंशियों के लिए वह एक पावन तीर्थ स्थल है।

शिवरात्रि को गंगातालाब पर बहुत बड़ा मेला लगता है और तालाब के मीठे जल का आचमन कर मॉरीशस का हिन्दू अपना जीवन सार्थक समझता है। इस स्थल का मॉरीशस सरकार ने बहुत विकास किया है। तालाब के ऊपर शंकरजी का मन्दिर है और झील के दो किनारों पर दो सभागार बनाए गए हैं जिनमें से एक का नाम भागीरथ भवन, और दूसरे का भागीरथी भवन है। इस तालाब में भारत से गंगाजल ले जाकर डाला गया है।

पाम्पेलेमूस नामक स्थान पर विकसित वनस्पति उद्यान एक ऐसी जगह है जहाँ मॉरीशस के सौन्दर्य अभिरुचिसम्पन्न नागरिकों ने प्रकृति के इस सौन्दर्य को सँवारकर रखा है। कई एकड़ के विस्तार में फैले इस उद्यान की सबसे उल्लेखनीय और दर्शनीय

छटा है—कुमुदिनी के वे फूल जिनके पत्ते कमल अथवा कुमुदिनियों के अन्य पत्तों से एकदम भिन्न हैं और जिनका आकार उठी किनारेवाली गोल थालियों सा है। जब पत्तियों का आकार थालियों जैसा है तो यह कल्पना करने में क्या हर्ज है कि प्रकृति अपने मित्रों को शायद उस कमल सरोवर पर भोज हेतु आमन्त्रित करती होगी। विश्व के कोने-कोने से लाए गए दर्जनों किस्म के ताड़वृक्ष इस उद्यान की दूसरी विशेषता है। और अभी तो मॉरीशस में बसन्त छाया था इसलिए जहाँ आम बौराए थे वहीं टेसू और मन्दार के लाल अंगारे जैसे फूल खिल रहे थे। अगर बसन्त नहीं था तो सिर्फ इसलिए कि कोयल की कूक नहीं सुनाई दी। जिस तरह मॉरीशस में पशु नहीं दिखते उसी तरह पक्षी भी देखने को नहीं मिलते। शाम को घर लौटते पक्षियों की कतारें वहाँ नजर नहीं आतीं। कभी वहाँ 'डोडो' नामक समुद्री पक्षी अस्तित्व में था लेकिन शिकारियों की अदूरदर्शिता से वह लुप्त हो चुका है।

इस द्वीप का मौसम भी बहुत चंचल है। क्वात्रेबोर्न नामक शहर में जहाँ हम ठहरे थे, ठंड काफी पड़ती थी और प्रायः हर रात बारिश होती थी। जब कि राजधानी पोर्टलुई पहुँचकर हमें अपने ऊनी कोट उतार देने पड़ते थे। दूसरी तरफ 'मोका' जहाँ हमारा सम्मेलन हुआ, ठंड तो नहीं थी, लेकिन हवा बहुत तेज चलती थी। बरसात कभी भी होने लगती थी और उतनी जल्दी धूप भी निकल आती थी। उस अनिश्चित मौसम में हम लोग तबीयत की चिन्ता में परेशान भी हुए। कुछ परेशानी अपने मेजबानों की भली आदतों और अपनी बुरी आदतों से हुई। मसलन ठंडे मौसम में ढूँढ़-ढूँढकर थक जाओ चाय कहीं नहीं मिलती थी सिवाय अपने होटल के और पान-सुपारी तो सपने की बात हो गए थे।

(24 सितम्बर, 1976)

भारतीय जो पान खाना तक भूल गए

मॉरीशसवासी चाय-कॉफी के शौकीन नहीं हैं, इस बात ने हमें काफी तकलीफ पहुँचाई। हममें से अधिकतर को बेड टी पीने की आदत थी और जब होटल प्रबन्धक ने बताया कि सुबह 8 बजे ब्रेकफास्ट के साथ ही चाय मिलेगी तो लोग परेशान हो गए। अन्ततः हल यह निकला कि सुबह 7 बजे चाय-नाश्ता कमरे में ही पहुँचा दिया जाए। सुबह के वक्त चाय पी लेने के बाद फिर दिन भर चाय नसीब नहीं होती थी। शाम को होटल लौटने पर चाय मिल पाती। वैसे बनारस वि.वि. के हिन्दी विभागाध्यक्ष डॉ. विजयपाल सिंह जैसे साथी भी थे जो चाय के बदले मिल्क पॉट से पूरा एक कप दूध ही ले लेते थे। उन्हें चाय के बिना परेशानी नहीं हुई।

चाय ही क्या, मॉरीशसवासी पानी भी शायद ही पीते हों। न तो भोजन के वक्त पानी की व्यवस्था होती थी और न रात को सिरहाने पानी का गिलास। होटल 'गवनोर' जहाँ हम ठहरे, वहाँ तो प्रबन्धकों से कहने पर नाश्ते या भोजन के समय उबले पानी का प्रबन्ध हो जाता था; किन्तु अन्यत्र कहीं भोजन हेतु जाने पर पानी के बदले तरह-तरह के फल-जूस ही प्यास शान्त करने का एकमात्र साधन था। बीयर वहाँ सस्ती है और कॉफी पी जाती है लेकिन शाकाहारी, चाय-प्रेमी भारतीयों को बीयर कौन सर्व करता। कुछ साथी इससे दुखी भी हुए।

वे चाय और पानी न पिएँ तो न सही लेकिन यह हैरत की बात लगी कि मॉरीशस में गन्ने का रस में नहीं पिया जाता जबकि कोका कोला, फेंटा और सिनालकोला हर जगह उपलब्ध है।

जो देश चाय तक नहीं पीता वहाँ पान-तम्बाकू की तो कल्पना करना भी व्यर्थ है। हम लोग साथ में लौंग, सुपारी, पीपरमेंट ले गए थे, और जब एक ही दिन में सारा डिब्बा खाली हो गया तो परदेश में एक नई परेशानी हो गई। कुछ समझदार पानबहार ले गए थे और जब वे पानबहार खाते तो चारों तरफ देखकर चट से फंकी मार लेते। आचार्य हजारीप्रसाद द्विवेदी और अमृतलाल नागर जो पान भी ले गए थे और जब एक दोपहर सम्मेलन पंडाल के बाहर आचार्यजी के लाल होठ देखकर मैंने जिज्ञासा की तो उन्होंने नीचे लिखा दोहा सुना दिया—

"घड़ी छड़ी चश्मा कलम
चप्पल जूता पान

दाँत पर्स चलिबे समय
सदा राखिए ध्यान”

मैंने एक कागज पर दोहा लिखा और उसी पर आचार्यजी के आटोग्राफ ले लिए।

एक दूसरे मौके पर डॉ. नामवर सिंह को मैं ब्लैकमेल करने में सफल हो गया। ‘प्लेन शैम्पेन’ जलप्रपात पर उन्हें पान खाते देख मैंने भी याचना की तो उत्तर मिला—“बच्चे ! यह हमारा राशन है।” मैंने डॉ. साहब से कहा कि आज के गुरु इतने कृपण और स्वार्थी होते हैं—यह बात लौटकर लिखूँगा तो उन्होंने तत्काल पान खिलाकर मेरा मुँह बन्द कर दिया।

हमने और बच्चू जाजगीरी ने एक शाम क्वात्रेबोर्न का बाजार छाना और एक ऐसी दूकान ढूँढ़ी जहाँ लौंग-सुपारी मिलती थी। सुपारी याने पूजा के काम आनेवाली सड़ी सुपारी। खैर वही सही। फिर तो हम लोगों ने काफी उदारतापूर्वक सुपारी खाई और खिलाई। डॉ. कोमल सिंह सोलंकी भी कहीं से पानबहार मार लाए थे जिससे चुटकी-चुटकी भर खाकर हम लोग ब्रह्मानन्द प्राप्त करते थे।

इतना ही नहीं, भोजन की आदतें भी मॉरीशसवासियों की हमसे काफी भिन्न है। उनके रहन-सहन पर पाश्चात्य प्रभाव काफी व्यापक है और भोजन में चावल तथा उबली सब्जियों की ही प्रधानता हमें देखने मिली। आटा वहाँ होता नहीं है। मैदे को वे आटा कहते हैं तथा मैदे की लोई में दाल भरकर पूड़ी जैसी कोई चीज बनाते हैं। वैसे जिस दिन हमारे सम्पर्क अधिकारी मिश्राजी ने हमें अपने घर भोजन पर बुलाया उस दिन मैदे की दाल-पूड़ी के अतिरिक्त विशुद्ध भारतीय तरीके से रायता और आलू की सब्जी बनी हुई थी। उस जून हमने तृप्ति के साथ भोजन किया। भजिया पकौड़ा विशेष व्यंजनों में गिने जाते हैं तथा सड़क किनारे कई जगह स्टॉल बने हैं जहाँ कड़ाहियों में भजिए-मुंगौड़े तलते रहते हैं। एक दिन हमने भी मुंगौड़े खाए और प्रति दो मुंगौड़े 25 सेंट या चवन्नी कीमत अदा की। समोसे की कीमत बारह आना। डॉ. रामगुलाम ने विक्टोरिया कॉलेज, राजाहल में जो रात्रिभोज हम लोगों को दिया उसमें शायद इसीलिए भजिए की प्रचुरता थी।

मॉरीशसवासियों की नागरिक आदतें भी हम लोगों से विपरीत हैं। शाम 7 बजे सड़क पर चलते हुए एक सिपाही ने हमें रोका और ध्यान दिलाया कि हमें सड़क के किनारे फुटपाथ पर ही चलना चाहिए। हमने उसे धन्यवाद दिया। हम द्वीप के एक कस्बे में थे और शाम के उस वक्त जबकि बाजार बन्द हो चुका था यातायात ज़्यादा नहीं था। लेकिन जैसा कि बाद में हमने ध्यान दिया—मॉरीशस में यातायात के नियमों का पूरा-पूरा ध्यान रखा जाता है। सड़कें वहाँ बहुत अच्छी बनी हैं। किन्तु सँकरी हैं। तब भी कार और बस के ड्राइवर बाईं ओर चलते हैं और जरूरत होने पर किनारे खड़े हो जाते हैं। ताकि सामने से आनेवाला वाहन ठीक से गुजर सके। शहरों में सफाई की व्यवस्था उत्तम है और नागरिक भी इस बारे में सचेष्ट रहते हैं। हमारे शहरों जैसा सड़कों पर कूड़ा-करकट का जमाव यहाँ देखने को नहीं मिलता।

चोरियाँ वहाँ बहुत कम होती हैं। लेकिन शराब पीकर रात को सड़क पर उत्पात किए जाने की आशंका बनी रहती है। शायद पर्यटकों के लिहाज से ही मॉरीशस में 'केसिनों और डिस्कोथेक' काफी हैं। इस वजह से देर रात गए सड़कों पर उपद्रव होना आश्चर्यजनक नहीं है। वैसे मॉरीशस में नवयुवकों के बीच बेरोजगारी बढ़ रही है लेकिन ऊपरी तौर पर वातावरण हमें शान्त दिखा। सड़कों पर भिखारी भी नहीं दिखते।

मॉरीशस की सौन्दर्यरुचि वहाँ के भवन शिल्प से भी प्रकट होती है। राजधानी पोर्ट लुई का व्यापारिक केन्द्र यद्यपि घना बसा है लेकिन नगरों में सामान्य तौर पर मकानों का निर्माण योजनाबद्ध तरीके से हुआ है। गाँवों में तो मकान ज़्यादातर खेतों के बीच ही बसे हैं। गाँवों में ज़्यादातर मकान टीन की छत के हैं जबकि शहरों में वास्तुकला के सुन्दर नमूने देखने को मिलते हैं। हमारे देश में सम्भवतः अहमदाबाद का भवन शिल्प ही उतना समृद्ध है। महात्मा गांधी संस्थान जहाँ कि विश्व हिन्दी सम्मेलन हुआ की रूपयोजना प्रसिद्ध भारतीय चित्रकार सतीश गुजराल ने बनाई है। शिल्प तथा आन्तरिक सज्जा की दृष्टि से वह एक अप्रतिम भवन है।

सम्मेलन स्थल पहुँचने के लिए जहाँ सड़क पहुँचती थी वहाँ एक बहुत सुन्दर दरवाजा बनाया गया था और यह दरवाजा पूरी तरह गन्ने से बना हुआ था। इसी तरह सम्मेलन के पंडाल में भी मंच पर तरह-तरह की सब्जियाँ लटका दी गई थीं जो कलाकार की कल्पनाशीलता का परिचय दे रही थीं।

ज्यादातर रिहायशी मकान एक मंजिल अथवा दुमंजिले हैं और अभी-अभी बहुमंजिली इमारतें बननी प्रारम्भ हुई हैं। राष्ट्रीय सचिवालय की पुरानी इमारत चार मंजिली है लेकिन लिफ्ट वगैरह नहीं है। अभी शायद सबसे ऊँची बिल्डिंग बैंक ऑफ बड़ौदा की है जिसमें भारतीय उच्चायोग भी अवस्थित है।

यह एक अजीब बात है कि डेढ़ सौ वर्षों के अँगरेजी राज के बावजूद मॉरीशस पर फ्रैंच छाप बहुत गहरी है। अधिकतर स्थानों अथवा सड़कों के नाम फ्रैंच में ही हैं। वैसे पोर्ट लुई के एक इलाके में हैद्राबाद स्ट्रीट और कालीकट स्ट्रीट जैसे नामपट पर पढ़ने को मिलें। विक्टोरिया और एलिजाबेथ के नाम पर सार्वजनिक संस्थाओं का नामकरण हुआ है और भारतीय व्यापारियों ने बाम्बे स्टोर्स जैसी दूकानें खोली हैं। फिर भी फ्रैंच नामों का चलन ज्यादा है।

भाषा का जहाँ तक प्रश्न है भारतवंशीय 70 प्रतिशत हैं और भोजपुरी के अतिरिक्त तमिल, तेलगु, मरीठी तथा गुजराती भी बोली जाती हैं। राजभाषा का दर्जा अंग्रेजी को ही प्राप्त है। फिर भी अंग्रेजी का कोई अखबार प्रकाशित नहीं होता। हिन्दी में 'जनता' नामक एक साप्ताहिक पत्र निकलता है और यदाकदा पत्रिकाएँ प्रकाशित होती रहती हैं। प्रमुख पत्र फ्रैंच में निकलते हैं। सत्तारूढ़ मजदूर पार्टी से सम्बन्धित 'एडवांस' और 'नेशन' नामक दोनों अखबार फ्रैंच में ही प्रकाशित होते हैं। देश की सर्वप्रचलित भाषा 'क्रियोल' है। भारतवंशी भी आपस में क्रियोल में वार्तालाप करते हैं। भोजपुरी का प्रचलन गाँवों तक सीमित है। दरअसल भोजपुरी अथवा हिन्दी मॉरीशस के भारतवंशियों

के लिए धार्मिक कृत्यों की भाषा थी और अपनी स्वाधीनता के संघर्ष में उसका राजनैतिक उपयोग करना उन्होंने सीखा। आजादी के बाद हिन्दी को सरकारी तौर पर सम्मान प्राप्त हुआ और विपक्षियों के विरोध के बावजूद हिन्दी अध्यापक का वेतन फ्रैंच अथवा अंग्रेजी भाषा के अध्यापक के समतुल्य किया गया। इस तरह हिन्दी के माध्यम से वे राजनैतिक आजादी के बाद अब आर्थिक बेहतरी की तलाश कर रहे हैं।

अभी तक हिन्दी के साथ हिन्दुत्व का बोध जुड़ा हुआ था। आर्यसमाज जैसी संस्थाओं ने जहाँ मॉरीशस में हिन्दी का प्रचार किया वहीं उसके साथ उनकी धार्मिक भावनाओं को रूढ़ करने की कोशिश भी की गई। आर्यसमाज के अतिरिक्त हिन्दू महासभा और सनातन धर्मसभा उनकी अन्य धार्मिक संस्थाएँ हैं। किन्तु उनके साथ बहुत स्पष्ट राजनैतिक पूर्वाग्रह नहीं जुड़े हैं। यद्यपि इस बात के संकेत हमें मिले कि भारत से आर्यसमाज के जो पंडित जाते हैं वे वहाँ हिन्दुओं में धार्मिक कटट्रता उभारने की कोशिश करते हैं। भारत के आर्यसमाजियों के माध्यम से कुछ युवकों ने राष्ट्रीय स्वयं सेवक संघ का ओटीसी प्रशिक्षण प्राप्त किया यह जानकारी भी मिली।

मॉरीशस में हिन्दी के पठन-पाठन की दृष्टि से इन दिनों बहुत काम चल रहा है। बहुत से प्रतिभावान युवक-युवतियाँ भारत के विभिन्न विश्वविद्यालयों से पढ़कर गए और वे वहाँ हिन्दी अध्यापन कर रहे हैं। हिन्दी प्रचारिणी सभा के अतिरिक्त शासकीय संरक्षण में बहुत-सी शालाओं में हिन्दी पढ़ाई भी की जा रही है। जहाँ वृद्ध पीढ़ी में भारत के प्रति एक अजीब-सा आदर-भाव है वहाँ दूसरी ओर नई पीढ़ी भारत को बहुत करीब सें जानना चाहती है तथा हिन्दी के प्रतिं उसका उत्साह सीमाहीन है। विश्व हिन्दी सम्मेलनं के तीनों दिन विशाल पंडाल के नीचे बैठे हजारों युवक-युवतियाँ इस बात का सबूत उपस्थित करते हैं।

(25 सितम्बर, 1976)

हिन्दी सम्मेलन : सफलता के कारणों की तलाश

द्वितीय विश्व हिन्दी सम्मेलन का उद्घाटन 28 तारीख की सुबह नवनिर्मित महात्मा गांधी संस्थान के प्रांगण में हुआ। इस संस्थान का शिलान्यास श्रीमती इंदिरा गांधी ने किया था और उन्हीं के द्वारा उद्घाटन भी इस 8 अक्टूबर को होने जा रहा है।

नागपुर में आयोजित प्रथम विश्व हिन्दी सम्मेलन की अपेक्षा यह द्वितीय सम्मेलन ज्यादा सफल रहा यह बात अनेक प्रतिनिधियों ने महसूस की। भारत लौटने के बाद अनेक सज्जनों ने जो लेख लिखे हैं उनमें भावविह्वल होकर द्वितीय सम्मेलन की सफलता का और हिन्दी की महिमा का गुणगान किया गया है। लेकिन सम्मेलन की सफलता के कारणों का विवेचन नहीं हुआ है और न इस बात की छानबीन की गई है कि सम्मेलन से क्या अर्थपूर्ण उपलब्धि हुई। श्री बालकवि बैरागी ने 'धर्मयुग' में सम्मेलन के जो किस्से बयान किए हैं उसमें यह साफ-साफ जिक्र है कि प्रथम दिन की प्रथम गोष्ठी के अलावा बाकी सब विचारगोष्ठियों उबा देनेवाली रहीं। पहली गोष्ठी भी बैरागीजी को इसलिए सफल नजर आई क्योंकि उसका संचालन 'धर्मयुग' के सम्पादक डॉ. धर्मवीर भारती ने किया। तब आखिर सम्मेलन की सफलता के क्या कारण हैं ?

एक जो निर्विवाद कारण दिया जा सकता है वह ये कि भारतीय प्रतिनिधिमंडल के नेता डॉ. कर्ण सिंह थे। प्रधानमन्त्री द्वारा उनका इस हेतु नामांकन एक सुविचारित और कल्पनाशील निर्णय था। डॉ. कर्ण सिंह ने न सिर्फ अपने शालीन व्यवहार की गहरी छाप छोड़ी वरन् अपने बहुभाषा ज्ञान और विद्वत्तापूर्ण व्याख्यानों से देशी विदेशी सभी प्रतिनिधियों को प्रभावित किया। उनके भाषणों में राजनतिक शिष्टाचार का सुन्दर मेल था और मॉरीशस की जनता पर निश्चय ही उसका बहुत अनुकूल प्रभाव पड़ा। जब उन्होंने अपने अध्यक्षीय भाषण में कहा कि "हमारे पूर्वजों ने दुःसह यातनाएँ सहकर इस धरती के माथे पर लगा दंड-भूमि होने का कलंक पोंछकर इसे कर्मभूमि के रूप में प्रतिष्ठित किया" तो सारा पंडाल तालियों की गड़गड़ाहट से गूँज उठा। उनके पूर्व दिए गए स्वागत भाषणों में बार-बार कहा गया था कि यह सम्मेलन गणेश चतुर्थी के पावन दिन प्रारम्भ हो रहा है। लेकिन जब डॉ. कर्ण सिंह ने भाषण दिया तो उन्होंने लिखित भाषण से हटकर जिक्र करना जरूरी समझा कि सम्मेलन गणेश चतुर्थी के दिन और रमजान के पवित्र मास में हो रहा है। इस बात पर फिर तालियाँ गड़गड़ाईं। त्रिवेणी के उद्घाटन पर डॉ. कर्ण सिंह ने अंग्रेजी में भाषण दिया, गंगा तालाब पर उन्होंने भजन

सुनाए और सार्वजनिक कवि सम्मेलन में वे कविता सुनाने से भी नहीं चूके। इस तरह शायद यह कहना अतिशयोक्ति न होगी कि सम्मेलन की सफलता एक बड़ी हद तक हमारे प्रतिनिधिमंडल के नेतृत्व की सफलता थी।

सफलता का जो दूसरा कारण ढूँढ़ा जा सकता है वह शायद मनोवैज्ञानिक ज्यादा है। लगभग 9 दिन तक हिन्दी के अनेक साहित्यकार एक साथ रहे और परिचय तथा सम्पर्क बढ़ाते रहे जब कि ऐसा अवसर भारत में ही मिलना मुश्किल होता है। फिर इसके साथ विदेश में होने का उल्लास। तब मन में गहरा सन्तोष लेकर लौटना कोई आश्चर्यजनक बात नहीं।

विचारगोष्ठियाँ सचमुच फीकी रहीं। मॉरीशस के हजारों युवा प्रतिनिधि और श्रोता जब कि सभागार में अनथक बैठे रहते थे, भारतीय प्रतिनिधियों की दिलचस्पी सम्मेलन की गतिविधियों में कम ही रही। विदेशों से जो प्रतिनिधि आए उनमें चेकोस्लोवाकिया के प्रो. स्मेकेल ने सबसे ज्यादा प्रभावित किया और फिर डॉ. लोठार लुत्से ने। समाजवादी जर्मनी के प्रोफेसर नेस्पिटाल सम्मेलन के अन्तिम दिन पहुँचे और बोलने का अवसर नहीं पा सके किन्तु व्यक्तिगत चर्चाओं में उन्होंने काफी प्रभावित किया। प्रतिनिधि और भी देशों से आए थे लेकिन अमेरिकी प्रतिनिधि के नाम पर भारतवर्ष में पढ़ रही एक अमेरिकी छात्रा ही उपस्थित हुई, जिसे काफी महत्त्व दिया गया लेकिन अपने छात्रसुलभ आलेख के द्वारा वह प्रभावित करने में असमर्थ रही।

भारतीय प्रतिनिधिमंडल में यद्यपि नाम बहुत बड़े-बड़े थे लेकिन उनकी कोई सक्रिय भूमिका नहीं रही। नागपुर सम्मेलन की ही भाँति यहाँ भी हिन्दी के बड़े पत्र-पत्रिकाओं के सम्पादक-साहित्यकारों ने हावी होने का यत्न किया किन्तु श्रीकान्त वर्मा, प्रोफेसर हरवंशलाल शर्मा, डॉ. नामवर सिंह और आचार्य हजारीप्रसाद द्विवेदी ने ही अपनी पृथक्-पृथक् शैली के बावजूद अर्थपूर्ण विचार व्यक्त किए।

उद्घाटन सत्र में जहाँ एक ओर डॉ. कर्ण सिंह ने पश्चिम के विज्ञान और पूर्व के अध्यात्म दोनों के समन्वय की बात की, यहीं दूसरी ओर हिन्दी को प्रेम और करुण की भाषा के रूप में ही देखनेवाले श्री अनन्त गोपाल शेवड़े यहाँ तक कह गए कि विज्ञान की कोई प्रज्ञा नहीं होती। उन्होंने आर्थिक और तकनीकी प्रगति को देशों की उन्नति का मानदंड मानने से इनकार किया और जोर दिया कि नैतिक मूल्यों से ही किसी देश का बड़प्पन आँका जा सकता है। विज्ञान और तकनीकी के इस युग में उनकी यह मान्यता निस्सन्देह चौंकानेवाली है।

हिन्दी की अन्तरराष्ट्रीय स्थिति पर सम्पन्न पहली विचार गोष्ठी में प्रोफेसर स्मेकेल ने इस बात पर खेद व्यक्त किया कि आजादी के 30 साल बाद भी भारत में ऐसा वर्ग है जो विदेशी भाषा बोलकर गौरव पाने की बात सोचता है। उन्होंने कहा कि जो अपनी भाषा नहीं बोलता वह परदेशी है और यह उसके मानसिक पिछड़ेपन का परिचायक है। उन्होंने उन विदेशियों पर भी प्रहार किया जो हिन्दी पर अक्षमता का आरोप लगाते हैं। स्मेकेल का कहना था कि जो हिन्दी बोलने में अक्षम हैं वे ही ऐसा आरोप लगाते हैं।

अपना व्याख्यान प्रारम्भ करने के पूर्व स्मेकेल ने उपस्थित जनता से अपना अभिवादन उन किसानों-मजदूरों तक पहुँचाने का अनुरोध किया जो इस सम्मेलन में उपस्थित न हो सके किन्तु उन्होंने अत्याचार और उत्पीड़न सहने के बाद भी अपनी भाषा जीवित रखी।

इसी सत्र में बोलते हुए श्रीकान्त वर्मा ने अपनी बात अमीर खुसरो के समय से प्रारम्भ की और दावा किया कि हिन्दी का जन्म ही अन्तरराष्ट्रीय भाषा के रूप में हुआ है। अन्तरराष्ट्रीय होने के लिए देश की सीमाएँ तोड़ने और व्याकरण सदा बदलते रहने की बात उन्होंने की और कहा कि हिन्दी में ये दोनों कारण मौजूद हैं।

दूसरी गोष्ठी का विषय था जनसंचार के साधन और हिन्दी। इस गोष्ठी में मनोहर श्याम जोशी ने भारतीय सन्दर्भो में समस्या को सही तौर पर उठाते हुए कहा कि टेलीप्रिन्टर से अनुवाद की समस्या समाचारपत्रों के सामने बनी रहती है और होना यह चाहिए कि हिन्दी में ही अपनी बात कही जाए। उत्तर प्रदेश के सूचना मन्त्री रवीन्द्र वर्मा ने बोलियों के विकास पर जोर दिया। जब कि कमलेश्वर ने साहित्यिक पत्रकारिता का मुद्दा उठाया। इस गोष्ठी में भी श्रीकान्त वर्मा ने जनसंचार के माध्यमों को अखबार तक सीमित न रखते हुए रेडियो और टेलीविजन की चर्चा की। लेकिन उन्होंने आज के युग में लिखित शब्द को सक्षम माध्यम मानने से ही इनकार कर दिया और मौखिक शब्दों का महत्त्व प्रकट किया। कादिम्बनी के सम्पादक राजेन्द्र अवस्थी ने इसी गोष्ठी में यह अजीब तर्क दिया कि साहित्यिक पत्र ही संस्कृति को सुरक्षित रख सकते हैं और दैनिक पत्रों की आवश्यकता नहीं है।

तीसरी गोष्ठी हिन्दी के पठनपाठन की समस्या पर हुई और इसमें विषय प्रवर्तन करते हुए डॉ. हरवंशलाल शर्मा ने दोटूक कहा कि विश्व के 95 विश्वविद्यालयों में जो हिन्दी पढ़ाई जाती है वह प्राइमरी स्तर की है। उन्होंने हिन्दी के अध्यापन का कोई सर्वसम्मत स्वरूप अब तक न बन पाने की ओर भी संकेत किया। दूसरी जो महत्त्वपूर्ण बात शर्माजी ने कही वह ये कि हिन्दी साहित्य का इतिहास इस तरह लिखा जाना चाहिए कि उसमें अन्य देशों का जिक्र भी समुचित रूप से हो। कहना न होगा कि हिन्दी की अन्तरराष्ट्रीयता का ढोल पीटनेवालों ने कभी इस बात पर गौर नहीं किया। केन्द्रीय हिन्दी संस्थान आगरा के निदेशक डॉ. गोपाल शर्मा ने भी एक महत्त्वपूर्ण बात कही कि द्वितीय भाषा और विदेशी भाषा के रूप में हिन्दी का अध्यापन कैसे हो, इस पर बहुत कम विचार अब तक किया गया है।

इस गोष्ठी में डॉ. नामवर सिंह ने खरी-खरी बातें कहीं। तीनों दिनों की गोष्ठियों में वे ही शायद एक मात्र ऐसे वक्ता निकले जिन्होंने मंच और माइक का लोभ नहीं किया। अपने संक्षिप्त भाषण में उन्होंने लीक से एकदम हटकर विचार व्यक्त किए। डॉ. सिंह ने आग्रह किया कि हिन्दी को मन्दिर की देवी न बनाया जाए। अगर उसे कुछ बनाना ही है तो घर की लक्ष्मी बनाएँ ताकि वह पूजा की वस्तु न होकर जीवन संग्राम की सहायिका बने। उन्होंने आग्रह किया कि वृहत्तर हिन्दी भाषाभाषी समाज का परिचय

हिन्दी के प्रत्येक विद्यार्थी को मिलना चाहिए। उन्होंने हिन्दी के प्रसार के साथ उसके टकसाली रुख की रक्षा करने की बात तो की लेकिन आगाह किया कि हिन्दी की समृद्धि उसकी बोलियों के साथ निहित है और इसीलिए दोनों की द्वन्द्वात्मक स्थिति कायम रहनी चाहिए। उन्होंने यह भी कहा कि हिन्दी के जनवादी और धर्मनिरपेक्ष स्वरूप के साथ ही भाषा को जीवित रखने का प्रयास होना चाहिए।

इस विचार सत्र की अध्यक्षता आचार्य हजारीप्रसाद द्विवेदी कर रहे थे। शुरू की गोष्ठियों में आचार्य द्विवेदी न जाने क्यों मौन और पृष्ठभूमि में थे और जब इस गोष्ठी हेतु उनका नाम लिया गया तो उपस्थित प्रतिनिधियों ने उल्लास से तालियाँ बजाकर उनका स्वागत और समादर किया। गोष्ठी के अन्त में बोलते हुए आचार्यजी ने बड़े स्पष्ट शब्दों में कहा कि दबाए-सताए देशों की अन्तरात्मा का विकास हो रहा है, और नवविकसित देश शोषण की संस्कृति के प्रभाव से अछूते रहेंगे। उन्होंने गोष्ठी के सन्दर्भ में कहा कि पठन-पाठन की बजाय अध्ययन और अध्यापन बेहतर शब्द है। इस सिलसिले में भाषा के अनुशासन का जिक्र उन्होंने किया कि एक व्याकरण का अनुशासन होता है और दूसरा व्यवहार का, लेकिन इन दोनों से अलग तथा तर्कसंगत व्यवस्था के प्रतिकूल एक और अनुशासन होता है वह साहित्य का अनुशासन है। अपनी लच्छेदार शैली और भाषा के द्वारा इस गोष्ठी में आचार्यजी ने श्रोताओं को खूब मुग्ध किया।

एक अन्य गोष्ठी में हिन्दी के विकास में स्वैच्छिक संस्थाओं के योगदान पर चर्चा हुई। यह गोष्ठी-चर्चा दयानन्दलाल बसन्तराय के उल्लेख बिना अधूरी होगी। स्वागत समिति के अध्यक्ष के रूप में वे सम्मेलन से गहरे रूप से जुड़े थे और उद्घाटन अवसर पर अपने स्वागत भाषण में तथा अन्यत्र थी उन्होंने अपने विचारों और व्यवहार से हम लोगों को गहरे प्रभावित किया। यद्यपि उन्होंने अपने स्वागत भाषण में यह माना कि हिन्दी प्रेम और शान्ति की भाषा है लेकिन उन्होंने अपनी आजादी की लड़ाई का जिक्र करते हुए यह स्पष्ट रूप से कहा कि इस लड़ाई में हमारे पूर्वजों की संस्कृति ने हमें हमेशा आत्मबल प्रदान किया।

सम्मेलन तो इस तरह सफलतापूर्वक समाप्त हो गया। मॉरीशसवासियों के उत्साह ने सफलता को द्विगुणित किया लेकिन कुछ बातों का उल्लेख किए बिना यह विवरण पूरा नहीं होगा। एक प्रश्न जो सारे समय मेरे मन में तैरता रहा कि विदेश भेजने के पूर्व क्या हमारी सरकार लोगों को शिष्टाचार का कोई प्रशिक्षण नहीं दे सकती। विशेषकर ऐसे महत्त्वपूर्ण अवसरों पर तो विदेश जानेवाले नागरिकों को ऐसे निर्देश देकर ही भेजा जाना चाहिए ताकि विदेश में भारत की छवि धूमिल न हो पाए वरन, उज्ज्वल हो। हर जगह भोजन के समय अधिकतर भारतीय प्रतिनिधियों ने अधैर्य और अभद्रता का परिचय दिया। यहाँ तक कि आयोजकों ने बूफे पद्धति (खड़ा-खाना) समाप्त कर दी और आर्मी कैम्प के लंगर की तरह प्रतिनिधियों को कतार में लगाकर भोजन प्राप्त करना पड़ा। शायद इसमें उन्हें शर्म भी महसूस नहीं हुई।

पहले ही दिन महाराजा होटल में दिन के भोजन के समय कुछ लोग खाकर जा चुके थे लेकिन जो बाद में पहुँचे उन्होंने तो ऐसा तमाशा किया कि नान अथवा पूड़ी आने में विलम्ब था तो किचन के दरवाजे पर जाकर खड़े हो गए और वेटर के बाहर आते साथ गिद्ध की तरह झपाटा मार अपनी प्लेटें भर लीं। इनमें दिल्ली के एक बड़े मासिक पत्र के स्वनामधन्य सम्पादक जैसे लोग भी थे। बस के ड्राइवर, होटल के कर्मचारी अथवा अपने सम्पर्क अधिकारियों से व्यवहार करने में भी बहुत लोगों ने वांछित शालीनता का परिचय नहीं दिया। बहुत से लोग जो सही अंग्रेजी नहीं बोल सकते वे भी वहाँ अंग्रेजी बोलने की कोशिश करते थे यद्यपि उसकी कोई आवश्यकता नहीं थी। सफर के आखिरी दिनों में विदेशी वस्तुओं का आकर्षण प्रतिनिधियों को पोर्टलुई के बाजार ले गया था और खरीदे सामान पर कस्टम बचाने के लिए कम राशि का बिल तैयार करने का आग्रह दूकानदारों से अक्सर किया गया। विमान रवाना होने के पूर्व हवाई अड्डे की ड्यूटी फ्री दूकानों पर तो जैसे रायपुर के मालवीय रोड या भोपाल के न्यू मार्केट जैसा नजारा उपस्थित हो गया था। और ऐसा लग रहा था कि अगर इन्होंने अभी खरीदारी नहीं की तो जैसे जीवन नष्ट हो जाएगा।

सम्मेलन स्थल पर और बाहर भी हम लोगों को देखकर स्वाभाविक जिज्ञासावश बहुत से युवक-युवतियाँ बात करने आ जाते थे किन्तु उनकी जिज्ञासाओं का समाधान करने के बदले हमने अपने अज्ञान को ही ज्यादा उजागर किया। मंच पर बोलनेवालों में दो-चार को छोड़ बाकी सबने थका देने की हद तक भाषण किए और 15-15 मिनट तक मॉरीशस की स्तुति कुछ इस प्रकार की कि मॉरीशसवासी भी सुनते-सुनते ऊब गए।

हम लोगों की यात्रा का एक मार्मिक क्षण वह था जब हम लोग पोर्टलुई के इमीग्रेशन स्कवायर गए। यह स्थल वह है जहाँ सबसे पहले भारतीय प्रवासियों को उतारकर रखा गया था। ऐसी जगह जहाँ भावनाओं के वशीभूत हो माथा झुक गया वहाँ ऐसे लोग भी थे जो अवसर की गरिमा से अछूते रहे आए। एक देवीजी अपना कैमरा लिए फोटो खींचने के बहाने सामने पहुँचकर श्रीमती कर्ण सिंह के बाजू में बेहयाई से ठस गई और उसी क्षण दूसरे फोटोग्राफर ने उनका फोटो खींच लिया।

इस तरह की घटनाएँ विदेश जानेवाले अन्य प्रतिनिधिमंडलों के साथ मालूम होती हैं या नहीं लेकिन इस विषय में गम्भीरतापूर्वक विचार किए जाने की आवश्यकता है।

सम्मेलन में भारत से लगभग 250 प्रतिनिधि गए थे। इनमें से कुछ भारत के राजकीय शिष्टमंडल के सदस्य थे। कुछ मॉरीशस सरकार के निमन्त्रण पर गए थे। उत्तर प्रदेश के विधानसभा अध्यक्ष वासुदेव सिंग के नेतृत्व में भी एक दल गया था। अनेक विश्वविद्यालयों ने भी अपने प्रतिनिधि भेजे थे। मैं उस प्रतिनिधिमंडल का सदस्य था जो मध्य प्रदेश हिन्दी साहित्य सम्मेलन द्वारा भेजा गया। इसमें सम्मेलन के प्रधानमन्त्री डॉ. कोमल सिंग सोलंकी (ग्वालियर), प्रो. अक्षय कुमार जैन (भोपाल), डॉ. कमला प्रसाद पांडे (सता), श्रीमती कुसुम कुमारी जैन (भोपाल), श्री बच्चू जाँजगीरी (रायपुर) तथा मैं था। हमारे नेता के रूप में हरिशंकर परसाई जानेवाले थे किन्तु ऐन मौके पर पैर की

हड्डी टूट जाने की वजह से वे नहीं जा सके। हम लोगों का जहाज 27 को गया था और यह यात्रा सम्भव न होती अगर 26 को श्री राजाराम दुबे हमारे पासपोर्ट लेकर बम्बई नहीं पहुँचते। वे मध्यप्रदेश शासन के प्रतिनिधि के रूप में हमारे साथ थे। एक सुखद संयोग से रायपुर के ही हमारे मित्र बसन्त कुमार तिवारी समाचार के संवाददाता के रूप में इस यात्रा में साथ रहे। दल का अघोषित नेतृत्व प्रो. अक्षय कुमार ने सम्हाल लिया था। उनके नेतृत्व में मॉरीशस के युवा मन्त्री वसन्तराय से तो हमारी विशेष भेंट हुई ही, प्रधानमन्त्री डॉ. रामगुलाम ने भी हम लोगों को विशेष भेंट हेतु समय दिया। यह हमारी यात्रा की अतिरिक्त उपलब्धि थी। अक्षय कुमार जी ने मॉरीशस हिन्दी लेखक संघ द्वारा आयोजित कवि सम्मेलन की सदारत भी की और अपनी हिन्दी गजलें भी सुनाईं। बच्चू जाँजगीरी को भी टेलीविजन और रेडियो पर कविता पाठ के अवसर प्राप्त हुए। इस तरह कुल मिलाकर हम सबकी यह पहली विदेश यात्रा सफल, सार्थक और सन्तोषजनक रही और 4 तारीख की शाम को 5 बजे हम बम्बई पहुँच गए। 27 तारीख को बम्बई से रवाना होते वक्त मौसम बहुत साफ था लेकिन वापसी की शाम बहुत तेज बारिश हो रही थी। टैक्सी ड्राइवर ने बताया कि पिछले 5-7 दिन से बारिश बिल्कुल नहीं थमी। बारिश शायद हमारे लौटने का इन्तजार कर रही थी और उसी रात बरसात थम गई। मौसम फिर खुल गया।

बस्तर-1

घाटियों में कुटज़ और गुलमोहर के फूल

19 अप्रैल की सुबह हम लोग बस में बैठे थे, जगदलपुर के लिए। हम लोग याने मेघनाद बोधनकर, पद्माकर भाटे, मधुकर खेर, गोविन्दलाल केरा, सन्तोष कुमार शुक्ल और मैं। हमारी यह प्रेस पार्टी जा रही थी दण्यकारण्य रेलवे परियोजना के आमन्त्रण पर उनकी प्रगति का लेखा-जोखा लेने। लेकिन हमारे लिए इस यात्रा का महत्त्व इतना भर नहीं था। शुक्लजी, खेर साहब और मैं तो पहली ही बार बस्तर इलाके में जा रहे थे अतः स्वाभाविक रूप से हमारी उत्सुकता कहीं ज्यादा थी। शेष तीनों के लिए भी बस्तर का आकर्षण कम न था।

छत्तीसगढ़ में गर्मी के दिन और वह भी बस की यात्रा जानलेवा बात थी परन्तु हम लोग अच्छे मुहूर्त में निकले थे। सबेरे से ही जो बादल घिरे तो बस्तर तक साथ देते रहे। धमतरी तक तो हम अपने पूर्व परिचित रास्ते पर चलते रहे। 48 मील के फासले में 40 पुल और धूल के गुबार। इस रास्ते पर हमने दो-ढाई घंटे गुजार ही दिया। हमारा सफर सही मायने में इसके बाद प्रारम्भ हुआ। रायपुर से 55 वें मील से जंगली वृक्षों की जो घनी कतार प्रारम्भ हुई, तो खत्म होने में ही न आई।

यद्यपि यहाँ के जंगल खत्म होते जा रहे हैं, परन्तु वन-विभाग ने सागौन और काजू का वृक्षारोपण भारी मात्रा में किया है, जैसा कि हमें सड़क के किनारे लगी तख्तियों से पता चल रहा था। इसके अलावा भी तमाम दूसरे वृक्ष लगे थे, फिर भी वह सघनता देखने को नहीं मिली जो बालाघाट, मंडला या होशंगाबाद के जंगलों में हैं। गर्मी के दिनों में बैतूल से लेकर बुधनी तक टेसू के आग भरे फूलों से जंगल आच्छादित हो उठते हैं वैसा कुछ यहाँ देखने नहीं आया। कुटज के सफेद फूलोंवाले वृक्ष जरूर कुछ मीलों तक हमारे साथ चले।

ग्यारह-साढ़े ग्यारह के करीब पहुँच गए चारामा। वहाँ से काँकेर तक हम अमराइयों में से गुजरते चले गए। काँकेर की स्थिति एक कटोरे जैसी है। चारों तरफ पहाड़ियों से घिरा यह तरतीबवार सुन्दर छोटा-सा नगर दोपहर में गर्म हो उठता है। इसीलिए जब हम नगर के दूसरे छोर को पार कर रहे थे, पुलिस चौकी की दीवाल पर लिखा हुआ था– "Cool Zone Starts"

काँकेर के उपरान्त ही केसकाल घाट का मंजर प्रारम्भ हो जाता है। साढ़े तीन मील लम्बा यह पहाड़ी रास्ता तय करना सचमुच सुखद था। और जब घाट के बीच में तेलिन

सत्ती के मन्दिर पर हमारी बस रुकी तो आसपास लगे पीले कनेर के पेड़ों को देखकर गुनगुनाने का मन हो गया 'पीले फूल कनेर के'।

इसके बाद फिर कोंडागाँव और बस जगदलपुर। हाँ, यह बता दूँ कि रास्ते में हम कुटज और कनेर और अमराइयाँ देखते ही नहीं आए थे। हमने दण्यकारण्य योजना के अन्तर्गत बसाए गए विस्थापित कैम्प भी रास्ते में देखे। उन कैम्पों को देखकर जो आक्रोश हुआ—उसे मैं बोधनकर से इतना ही कहकर व्यक्त कर सका कि—इन कैम्पों की बजाय...। लेकिन जब हम काँकेर और कोंडागाँव के होटलों में बैठे चाय पी रहे थे, उस समय ऐसा नहीं सोच सके थे। मैं आश्चर्यचकित कि इन छोटे-छोटे कस्बों में भी इतनी सुरुचि पाई जा सकती है।

अगले चार दिनों में यह सुरुचि हमने और व्यापक रूप में देखी। होटलों में, बाजारों में और घरों में भी। 19 की शाम को जब जगदलपुर का नगर देखा तो मुझे जयपुर याद आया। इसलिए नहीं कि वहाँ जयपुर की शान-शौकत है, बल्कि इसलिए कि वहाँ का नगर-विन्यास उसी प्रकार का है। सीधी चली गई साफ-सुथरी सड़कें, तरतीब से बने-सँवरे मकान और आकर्षक बाजार।

उस शाम जगदलपुर में हमारा कोई कार्यक्रम नहीं था, अतः तय हुआ कि स्थानीय पत्रकार बन्धुओं से भेंट की जाए। उस शाम जगदलपुर की सड़कों पर टहलते हुए हम छह लोग किसी बारात से कम गहरा प्रदर्शन नहीं कर रहे थे।

घूमते-फिरते उस मदिर, मादक शाम में पहुँचे तो अहाते से झाँक रहे पर्वतीय वृक्षों एवं गुलमोहर के लाल गुच्छों ने सभी को मुग्ध हो जाने पर विवश कर दिया। और बोधनकर के कंठ से किसी बंगला गीत की भूली-बिसरी कड़ी फूट पड़ी।

20 को सुबह ही रेलवे अधिकारी श्री जैन हमारे आवास पर जहाँ प्रेस पार्टी का बोर्ड लगा था, आ गए। उनकी जीपों में बैठकर हम रवाना हुए जगदलपुर रेलवे कॉलोनी की ओर। वहाँ से हम लोग चले रेल की पटरियों पर। पैदल या रेल से नहीं, ट्राली से। आसपास बिछे खेत और उनके पीछे साल के जंगल। यहीं पाइन के वृक्ष भी नज़र आए तो आश्चर्य हुआ, लेकिन इससे बड़ा आश्चर्य दूसरा ही था। ये आश्चर्य था कि बस्तर के आदिवासियों और विस्थापितों और कई अनेक लोगों द्वारा किया जा रहा एक महत कार्य। बस्तर के जंगलों और घाटों में तेजी से फैलती जा रही रेल लाइनें जो अगले साल के बाद मुक्त हृदय से सबका स्वागत कर सकेंगी। हमारा यह आश्चर्य अगले 3 दिनों तक लगातार बना रहा। एक क्षण के लिए भी उसमें कमी नहीं आई।

20 की ही दोपहर में जब हमने जगदलपुर का नगर छोड़ बस्तर के अन्तरंग क्षेत्र में प्रवेश किया तो हमारा आश्चर्य, हमारा औत्सुक्य और हमारा हर्ष बढ़ता ही गया। कोडेनार में हमने दोपहर की चाय ली थी। उसके बाद जीपों के ड्राइवरों ने अपने-अपने पैर एक्सीलरेटरों पर खूब जमाकर रख दिए थे। जिसके कारण बाकायदा रेस प्रारम्भ हो गई और फल ये मिला कि गीदम के आसपास कहीं हमारी पायोनियर जीप बहुत पीछे छोड़ गई हमको। ऐसी स्थिति में हमारा भटक जाना अवश्यसम्भावी ही था। और हम

भटकते घूमते किसी दूसरे ही रास्ते से गीदम और फिर दन्तेवाड़ा पहुँच सके। यह हमारे सफर का एक सुन्दर सा भाग था। शाम का झुटपुटा, बस्तर के छोटे-छोटे गाँव, इन गाँवों की सहज स्वाभाविक मोहक प्रकृति, फिर 'माना' बाजपेयी और बोधनकर का दिलचस्प साथ, इन सबसे बढ़कर पहलेपन की उत्सुकता, कुल मिलाकर बढ़िया शगल हो गया था। ऐसे में हमें न तो भटक जाने का डर था न रात होने का डर। यूँ रात के पहले ही हम दन्तेवाड़ा स्टेशन पहुँच चुके थे।

दन्तेवाड़ा में जो कुछ देखा उससे हमारा हर्ष और बढ़ गया। विस्थापितों की संस्था--राष्ट्रीय विकास दल द्वारा जिस बेहतरीन तरीके से वहाँ काम किया जा रहा है और जिस मस्ती भरी तरीके से उसके सदस्य रहते हैं वह सन्तोषजनक था। उन लोगों ने हमें बताया कि वे बहुत आनन्द से वहाँ रह रहे हैं। उनकी सेहत इस बात की गवाही दे रही थी। वहाँ से 2 मील दूर हम शंखिनी नदी पर बन रहा पुल देखने गए। हमारा अगला पड़ाव था भानसी। बैलाडीला लौह योजना का बेस कैम्प। रात 9 बजे के करीब हम वहाँ पहुँचे।

(9 मई, 1965)

पाषाण प्रदेशों की संकल्प भरी यात्राएँ

उस रोज रात को हम करीब 9 बजे भानसी स्थित डी.बी.के. रेलवे की कालोनी में पहुँच गए थे। दन्तेवाड़ा से लेकर भानसी तक सिर्फ 10-11 मील का सफर हमारे लिए एक तरह से कष्टप्रद रहा था। इतने छोटे से अन्तर में जिस सड़क पर 19 जगह 'डाइवर्शन्स' हो उसकी स्थिति का आप अन्दाज लगा लीजिए। बहरहाल हम भानसी पहुँच चुके थे।

हम लोगों को वहाँ तम्बुओं में ठहराया गया था। उनको देखते साथ ही हमारी रूह काँप गई थी कि ऐसी सर्द रात इन तम्बुओं में कैसी गुजारी जाएगी। फिर हम लोग किन्हीं विशेष तैयारियों से भी तो न गए थे। लेकिन भोजन के बाद तम्बुओं में अन्दर घुसने पर देखा तो कम्बलों की व्यवस्था कर दी गई थी और हमारे अनुरोध पर चाय भी आ गई तो हमने कुछ राहत महसूस की। उसके बाद तो फिर अच्छी नींद आई।

सबेरे चार बजे खेर साहब की नींद खुल गई और उन्होंने हम लोगों को भी उठा दिया। अचकचाते हुए उठे तो सुना बाजू के 'टैन्ट' से उड़ीसा के एक पत्रकार श्री रथ ऊँचे स्वर में कोई प्यारा-सा गीत गा रहे थे।

दरअस़ल माहौल ही ऐसा था कि कोई भी मुग्ध हुए बिना नहीं रह सकता था। कालोनी की बाड़ के परे घने जंगल और उसके पार बैलाडीला पर्वत श्रेणी के लौह शिखर, फिर सुहानी सुबह की ठंडी हवाएँ। हमारी प्रसन्नता तो उस वक्त बढ़ गई, जब कालोनी से बाहर निकलने पर पास ही छोटा-सा जलप्रपात देखा।

थोड़ी देर बाद हमारा अध्ययन क्रम फिर प्रारम्भ हो गया। पहले तो हम कालोनी के पीछे स्थित ह्यूम पाइप फैक्टरी देखने गए जो रेलवे द्वारा ही संचालित है। इस संस्थान में विस्थापितों की एक बड़ी संख्या नियोजित की गई है। इन लोगों ने स्वयं ही कालोनी का निर्माण बहुत सुरुचिपूर्ण तरीके से किया है।

लेकिन जब हमारी जीपें विस्थापित कैम्प के अवलोकनार्थ पहुँचीं तो विस्थापितों के बड़े हुजूम ने जीपों को घेर लिया और बंगला भाषा में अपने कष्ट सुनाने लगे। सारे कैम्पवासी अपने-अपने स्थानों से उठकर हमारे चारों तरफ एकत्रित हो गए। उनकी बातों से और भावों से ऐसा लगा कि वे वहाँ सचमुच त्रास पा रहे हैं। पर हम लोग एक 'गाइडेड टूर' पर थे। अतः वहाँ ज्यादा देर ने रुक सके, न ज्यादा उनकी बातें सुन सके और बचेली की तरफ रवाना हो गए।

उस दिन दोपहर तक हम बचेली, किरनदूल, और बैलाडीला डिपाजिट नं. 14 के

आड़े-टेढ़े रास्तों, लोहे की चट्टानों और श्रमपूर्ण अनुष्ठानों का परिचय लेते हुए घूमते रहे।

सबसे पहले हम बचेली पहुँचे थे। बचेली में भी रेलवे द्वारा जितना काम किया जा रहा है, सब कुछ विस्थापितों के श्रम एवं प्रतिभा का परिणाम है। रेलवे अधिकारी श्री गोविन्दन ने हमें वहाँ एक विस्थापित शिल्पी द्वारा निर्मित कुछ काष्ठ उपकरण एवं कलाकृतियाँ दिखलाईं। बचेली का 'रिजर्वायर' हमने देखा। बाँस की खपचियों से बनाई गई उसकी चारदीवारी का राज तो बहुत देर तक समझ ही नहीं पाए। 'राज' शब्द से आप चौंकिए मत। यह भी उन श्रमिकों की सूझबूझ थी कि सिलवर पेन्ट से रंगी खपचियों की जालियाँ हमें तार की जालियों जैसी लग रही थीं। इस कलात्मकता और सुरुचि की प्रशंसा हमें एक बार फिर करनी पड़ी, जब वहाँ का जल-प्रपात देखा। उस एकाकी प्रान्तर के स्वमग्न इन निवासियों ने व्यू टेरेस और विश्रामगृह बनाकर उस उपेक्षित प्रदेश को सँवार दिया है। तभी ख्याल आया भेड़ाघाट और चित्रकूट के प्रपातों का, तो मन आक्रोश से भर-सा गया।

बचेली से फिर हमारा काफिला आगे बढ़ा तो वृक्षों की घनी पाँतों और निर्माणरत मार्गों से गुजरता किरनदूल जाकर रुका। किरनदूल में रेलवे यार्ड का निर्माण हो रहा है। जिसे देखने के बाद हम हिन्दुस्तान कन्स्ट्रक्शन कम्पनी के दफ्तर में गए और शरबत से उनका आतिथ्य स्वीकार कर अपनी यात्रा के सबसे अधिक आनन्दायक और रोमांचकारी और अन्तिम भाग को तय करने के लिए फिर अपनी जीपों में आ बैठे।

किरनदूल से बैलाडीला ! कुछ समय बाद ये रास्ते और ये बस्तियाँ हमारे नागरी परिवेशों में लिपट जाएँगे और उस वक्त वहाँ तक पहुँचना न तो आकर्षण का विषय रहेगा, न औत्सुक्य का। इसीलिए तो हम लोग चर्चा कर रहे थे कि आज के बाद जब कभी हम आएँगे तो अपने साथियों को आज की इस यात्रा का हाल बताएँगे। बिना घुमाव के लगातार ऊपर चढ़ती चली गई निर्मम सड़कें और क्रूर मोड़ ! जिन पर से गुजरते हुए हमारा जो उल्लास था कम से कम में तो वर्णित नहीं कर सकता। और बैलाडीला के कैम्प पर पहुँचने का मतलब तो कारूँ का खजाना पा लेना था। जब हम उस स्थान पर पहुँचे, जहाँ खुदाई चल रही थी तो हम बच्चों की-सी उत्सुकता से लौह पत्थरों के टुकड़े परखने लगे थे।

उस समय हम करीब 4 हजार फुट की ऊँचाई पर खड़े थे। हमारे सामने एक और कार्यरत श्रमिक थे तो दूसरी ओर थी वृक्षों से पटी गहरी खाई। लौह खंडों और हरीतिमा का अद्‌भुत सामंजस्य। अद्‌भुतम ! सुन्दरतम् !!

यह वैलाडीला अब बदल जाएगा। ये परिवेश अब छिन्न हो जाएँगे। इसका मानो आभास हमें मिल गया था। उसी दिन बैलाडीला डिपाजिट नं. 14 के उस कैम्प पर पहली बार साप्ताहिक बाजार भरा था। गीदम से बैलाडीला तक पैदल सफर करके आए वे व्यापारी। और साथ ही साथ उस समग्र योजना के कार्यरत वे बन्धु। इनकी ये यात्राएँ क्या इस बात का संकल्प नहीं थी कि 'जन्मदायी प्रकृति तुम हमसे विच्छिन्न होकर नहीं

रह सकतीं। तुम हमारे हित साधन के लिए ही उपस्थित हो। तुम्हारी यह विपुल राशि हमारे कल्याण की साधन है।'

अपनी यात्रा का लक्ष्य हम पूरा कर चुके थे और अब हम तेजी के साथ नीचे पहुँच रहे थे। भानसी वापस पहुँचकर हमने अपना लंच लिया, बैलाडीला प्रोजेक्ट के जनरल मैनेजर श्री मेहरोत्रा से भेंट ली और रात तक जगदलपुर वापस पहुँच गए। उस रात हम वहीं ठहरे।

दूसरे दिन सुबह रेलवे के चीफ इंजीनियर श्री उप्पल के साथ भेंट करने के उपरान्त रायपुर की ओर रवाना हो गए। हम उसी स्टेशन वैगन और उसके ड्राइवर युवराज सिंह के साथ थे, जिससे पिछले दिनों हमारे ये सफर तय करवाए। वह वापस अपने गन्तव्य तक के लिए प्रस्तुत था। रास्ते में हम लोग केश काल रुके। हसरत भरे दिलों से उस मंज़र को आखिरी बार देखा, आज जिसकी मीठी-सी याद भर हमारे लिए बाकी है।

बारह बरस की वह लड़की

अगले साल याने 4 अगस्त 2005 में हिरोशिमा और नागासाकी पर अमेरिकी अणुबम हमले की साठवीं बरसी होगी। उसी समय जापान में आण्विक अस्त्रों के खिलाफ प्रतिवर्ष आयोजित विश्व सम्मेलन के भी पचास साल पूरे होंगे। इनके अलावा आण्विक अप्रसार संधि याने एन.पी.टी. की समीक्षा भी संधि लागू होने के पैंतीस बरस बाद मई 2005 में न्यूयार्क में एक अन्तरराष्ट्रीय बैठक में की जाएगी। इन ऐतिहासिक तारीखों की पृष्ठभूमि में इस साल हिरोशिमा और नागासाकी के विश्व सम्मेलन का विशेष महत्त्व था।

हर साल विश्व के अनेक देशों व संगठनों के प्रतिनिधि 1 से 10 अगस्त तक जापान के इन दोनों नगरों में एकत्र होते हैं और साठ साल पहले की विभीषिका को याद करते हुए एक शान्त व निरापद विश्वव्यवस्था की रचना करने के उपायों पर चर्चा करते हैं। यह कहना गलत नहीं होगा कि सम्मेलन में भाग ले रहे प्रतिनिधियों के लिए यह एक तीर्थयात्रा होती है। ऐसी तीर्थयात्रा जिसमें अपनी नहीं, बल्कि आनेवाली पीढ़ियों के कल्याण की कामना होती है। विश्व सम्मेलन के महत्त्व को बड़ी शिद्दत और भावनाओं को गहराई के साथ रेखांकित किया कोनिशु सतोरू ने, जो कि आण्विक विभीषिका ग्रस्त जनों के महासंगठन के उपमहासचिव हैं। उनके द्वारा 2 अगस्त को हिरोशिमा में दिए गए वक्तव्य की ये पंक्तियाँ ध्यान से पढ़ी जानी चाहिए—"शान्ति के मुद्दे पर विचार करने के लिए हिरोशिमा सबसे उपयुक्त स्थान है। यदि आप ध्यान से सुनें तो नाभिकीय संकट के मौजूदा तनाव के खिलाफ हिरोशिमा की धरती के नीचे से उभर रही गम्भीर चेतावनी सुन सकेंगे, जैसे कि कहीं दूर महासागर गरज रहा हो। यह वह धरती है जिसने उन लाखों जनों के रक्त का पान किया, जो मर्मान्तक वेदना झेलते हुए उस नारकीय अग्नि में जल मरे थे, और जहाँ उनकी अस्थियाँ दफन हैं। उनकी छिन्न-विच्छिन्न अस्थियाँ वहाँ पड़ी हैं, जिन पर कोई रोनेवाला भी शायद नहीं बचा, और न कोई एकत्र करनेवाला; फिर भी वे बेचैन, लगातार चेतावनियाँ भेज रही हैं, प्रार्थना, आशा और उम्मीद के साथ।"

इस साल भी सम्मेलन में अनेक देशों के प्रतिनिधि मौजूद थे। न्यूजीलैंड आस्ट्रेलिया से लेकर चीन, रूस और अमेरिका तक के। गुटनिरपेक्ष आन्दोलन के अध्यक्ष, मलेशिया के संयुक्त राष्ट्र के वियेना स्थित राजदूत, इजिप्त के उपविदेश मन्त्री और

मैक्सिको के राष्ट्रसंघ में स्थायी प्रतिनिधि अपनी-अपनी सरकारों के प्रतिनिधि के रूप में आए थे। इनके अलावा श्रीलंका के सुप्रीम कोर्ट के पूर्व न्यायमूर्ति क्रिस्टोफर वीरमन्त्री भी थे, जो द हेग में अन्तरराष्ट्रीय न्यायालय के उपाध्यक्ष रह चुके हैं। इन सबका सम्मेलन में पूरे दस दिन उपस्थित रहना, बाकी प्रतिनिधियों के साथ सहज भाव से मिलना-जुलना, सबके साथ बस, रेल या टैक्सी से यात्रा करना—इस बात का संकेत था कि आण्विक अस्त्रों को समाप्त करने, विश्व को युद्धमुक्त करने व अमेरिकी दादागिरी को खत्म करने के प्रति दुनिया के अलग-अलग भू-भागों में जनसामान्य के भीतर कैसी छटपटाहट है।

सम्मेलन में भाग लेने का यह मेरा दूसरा अनुभव था। कई मायनों में यह पिछले सम्मेलन जैसा था। सुबह से शाम तक चल रहे वृहद सत्र, चर्चा गोष्ठियाँ, अनौपचारिक बातचीत, अपने-अपने अनुभवों का बयान, दोनों नगरों में प्रार्थनासभाओं में भाग, हिबाकुशाआ के मर्मान्तक विवरण इनमें कोई नयापन नहीं था। सम्मेलन में भाग ले रहे प्रतिनिधि वहाँ किसी नएपन की तलाश में आते भी नहीं हैं। शान्ति के तीर्थयात्री तो अपने संकल्प को दोहराने और नए सिरे से प्रेरणा लेने के लिए ही दूर-दूर से आते हैं। फिर भी मुझे कुछ नयापन इस बार लगा। एक तो यही कि इतने वरिष्ठ कूटनीतिज्ञ उपस्थित हुए। दूसरे—कुछ नए देशों जैसे उजबेकिस्तान, कजाकिस्तान के प्रतिनिधि भी आए, मसलन—अमेरिकन पीस कौंसिल के अध्यक्ष अलफ्रेड मार्डर या मार्शल आइलैंड्स के बिकिनी द्वीप समूह के युवा मेयर एल्डर नोट।

लेकिन इन सबसे बढ़कर जो मुझे महसूस हुआ कि जापान की नई पीढ़ी पिछले एक साल में राजनैतिक दृष्टि से ज़्यादा सचेत हुई है। अमेरिका ने जब अफगानिस्तान पर हमला किया, तब विश्व जनमत का बहुत बड़ा हिस्सा उसके साथ था। जब उसने ईराक पर आक्रमण किया तो काफी हद तक वह सहानुभूति खो चुका था। इंग्लैंड, स्पेन, पोलैंड, ग्रीस, टर्की आदि जिन भी देशों की सरकारों ने उसका साथ दिया, उन्हें देश के भीतर प्रबल विरोध का सामना करना पड़ा। जापान की कोइज़ुमी सरकार के प्रति पिछले साल तक ऐसा मुखर विरोध नहीं था। लेकिन लगता है कि स्थितियों में बदलाव आया है। ऐसा शायद इसलिए भी हुआ हो कि अमेरिका को दिए गए समर्थन के चलते जापान पर आतंकवाद का खौफ एकाएक मँडराने लगा है। 6 अगस्त को प्रधानमन्त्री जब हिरोशिमा आए तो एयरपोर्ट से सभास्थल के रास्ते में चप्पे-चप्पे पर सशस्त्र सैनिक मौजूद थे। विमानतलों पर इस साल ऐसी कड़ी सुरक्षा व्यवस्था नजर आई जो पिछले साल नहीं थी। इनका मनावैज्ञानिक असर जापान के जनमानस पर पड़ रहा हो तो आश्चर्य क्या ?

इसमें सन्देह नहीं कि एक ओर जहाँ ईराक पर आक्रमण कर अमेरिका ने विश्वशान्ति के लिए भारी खतरा पैदा कर दिया है, वहीं उसने अनचाहे ही शान्ति के पक्ष में प्रबल जनमत तैयार करने का मौका भी दे दिया है। विश्व सम्मेलन के एक प्रमुख सूत्रधार हिरोशी ताका ने पहले दिन अपनी प्रस्तावना में इसे नोट करते हुए तीन मुद्दों

पर खासकर ध्यान आकृष्ट किया–

1. सभी आण्विक क्षमता सम्पन्न देशों तथा भारत, पाकिस्तान व इजराइल से संयुक्त राष्ट्र संघ की पहल के मुताबिक आण्विक अस्त्र मुक्त विश्व के लिए आह्वान करना।

2. "आण्विक अस्त्रों का खात्मा, अभी" का नारा देकर हर स्तर पर उसे कारगर बनाने के लिए साझा पहल करना। इसमें एनपीटी समीक्षा बैठक में करोड़ों हस्ताक्षर पेश करने व हिरोशिमा-नागासाकी से न्यूयॉर्क तक शान्ति यात्रा करने जैसे प्रस्ताव शामिल हैं।

3. आण्विक विभीषिका झेल चुके जापान को अमेरिका की 'नाभिकीय छतरी' से बाहर निकालना एवं गुटनिरपेक्ष आन्दोलन के साथ काम कर विश्व को आण्विक अस्त्रों से मुक्त करना।

इनके साथ अणुबम की विभीषिका झेल चुके हिबाकुशाओं को शासन से आवश्यक सहायता मिलने के संघर्ष में उनके साथ एकजुटता बरतना।

सम्मेलन में इस भावना के अनुरूप ही सारे समय चर्चा हुई। विषय से जुड़े अनेकानेक मुद्दे इन चर्चाओं में सामने आए। इनका उल्लेख मैं अगली कड़ी में करना चाहूँगा। फिलहाल कॉलम का अन्त हिरोशिमा के स्कूली बच्चों द्वारा 6 अगस्त को पीस मेमोरियल पार्क में लिए गए इस संकल्प के साथ–

"मैं जिन्दा रहना चाहती हूँ। मैं सबके साथ खुशी-खुशी जिन्दा रहना चाहती हूँ।"

"उसकी यह इच्छा पूरी नहीं हो सकी। बारह बरस की वह लड़की मर गई।

सदाको ससाकी ने मात्र दो बरस की उम्र में अणुबम की विभीषिका को झेला था। विकिरण का जहर उसके शरीर को भीतर ही भीतर खोखला करता रहा, जिसका प्रभाव बारह साल की आयु में सामने आया। अस्पताल में रहकर भी उसने जीवन आशा नहीं छोड़ी। वह कागज मोड़-मोड़कर शान्ति के पक्षी बनाती रही।

हर साल जब ग्रीष्म ऋतु आती है, हम हिरोशिमा के बच्चे सदाको की इच्छा को याद करते हैं, और शान्ति के पक्षी बनाकर आशा करते हैं कि दुनिया के तमाम लोग सुख-शान्ति के साथ मिल-जुलकर जिएँगे।

लेकिन, हमारी दुनिया में लोग आज भी लड़ रहे हैं/करोड़ों जन भय और पीड़ा में जी रहे हैं, मर रहे हैं/अनगिनत बारूदी सुरंगें कितनों को अपाहिज बना रही हैं/बच्चों तक को बन्दूकें थमाई जा रही हैं कि वे लड़ें/और हिरोशिमा को खाक करनेवाले नाभिकीय अस्त्र आज भी मौजूद हैं/युद्ध का विषाद घृणा को जन्म देता है। और घृणा से उपजता है और गहरा विषाद/लेकिन हिबाकुशाओं से सुनते हैं हम जो दास्तान/उसमें कहीं नहीं है घृणा/है सिर्फ एक मजबूत अभिलाषा कि कोई और न भोगे वह सब/जो हमने भोगा है/हिबाकुशाओं की अभिलाषा को अपनाते हैं हम/कि एक शान्तिपूर्ण विश्व की स्थापना का संकल्प लेते हैं हम।"

(26 अगस्त, 2004)

तीन सयानों के तर्क

पिछले साल-सवा साल में मुझे अनेक अणुशक्ति-पीड़ितों से, जिन्हें जापानी में हिबाकुशा कहा जाता हैं, मिलने का मौका मिला है। विश्व में जहाँ भी आण्विक अस्त्रों का निर्माण हो रहा है, आण्विक परीक्षण किए गए हैं, अणुशक्ति से बिजली पैदा की जा रही है, अणुशक्ति के लिए यूरेनियम उत्खनन और सम्वर्द्धन किया जा रहा है और जहाँ युद्ध में सीमित क्षमता के अण्वास्त्रों का प्रयोग किया गया है (जैसे ईराक में डिप्लीटेड यूरेनियम बम), हिबाकुशा मिल सकते हैं। प्रशान्त महासागर के छोटे-छोटे द्वीपों में, ऑस्ट्रेलिया के घने जंगलों में, बलोचिस्तान के मरुस्थल में, यूराल की पहाड़ी वादियों में, और हाँ, भारत के पोखरन और जादूगुड़ा में भी ऐसे न जाने कितने जन होंगे जो विज्ञान की इस कथित उपलब्धि का अभिशाप झेल रहे हैं। लकिन जिस एक जगह को सबसे पहले, सबसे ज़्यादा और सबसे सघन रूप से इस इंसानी अभिशाप को झेलना पड़ा है, वह जापान है। 6 अगस्त 1945 को एक दिन के चन्द लम्हों में एक लाख चालीस हज़ार जानें अणुबम के हमले में चली गईं। तीन दिन बाद 9 अगस्त को नागासाकी में तिहत्तर हज़ार लोग इसी तरह मारे गए। लेकिन उसके बाद पिछले साठ सालों में हिरोशिमा और नागासाकी के लाखों लोग रेडियोधर्मिता से उपजी असाध्य बीमारियों से तिल-तिलकर मरे हैं। मरने का क्रम जारी है। जिस देश के लोग अपने पैर में बिंवाई फटे बिना पराई पीर नहीं जानते, उनके लिए यह कल्पना करना भी मुश्किल होगा कि जापान के इन अणुपीड़ितों ने कैसी असह वेदना झेली है।

इस बार नागासाकी में मैं मिवा हिरोशी के घर अतिथि बनकर तीन दिन ठहरा। मिवा 17 साल के थे जब बम गिरा। वे बम गिरने के केन्द्र से कुछ कि.मी. की दूरी पर थे, इसलिए जीवित तो रह गए, लेकिन विकिरण के दुष्प्रभाव से बच नहीं पाए। अपनी तकलीफों के साथ जीते हुए मिवा के जीवन का एक ही लक्ष्य है कि दुनिया में दूर-दूर तक जाकर लोगों को आण्विक अस्त्रों के संहार के दुष्प्रभाव के बारे में जानकारी दें और उन्हें समाप्त करने के जन-अभियान में शामिल करें।

कुछ साल पहले वे भारत भी आ चुके हैं इसी सिलसिले में। मिवा बताते हैं कि अणुबम का सबसे घातक प्रभाव बच्चों पर पड़ा। विकिरण से अजन्मे शिशु भी नहीं बच पाए। बम गिरने के केन्द्र के निकट स्थित स्कूलों में उस दिन पढ़ रहे लगभग सारे बच्चे मारे गए। कुछ उस समय बच गए तो एकाध साल के भीतर उनकी मौत हो गई। अनेक

गर्भस्थ शिशु तरह-तरह की शारीरिक विचित्रताओं के साथ जन्मे। वे पूछते हैं कि "हम कैसे इजाज़त दे सकते हैं कि हमारी आँखों के सामने हमारी सन्तानें दम तोड़ दें ?"

दरअसल, यही सवाल है जो विश्व के हर सजग शान्तिकामी नागरिक के दिल-दिमाग को मथ रहा है। 1945 में तो सिर्फ दो अणुबम गिराए गए थे। आज अणुशक्तिसम्पन्न राष्ट्रों के पास तीस हज़ार से ज़्यादा आण्विक बमों का जखीरा है। इनमें कुछ की क्षमता तो हिरोशिमा के बम से एक हज़ार गुना ज़्यादा है। विश्व सम्मेलन में इस प्रश्न की बारीकियों पर विचार करने के लिए दुनिया भर के जो प्रतिनिधि जुटते हैं, उसमें विभिन्न पृष्ठभूमि के लोग होते हैं। हिबाकुशा, वैज्ञानिक, अध्यापक, सामाजिक कार्यकर्त्ता, समाजशास्त्री, इतिहासज्ञ, मजदूर नेता आदि। नार्वे के ओले कोपरितान का जिक्र मैं यहाँ करना चाहूँगा। एक पत्रिका में उनके परिचय में कुछ इस तरह लिखा गया—"नार्वे की सरकार ने ओले कोपरितान को जगत पर विचार करने का खूब अवसर दिया है। उन्होंने नार्वे में यहाँ से वहाँ तक बिखरे कारागारों के स्थापत्य का अध्ययन किया है, भीतर से।" इसलिए कि सड़सठवर्षीय ओले अपने देश नार्वे में, वही नार्वे जहाँ प्रतिवर्ष नोबल शान्ति पुरस्कार दिया जाता है, बरसों से आण्विक अस्त्र विरोध और नाटो के साथ नार्वे के सम्बन्धों के विरोध में आन्दोलन करते आए हैं और इसलिए बार-बार जेल जाते रहे हैं। लेकिन 1990 में यूक्रेन के चेर्नोबिल में अणुऊर्जा संयन्त्र की भीषण दुर्घटना के बाद वे अणुशक्ति के हर तरह से इस्तेमाल का विरोध करने लगे हैं।

बहरहाल, आण्विक अस्त्र और आण्विक ऊर्जा इन दोनों को सही सन्दर्भों में समझने के लिए उचित होगा कि न्यायमूर्ति क्रिस्टोफर वीरमन्त्री के तर्कों को ध्यान से सुना जाए। हम पिछले लेख में बता चुके हैं कि जस्टिस वीरमन्त्री अन्तरराष्ट्रीय न्यायालय के उपाध्यक्ष रह चुके हैं और कानून की दुनिया की अत्यन्त सम्मानित हस्तियों में से एक हैं। सम्मेलन के दौरान अलग-अलग अवसरों पर उन्होंने एक विधिवेत्ता और एक अभियानकर्त्ता के नाते जो विश्लेषण किए, उन्हें यहाँ संक्षेप में रखने की कोशिश की गई है—

1. साठ साल बीत जाने के बाद भी अणुबम को अवैध घोषित करने के लिए कुछ भी नहीं किया गया है, और वक्त हाथ से फिसलता जा रहा है।

2. विश्व समाज को इस मुगालते में नहीं रहना चाहिए कि आण्विक युद्ध कभी हो ही नहीं सकता।

3. आण्विक अस्त्रों का नियन्त्रण जिम्मेदार शासन प्रमुखों के हाथ में है, यह एक मिथक ही है। आण्विक हथियारों से लैस पनडुब्बी के कैप्टन को यदि पाँच मिनट के भीतर फैसला लेना हो तो वह राष्ट्रपति से आदेश मिलने तक रुका नहीं रहेगा।

4. 1990 तक विश्व में चालीस ऐसी आण्विक दुर्घटनाएँ हो चुकी थीं, जो आण्विक युद्ध को जन्म दे सकती थीं। इनमें से कुछ के ब्यौरे निम्नानुसार हैं—

(अ) 1961 में अमेरिका के बमवाहक बी-52 जहाज से दो हाइड्रोजन बम नॉर्थ कैरोलिना में गिर गए, लेकिन फटे नहीं।

(आ) अप्रैल 1963 में सैन फ्रांसिस्को बन्दरगाह के पास नाभिकीय अस्त्र सज्जित पनडुब्बी डूब गई।

(इ) जनवरी 66 में स्पेन के आकाश में हाइड्रोजन बम ले जा रहा बी-52 विमान दूसरे विमान से टकरा गया।

ये उदाहरण दर्शाते हैं कि मशीनें कभी भी गलत दिशा में जा सकती हैं और नतीजतन बम फट सकते हैं।

5. इस विभीषिका से बचने का एक ही उपाय है कि विश्व का जनमत अपनी पूरी शक्ति के साथ सामने आए। इसमें समाज के हर वर्ग को अपनी भूमिका निभानी होगी। दुनिया की माताओं को खासकर अपना रोल तय करने की जरूरत है।

6. आण्विक अस्त्रों का निर्माण या प्रयोग विधिसम्मत नहीं है। अन्तरराष्ट्रीय न्यायालय में यह प्रश्न कम से कम तीन बार उठ चुका है।

पहली बार संयुक्त राष्ट्र महासभा ने राय माँगी थी, तो जस्टिस वीरमन्त्री ने अकेले अणुबम को पूरी तरह अवैध करार दिया था। अन्य जजों का मानना था कि कोई देश आत्मरक्षा में इस्तेमाल कर सकता है, लेकिन इसके साथ ही सम्पूर्ण पीठ ने एकमत कहा था कि यह प्रत्येक राष्ट्र की जवाबदारी है कि अण्वास्त्रों का जखीरा नष्ट करने की पहल करे। जो ऐसा नहीं कर रहा, वह अपनी जिम्मेदारी से मुकर रहा है।

7. आण्विक अस्त्र हर दृष्टि से अवैध हैं। अन्तर्राष्ट्रीय विधि के बुनियादी सिद्धान्त ऐसा कहते हैं।

8. विश्व के तमाम प्रचलित लोक-व्यवहारों के आधार पर भी वे अवैध ठहरते हैं। कोई परम्परा, कोई नैतिक संहिता, कोई संस्कृति उन्हें मान्य नहीं करती।

9. विश्व का कोई भी धर्मशास्त्र युद्ध के दौरान भी निर्दोष जनों की अप्रयोजन हत्या को नैतिक और विधिसम्मत नहीं मानता। जबकि अणुबम ने यही किया है और आगे भी कर सकता है।

10. अणुबम के द्वारा किया गया नरसंहार मानवता के विरुद्ध अपराध है। वह भावी पीढ़ियों को संकटग्रस्त करता है।

11. आण्विक अस्त्र पृथ्वी, जल, वायु को अगले बीस हजार साल तक के लिए प्रदूषित करते हैं। हमें भविष्य के साथ ऐसा घातक खिलवाड़ करने का अधिकार नहीं है।

12. आण्विक अस्त्र विश्व की सांस्कृतिक धरोहर को नष्ट करने की क्षमता रखते है। यह स्वीकार नहीं हो सकता।

13. अन्तरराष्ट्रीय विधि में भी किसी युद्धरत देश को यह अधिकार नहीं है कि वह अपूरणीय रूप से क्षति पहुँचाए।

भारत के नागरिकों को इन सब पर विचार करना चाहिए। गौतम बुद्ध और गांधी के देश में ही इनकी अनदेखी हो तो उचित नहीं है।

(27 अगस्त, 2004)

जापान 2004 : 3

कुछ नई तस्वीरें

जब आप दूर-दराज, अपरिचित देशों और गन्तव्यों की यात्रा पर हों, और उस दौरान स्थानीय निवासियों के साथ रहने का मौका मिले तो उसका अपना ही आनन्द होता है। स्थानीय संस्कृति को देखने-समझने का इससे बेहतर उपाय और कुछ नहीं है। इसके अलावा सार्वजनिक यातायात के स्थानीय साधनों का उपयोग करने से जो अनुभव मिलते हैं वे भी उस देश-समाज को समझने में मदद करते हैं। निस्सन्देह, ऐसा करने में कभी-कभी परेशानियाँ सामने आती हैं, लेकिन यात्रा के रोमांच के सामने वे फीकी पड़ जाती हैं।

मुझे अक्सर उन भारतीय पर्यटकों के बारे में हैरानी होती है, जो किसी टूर ऑपरेटर द्वारा प्रायोजित सैर पर जाते हैं, ऐसे जैसे स्कूल के बच्चे शिक्षक के साथ किसी शैक्षणिक भ्रमण पर निकले हों। इनके साथ मास्टर की भूमिका में एक टूर गाइड होता है, जिसकी सीटी की आवाज़ पर सबको चलना होता है। आप किसी म्यूज़ियम में किसी नायाब पेंटिंग को देख रहे होते हैं, लेकिन टूर गाइड का आदेश है कि दस मिनट के भीतर आपको बाहर आ जाना है। ऐसे भ्रमण में आजकल भारत से रसोइए भी साथ जाते हैं जो शाकाहारी, शुद्ध शाकाहारी और जैन शाकाहारी भोजन आपको पेश करते हैं। सोचकर देखिए—पंजाब से एक यात्री दल तमिलनाडु जाता है, वहाँ रोज मक्के की रोटी सरसों के साग के साथ खाता है, और पन्द्रहवें दिन इडली, दोसा या उत्तपम का स्वाद चखे बिना लुधियाना लौट आता है। हमारे ये भारतीय पर्यटक देश या विदेश की यात्रा में वही देखते हैं जो टूर गाइड दिखाना चाहता है, और अन्त में चन्द तस्वीरें साथ लेकर वापस लौट आते हैं। तस्वीरें भी कैसी—जैसी हज़ारों अन्य पर्यटकों के एलबम में होती हैं।

मुझे एक ओर जहाँ यात्राओं के दौरान स्थानीय मित्रों के साथ ठहरने में मज़ा आता है, वहीं प्रवासी मित्र यदि मेरे साथ ठहरते हैं जो उसमें भी वैसा ही सुख मिलता है। अगर हम वसुधा को एक कुटुम्ब की तरह अनुभव करना चाहते हैं तो यह उसका एक छोटा-सा प्रयत्न है।

इस साल अगस्त में, अपनी दूसरी जापान यात्रा के दौरान, हिरोशिमा और नागासाकी दोनों नगरों में मुझे स्थानीय परिवारों के साथ रहने का अवसर मिला, ठेठ जापानी शैली में। जापानी घरों में पलंग नहीं होते। कमरे में चटाइयाँ बिछी होती हैं।

रात को सोने के लिए अलमारी से गद्दा-तकिया निकालकर बिछा लीजिए। सुबह वापस मोड़कर जगह पर रख दीजिए। डाइनिंग टेबल भी सामान्य तौर पर नहीं होती है। एक चौकी के इर्द-गिर्द बैठ जाइए और जापानी भोजन का आस्वाद कीजिए। चाय जिसे वहाँ चाय ही कहा जाता है सामान्य तौर पर घरों में उपलब्ध नहीं होती। अमूमन जापानी लोग खूब ठंडी हरी चाय पीते हैं, लेकिन जो चाय पत्ती से नहीं वरन् किसी और जड़ी-बूटी से बनती है।

जापानी लोग रात को जल्दी सोना पसन्द करते हैं, खासकर कामकाजी लोग। सात-साढ़े सात बजे काम से लौटे, स्नान किया, भोजन किया, थोड़ी देर टी.वी. देखा और दस बजे के पहले सो गए। उनकी सुबह भी जल्दी होती है। साढ़े-सात बजे तक वे अपने काम के लिए निकल पड़ते हैं। उनका कलेवा चावल से होता है, उसके साथ ढेर सारी सलाद और उबली मछली या मांस। नमक और मसालों का इस्तेमाल नहीं के बराबर। डबलरोटी भी वे कम ही खाते हैं। मेरा और अन्य अनेक मित्रों का अनुभव है कि जापानी भोजन स्वास्थ्यदायक है। यद्यपि कच्ची सलाद खाने से मैं डरता रहा। भारत में रासायनिक खाद और कीटनाशक की भारी डोज पाई सब्जियों को कच्चा न खाने में ही अक्लमन्दी होती है।

नागासाकी में मेरे मेजबान मिवा हिरोशी और उनकी पत्नी टेको मिवा एक सरल हृदय, हँसमुख दम्पती हैं। पचहत्तर वर्ष की आयु में भी उनकी उमंग और ललक देखते ही बनती है। टेको मिवा ने यह जानकर कि मुझे सुबह चावल खाने की आदत नहीं है, तीनों दिन मेरे लिए नाश्ते में ब्रेड के अलावा और न जाने क्या-क्या व्यंजन बनाए। मेरे साथ ही ठहरे केरल के साथी मैथ्यू एक शाम बस से अकेले घर लौटे और मिवा ने घर पर फोन कर दिया तो टेको आधा घंटा घर की बालकनी में खड़ी होकर मैथ्यू का इन्तजार करती रहीं।

एक दिन सुबह-सुबह मिवा हमें अपने वर्तमान घर से कुछ दूरी पर स्थित अपने पुराने गाँव ले गए, जो अब एक उपनगर ही है। वहाँ 8-10 लोग एक नाव बनाने में जुटे थे। हमारी पितृमोक्ष अमावस्या की तरह जापान में 15 अगस्त को पितरों को श्रद्धांजलि दी जाती है। किसी मुहल्ले या गाँव में पिछले एक साल के दौरान जिनके भी घर में किसी की मृत्यु हुई है, ऐसे सारे परिवारों के सदस्य मिलकर एक नाव बनाते हैं, चाव से सजाते हैं, उसमें फल-फूल-व्यंजन की टोकरियाँ रखते हैं और समुद्र में प्रवाहित कर देते हैं। इस उपक्रम में सब शामिल होते हैं—बौद्ध, ईसाई, शिंतो और नास्तिक भी।

मिवा ने मुझे नागासाकी की सैर भी खूब अच्छे से करवाई। जापान के उत्तर-पश्चिमी छोर पर प्रशान्त महासागर के किनारे बसा नागासाकी लगभग पाँच सौ साल पुराना शहर है। किसी समय बाहरी दुनिया से जापान के सम्पर्क का यही एकमात्र केन्द्र था। तीन शताब्दी पूर्व यहाँ के कट्टर धार्मिकों ने 26 ईसाई धर्मप्रचारकों की हत्या कर दी थी। एक तरफ उनका स्मारक है तो दूसरी ओर राष्ट्रीय धरोहर के रूप में संरक्षित देजिमा भी है, जो डच व्यापारियों की पेढ़ी थी। देजिमा और सच पूछिए तो नागासाकी

नगर ही इस बात का प्रमाण है कि कट्टरता, उन्माद और हिंसा पर अन्ततः उदारता, संयम और विवेक की जीत होती है। नागासाकी एक तरफ समुद्र और तीन तरफ पहाड़ियों से घिरा हुआ है। 333 मीटर ऊँची इनासायामा पहाड़ी नगर का सबसे ऊँचा बिन्दु है। यहाँ स्थापित मीनार के पूरे वृत्त में ऐसे चित्र अंकित किए गए हैं, जो नागासाकी को एक बहुलतावादी नागर केन्द्र के रूप में पेश करते हैं।

यह नागासाकी का वर्तमान है। लेकिन जिस कारण से विश्व के मानचित्र पर यह नगर उभरा है, उसे जानना हो तो रात के समय नागासाकी पीस म्यूज़ियम देखना चाहिए, जहाँ सत्तर हजार ऑप्टिकल फाइबर से गुम्फित प्रतिबिम्बित छत नीली जलराशि का आभास देती है। यह उन सत्तर हजार नागरिकों का प्रतीक है, जो 9 अगस्त 1945 के अणुबम हमले में जल के लिए तरसते हुए मर गए थे। इस संग्रहालय के भीतर जो सामग्री और चित्र प्रदर्शित हैं, वे आण्विक युद्ध की विभीषिका को उसकी पूरी भयावहता के साथ प्रस्तुत करते हैं। यहीं एक जगह तत्कालीन अमेरिकी राष्ट्रपति हैरी ट्रूमेन की यह उक्ति भी अंकित है–"हमने अणुबम इसलिए गिराए, ताकि हज़ारों निर्दोष अमेरिकन जानें बचाई जा सकें।" आज साठ साल बाद क्या राष्ट्रपति बुश भी यही आड़ नहीं ले रहे हैं ?

दरअसल, हिरोशिमा और नागासाकी में जगह-जगह पर अणुबम आक्रमण के स्मारक मौजूद हैं। हिरोमिशा में पीस पार्क से लगभग आधा किलोमीटर की दूरी पर नगर की व्यस्ततम सड़क है–होनडोरी एवेन्यू। यहाँ एक इमारत के सामने पटल लगा है कि कभी यहाँ बैंक का भवन हुआ करता था जो बमबारी में खाक हो गया। उससे कुछ ही दूर फुकुरोमाची का स्कूल है, जहाँ तीन सौ नन्हें विद्यार्थी पलक झपकते बम की बलि चढ़ गए थे।

एक ओर अतीत की ये त्रासद स्मृतियाँ हैं जो आज के वर्तमान में एकाएक प्रासंगिक ही उठी हैं। दूसरी ओर वह कर्मठता और उद्यमशीलता है, जिसने जापान को फिर एक समृद्ध देश के रूप में खड़ा कर दिया है। उसकी कुछ छवियाँ अगली किश्त में।

(2 सितम्बर, 2004)

जापान 2004 : 4

कुछ और तस्वीरें

"आप इंग्लिश जानते हैं ?

—थोड़ी बहुत

ठीक है, यह चश्मा सुधर सकेगा ?

—हाँ।

—कितने पैसे लगेंगे ?

—फ्री।

—अरे !

कुछ मिनट बाद—

—चश्मा बन रहा है। तब तक आप चाय पीजिए। मेरी ओर से है।"

यह छोटा-सा संवाद 4 अगस्त की दोपहर हिरोशिमा की एक चश्मा दूकान में हुआ। मैं दिल्ली से चला तो विमान यात्रा के दौरान ही चश्मे की एक डंडी निकल गई। स्क्रू किस्मत से मेरे हाथ आ गया। व्योमबाला ने उसे काफी मशक्कत के बाद फिर से लगा दिया, लेकिन वह तीन दिन तक ही चल सका। हिरोशिमा में स्क्रू फिर निकला तो मुझे मजबूर होकर चश्मे की दूकान ढूँढ़नी पड़ी। शहर की प्रमुख सड़क होनडोरी एवेन्यू के एक शॉपिंग मॉल में पूछताछ करने पर चौथी मंजिल पर स्थित दूकान का पता चला। उस भले आदमी ने न सिर्फ चश्मा बना दिया, बल्कि हिरोशिमा की उमसभरी दोपहर में शीतल जापानी चाय पिलाई, और मुझे बाहर सीढ़ी तक छोड़ने भी आया। नीचे उतरा तो जिस सेल्स गर्ल ने दूकान का पता बताया था, वह ग्राहकों को छोड़कर पूछने आई कि काम हो गया या नहीं। जापान के लोक-व्यवहार में रचा-बसा यह सौजन्य मुझे इस दूसरी यात्रा में भी कदम-कदम पर प्रभावित करता रहा।

एक दिलचस्प वाकया आया टोक्यो से हिरोशिमा के बीच बुलैट ट्रेन से सफर करते हुए। टोक्यो से ट्रेन चलने के थोड़ी देर बाद टिकट चैकर का आगमन हुआ। डिब्बे के दरवाजे पर खड़े होकर पहले उसने विनम्रतापूर्वक सिर झुकाते हुए सबका अभिवादन किया। फिर उसने जापानी में कुछ कहा, जिसका आशय शायद यह था—"मैं जानता हूँ कि आप सबके पास यात्रा के लिए वैध टिकिट है। लेकिन यह मेरी ड्यूटी है कि टिकिट की जाँच करूँ। कृपया इस ड्यूटी को निभाने में मेरी मदद कीजिए। मैं आपके पास आ रहा हूँ। मेरी धृष्टता के लिए मुझे क्षमा करेंगे।" ऐसा ही एक सुन्दर प्रसंग

सामने आया, जब हमने यात्रा के आखिरी दिन फुकुओका से टोक्यो की हवाई यात्रा की। टोक्यो एयरपोर्ट पर जब विमान उतरा तो सभी यात्रियों ने ताली बजाकर कैप्टन को सुरक्षित यात्रा के लिए धन्यवाद दिया। अगले दिन जब एयर इंडिया के विमान से मैं दिल्ली लौटा और जापान प्रवास की खुमारी में डूबे मैंने तालियाँ बजाईं तो आसपास के स्वदेशी यात्री मुझे घूरने लगे। मुझ अकेले की तालियाँ मुझ पर ही भारी पड़ गईं।

नागासाकी से फुकुओका लगभग दो सौ किलोमीटर दूर है। वैसे तो हमें नागासाकी से ही टोक्यो के लिए विमान लेना था, लेकिन किन्हीं कारणों से हमें फुकुओका तक आना पड़ा। यह यात्रा डीलक्स बस में सम्पन्न हुई। रास्ते में अनगिन सुरंगों से गुजरते हुए, कभी एकदम समुद्र के साथ-साथ, तो कभी धान के खेतों को पार करते हुए लगभग दो घंटे में हमने यह यात्रा पूरी कर ली। जापान के इस छोटे विमानतल से भी हर रोज सौ-दो सौ विमान देश और विदेश के लिए आते-जाते हैं। यहाँ मुझे कड़ी सुरक्षा जाँच का पहिला अनुभव हुआ। सुरक्षाकर्मी ने मेरे हैंडबैग से नेलकटर निकालने का संकेत किया। फिर विनम्रतापूर्वक पूछा कि क्या मैं उसे बाजू में रखे डिब्बे में डालने के लिए राजी हूँ ? न कहने का तो सवाल ही नहीं था। टोक्यो के नारिता अन्तरराष्ट्रीय हवाई अड्डे पर सुरक्षा व्यवस्था और कड़ी थी। कम से कम तीन सुरक्षा घेरों से गुजरना पड़ा। आखिरी बिन्दु पर हर यात्री का हाथ का सामान पूरा खोलकर देखा गया। लेकिन यहाँ भी वह जापानी तहजीब थी कि सुरक्षाकर्मी ने स्वयं हैंडबैग में सामान वापस जमा दिया।

इस यात्रा में अणुबम विरोधी विश्व सम्मेलन के आयोजकों, कार्यकर्त्ताओं से तो दुबारा भेंट हुई ही, पिछले साल हिरोशिमा में संयोग से मिल गए अंग्रेजी शिक्षक हरादा योइची और युवा टी.वी. पत्रकार चिए नाकातानी के साथ भी अच्छी मुलाकात हुई। इन दोनों का मैंने अपने आने की पूर्व सूचना दे रखी थी। हरादा और चिए मुझसे मिलने होटल तक आए, फिर मुझे जापानी पद्धति का भोजन करवाने भी ले गए। चिए ने वरिष्ठ पत्रकार और हिरोशिमा वर्ल्ड पीस मिशन के न्यासी अकीरा ताशीरो के साथ भी मेरी भेंटवार्ता निश्चित करवाई। इन लोगों से मिलकर ऐसा लगा ही नहीं कि मैं किसी अपरिचित स्थान पर हूँ, बल्कि जापान को कुछ बेहतर, कुछ और आत्मीय रूप में समझने का अवसर मिला।

अकीरा ताशीरो 'चुगोकू शिम्बून' नामक अखबार में काम करते हैं। यह हिरोशिमा का सबसे पुराना समाचारपत्र है। 1880 के आसपास इसकी स्थापना हुई है। हिरोशिमा वर्ल्ड पीस मिशन का गठन भी इसी अखबार द्वारा किया गया है। श्री अकीरा अनेक देशों का भ्रमण कर चुके हैं। उन्होंने तत्कालीन प्रधानमन्त्री वाजपेयी और राष्ट्रपति मुशर्रफ का भी साक्षात्कार लिया है। उनके साथ जापान, अमेरिका, अणुबम, काश्मीर जैसे तमाम मुद्दों पर लम्बी बातचीत हुई। उनका वर्ल्ड पीस मिशन इस साल विश्व के विभिन्न क्षेत्रों में आण्विक हथियारों के खात्मे के लिए जापानी नागरिकों के शिष्टमंडल भेज रहा है, और इस यात्रा कार्यक्रम में भारत व पाकिस्तान भी शामिल हैं।

अब के जापान प्रवास में कुछ और रोचक अनुभव हुए। 6 अगस्त को हिरोशिमा

पीस पार्क में प्रार्थना सभा समाप्त होने के बाद उठे तो मेरी नज़र दो भारतीय युवतियों पर गई। देखकर ही लगा कि ये नवविवाहिताएँ हैं। उनसे बात की तो मालूम पड़ा एक असम की और दूसरी नागपुर की है। दोनों के पति अलग-अलग जापानी कम्पनियों में हिरोशिमा में इंजीनियर के तौर पर कार्यरत हैं। ये दोनों अभी 4-5 माह पहले ही जापान पहुँची हैं। उसी दिन बाजार में घूमते हुए एक दूकान के सामने मैं ठिठक गया। वहाँ से बांगला संगीत की धुन सुनाई दे रही थी। दूकान के भीतर गया तो वह बंगाल के हस्तशिल्प और वस्त्रों से भरी हुई थी। एक जापानी सेल्स गर्ल वहाँ थी। उसने बताया कि हिरोशिमा में ही 'होप' नामक एक संस्था है जो बंगलादेश से यह सामान बनवाती है और इसकी आय बंगलादेश में शिक्षा और स्वास्थ्य के कार्यक्रमों पर खर्च की जाती है।

लौटते समय टोक्यो के नारिता एयरपोर्ट पर मेरी भेंट अनायास ही मणिमेखलाई मणिक्कम से हो गई। तमिलनाडु में मदुराई के निकट एक गाँव की निवासिनी यह आदिवासी महिला टोक्यो में एक अन्तरराष्ट्रीय कला-प्रदर्शनी में अपनी बनाई हुई बाँस की टोकरी आदि कलाकृतियों को लेकर आई थी, और लगभग एक माह जापान में रहकर लौट रही थी। इस हँसमुख, प्रवीण, कलाशिल्पी के बारे में मैं अलग से लिखूँगा। लेकिन ये तीनों प्रसंग भारत या कहें कि भारतीय उपमहाद्वीप और जापान के बीच रिश्तों की ओर संकेत करते हैं।

अन्त में यह मैं जरूर बताना चाहता हूँ कि हिरोशिमा की प्रसिद्ध मिठाई इस बार मैंने चखी और अन्य मित्रों को भी चखाई। हम जब नागासाकी के लिए रवाना हुए तो 7 अगस्त की सुबह सारे जापानी मेजबान पति-पत्नी (और बच्चे भी) अपने विदेशी अतिथियों को विदा देने हिरोशिमा स्टेशन तक साथ आए थे। मेरे मेजबान काज़ुमासा हाशीमोटो और उनकी पत्नी रिको भी उनमें थी। रिको ने चलते-चलते मुझे मिठाई का डिब्बा थमा दिया था। हिरोशिमा का राजकीय वृक्ष मैपल है। मैपल की पत्ती के सुन्दर आकार में ही सोयाबीन के आटे आदि से मानजुम या ऐसे किसी नाम की यह मिठाई बनती है। स्वाद में कोलकाता के सन्देश जैसी। बिल्कुल सही-सही मात्रा में मीठी कि डायबिटीज के मरीज खा लें तो भी तकलीफ न हो। इस मिठास को लेकर मैं अपने देश वापस आ गया।

(9 सितम्बर, 2004)

●●●